董事会治理

监督抑或咨询？

罗进辉 著

厦门大学出版社
XIAMEN UNIVERSITY PRESS
国家一级出版社
全国百佳图书出版单位

图书在版编目(CIP)数据

董事会治理:监督抑或咨询? /罗进辉著. -- 厦门:厦门大学出版社,2024.5
(中国故事. 公司治理)
ISBN 978-7-5615-9239-7

Ⅰ. ①董… Ⅱ. ①罗… Ⅲ. ①上市公司-董事会-企业管理-研究-中国 Ⅳ. ①F279.246

中国国家版本馆CIP数据核字(2023)第251804号

责任编辑　江珏珫
美术编辑　李嘉彬
技术编辑　朱　楷

出版发行　厦门大学出版社
社　　　址　厦门市软件园二期望海路39号
邮政编码　361008
总　　　机　0592-2181111　0592-2181406(传真)
营销中心　0592-2184458　0592-2181365
网　　　址　http://www.xmupress.com
邮　　　箱　xmup@xmupress.com
印　　　刷　厦门集大印刷有限公司

开　本　787 mm×1 092 mm　1/16
印　张　19
插　页　2
字　数　430 千字
版　次　2024 年 5 月第 1 版
印　次　2024 年 5 月第 1 次印刷
定　价　69.00 元

本书如有印装质量问题请直接寄承印厂调换

厦门大学出版社
微信二维码

厦门大学出版社
微博二维码

总　序

公司治理的对象是公司制企业（简称公司），公司制企业是市场经济活动中微观主体企业的最主要形式，曾被原美国哥伦比亚大学校长尼古拉斯·默里·巴特勒（Nicholas Murray Butler）称为"当代最伟大的单项发明"。党的二十大报告中指出，"完善中国特色现代企业制度，弘扬企业家精神，加快建设世界一流企业"，其中"现代企业制度"的内核也是公司制企业。公司制企业之所以受到如此肯定和重视，是因为公司制企业的法人地位、股份化、有限责任制、经理人职业化等多个方面的制度设计，使得其不仅能够获得源源不断的资金支持和人才资本，能够有投资冒险的底气，同时又能够在很大程度上独立于自然人而永续存在。这些突出的优点使得现代经济活动多以公司制企业的形式进行组织，进而创造了近代人类物质财富的巨大繁荣。

但是，"天使在右，魔鬼在左"，公司制企业的优点也是其缺点的来源：法人地位使得公司得到了宪法的保护但却不像自然人那样具有道德可以谴责；股份化虽然便于吸纳投资但却产生了大量小而散的冷漠股东；有限责任制虽然能够鼓励公司投资冒险但也加剧了公司活动的负外部性问题；经理人职业化虽然实现了专业化分工但是引致了所有权与经营权分离下的委托代理问题。因此，公司制企业的良好运行，需要政府监管和公司治理的保驾护航。

区别于政府监管"有形之手"专注于负外部性等市场失灵的问题，公司治理针对的是公司制企业的委托代理问题，即在所有权与经营权分离下，股东如何能够放心地将公司交给经理人经营？股东又怎么能够知道经理人是否损害了他们的利益？解决这些问题需要设计一套科学合理的公司治理体系。针对公司治理问题的探讨，至少可以追溯到 1932 年 Berle 和 Means 发现美国大型公司普遍存在所有权与经营权的高度分离开始，紧接着是 1976 年

Jensen 和 Meckling 针对两权分离现象提出的委托代理理论，掌握经营权的经理人是代理人，他们会在自利动机的驱动下追求自身利益的最大化而不惜牺牲股东作为委托人的利益，从而产生了代理问题和代理成本。因此，公司治理就是要设计一套制度安排，用以支配若干在公司中有重大利害关系的主体之间的关系，进而从这种关系中实现经济利益。

遗憾的是，尽管国内外经济学家和公司治理学者一直在努力探讨和完善公司治理结构和制度，但是不时发生的恶性公司治理事件却提醒着我们：公司治理永远在路上。当然，令人欣慰的是，每一次公司治理失败事件，都提供了很多有益的经验教训，既为研究者提供了一些难得的研究素材和研究情境，也推动着公司治理实践向更完善的方向前进。

具体到中国的公司治理问题研究，比较正式的探讨始于 1978 年改革开放背景下的国有企业改革。国企改革先后经历了放权让利、制度创新、国资监管、分类治理、混合所有制改革等多个阶段，这些阶段都与建立现代企业制度密不可分，核心是完善国企的治理结构。虽然中国的公司治理研究起步明显晚于西方资本主义国家，但是中国市场具有独特的制度背景和文化渊源，使得西方很多有关公司治理问题的答案在中国并不一定成立。例如，不同于欧美市场相对分散的股权结构，以中国为代表的新兴市场普遍存在相对集中的股权结构，使得公司治理的焦点不是股东与管理层间的第一类代理问题，而是大股东侵占中小股东利益的第二类代理问题；不同于欧美市场比较强的声誉约束，中国上市公司董事面临的声誉约束比较弱；不同于欧美国家拥有比较成熟的经理人市场，中国的经理人市场还很不完善；等等。这些特殊情况使得国外早期的公司治理研究结论及其实践做法并不能简单盲目地套用到中国的公司治理上，亟须中国学者深入探究中国情境下的公司治理问题及其解决方案，也即讲述中国的公司治理故事。

正是基于这一现实需求，过去将近 30 年里，国内涌现出许多公司治理研究者，产生了一系列非常丰富的研究成果，既在国际学术界发出了中国的公司治理声音，更是为我国的公司治理实践特别是国有企业改革实践提供了很多有价值的决策参考。本人是这个研究时期的见证者和幸运的参与者，有幸在 2007 年开始攻读博士学位时就投入公司治理领域的相关研究，并一直在该领域探索至今，也因此涉猎公司治理的多个分支领域，分别积累了一些研究成果。早些年疏于整理，犹豫多年，如今本人终于决定抽出时间把前期的公司治理相关研究成果分主题归类集结为学术专著，一来是对以往研究工作的一个简单交代，二来更是为了能够继续在公司治理领域深耕细作，寻找出更有趣的、更前沿的未来研究方向。

本人所有的公司治理研究成果都是基于中国背景和中国企业，应用国际前沿的理论和方法，讲述中国的公司治理故事，很好地实践了"理论方法顶天＋问题立地"的研究范式，也很好地响应了习近平总书记关于"把论文写在祖国大地上"的号召。为此本人把历年研究集结为"中国故事·公司治理"丛书，主要涉及股权结构与股东治理行为、董事会治理、高管激励、媒体治理、家族企业治理等五个主题，包括《股权结构与股东治理行为》《董事会治理：监督抑或咨询？》《高管激励与人力资本》《媒体报道与资本市场》《家族企业的治理与发展：当转型遇到传承》等学术专著。

值得一提的是，"中国故事·公司治理"丛书的部分研究成果曾经在《管理世界》、《管理科学学报》、《经济学（季刊）》、《金融研究》、《中国工业经济》、《南开管理评论》、《会计研究》、《管理评论》、《管理科学》、《系统工程理论与实践》、《经济管理》、*Journal of Banking & Finance*、*Journal of Business Ethics*、*Journal of Business Research*、*Journal of Product Innovation Management*、*Management International Review*、*Management and Organization Review*、*Asia Pacific Journal of Management*、*Pacific-Basin Finance Journal* 等国内外权威学术期刊发表，并获得了教育部高等学校科学研究优秀成果一等奖和福建省社会科学优秀成果奖一等奖等，而且被中国人民大学书报资料中心复印报刊资料全文转载 10 余次。

最后，我希望把"中国故事·公司治理"丛书呈给我的老师和学术圈的朋友们，是你们一直指导和帮助我一路向前；同时也送给我的所有硕士和博士研究生，是你们一届接着一届地陪伴我一起成长！

是为序。

2024 年 3 月

自 序

　　董事会是现代公司制企业中一个最基本的治理组织，在股东大会的委托下进行公司的经营管理决策，并拥有对公司管理者的聘用、奖惩和解雇权，也即同时承担着咨询与监督两项职能。然而，世界各国的董事会治理及其有效性长期面临着社会各界的批评甚至质疑，这在安然公司财务造假案、雷曼兄弟破产案、康美药业造假案等恶性公司治理事件爆发时更是如此。"董事会不作为""董事'不懂事'""人情董事""关系董事""投票机器""橡皮图章"等批评之声不绝于耳、此起彼伏，引起了监管部门和学术界的持续关注。

　　在中国，董事会治理及其有效性问题是二十多年来公司治理领域的一个重要研究话题。由于中国资本市场上市公司的股权结构相对集中，普遍存在控股股东，公司治理的焦点问题不是传统的股东与管理层间的委托代理问题，而是控股股东与中小股东间的利益冲突问题，即控股股东倾向于利用控制权攫取控制权私利，但却损害了公司价值和中小股东利益。因此，我国学者关于董事会治理问题的探讨，主要围绕董事会能否监督约束控股股东的利益侵占行为以保护中小投资者利益这一核心问题展开，产生了一系列丰富的研究成果。但是，相关研究尚未得出一致的结论，也时常受到实务界的质疑。正因为如此，我国关于董事会治理的制度改革一直强调独立董事制度，从证监会 2001 年发布《关于在上市公司建立独立董事制度的指导意见》，到 2023 年发布《上市公司独立董事管理办法》，都在要求独立董事代表中小股东利益发挥积极的治理作用，但是独立董事的履职表现也长期饱受批评，中国董事会的制度改革仍然在路上。鉴于此，本书试图从内在动机和外部特征视角继续探讨中国董事会治理的有效性问题。

　　相较于前人的相关研究工作，本书针对董事会治理问题的研究成果主要有以下几个方面的创新或者贡献：

（1）尽管董事会的组织结构比较简单，但是本书找到了很好的切入点，分别从董事会规模的奇偶数特征、审计委员会的设立、董事会秘书三个维度探索了董事会结构的相关治理影响，有效拓展了有关董事会结构问题的研究文献。

（2）囿于数据可得性，董事声誉机制的有效性问题在中国一直没有得到较好的检验。本书尝试从社会知名度和兼职公司数角度分别刻画独立董事的社会声誉激励和职业声誉激励，进而实证检验了独立董事声誉激励的有效性，从而丰富了该领域的研究文献。

（3）随着上市公司董事会的规模和独立董事占比越来越同质化，本书打开董事会的内部"黑箱"，分别从董事成员的性别、地理区位、政治背景、职业地位等多个方面深入考察了董事会治理作用的影响因素，加深了我们对董事会治理作用的理解和认识。

（4）本书选择从高管薪酬、董事会投票、代理成本、真实盈余管理、会计信息质量等多个与董事会职责最直接相关的视角，探讨了董事会的相关治理作用，得到的研究结论更为可靠且更具有实践参考价值。

本书研究中国上市公司的董事会治理问题，讲述中国的公司治理故事。依托上述几个方面的研究贡献和创新，本书涉及的董事会治理研究成果陆续发表在《南开管理评论》、《中国工业经济》、《管理科学》、《会计研究》、*Journal of Banking & Finance*、*Pacific-Basin Finance Journal*、*Applied Economic Letters*、*China Journal of Accounting Research* 等中英文权威期刊上。根据中国知网的数据统计，这些研究成果被引近 700 次，被中国人民大学书报资料中心复印报刊资料全文转载 2 次，并获得福建省社会科学优秀成果奖二等奖。这些研究成果前后跨 10 余年，产生了广泛的学术影响和社会价值。

在"中国故事·公司治理"丛书的第二本专著（即本书）付梓之际，我努力回忆起最初开始涉足董事会治理问题研究的情景。事情得从我加入厦门大学管理学院会计学系讲起。我的本科专业是工商管理，硕博连读的专业是企业管理，虽然上学时修过"会计学原理""财务管理"等相关财会课程，但在专业上我是会计的"门外汉"。有幸加入具有百年深厚底蕴的厦大会计学科，纯属预料之外。大概是 2010 年年底，我向厦门大学管理学院企业管理系投递了求职简历，结果当时的系主任郭朝阳老师婉拒了我的求职意向，但同时他建议我应该向会计学系或财务系投简历，因为我博士阶段跟随导师课题所开展的研究方向是上市公司治理，利用公司的财务报表数据研究发表了多篇有关股权结构、大股东掏空、管理层在职消费等主题的论文，看起来确实与会计、财务更为相关。为此，我在互联网上搜索寻找这两个系系主任的联系方式，最终只找到了会计学系系主任陈汉文老师的 E-mail 地址。简历投过去后，陈老师回复我说现任系主任是桑士俊老师，并把桑老师的 E-mail 地址告诉我……就这样，我误打误撞地成为厦大管院会计学系的一员。

正式加入厦大会计学系，我诚惶诚恐，因为自己的财会专业知识比较薄弱。为此，一方面，我自学专业教材恶补了审计学、管理会计、中级财务会计、高级财务会计、金融企业会计、财务报表分析、企业会计准则等一系列财会相关的专业基础知识；另一方面，我有意识地把研究方向调整得更靠近财会领域，其中公司治理既是我当时比较熟悉的，也是与会计学很相关的领域，故而成为我在厦门大学科研创业的第一个尝试方向。公司治理是一个内容很广的领域，由于门槛低而研究者众多，摆在我面前的一个现实问题是应该从哪里切入继续在该领域进行研究探索。最终我选择的是中国上市公司的董事会治理问题。2012 年我关注到一则新闻，讲的是曾经讥讽独立董事为"花瓶"的财经"女侠"叶檀女士正式被一家上市公司聘为独立董事。这则新闻引起了媒体的大量讨论，一个焦点问题是：叶檀女士作为社会知名人士，能否扮演更称职的独立董事角色？这个问题很自然地成为我涉足董事会治理领域的切入点。

紧接着，2013 年 10 月 19 日中央组织部发布的《关于进一步规范党政领导干部在企业兼职（任职）问题意见》（中组发〔2013〕18 号）引起了学术界的广泛关注。该政策引发了上市公司官员独董的离职潮，从而间接为研究者提供了一个非常难得的研究情境。因此，从社会名人独董再到官员独董，我的研究关注点开始丰富起来，并积累了一些初步的研究成果。借此机会，我在 2015 年撰写了第一份国家自然科学基金面上项目申请书，选题定为"上市公司聘请社会名人和退休官员担任独立董事的动机与后果"，该项目非常幸运地获得了自然科学基金的立项资助。在国家课题的资助下，董事会治理问题的研究工作从我的个人兴趣变成了项目任务，我不得不更多地去扩展董事会治理的研究领域，故而又逐渐涉及董事的地理区位特征、性别特征、规模特征、薪酬激励、声誉约束等多个可能影响董事会治理作用的重要因素。在整个研究过程中，我得到了很多老师、同事和学生的帮助，大部分成果都有我指导的本科生、硕士生、博士生的参与合作，在此我想向他们表示衷心感谢。

首先，我要感谢我在厦大最早指导过的几位本科生，他们分别是黄震、李莉、席夏菲，他们协助我手工搜集了上市公司所有独立董事在百度搜索引擎中的检索数据，据此我们开展了有关社会名人独董的研究工作。

其次，我要感谢我指导的第一届硕士研究生谢达熙和王笑竹。达熙的本科毕业论文是我指导的，笑竹的本科母校和我的博士母校是同一个学校，她们的选择既是对我这样一名青年教师的莫大信任，也是我们之间一份难得的缘分。非常感谢她们帮助我在厦大逐步建立起一个非常让我骄傲的研究生团队，团队成员友爱奉献、积极向上的文化就是由她们开始注入并营造起来的。与本书的研究相关的是，她们是协助我开展官员独董相关研究的得力助手。

再次，我要感谢我指导的第二届硕士研究生，他们分别是向元高、李雪、黄泽悦、龚曼宁、皋红玲、金思静。他们这一届6位同学中有4位选择了继续攻读博士学位，是很不可思议的一届。他们协助我手工搜集了上市公司所有独立董事的工作单位信息以及单位地点的经纬度数据，据此我们一起开展了有关独立董事地理区位特征的研究工作。俗话说"铁打的老师，流水的学生"，在整个研究过程中，陆续还有林小靖、林芷如、陈华阳、朱军、林筱勋、李佳霖、刘玥、董怀丽等多位同学提供了实质的研究帮助，在此一并表示衷心感谢！

最后，我要感谢林宁、彭晨宸、吴滢、王雨婷、麻亚静等多位同学在整理本书过程中所做的制度文献梳理和文字、格式校对工作，感谢国家自然科学基金面上项目的研究资助以及中央高校基本科研业务费项目的出版资助，感谢厦门大学出版社编辑江珏玙女士的帮助与鞭策！

当然，我要时刻感谢我的家人，感谢我的妻子叶丽娟女士长期以来对家庭的无私奉献和对我的照顾与支持，使得我能够有更多的时间专心工作。一路走来，我经常听她说她看人的眼光很准，希望我不会让她看走眼，谨以自勉！

罗进辉

2023 年 11 月 30 日

目　录

1　中国上市公司董事会治理研究的现实必要性

1.1　中国上市公司董事会治理现状

董事会是现代公司制企业中一个最基本的治理组织。如果说股东是公司资本的提供者，管理层是公司资本的价值创造者，那么董事会就是公司资本的保护者，在股东与管理层之间扮演着不可或缺的咨询和监督角色。因此，董事会的历史可以追溯到 420 多年前第一家公司制企业的雏形——英国东印度公司创立的年代。尽管董事会制度经历了几个世纪的洗礼，但是全球范围内一直没有停止过对董事会问题的讨论，董事会治理的有效性仍然存在很多的质疑和争议。特别地，21 世纪以来爆发的多起公司治理丑闻事件，包括 2001 年的安然公司财务造假案、2008 年的雷曼兄弟破产案、2013 年的无锡尚德破产案、2020 年的瑞幸咖啡造假案等恶性事件，更是激起了社会各界和监管部门对公司治理特别是董事会的严重关切！为什么看上去那么华丽而完美的董事会没能阻止一件件治理丑闻事件的发生？

当然，我们并没有放过任何一次公司治理丑闻事件的学习机会，每次都从中吸取了有用的经验教训，进而促成了公司治理制度的改革与完善。例如，2001 年在美国发生的安然公司财务造假案促使美国政府快速通过了影响深远的《萨班斯-奥克斯利法案》，该法案的一个主要目标就是提高公司董事会的独立性，并明确规定了董事会及其专门委员会的监督职责。正是因为董事会治理一直存在着方方面面的问题，所以它是学术界长期关注的热点话题。关于董事会治理问题的正式探讨，至少可以追溯到 1932 年 Berle 和 Means 在《现代公司和私有财产》一文首次提出的所有权与控制权分离，以及 1976 年 Jensen 和 Meckling 在《企业理论：管理层行为、代理成本和所有权结构》一文中提出的委托代理理论。从那个时候开始至今，国际上针对董事会治理的学术探讨就一直没有间断过，产生了非常丰富的研究成果。

在中国，由于近代商业文明的发展明显滞后于西方发达资本主义国家，1993 年，新中国成立以来的第一部《中华人民共和国公司法》正式颁布，从而奠定了公司制企业在中国的法律基础，进而才正式提出了董事会制度的建设要求。"舶来品"独立董事制度在我国是 2001 年证监会发布《关于在上市公司建立独立董事制度的指导意见》之后才开始逐步建立起来的。因此，关于中国上市公司董事会治理问题的研究至今总共才经历了 20 多年的时间，虽然陆续有不少研究学者加入这个研究领域，但是该领域的研究仍然方兴未艾。随着董事会制度从西方引入东方，董事会治理的相关理论和研究观点也被学术界借鉴应用到中国市场，但是中国特殊的制度背景和市场环境不断冲击着西方传统的既有认识，董事会制度特别是独立董事制度在中国出现了明显的"水土不服"现象。

在中国上市公司，"董事会不作为""董事'不懂事'""人情董事""关系董事""投票机器""橡皮图章"等批评之声不绝于耳、此起彼伏，知名的财经"女侠"叶檀女士更是讥讽中国上市公司的独立董事为中看不中用的"花瓶"，这是因为长期以来中国上市公司的独立董事在董事会议案表决中极少表达异议意见（如图 1-1 所示），俨然成为董事会的"投票机器"。我们认为这些批评并不公允准确。一方面，在中国相对集中的股权结构背景下，上市公司普遍存在控股股东，公司治理的新焦点问题是控股股东侵占中小股东利益的第二类代理问题，独立董事的提名权实际掌握在控股股东手上，此时希冀独立董事能积极有效地监督控股股东的侵占行为是不切实际的良好愿望，因为控股股东的提名在很大程度上侵蚀了独立董事的独立性。另一方面，在中国浓厚的关系文化和人情社会下，董事个体不会倾向于在董事会的小会议室里积极发表不同的意见，显出自己的与众不同或者格格不入，这是著名投资人沃伦·巴菲特也承认不得不屈从的"会议室氛围"现象。因此，实践中大量上市公司会在正式召开董事会会议之前与独立董事

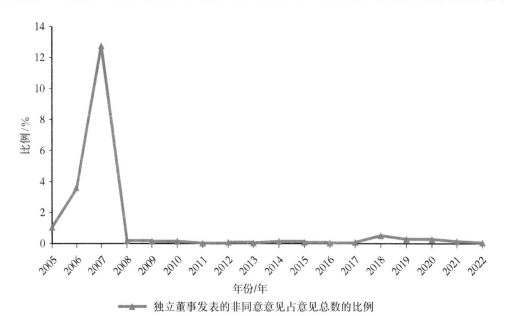

图 1-1　中国 A 股上市公司独立董事发表异议情况

沟通即将讨论的议案情况，征求独立董事的意见建议，也就是说独立董事的意见已经在开会前得到表达并被适当体现在随后用于正式表决的议案中，故而正式表决时独立董事也就不再表达异议意见。

存在即合理。随着我国上市公司的独立董事人才队伍越来越壮大，很多成功的企业家和知名专家人士被聘请为公司的独立董事，如果一味否定中国董事会和独立董事的治理有效性，那么肯定是不负责任的行为。正是基于这一辩证的客观判断和认识，中国的公司治理学者们开始了正式探讨和科学检验董事会治理有效性的学术旅程。学者们首先探讨检验了董事会规模和董事会独立性对代理问题、会计信息质量、公司违规、公司绩效、公司价值的经验影响关系（胡勤勤和沈艺峰，2002；郭强和蒋东生，2003；谭劲松，2003；李常青和赖建清，2004；唐清泉和罗党论，2006；王跃堂 等，2006；蔡志岳和吴世农，2007；高雷 等，2007；魏刚 等，2007；叶康涛 等，2007；崔伟和陆正飞，2008；高强和伍利娜，2008；陈艳，2008；胡奕明和唐松莲，2008；李维安 等，2009）。但是，随着研究的深入，我们逐渐发现 A 股上市公司的董事会规模普遍是 9 个席位，独立董事的占比则高度集中在 1/3 的临界线上下（如图 1-2 所示），反映了明显的监督迎合烙印，因为我国强制要求上市公司的独立董事占比在 2003 年 6 月 30 日之后不能低于 1/3。那么，一个自然而有趣的问题是：为何同样是 9 个席位且独立董事占比1/3 的董事会，却可能表现出截然不同的治理效应？

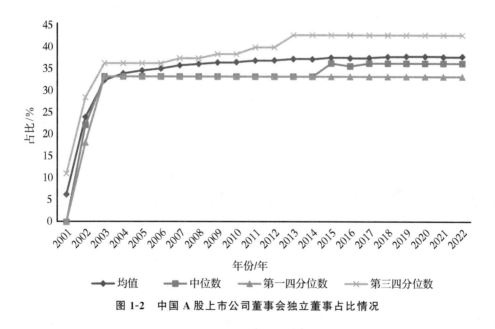

图 1-2　中国 A 股上市公司董事会独立董事占比情况

针对这一问题，十多年来公司治理学者试图打开董事会的内部"黑箱"，开始探讨董事个体的特征及其治理影响，涉及的个体特征包括性别、年龄、学历、地理区位、财务背景、信息技术背景、学术背景、银行背景、政治背景、海外背景、网络关系等（Jia and Zhang，2012，2013；Liang et al.，2013；Liu et al.，2014；Giannetti et al.，

2015；Wang，2015；Jiang et al.，2016；Zhu et al.，2016；Liu et al.，2018；Xu et al.，2018；陈运森和谢德仁，2011；叶康涛 等，2011；况学文和陈俊，2011；余峰燕和郝项超，2011；唐雪松和马畅，2012；刘诚和杨继东，2013；郑立东 等，2013；孙亮和刘春，2014；刘春 等，2015；邓晓飞 等，2016；高凤莲和王志强，2016；胡元木等，2016；沈艺峰 等，2016；叶青 等，2016；蔡春 等，2017；曹春方和林雁，2017；李维安 等，2017；张洪辉 等，2019；于鹏和闫洁冰，2020；袁蓉丽 等，2021）。这些研究基本表明，不同人口统计学特征或者职业背景特征的董事会表现出不同的履职动机和能力，进而在董事会中发挥了不同程度甚至不同性质的治理作用。这意味着，中国上市公司的董事会治理总体是有效的，并且与董事成员的背景特征密切相关。正是沿着这一大方向，笔者开启了一系列有关董事会治理特别是独立董事治理的研究工作，特别是从薪酬激励和声誉约束的深层因素出发开展研究，以期为董事会治理有效性提供更丰富可靠的研究证据。

1.2　中国上市公司董事会制度建设的背景

经过改革开放四十多年的快速发展，中国已经成为世界第二大经济体和第一大新兴经济体。在创造中国经济发展奇迹的过程中，资本市场的创立发展以及配套的公司治理改革和完善是促进经济发展的一个不可忽视的内在关键因素。董事会是公司治理的核心组成部分，其建设和发展对于公司的长期稳定和可持续发展具有至关重要的作用。本节详细梳理了中国董事会制度建设的演进过程，以期为董事会的治理研究提供必要的制度基础。综合来看，中国的董事会制度建设可以划分为四个阶段，具体如图 1-3 所示。

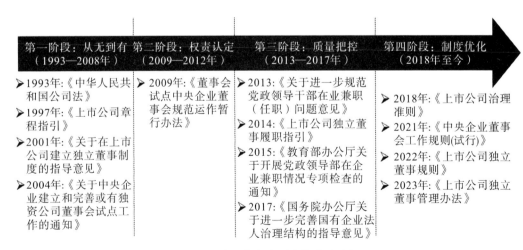

图 1-3　中国董事会制度的演进过程

1.第一阶段：从无到有（1993—2008 年）

中国董事会建设的发展历程正式可以追溯到 1993 年，随着市场经济体制的逐步建立和完善，中国企业开始引入现代企业制度——内核是设立公司制企业，并逐步推行董事会建设。1993 年 12 月 29 日，《中华人民共和国公司法》正式颁布，为中国公司制企业的公司治理奠定了法律基础，中国公司的董事会制度建设正式进入了"从无到有"的第一阶段。具体地，该法律规定了公司董事会的组成、职权、责任，强调了董事会在公司治理中的核心作用。1997 年 12 月 16 日，为维护股东和债权人的合法权益，规范公司的组织和行为，证监会根据《中华人民共和国公司法》《中华人民共和国证券法》和其他有关规定，制定并发布实施了《上市公司章程指引》，该指引首次在中国提出了独立董事制度，并鼓励上市公司根据自身需要聘请独立董事。2001 年 8 月 16 日，随着证监会发布《关于在上市公司建立独立董事制度的指导意见》（证监发〔2001〕102 号），我国独立董事制度正式建立。该指导意见从独立董事的定义、职责、人数、专业要求等方面规范了上市公司独立董事选聘和履职行为，要求上市公司至少有 1 名会计专业独立董事，且在 2002 年 6 月 30 日前，董事会成员中应当至少包括 2 名独立董事，在 2003 年 6 月 30 日前，上市公司董事会成员中应当至少有 1/3 为独立董事。虽然前述制度文件对公司董事会组成、职权等进行了纲领性指导，但此前我国仍缺乏与公司治理直接相关的纲领性文件。直至 2002 年 1 月 7 日，中国证监会、国家经贸委联合发布了《上市公司治理准则》，从董事会的构建、信息披露、股东权益保护等多个方面为公司治理提供了指导性文件，其中第 49 条也强制性要求上市公司必须构建独立董事制度。随后，国资委于 2004 年 6 月 10 日发布了《关于国有独资公司董事会建设的指导意见（试行）》，提出在中央企业开展建立规范董事会试点工作，并结合中央企业国资控股的特殊情况，对中央企业董事会架构、职权及义务等作出了具体要求，中央企业逐步加入了董事会建设的大潮。

2.第二阶段：权责认定（2009—2012 年）

随着我国董事会制度初步建立，董事会结构已基本明确。然而，关于董事会成员的具体责任和权利仍尚未明晰。因此，自 2009 年开始，国务院等相关部门不断完善董事会权责认定，董事会建设逐渐进入第二阶段"权责认定"。具体地，2009 年 3 月 20 日，国务院国资委出台了《董事会试点中央企业董事会规范运作暂行办法》，进一步对董事会及其专委会的组成及职责、董事及董事长的职责、总经理的职责、董事会秘书和董事会办事机构、董事会及其专委会会议、董事会运作的支持与服务等事项作出规范，强有力地推进了中央企业规范董事会的建设。在独立董事方面，为指导和促进上市公司独立董事规范、尽责地履职，充分发挥独立董事在上市公司治理中的作用，上市公司协会于 2013 年 4 月启动了《上市公司独立董事履职指引》的编写工作，并于 2013 年 11 月 18 日发布了《上市公司独立董事履职指引（征求意见稿）》，对独立董事的独立性、任职年限、数量、年度工作时间、工作内容等方面进行了规定，并明确了独立董事行使监督和咨询职能方面所应具备的职权。

3.第三阶段：质量把控（2013—2017年）

在上述董事会制度不断推陈出新、逐步完善优化的背景下，我国上市公司独立董事结构日趋规范，但关于独立董事选聘的相关制度设计仍存在诸多不足。例如，为了获取政治资源，与当地政府建立政治联系，上市公司普遍倾向于聘请官员或退休官员担任公司的独立董事。这不仅产生了"政商旋转门"的潜在权力腐败问题，也违背了证监会有关独立董事制度的独立性要求，损害了资本市场的秩序公平。为此，2013年10月19日，中央组织部出台了《关于进一步规范党政领导干部在企业兼职（任职）问题的意见》，对党政领导干部在企业中的任职资格、报酬等方面都作出严格的限制和规定，如要求现职和不担任现职但未办理退（离）休手续的党政领导干部不得在企业兼职（任职），辞去公职或者退（离）休的党政领导干部到企业兼职（任职）必须从严掌握、从严把关等，引发了官员独立董事的"辞职潮"，各种通过官员独董建立的政商违规关系逐步退场，董事会制度有效性和资本市场营商环境得到显著优化，我国董事会制度建设正式进入"质量把控"的第三阶段。在官员独董退场之后，许多大学教授补上了沪深两市上市公司的独立董事缺口，截至2015年年底，A股上市公司中共设置独董职位近9000个，其中近3000位独董由高校在任或曾任教授兼任，占比接近1/3[①]，兼任乱象突出。与此同时，由于教育反腐的传统重点主要集中在招生、基建等方面，教育系统对高校独董兼任现象的监管比较滞后宽松，高校处级及以上教授担任独董以及其他教授独董兼任数量违规的现象层出不穷。在此背景下，2015年11月4日，教育部下发了《教育部办公厅关于开展党政领导干部在企业兼职情况专项检查的通知》，掀起了"高校独董"问题的监管风暴，一大批高校独董纷纷主动辞去独立董事职位，进一步优化独立董事队伍的市场化环境。

4.第四阶段：制度优化（2018年至今）

除了独立董事，董事会专门委员会的监督及咨询作用也对公司发展意义重大。然而，我国长期以来并未强制要求上市公司设立专业委员会，董事会制度设计上仍存在一定的问题。基于此，中国证监会等相关部门针对现有董事会制度中存在的制度漏洞、政策打架等问题，对现有制度进行了一系列修订，我国董事会制度建设逐步进入"制度优化"的新时期。

2018年9月30日，证监会发布了《上市公司治理准则》的修订版，开始要求上市公司必须设立审计委员会，并进一步明确了审计委员会监督及评估外部审计工作，提议聘请或者更换外部审计机构，监督及评估内部审计工作，负责内部审计与外部审计的协调，审核公司的财务信息及其披露，监督及评估公司的内部控制，负责法律法规、公司章程和董事会授权的其他事项的五大职责。

---

① 数据来源：《"高校独董"密集辞职 不到一月270余位独董辞职》，新华网，2015-12-22。

2020 年 8 月 12 日，上市公司协会结合最新法律规定和独立董事履职的实践发展，发布了《上市公司独立董事履职指引》的修订版。

2021 年 9 月 8 日，国务院国资委印发《中央企业董事会工作规则（试行）》，在对既有做法进行提炼总结的基础上，对中央企业董事会的组建组成、功能定位、职责权限、运行机制、决策程序、支撑保障、管理监督以及董事会成员的职责、权利和义务等作出了规范指引。

2022 年 1 月 5 日，证监会针对 2001 年发布的《关于在上市公司建立独立董事制度的指导意见》与 2004 年发布的《关于加强社会公众股股东权益保护的若干规定》等相关制度设计中存在的不一致问题，发布了《上市公司独立董事规则》，提出增加《中华人民共和国公司法》《中华人民共和国证券法》等上位法作为独立董事规则的制定依据。

2023 年 8 月 4 日，证监会正式发布《上市公司独立董事管理办法》（证监会 2023 年第 220 号令），从任职、持股、重大业务往来等方面，细化了独立性的判断标准，明确了符合 8 种特征的人员不得担任独立董事。此外，该制度还从提名、资格审查、选举、解聘等方面优化了独立董事选任机制，并明确独立董事原则上最多在 3 家境内上市公司担任独立董事的兼职要求，优化了独立董事选聘管理和精力分配，提高了独立董事人才队伍的独立性和有效性。

1.3　本书研究思路与研究方法

1.研究思路

本书在整理相关研究工作的过程中，遵循以下三种思路：

（1）先理论后实证。本书首先整理了我国上市公司董事会制度的演进过程，进而系统梳理了国内外董事会治理文献的研究脉络，在此基础上逐步展开对具体问题的实证研究工作。

（2）先董事会结构特征再董事成员个体特征。结构特征是董事会的第一特征，本书先从奇偶数规模、审计委员会、董事会秘书三个维度检验了董事会结构特征对董事会治理作用的重要影响；而后打开董事会的内部"黑箱"，具体考察了董事的性别、地理区位、政治背景、职业地位、薪酬激励、声誉约束等个体特征对董事履职行为和治理作用的潜在影响。

（3）先动机再能力。一个董事要发挥有效的治理作用，需要同时拥有动机和能力，两者缺一不可，而且动机为本、能力为基。本书先从动机视角考察薪酬激励和声誉约束会如何影响董事个体的履职动机，进而影响最终的治理效果，而后从能力视角考察性别、地理区位、政治背景等外在特征会如何影响董事个体的履职能力，从而影响其治理作用。

2.研究方法

本书的主体研究工作是实证研究，使用的是比较规范典型的实证研究方法，具体是利用中国 A 股资本市场上市公司的年度观察数据，进行大样本的多元回归分析。特别地，为了应对可能存在的"互为因果"、遗漏变量、选择性偏差等内生性问题，本书综合使用了工具变量两阶段回归模型（IV-2SLS model）、公司固定效应模型（firm-fixed effects model）、Heckman 两阶段选择模型（Heckman two-stage model）、倾向得分匹配模型（PSM model）等方法。本书主要使用 Stata 计量软件进行相关的回归估计。

1.4 本书内容框架

本书立足中国资本市场 A 股上市公司，开展了一系列的董事会治理研究工作，主要回答以下几个方面的问题：

（1）在上市公司的董事会规模和独立董事占比日益趋同的大背景下，不同公司间的董事会结构还存在哪些明显的特征差异？这些结构特征差异是否会影响董事会的治理作用？基于此，本书分别从董事会规模的奇偶数特征、董事会是否设立审计委员会、董事会是否聘请金牌董秘三个切入点具体考察董事会结构特征的相关影响。

（2）在中国资本市场，独立董事的声誉机制是否有效？囿于数据的可得性，这个基础问题一直没有得到有效的经验检验。中国的独立董事制度建立偏晚，尚未形成成熟有效的董事人才市场，独立董事的履职表现也长期被社会各界质疑甚至嘲讽。鉴于此，本书试图从社会知名度和兼任独董的公司数分别刻画衡量独立董事的社会声誉激励强度和职业声誉激励强度，进而实证检验声誉机制在中国市场的有效性问题。

（3）为什么不同公司的董事会发挥了明显不同的治理作用？除了有限的结构特征差异，董事会治理作用的差异更多地源自每个董事成员的特征差异。根据这一认识，本书打开公司董事会的内部"黑箱"，重点考察董事个体的性别、地理区位、政治背景等特征如何影响其监督治理的动机和能力，进而影响整个董事会的治理作用。

（4）公司治理是一个包括内外部诸多治理机制的复杂体系，每一种治理机制都不是孤立存在的，那么董事会与其他治理机制或者治理因素之间存在怎样的交互影响关系呢？带着这一疑问，本书将进一步考察第一大股东持股、产权性质、机构投资者持股、分析师关注、媒体报道、产品市场竞争、市场化环境等内外部治理因素对董事会治理作用的交互影响关系，从而深化我们对董事会治理作用的全面认识。

总之，本书针对上述研究问题而开展具体研究工作，旨在弥补现有文献的研究不足或者拓展既有研究的广度和深度，从而在董事会治理领域作出有价值的研究贡献。

根据上述研究问题，本书将围绕董事会结构、董事内在动机、董事外在特征分为 15 章展开研究，具体的内容与逻辑关系如图 1-4 所示。

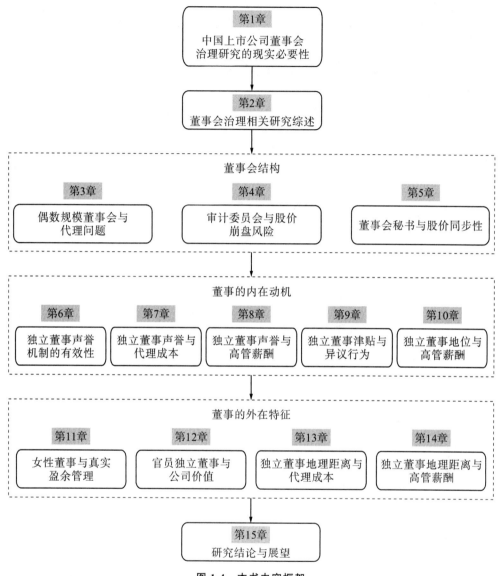

图 1-4　本书内容框架

第 1 章，中国上市公司董事会治理研究的现实必要性。本章将对本书研究工作的研究背景、研究问题、研究思路、研究方法、研究内容结构与逻辑关系进行简要介绍。

第 2 章，董事会治理相关研究综述。本章主要包括两个方面的工作：一是梳理介绍我国董事会制度的演进过程，为后续的研究工作提供制度基础；二是从董事会职能、董事会构成、董事会多样性、独立董事治理四个维度梳理回顾国内外学术界有关董事会治理的代表性文献，为后续的研究工作提供理论基础。

第 3 章，偶数规模董事会与代理问题。奇数规模是董事会结构的标准特征，但是现实中不少公司却有一个偶数规模的董事会，这是一个很有趣的现象。本章将从公司代理成本视角，实证检验偶数规模董事会可能隐含的代理问题。

第 4 章，审计委员会与股价崩盘风险。审计委员会是董事会的一个主要的法定专业委员会，更是董事会最早设立的专业委员会，是公司内外部审计的沟通桥梁，在公司信息披露中扮演着重要角色。本章将从股价崩盘风险视角，实证检验公司董事会设立审计委员会的积极意义。

第 5 章，董事会秘书与股价同步性。董事会秘书是连接上市公司与资本市场的"桥梁"和"窗口"，扮演着重要的信息纽带角色。借助新财富评选的金牌董秘来区分董事会秘书表现的优劣差异，本章将从股价同步性视角，实证检验董事会秘书是否能够提高资本市场的信息效率。

第 6 章，独立董事声誉机制的有效性。独立董事通常是社会各界的成功人士，声誉约束机制是其积极发挥治理作用的核心机制。但是在中国，由于独立董事长期饱受非议，独立董事声誉机制的有效性仍然是一个待解的疑问。本章将以独立董事的兼任职位数衡量其职业声誉激励强度，实证检验独立董事的声誉激励是否有助于降低公司的代理成本，提高公司的治理水平。

第 7 章，独立董事声誉与代理成本。在互联网时代，新闻媒体对独立董事的频繁报道关注，提升并强化了独立董事的社会知名度及其社会声誉激励强度。本章根据个体的社会知名度将独立董事划分为明星独董和非明星独董，进而从公司的双重代理成本视角实证检验明星独董是否发挥了更强的治理作用。

第 8 章，独立董事声誉与高管薪酬。制定科学合理的高管薪酬契约是董事会的一个基本职责，而高管薪酬问题因与社会公平、腐败等关乎国计民生的社会热点存在着千丝万缕的联系而受到社会各界的高度关注。本章将从高管薪酬契约视角，实证检验明星独董是否发挥了更强的治理作用。

第 9 章，独立董事津贴与异议行为。长期以来，独立董事在上市公司领取现金津贴的制度设计饱受争议。独立董事从公司领取高额津贴是否会软化其独立性，抑或高额津贴代表了独立董事更高的能力和声誉呢？本章将从董事会会议的投票行为视角，实证检验高额津贴是否会影响独立董事的独立性。

第 10 章，独立董事地位与高管薪酬。独立董事的"不作为"不仅有独立董事自身的原因，也有任职公司对独立董事需求不足的原因，独立董事在董事会中长期面临缺乏足够话语权与影响力的困境。本章将从高管薪酬视角，实证检验独立董事地位对其发挥治理作用的重要性。

第 11 章，女性董事与真实盈余管理。董事会的性别多元化，既是一个政治议题，也是一个经济问题。鉴于真实盈余管理是一种更加激进且具有实质负面后果的盈余管理活动，更能凸显决策者的机会主义倾向和冒险倾向，本章将从真实盈余管理视角，实证检验女性董事的积极经济价值。

第 12 章，官员独立董事与公司价值。聘请离退休官员担任公司的独立董事，在世界范围内都是普遍现象。那么，官员独立董事到底是"扶持之手"还是"掠夺之手"

呢？本章将利用中国资本市场曾经发生的官员独董辞职潮事件，实证检验官员独立董事的市场价值。

第 13 章，独立董事地理距离与代理成本。独立董事由于交通和时间等客观原因缺席董事会会议的现象屡见不鲜，由此，独立董事的地理区位特征引起了学术界的关注。本章将从双重代理成本视角，实证检验独立董事与公司间的地理距离会如何影响其发挥积极的治理作用。

第 14 章，独立董事地理距离与高管薪酬。在中国，有不少上市公司"舍近求远"，聘请距离公司较远的异地独董。这些异地独董是更独立的董事还是更不作为的董事呢？本章将从高管薪酬视角，实证检验地理距离对独立董事治理作用的潜在重要影响。

第 15 章，研究结论与展望。本章对本书研究工作的主要结论、政策启示、研究不足进行简要总结和未来展望。

2　董事会治理相关研究综述

　　董事会作为公司治理的核心组成，在公司成长过程中扮演着至关重要的作用，良好的董事会治理对公司决策的科学化、经营绩效的提升乃至整个经济社会的发展都有积极意义。

　　一般来说，董事会治理是指董事会各项职能发挥作用的结果，厘清董事会的职能是理解董事会治理含义的关键。基于此，本书首先对与董事会职能相关的文献进行了梳理。进一步地，不同公司的董事会人数、结构安排以及董事会成员特征各有差异，这些异质性对董事会职能的发挥会产生重要影响。因此，本书进一步总结归纳了董事会结构和董事会成员特征的已有文献及其结论。特别地，考虑到独立董事治理是董事会职能的重要表现形式，本书还整理了独立董事治理的相关文献。本书有关董事会治理研究的文献框架如图 2-1 所示。

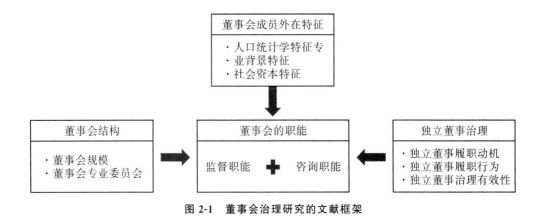

图 2-1　董事会治理研究的文献框架

2.1 董事会职能的研究综述

国内外学者针对董事会在现代公司制企业中的职能定位提出了多种观点，但总的来说，现有文献主要将董事会职能分为监督职能和咨询职能两类。

1.监督职能

董事会的监督职能是指董事会作为股东利益代表和股东受托人，要承担起监督制衡管理层的职责，制定管理层薪酬绩效考核指标，选聘或解聘管理层，并就管理层战略提案提出质询，以确保管理层制定出符合股东利益和法律要求的科学决策（Zahra and Pearce，1989）。

董事会监督职能的理论基础是代理理论，该理论认为在现代公司制企业中，股东没有能力也没有时间对所投资公司的经营管理状况进行监督，公司的经营权只能交给职业经理人来掌管，公司的所有权与控制权因此分离，从而带来委托代理问题（Jensen and Meckling，1976）。当经理人的利益和股东的利益相冲突时，经理人为了实现自身利益的最大化，很有可能牺牲股东的利益来追求个人私利，这样就会增加代理成本，进而降低股东的收益（Fama and Jensen，1983）。尤其在一些规模较大、业务比较复杂的公司中，所有权与控制权的分离给公司的经理人带来巨大的利益空间。高管可以通过提升管理成本的方式来增加自己的福利，也可以通过追加投资来进一步扩大自己的控制力，假公济私的现象频频出现，中小股东的利益得不到保证。因此，董事会作为经理人行为的一种监督机制，就显得非常有必要。

董事会的监督职能主要包括以下几个方面：第一，挑选、定期评估，在有需要的时候更换总经理；第二，决定经理人的报酬，评价权力交接计划；第三，建立科学、公正、合理的人才选聘机制，为公司选择总经理等高级管理人员；第四，评价经理人的工作状况，并建立相应的奖励与惩罚机制；第五，决定股权激励计划。

2.咨询职能

董事会的咨询职能又称战略职能，董事会应就公司战略向管理层提供建议和咨询服务。此时董事会应运用其专业知识和经验帮助管理层解决公司发展过程中面临的各种问题和挑战，二者之间不再是简单的监督与被监督关系，而更像是一种相互帮助的合作关系（Lorsch and Young，1989；Daily and Dalton，1993）。

董事会咨询职能的理论基础是资源依赖理论和管家理论。Pfeffer（1972）最早将资源依赖理论引入董事会治理的研究中，他认为董事会加强了公司与外部的联系，董事会结构也受到股权结构、经营范围和规模以及其他环境因素的影响。此外，董事会的规模和构成也不是随意的、独立的，公司对外部环境的依赖性越强，就会聘用越多的外部董事以获取外部董事的专业和社会资源。已有的相关研究表明，董事会能够为公司提供合法性保障，树立良好的公共形象，获取与公司发展需要相匹配的专业知识和外部资源，有利于公司构建外部联系，推广创新成果和正确制定重大的战略决策等（Zahra and Pearce，1989；陈运森和谢德仁，2011）。可以说，董事会是公司重要的边界管理者，他们与公司的外部环境相互作用，通过向管理者及时提供有价值的信息和资源来提高公司决策的有效性。依据管家理论的观点，董事会是恪尽职守的管家，实际上已经变成了管理层决策的辅助者（Donaldson，1990）。由于董事会的目标和所有者的目标是一致的，董事会会像管家一样管理好所有者的财产，并使之增值，董事会和管理者不会通过牺牲公司利益来谋取个人利益，二者是相互配合、相互帮助的合作关系（李维安 等，2009）。

董事会的咨询职能主要包括以下几个方面：第一，为公司经理人的经营决策提供建议和咨询；第二，帮助公司处理公共关系事务，在企业出现公共危机时代表公司发言和处理事务；第三，帮助公司与当地的政府和社区进行沟通联系；第四，帮助公司与供应商和分销商建立良好的关系；第五，帮助公司处理投资者关系事务，做好资本市场的宣传工作。

2.2 董事会结构的研究综述

现代公司治理对董事会的构成提出了更高要求，董事会应在规模和人员构成符合法律法规的基础上，确保董事独立性和专业能力符合要求。基于此，本书主要遵循现有文献的研究逻辑，从董事会规模和董事会专业委员会等方面对董事会构成的相关研究进行回顾。

1.董事会规模

（1）董事会规模的影响因素。董事会是一种有效的契约安排，旨在解决公司面临的经营和治理问题。现有实证文献主要基于上述逻辑，研究了董事会规模的影响因素。例如，当公司拥有较多的自由现金流、公司章程存在反收购条款、管理层持股比例较低以及公司所处行业集中度较高时，管理层有更大的动机谋取私利，公司代理问题较为严重。在此情况下，公司更愿意去任命更多的董事以监督管理层（Himmelberg et al.，1999；Bonne et al.，2007）。也有文献认为，更大的董事会规模与更低的监督效率和"搭便车"行为更加相关。例如，当公司市净率、研发支出以及股价波动率较高时，公司具有较大的成长机会，其所处外部环境变化迅速，董事会监督成本较高，因此，这类公司往往会缩小董事会规模以改善监督效率（Linck et al.，2008）。除此之外，董事会规模也与公司对外部资源的需求有关。当公司规模、债务比例以及业务多元化程度更高时，公司与外部利益相关者的交互更为复杂，需要更多元化的意见和外部资源来维持其发展，故而董事会规模通常会更大（Denis and Sarin，1999；Baker and Compers，2003；Coles et al.，2008）。

事实上，Guest（2008）指出，在不同的制度环境中，董事会的形成机制和影响董事会特征的因素可能是不同的。鉴于董事会形成机制存在多种可能，而中国资本市场在上市公司股权结构、投资者成熟度及法律制度环境等方面体现出与西方成熟资本市场明显不同的制度特征。因此，关于国外上市公司董事会规模形成机制和影响因素的研究结论未必适用于中国上市公司。但是，与有关董事会规模的经济后果的文献相比，关于中国上市公司董事会规模形成机制的文献较为少见，而且相关研究也大多认为董事会规模会基于有效契约要求安排，忽视了董事会规模可能是大股东或管理层的寻租工具。例如，储一昀和谢香兵（2008）通过公司资产规模、上市时间、子公司数量，以及采用是否有跨国业务代表公司业务复杂程度，研究了公司业务复杂程度与董事会规模的关系，发现上述因素与董事会规模呈正相关关系；杨青等（2012）发现除业务复杂度与董事会规模呈正相关外，公司成长性、股票收益波动性与董事会规模呈负相关。然而，邓建平等（2006）以国有企业改制为背景，发现相对于完整改造公司，非完整改造公司的董事会规模较大，这可能与政府控制了改制企业的董事会人员安排所造成的董事冗余有关。可见，中国上市公司董事会规模未必符合提高经济效率的要求，这也说明关于国外上市公司的研究结论不一定适用于中国上市公司（刘慧龙和齐云飞，2019）。

（2）董事会规模的治理效应。在董事会规模的治理效应方面，早期的研究仅从董事会规模大小与治理效率和独立性两个视角展开。其中，部分研究认为小规模董事会比大规模董事会运作更为高效，如 Lipton 等（1992）指出，当董事会有 10 位以上成员时，董事需在有限时间内表达自己的想法和观点，因此无法自由地表达意见。Jensen（1993）指出，当董事会成员超过 7 位或 8 位时，董事会难以有效运行且易于被 CEO（首席执行官）控制。但是，上述文献为规范分析，意在说明小规模董事会更有效，并未深入探讨董事会规模的非线性影响。后期关于董事会规模的实证文献亦如上文所述，大都考虑董事会规模与公司绩效、财务舞弊、信息质量等经济后果的线性关系（Beasley，1996；Dalton et al.，1999），得到的研究结论存在比较明显的冲突。蔡志岳和吴世农（2007）认为小规模董事会效率更高，董事会规模过大会导致董事会治理失败，其研究结果也证明董事会规模过大会降低工作效率，且与更大的违规概率和更严重的违规程度正相关。而张纯和段逆（2008）实证研究发现，董事会规模的扩大可以在一定程度上促进公司绩效的提升。崔伟和陆正飞（2008）发现，董事会规模对会计信息透明度产生了正向影响，但该影响在非国有企业中表现不明显。关于董事会规模的非线性影响，于东智（2003）指出董事会规模与公司绩效之间存在倒 U 形关系，曲线转折点大约为 9 人，以主营业务利润率衡量绩效指标所得的曲线转折点为 7 人；杨清香等（2009）考察了董事会特征对财务舞弊的影响，发现了董事会规模对财务舞弊的 U 形曲线影响，转折点约为 11 人。买生和杨一苏（2017）发现，董事会规模以 10 人为分界点与企业社会责任呈 U 形影响关系。杜兴强和张颖（2022）基于抑制大股东资金占用的视角，实证检验了在抑制第二类代理成本问题上是否存在最优董事会规模，结果表明董事会最优规模为9人。根据上述文献可知，董事会最优规模与具体研究的公司治理问题相关，不同治理问题可能存在不同的最优董事会规模，不存在一个最优的董事会规模适用于所有公司的情况。

2.董事会专业委员会

国内关于董事会专业委员会的研究起步相对较晚。2018年9月《上市公司治理准则》修订后，才开始明确要求上市公司必须设立审计委员会，其他专门委员会仍可自愿按需设立。因此，在此政策颁布之前，我国上市公司审计委员会及其他专门委员会设立得参差不齐的情况为学者们研究各委员会的治理效应提供了独特的场景。谢永珍（2006）发现，我国上市公司较少在董事会中设立审计委员会，且仅有的126家公司之所以设立审计委员会，也是由于外部制度约束，总之，上市公司设立审计委员会的积极性较低。研究结论发现，上市公司审计委员会的设立仅在维护信息披露质量方面起到一定的积极作用，而在抑制公司财务舞弊、关联交易和保障财务安全性方面并没有发挥作用。除此之外，审计委员会的设立也不会对事务所变更（王跃堂和涂建明，2006）和盈余管理质量（洪剑峭和方军雄，2009）产生影响。

虽然关于董事会下设专门委员会的研究大多集中于审计委员会在董事会发挥监督职能中所起到的作用，但也有少数学者对董事会不同委员会成员交叉任职的现象进行了探讨，如几个委员会间的交叉任职或者专门委员会与高管的交叉任职等。在专门委员会成员的人物特征对公司经营的影响方面，谢德仁等（2012）和向锐等（2017）研究发现审计委员会负责人的薪酬水平和本地化等多个维度对公司的内部控制质量均能产生显著的正向影响。杜兴强和谭雪（2016）等通过研究董事会委员会成员的国籍背景，发现国际化的委员会具有更强的监督意愿和治理能力。关于专门委员会交叉任职的研究中，薛有志等（2021）认为，战略委员会和审计委员会重叠任职的程度越高，公司选择剥离资产战略的可能性更大，此外，两个委员会重叠程度的增大将使得公司通过剥离资产提升经营绩效的战略效果显著降低。王文慧等（2018）认为审计委员会与战略委员会的重叠任职不利于公司的创新。邓晓岚等（2014）认为薪酬委员会与审计委员会的交叉任职可以形成信息优势，两大委员会可以基于这一信息优势有效遏制高管在薪酬上的抽租行为，并使得薪酬制度更加合理有效。除了委员会间的交叉任职，专门委员会成员与公司高管之间的交叉任职也会对公司治理水平产生影响。吕梦等（2021）认为审计委员会委员与审计总监任职的重叠时间越长，公司的盈余质量越高，因为随着两者任职重叠时间的延长，越有利于两者之间的信息沟通，进而有利于公司的盈余监管。谢德仁等（2012）研究发现，相对于未兼任薪酬委员会委员，公司经理人兼任薪酬委员会委员时，公司高管的薪酬—业绩敏感性显著降低，即在经理人存在自利行为的前提下，经理人和薪酬管理委员会的分开任职将有效提升薪酬激励的有效性。

2.3　董事会成员外在特征的研究综述

随着行为科学的发展，完全理性人的假设被打破，个人特征对公司经营管理的影响愈加受到重视。具体到董事会，学者们发现董事会特征多元化影响其咨询和监督作用的发挥，进而深刻影响着公司绩效和治理水平（Siciliano，1996；Bear et al.，2010；况学文和陈俊，2011）。现有研究分别关注了董事的人口统计学特征差异（如性别、年龄、国籍等）、专业背景特征差异（如职业背景、专业知识、海外经历等），以及社会资本特征差异（如内部关系、社会网络），并基于上述差异深刻揭示了董事会多样性对公司的具体影响。因此，本节从上述三个方面的特征差异系统梳理董事会成员外在特征的相关研究。

1.人口统计学特征

近年来，中国作为新兴发展中国家，参与国际经济合作，董事特征多元化水平随之提升，董事会成员性别、年龄、学历等人口统计学特征多样性的公司治理作用也成为国内学者关注的热点问题（刘绪光和李维安，2010）。在董事会性别多样性方面，Arun 等（2015）发现，女性董事思维相对严谨、细腻，其有强烈的动机监督公司管理层的盈余操纵，提升公司的盈余质量。然而，女性董事往往是董事会中的少数群体，权力会受到限制，监督职能难以有效发挥（Bear et al.，2010）。因此，女性董事往往有动机通过聘请高质量的外部审计师以帮助董事会监督管理层的财务违规行为（况学文和陈俊，2011）。在董事会年龄多样性方面，现有研究普遍认为年龄越大的董事往往有着更丰富的经营管理经验，能够站在更高的视角帮助公司分析经营管理问题（李雄飞，2022）。然而，年龄过大也会使得董事的精力和工作动力变弱，40～55 岁的独立董事对公司业绩的正向促进作用最大（孔翔，2001；李洪和李倩，2010）。田高良等（2013）研究发现，董事年龄多元化和性别多元化与公司的股价信息含量显著正相关，该影响在市场化程度较高的地区更为明显。除了性别和年龄，董事学历也在很大程度上决定了其监督和咨询能力。何平林等（2019）实证检验了董事个体特质与公司绩效之间的关系，发现当女性董事数量增多、董事学历水平越高时，公司经营绩效表现越好。刘柏和郭书妍（2017）的研究也支持董事会成员平均学历水平对公司绩效存在正向影响。此外，董事会中年龄、性别、民族、学历等多样性会更进一步促进董事会内部的沟通和思想碰撞，进而实现董事知识、能力、风险偏好等方面的互补，提升公司的风险承担能力（李维安等，2014）。

2.专业背景特征

现有关于董事专业背景的研究大多关注董事是否具有财会、金融等背景及其对公司战略发展和治理水平的影响（Lee et al.，1999；黄海杰 等，2016；蔡春 等，2017；林之阳和孔东民，2018）。

在金融背景方面，学者们普遍认为具有银行背景的董事可以利用其关系网络缓解银企间的信息不对称程度，提高银行对公司的信贷支持力度（Kroszner and Strahan，2001；陈仕华 等，2013）。此外，金融背景董事还可以运用其专业知识为公司债务融资等金融方面的问题提供咨询指导，从而降低公司的融资成本，增强公司的融资能力（Guner et al.，2008）。然而，银行背景董事也可能不利于公司的借贷融资。由于银行或金融机构和非金融类行业公司的业务结构及公司特征存在很大的不同，银行背景独立董事可能很难对公司融资决策进行有效监督并提供合理建议（Lee et al.，1999）。

在财会背景方面，学者们大多基于独立董事的财会背景研究其监督有效性。曹洋和林树（2011）认为，财会专业独董更加熟悉公司财务报表编制的各个环节，可以更好地监督财务报告质量，识别公司的盈余操纵行为。Defond 等（2005）也认为有会计专长的独立董事可以有效提高公司的财务报告质量。然而，由于我国独立董事发挥的作用有限，财会专业独董能否发挥应有的治理作用也受到了质疑。黄海杰等（2016）认为，财会专业独董的监督有效性与其声誉有关，只有高声誉的独董才会积极履职，从而提高公司的盈余质量。蔡春等（2017）以会计专业独董的兼职席位衡量其声誉，发现会计专业独董兼职席位越多，其履职越积极，公司的盈余管理水平更低。除了监督职能，董事财会背景也会对公司的融资行为产生影响。郭玲玲（2012）发现会计学习或执业经历使得董事决策更加稳健，其所在公司更加倾向于进行长期债务融资，减少短期负债水平（Amason and Sapienza，1997）。

随着社会的不断发展，董事在新兴技术方面的专业背景也受到了越来越多的关注。如龚红和彭玉瑶（2021）发现技术独立董事更关注公司的长远发展，能够整合公司内外部资源，为创新决策提供专业性的咨询和建议，发挥了"专家效应"，提升了公司的创新绩效。袁蓉丽等（2021）也检验了有信息技术背景的董事的公司治理作用，发现有信息技术背景的董事可以利用其在信息技术方面的优势监督公司会计信息的生产与报告过程，表明从董事会层面加强信息技术背景多元化的重要性。

3.社会资本特征

Kor 和 Sundaramurthy（2009）在前人研究的基础上定义了董事会的社会资本，并对其进行了内外部的划分。其中，内部社会资本是指由董事会内部成员之间以及内部董事与公司其他高层管理者之间形成的社会关系网络所带来的资本；外部社会资本则是指董事会成员在本公司外的企业或者政府等机构任职，以及在公司交易等活动过程中与其他利益相关者形成的关系网络所带来的资本（Kim and Cannella，2008）。这两种具有不同特点的社会资本可以为公司带来不同类型的资源，而后的相关研究文献主要从这两个方面展开。

在董事网络的概念出现之前，涉及董事社会关系的研究集中在董事与总经理的社会关系，即公司内部的董事社会关系上。作为较早开始探究董事公司内部社会关系的经济后果研究之一，Hallock（1997）从董事与总经理的关系入手，发现公司的总经理与董事存在某种社会关系会导致总经理薪酬增加。其中可能的原因是这一社会关系导致了董事会的独立性降低，从而影响到董事会的治理水平。此后，刘诚和杨继东（2013）也发现，独立董事与 CEO 的内部关系为 CEO 提供了保护伞。尽管大多数学者发现公司内部的董事社会关系降低了董事独立性，给公司带来了不利的影响，但是，也有学者从其他视角进行探讨并得到了不同的结论。戴亦一等（2016）从董事长与总经理所属方言种类的视角出发构建社会关系，发现当董事长与总经理的家乡方言属于同一种方言体系时，董事长与总经理更容易互相获取对方的社会认同感，能够有效降低公司的代理成本。

相较于公司内部董事社会关系研究，公司间董事社会关系的研究也取得了一定成果。任兵等（2004）从公司董事网络的宏观作用视角入手，探讨了董事网络在帮助公司获取资源和监督管理层中的积极作用。段海艳和仲伟周（2008）对董事网络成因进行了初步分析，发现公司规模扩大是董事网络形成的最主要原因。彭正银和廖天野（2008）发现连锁董事形成的董事网络中心度对公司绩效有显著的正向影响，然而董事会中连锁董事的占比对公司绩效的影响不显著。在董事网络对公司决策及其经济后果的研究中，一方面，部分文献认为董事网络具有积极作用，陆贤伟等（2013）发现董事网络能够通过缓解公司与贷款人间的信息不对称加速信息传递，从而降低公司的融资成本；另一方面，也有学者探讨了董事网络给公司带来的消极影响，郑方（2011）发现董事网络在带来社会资本的同时也会提高公司的经营成本。

2.4　独立董事治理的研究综述

独立董事作为董事会成员的主要来源之一，是现代公司治理机制中的重要组成部分。独立董事代表中小股东对公司内部人（包括大股东和管理层）进行监督，但其选任以及薪酬在很大程度上由公司内部人决定。因此，独立董事治理的研究最初大多集中于独立董事的激励约束机制，随后逐步延伸到独立董事的履职行为及其治理有效性。本书接下来将跟随这一研究发展路径，从独立董事履职动机、独立董事履职行为和独立董事治理的有效性三个方面梳理独立董事治理的相关研究。

1.独立董事履职动机

Fama 和 Jensen（1983）最早提出，独立董事为了迅速提高声誉，在其早期职业生涯会积极履职，从而获取未来更多的工作机会和更好的职业前景。然而，Harford（2003）却认为这一自发的激励约束机制不适用于所有情况。当独立董事认为行使监督职权会使其失去该公司的独董职位，并造成其他不可预估的损失时，便不会行使监督职权。在此基础上，国外上市公司开始使用股权将独立董事收益与公司业绩挂钩，进而倒逼独立董事积极履职。然而，这一制度并不适用于我国，2016 年 7 月证监会颁布的

《上市公司股权激励管理办法》中仍明确规定禁止对独董进行股权激励，我国独立董事只能领取包括年度基本薪酬和会议津贴的固定现金薪酬，且金额相对较少，薪酬激励相对较小。

现有文献主要从独立董事的声誉机制和薪酬机制探讨履职独立性和勤勉性。Mace（1971）提出薪酬、声望和经验是外部董事的主要兼职动机，即独立董事的个人目标并非监督管理层，而是维持其兼职职位。孙泽蕤和朱晓妹（2005）也认为，独立董事勤勉尽职的原因在于法律约束、声誉机制和薪酬激励机制。基于此，本部分旨在整理独立董事声誉机制和薪酬机制相关文献，讨论独立董事制度发挥有效性的理论机制。

（1）声誉机制。以往文献认为，声誉机制是独立董事履职行为的最重要影响因素，较好的声誉有助于独立董事获得更多的兼职职位，其市场议价能力也会得到提高（李焰和秦义虎，2011）。目前研究主要使用三种不同的独立董事声誉度量方法。第一种也是最常见的方法，即使用独立董事兼职公司数量作为其声誉的替代变量（Bushman et al.，2004；叶康涛 等，2011；黄海杰 等，2016）；第二种是根据独立董事任职公司的经营情况衡量独立董事声誉，如公司面临危机、管理混乱等作为影响独立董事声誉的因素（Asthana and Balsam，2013；唐清泉 等，2006）；第三种是将公司规模视为声誉激励变量（Masulis and Mobbs，2014；Sila et al.，2017；Bryan and Mason，2020）。尽管声誉机制被认为是影响独立董事独立性的一个重要机制，学术界针对声誉机制对独立董事有效性的影响仍然存在较大争议。一方面，声誉对独立董事有一定的激励作用。全怡和郭卿（2017）发现，声誉机制可以促使独立董事积极履职，而独立董事积极的履职行为又会传递至资本市场，提升独立董事声誉，进而形成一个良性的循环。Jiang 等（2016）也验证了独立董事会通过积极客观地投反对票以建立勤勉的监督者形象，进而提高其个人职业声誉。此外，独立董事也会调整其精力分配，将更多的精力和努力聚焦到声誉相对较高的公司。全怡和陈冬华（2016）的研究也证实了这一结论，他们发现独立董事会将更多的精力放在其兼任公司中声誉相对更高的公司。另一方面，声誉机制也可能使得独立董事更少发表异议意见。在我国股权高度集中的背景下，控股股东掌握着独立董事的选聘权，在董事会议公开发表异议的行为可能导致其被迫离职，尽职的独立董事不仅更容易失去现有职位，同时也更难在市场上得到更多的兼职职位（唐雪松 等，2010；陈睿 等，2015）。而且，在我国独董普遍通过换届未连任辞职的现状下，积极监督或明确发表异议意见的独董更不可能连任（郑志刚 等，2016）。此外，声誉风险也会促使独立董事改变监督方式。唐清泉等（2006）发现，在公司面临危机时，独立董事可能采取"加强监督"以降低风险，同时也可能通过辞职来保全自己的声誉。综上，声誉机制的确是影响独立董事履职行为的重要因素，但具体影响可能要结合公司股权结构和地区市场化环境而定。

（2）薪酬机制。独立董事独立性与薪酬回报在理论上是有一定争议的，独立董事从公司获取薪酬，表明独立董事并非完全独立（郭强和蒋东生，2003）。但是，国外也会对独立董事实施股权激励，将其薪酬与公司业绩挂钩，进而给予独立董事更大的动力去监督经理人，防止经理人损害股东利益（Cordeiro et al.，2000；Ryan and Wiggins，2004；Kumar and Sivaramakrishnan，2008）。具体地，基于薪酬激励无效观点，Brick等（2006）发现公司管理层可以利用高薪"贿赂"独立董事，独立董事的津贴往往与CEO的津贴呈正相关关系，表明董事与高管之间存在裙带关系。Hope 等（2019）也发现，独立董事的津贴与关联交易正相关，即高额津贴会损害独立董事的独立性。在投资者保护薄弱、腐败现象较为严重的市场中，独立董事更有可能被高额津贴"贿赂"，从而导致独立性的降低以及监督意愿的丧失。此外，高薪酬对独立性的损害也会使独立董事难以有效监督公司的财务报告，导致了较高的盈余管理水平（Ye，2014），且独立董事薪酬过高或过低均会导致较高程度的盈余管理（张天舒 等，2018）。

在支持薪酬激励有效的研究中，学者认为薪酬的增加会提高独立董事的工作意愿，孙泽蕤和朱晓妹（2005）也认为薪酬激励和声誉机制都是独立董事勤勉尽职的原因。此外，高额薪酬可以提高独立董事参与会议的意愿，这类促进作用在独立董事平均薪酬水平较高且存在差异化薪酬政策的情况下更强，此时独立董事会更加积极参与制定经理人薪酬计划（郑志刚 等，2017），为公司业绩贡献力量（高雷 等，2007；郑志刚 等，2017）。另一部分研究认为，适度的薪酬才能对独立董事起到激励作用。Adithipyangkul 和 Leung（2018）、李燕媛和刘晴晴（2012）分别从公司业绩和盈余管理视角，发现独立董事薪酬与业绩和盈余管理程度呈非线性关系，即独立董事薪酬的增加有利于提高公司业绩和降低盈余管理程度，但超出一定范围后，独立董事薪酬的增加反而会对公司造成不利影响。谭劲松（2003）、朱杰（2020）等的研究也支持适度的薪酬水平才有助于改善公司的治理水平这一观点。

2.独立董事履职行为

独立董事最常见的履职方式是参与董事会会议并在董事会会议中对议案发表意见。然而，在极端情况下，学者们发现独立董事可能通过辞职行为来履职（Fahlenbrach et al.，2010；戴亦一 等，2014）。其中，参与董事会会议是判断独立董事积极履职的最直观行为。以往研究将独立董事参会行为视为独立董事履职的重要表现之一，分析了独立董事参会行为的影响因素，发现相对于经验丰富的独立董事，新手独立董事更倾向于多参加董事会会议以积累足够的监督咨询经验（Chen and Keefe，2020）。此外，独立董事是否积极参会还受到声誉机制的影响，多席位独立董事会根据独立董事席位带来的声誉，更多地出席声誉激励较大的公司董事会会议（谢诗蕾 等，2016）。在独立董事出席会议的治理效应方面，Liu 等（2016）发现，独立董事出席会议减少了公司大股东的隧道行为（tunneling），有助于保护中小投资者利益，且资历较深的独立董事出席会议更有助于提升公司业绩（Chou et al.，2013）。然而，越来越多的学者发现，独立董事参与股东大会的频率仅仅能代表独立董事工作是否勤勉（全怡和陈冬华，2016；全怡和郭卿，2017），每年独立董事需要参加的董事会会议较少，研究独立董事参与董事会会议的治理效意义较小。

相较于参与董事会会议，独立董事发表异议带来的经济后果往往更加明显。Tang

等（2013）、Jiang 等（2016）均发现，独立董事异议行为传递了公司董事会议案存在重大风险等信息，有独立董事异议行为的公司会受到更严格的监管，往往在未来更可能被ST（特别处理）、被出具非标准审计意见或者被监管部门处罚。而且，独立董事发表异议意见也能在改善公司未来会计业绩、抑制公司过度投资（祝继高 等，2015）等方面发挥积极作用。虽然独立董事发表异议意见会改善公司的治理水平，但并不是所有公司都能接受独立董事这一"善意的反对"。一方面，中国资本市场可能更喜欢"听话"的独立董事，独立董事发表异议之后，可能会被迫离职、未来的任职机会减少（Du et al.，2018），且存在证据表明尽职的独立董事离职率更高（陈睿 等，2015）。因此，兼职少或者报酬高的独立董事反而不敢发表异议意见（唐雪松 等，2010）。另一方面，独立董事提出异议也体现了其出色的监督能力。治理结构完善的公司更可能聘请有能力的独立董事对董事会和总经理行为进行积极监督，独立董事发表异议意见反而会使其未来的独董生涯更加光明（Jiang et al.，2016）。

关于独立董事辞职行为，现有研究大多认为主动辞职更多地表现为逆淘汰效应或独立董事"用脚投票"的一种行为体现（陈睿 等，2015），即独立董事主动辞职更多是出于明哲保身的动机。因此，独立董事辞职往往会向外界释放公司经营不佳的信号（Fahlenbrach et al.，2010）。经过统计，处于职业生涯末期的独董往往选择"悄悄离开"，而 50 多岁的独立董事中有一半人以"忙碌"为由，并且是在公司业绩不佳的时候离职。戴亦一等（2014）也认为，独立董事的提前辞职往往会传递公司治理失败的信号，表现为在下一年财务报表重述和公司严重违规的可能性增加。

3.独立董事治理有效性

独立董事制度的有效性是一个基础的研究话题，在国内外学术界产生了丰富的研究成果。以往研究认为，独立董事在公司主要有监督职能和咨询职能这两大职能。其监督职能体现在独立董事可以根据自身专业知识和职业判断，对公司重大决策提出意见，进而监督和影响公司的行为。独立董事也具有一定的咨询职能，可以为公司经营和发展提供建议。当前文献主要从公司绩效、盈余管理等方面展开了具体的研究。

关于独立董事对公司短期、长期业绩及其市场价值的影响，学术界一直没有得到统一的结论。早期的大多数研究发现独立董事不能提高公司业绩（Kim，2007；胡勤勤和沈艺峰，2002），独立董事制度能够提高公司治理水平的证据在后期慢慢得到印证。王跃堂等（2006）通过实证研究发现，随着董事会中独立董事比例的提高，公司业绩也会得到显著提高，在控制可能存在的内生性之后这种关系仍然是稳健的，表明我国独立董事制度的有效性。赵昌文等（2008）证明了资源依赖理论在独立董事有效性中的重要应用，发现独立董事的个人背景和能力有助于提升公司价值和业绩。还有部分研究发现，独立董事与公司业绩的关系是复杂的。例如，谭劲松等（2003）发现，独立董事人数与公司业绩显著正相关，但独立董事比例对公司业绩没有影响，且公司业绩随着独立董事薪酬的提高先增长后降低。李莉等（2018）实证研究了我国民营上市公司聘请高校独董对绩效的影响，发现高校独董的知识水平和专业特长能够促进民营上市公司绩效的提升，但担任行政职务和兼职过多的高校独董却未能充分履行"行监坐守"的职责。

自独立董事制度颁布以来，独立董事与公司治理问题之间的因果关系受到了学者们的广泛关注（Xie et al.，2003；吴清华 等，2006）。王跃堂（2003）为探讨我国引入独立董事制度的有效性，发现市场对自愿聘任独立董事的公司有正向的反应，说明投资者认为独立董事有助于提高公司的会计信息质量。此后，学术界大量学者实证检验了独立董事的治理作用。例如，Liu 和 Lu（2007）、邓小洋和李芹（2011）分析我国上市公司聘任独立董事与盈余管理的关系，发现独立董事制度能有效抑制上市公司的盈余管理，说明独立董事制度实现了公司治理效果，有助于保护中小股东权益。此外，董事会独立性的提高有助于抑制财务舞弊（Beaslay，1996；刘立国和杜莹，2003）、财务重述（杨忠莲和杨振慧，2006；窦欢 等，2021）。虽然大多数研究肯定了独立董事的治理有效性，但也有如王兵（2007）、张洪辉等（2019）研究认为，公司盈余质量总体上与独立董事独立性无关，过高的独立董事薪酬和繁忙独立董事会降低公司的盈余质量，独立董事与上市公司的距离也会影响其参会积极性，进而降低公司的会计信息质量。

3 偶数规模董事会与代理问题

3.1 偶数规模董事会与代理问题研究概述

董事会不仅应在重要议题上向高层管理者提出建议，还应在监督管理层和保障中小股东权益方面发挥关键作用（Mace，1986）。以往研究表明公司业绩与董事会的各种特征有关，包括独立董事比例（Liang et al.，2013；Liu et al.，2015）、董事会结构（Zhu et al.，2016）、女性董事（Liu et al.，2014；Luo et al.，2017）以及外国董事（Giannetti et al.，2015）。本章研究了董事会的一个有趣特征，即董事会中董事人数的奇偶性。当董事会中董事人数为偶数时（简称偶数董事会），本章认为该董事会的监督能力可能较弱，而且相关公司也往往面临更严重的代理问题。

有两个理由可以认为偶数董事会的监督作用较弱。首先，董事会通常通过投票方式和"简单多数"规则作出决定，设置奇数董事会有助于避免投票平局。许多管理咨询顾问强烈建议公司采用奇数董事会[①]，因为在进行监督管理层和约束代理问题方面的决策时，偶数董事会通常缺乏效率。Deng 等（2012）发现偶数董事会的公司经营业绩更差、市场价值更低。Gao 和 Huang（2016）发现，在美国，当审计委员会成员人数为偶数时，公司更可能发生财务重述。

其次，在新兴市场中，公司所有权结构较为集中（La Porta et al.，1999；Claessens et al.，2000），该类公司的董事往往由高管或控股股东提名和任命，董事会可能被控制，

[①] 在《财富》杂志的一篇文章中（https://www.forbes.com/sites/theyec/2014/07/16/five-rules-for-selecting-your-personal-board-of-directors/＃16dc05bf685f），卓越集团控股公司的首席执行官、VICAR 资本咨询公司的管理合伙人 Carl Dorvil 提出，选择董事会的五条规则之一是"董事会成员的数量是奇数"。他评论说："如果你有偶数的董事成员帮助你做决定，那么出现平局的概率就很高。然而，如果你有奇数的票数，总会有一方的意见或建议胜出。如果你没有奇数的董事会成员，你就为自己设置了一个最终会比开始时更困惑的境地。"

从而不能有效地发挥治理作用（Shivdasani and Yermack，1999；Coles et al.，2014）[①]。因此，本章认为，如果公司预期董事会将发生讨论和产生分歧意见，则会设置奇数董事会；而在董事会被控股股东掌控的情况下，公司不会担心董事会决议出现平票的问题，故而更可能设置偶数董事会，因为控股股东控制下的董事会很难出现影响决议结果的反对票。简而言之，偶数董事会很可能是内部人控制下选择的一个结果，意味着更难发挥监督代理问题的作用。

在中国，几乎每家上市公司都有控股股东（Jiang and Kim，2015），并且控股股东几乎完全掌握对董事会成员的选择权（Ma and Khanna，2016）。此外，由于中国对投资者特别是中小投资者的保护相对较弱，控股股东有强烈的动机利用控制权攫取控制权私人利益，主要方式包括掏空（Jiang et al.，2010）、关联交易、关联担保（Peng et al.，2011）以及超额在职消费（Ang et al.，2000；Du，2014）等。这意味着，中国的控股股东更有可能选择一个弱势的董事会或一个不会质疑他们意见的偶数董事会。由此我们不禁思考，在中国这样的新兴市场国家，偶数董事会是否更可能产生更严重的代理问题？

鉴于此，本章以2004—2013年中国A股上市公司为样本，实证分析了偶数董事会与上市公司代理问题间的影响关系。结果显示：（1）相较于董事会人数为奇数的上市公司，董事会人数为偶数的上市公司具有更严重的代理问题，这一结论在进行了一系列稳健性检验后仍然成立；（2）在信息不对称程度较高的小公司和分析师关注度较低的公司，与偶数董事会有关的代理问题将更为严重；（3）当董事会中董事人数较多或者董事会持股更多时，董事会将能够发挥更强的治理作用，从而削弱了偶数董事会与代理问题间的正向关系；（4）偶数董事会比奇数董事会召开的董事会会议次数显著更少，且偶数董事会的成员更有可能缺席董事会会议；（5）进一步地，本章发现偶数董事会的公司更有可能被出具非标准无保留审计意见，更有可能发生会计违规行为，且市场价值更低。

本章可能的贡献在于：首先，与现有研究一致（Finkelstein and Hambrick，1989；Hwang and Kim，2009；Coles et al.，2014；Ma and Khanna，2016），本章对董事会能在多大程度上有效监督和约束管理层提出疑问。本章的研究结果表明，在新兴市场中由于控股股东直接任命董事，董事会可能被控制从而不能发挥保护中小股东的治理作用。这与许多投资者的担忧相呼应，即增选的董事会可能不是有效的监督者。其次，本章对董事会结构的相关文献进行了补充。现有文献存在两个研究方向，一个是关注董事会结构的决定因素（Boone et al.，2007；Coles et al.，2008；Linck et al.，2008），另一个则是探讨董事会结构对公司的潜在影响（Adams et al.，2010）。与之前关注董事会规模的研究不同，本章研究了董事会的董事人数的奇偶性特征，比较了偶数董事会与奇数董事会，对偶数董事会的监督效应相关文献作出补充。

---

① 例如，在中国最能代表控股股东和最高管理层的董事长会从其社交网络中挑选几乎所有的独立董事（Shen and Jia，2005；Ma and Khanna，2016）。上海证券交易所（2004）报道称70％的独立董事是由公司的大股东指派。

3.2　理论分析与假设提出

中国作为最有代表性的新兴市场之一，吸引了众多学者对其资本市场的发展和特征进行研究（Allen et al.，2005；Jiang and Kim，2015）。在过去的20年里，中国的资本市场经历了快速增长，已有超过2000家公司在上海和深圳证券交易所的主板上市，上市公司的总市值位居世界第二。中国上市公司的一个主要特点是存在控股股东。在中国从计划经济向市场经济转型期间，大量的国有企业私有化并在证券交易所上市。这些国有上市公司约占所有上市公司的一半，它们的控股股东是国家机关或者政府部门。Jiang和Kim（2015）研究表明，1998—2012年中国上市公司第一大股东平均持有公司三分之一以上的股份，而前五大股东则平均合计持有公司一半以上的股份。

La Porta等（1999）认为，控股股东的存在可能会导致控股股东与中小股东之间的代理冲突。控股股东会利用其对公司的控制权，通过直接窃取、关联贷款、关联担保、非公允的转移定价等方式侵占中小股东利益。此外，由于中国保护中小投资者权利的法律和司法体系尚不完善，控股股东进行利益侵占的成本很低，这加剧了控股股东侵占中小股东利益的代理冲突问题。

相应的，许多研究发现中国的控股股东会通过挪用公司资产实施掏空。Jiang等（2010）发现控股股东通过无息或到期不还的关联贷款从上市公司非法抽走大量资金，导致公司经营业绩不佳并陷入财务困境。Cheung等（2009）报告了控股股东通过关联交易（包括资产销售和收购、商品和服务交易、现金转移和贷款担保）进行掏空的证据，尽管关联交易有时也被用来支撑公司业绩，但Cheung等（2009）和Peng等（2011）发现投资者对于可能是掏空行为的关联交易公告反应消极。

由于意识到这些代理问题，中国的监管机构已经引入了与成熟市场类似的公司治理准则。2001年8月，监管部门也发布了《关于在上市公司建立独立董事制度的指导意见》，规定董事会规模应在5至19名董事之间，并且要求至少有三分之一的独立董事，因为独立董事能够更好地监督控股股东和经理人等公司内部人（Fama，1980；Fama and Jensen，1983）。2002年1月2日发布的《中国上市公司治理准则》在第二章中概述了控股股东的规则，在第三章中概述了董事和董事会的规则。该准则规定控股股东应提名董事候选人，董事应诚信勤勉，具备合理专业知识结构并遵守法律法规与公司章程。为了保持董事的独立性，中国的法规也要求独立董事不能持有上市公司1%以上的股份，也不能是前十大股东之一。

然而，独立董事制度和公司董事会是否真的起到了缓解代理问题的作用？尽管所有公司都有董事会和独立董事，但事实上大量的中国公司仍然存在掏空现象，这可能表明董事会和独立董事在遏制掏空行为方面成效甚微。与此同时，大多数中国上市公司的独立董事人数只达到了法规规定的最低人数（Jiang and Kim，2015），这意味着控股股东并没有强烈的动机任命更多的独立董事来监督和约束其自利行为。

此外，由于董事是由控股股东提名并且亲自挑选，控股股东很少会选择提名可能会反对自己的个体。来自美国的证据表明，首席执行官挑选董事时更喜欢有利益冲突的"灰色董事"而不是外部独立董事（Shivdasani and Yermack，1999）。许多公司董事会的独立董事均为 CEO 的朋友，这些董事会不能有效地监督 CEO 的表现（Hwang and Kim，2009）。当董事会成员更多由现任 CEO 任命，其面临的监督就会减少（Coles et al.，2014）。Ma 和 Khanna（2016）使用中国公司的投票数据发现独立董事很少投反对票，总体上占总票数比例不到 1%，并且没有一个控股股东的提案曾被董事会否决。

根据这些研究，本章猜测部分董事会存在被控股股东控制且未能发挥监督作用的情况。本章认为董事人数为偶数的董事会更有可能是被控股股东高度控制的董事会，因为董事会通常采取投票的方式作出决定，为了避免投票平局，合理的选择应该是奇数董事会。相反，偶数董事会很有可能在投票中出现票数持平导致无法作出决定的情况。然而，在本章研究的中国公司样本中超过 17% 的公司拥有偶数董事会。本章猜想，之所以选择偶数董事会，是因为控股股东确信他们完全控制了董事会，所以在董事会会议上永远不会出现投票平局。

最后，偶数董事会的决策效率通常较低。Deng 等（2012）发现，美国公司的偶数董事会与较低的托宾 Q 值及经营业绩有关，这表明偶数董事会的决策效率不高。这种低效率可能会损害董事会缓解代理问题和监督高管的能力。Gao 和 Huang（2018）研究表明，在美国，成员人数为偶数的审计委员会与较高的财务重述有关，这意味着偶数审计委员会的监督作用较弱。因此，决策低效并且监督作用较弱的偶数董事会可能会导致更多的代理问题。

基于这些论据，本章预期偶数董事会监督作用较弱，从而与更多的代理问题有关。据此提出如下假设。

假设 H3-1：同等条件下，相较于董事会人数为奇数的公司，董事会人数为偶数的公司具有更严重的代理问题。

3.3　样本选择、变量定义与模型设定

1.样本选择与数据来源

鉴于我国 2003 年出台法规要求所有上市公司董事会中至少有三分之一的独立董事，而在 2014 年，大量公司为应对禁止政府离退休官员担任董事的新规定对董事会进行了调整，故本章样本区间选取自 2004—2013 年。剔除数据缺失样本后，本章最终得到13572 个公司—年度观测值，为了消除极端值的影响，在 1% 和 99% 水平上对每个连续变量进行 Winsorize 缩尾处理。样本上市公司的财务数据和董事会数据来源于 CSMAR

数据库（中国经济金融研究数据库）。

图 3-1 展示了样本期间中国董事会规模的分布情况。按照法规要求，中国公司的董事会人数从 5 人到 19 人不等。大多数公司选择了奇数董事会，其中 51.3％的公司有 9 名董事。这与公司通常为了避免出现投票平局而选择奇数董事会的预期相符。然而，仍有 17.7％的公司董事会人数为偶数，并且 8 名是最受欢迎的董事人数，其次是 12 名、10 名和 6 名[①]。

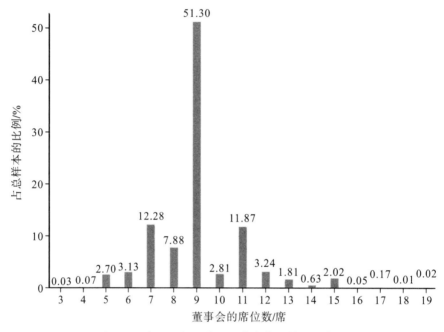

图 3-1 中国 A 股上市公司董事会规模分布情况

2.变量定义与度量

（1）代理问题

参考已有研究（Ang et al.，2000；Singh and Davidson，2003；Jiang et al.，2010；Du，2013；Du，2014；Qian and Yeung，2015），本章选取总资产标准化后的其他应收款（ORECTA）、总资产标准化后的公司为大股东或其关联方提供贷款担保的金额（GUARANTEE）、总资产标准化后的公司与大股东或其关联方交易的金额（CONNECT）、管理费用与销售费用之和除以营业收入（EXPENSES1）以及管理费用除以营业收入（EXPENSES2）等 5 个指标分别衡量公司代理问题的严重程度。

---

① 少数公司一年度观测值中有 3 或 4 名董事，可能是因为在会计年度结束前不久有董事辞职，因此在离职的董事和新当选的董事之间存在时间差距。剔除这些公司一年度观测值并不改变本章的结论。

（2）偶数董事会

偶数董事会（EVEN）用于衡量董事会人数是否为偶数。当董事会人数为偶数时，EVEN 取 1，奇数时则 EVEN 取 0。

（3）控制变量

本章控制了一系列可能影响公司代理成本的控制变量。首先，借鉴 Jiang 等（2010）的研究，本章控制了公司规模（SIZE）、盈利能力（ROA）、产权性质（SOE）、大股东持股比例（TOP1）以及地区市场化水平（MKT）。此外，本章还控制了市值账面比（MTB）、有形资产（TANGIBLE）、机构投资者持股（INST）、分析师关注（ANALYSTS）、审计质量（BIG4）、ST 状态（ST）以及股权集中度（TOP2_5）等其他公司特征变量。

本章还控制了其他可观察到的董事会特征，包括董事会规模（BOARD）、董事会独立性（INDEP）、董事持股比例（BSHR）、两职合一（DUAL）。控制这些董事会特征有助于本章独立考察偶数董事会对代理问题的影响。最后，本章在所有的回归估计中均控制了行业和年份固定效应。所有主要变量的定义与度量，详见表 3-1。

表 3-1　变量定义与度量

变量符号	变量定义
ORECTA	其他应收款/总资产
GUARANTEE	贷款担保金额/总资产
CONNECT	关联交易金额/总资产
EXPENSES1	（管理费用＋销售费用）/营业收入
EXPENSES2	管理费用/营业收入
EVEN	当董事会人数为偶数时取 1，否则取 0
SIZE	第 $t-1$ 年末总资产的自然对数
LEV	第 $t-1$ 年末总负债/总资产
TANGIBLE	第 $t-1$ 年末有形资产/总资产
ROA	第 $t-1$ 年末净利润/总资产
MTB	第 $t-1$ 年末股权市场价值/股权账面价值
TOP1	第 $t-1$ 年末第一大股东持股比例
TOP2_5	第 $t-1$ 年末第二至第五大股东持股比例总和
BOARD	董事会成员人数
INDEP	独立董事人数/董事会成员总数
DUAL	CEO 兼任董事长时取值为 1，否则取 0
BSHR	董事会持股比例之和
SOE	如果该公司为国有控股取值为 1，否则为 0
INST	第 $t-1$ 年末所有机构投资者持有股份比例之和

续表

变量符号	变量定义
ANALYSTS	关注该公司的分析师人数与 1 之和的自然对数
BIG4	如果该公司聘请了四大会计师事务所之一的审计师，即德勤会计师事务所（DT）、普华永道会计师事务所（PWC）、安永会计师事务所（EY）和毕马威会计师事务所（KPMG），则取值等于 1，否则等于 0
MKT	樊纲等（2011）市场化指数中衡量中国中介机构和法律监管水平的指数
ST	如果公司连续两年报告亏损则取值为 1，否则为 0

3.计量回归模型

本章构建了如下的计量回归模型进行多元回归分析：

$$DEP_{i,t} = \beta_0 + \beta_1 EVEN_{i,t} + \beta_2 SIZE_{i,t} + \beta_3 LEV_{i,t} + \beta_4 TANGIBLE_{i,t} + \beta_5 ROA_{i,t} +$$
$$\beta_6 MTB_{i,t} + \beta_7 TOP1_{i,t} + \beta_8 TOP2\_5_{i,t} + \beta_9 BOARD_{i,t} + \beta_{10} INDEP_{i,t} +$$
$$\beta_{11} DUAL_{i,t} + \beta_{12} BSHR_{i,t} + \beta_{13} SOE_{i,t} + \beta_{14} INST_{i,t} + \beta_{15} ANALYSTS_{i,t} +$$
$$\beta_{16} BIG4_{i,t} + \beta_{17} MKT_{i,t} + \beta_{18} ST_{i,t} + \sum INDUSTRY + \sum YEAR + \varepsilon_{i,t} \qquad (3-1)$$

其中 DEP 统一代表衡量代理问题的 5 个指标变量，β_0 代表截距项，EVEN 为偶数董事会变量，$\sum INDUSTRY$ 和 $\sum YEAR$ 分别代表行业和年度虚拟变量，ε 为残差项，其余控制变量的具体定义见上一小节。本章将利用计量回归模型（3-1）检验假设 H3-1，若 β_1 系数显著为正，则表明董事会人数为偶数的公司有更严重的代理问题。

3.4　单变量的差异分析

表 3-2 首先对偶数董事会和奇数董事会进行了单变量分析。从表中可知，偶数董事会比奇数董事会有更多的代理问题，因为 5 个代理问题变量的均值都是偶数董事会显著高于奇数董事会。例如，偶数董事会中衡量掏空的代理变量其他应收款（ORECTA）的均值为 0.038，在奇数董事会中均值为 0.029，其均值差异为 0.009 且在 1% 的统计水平下显著。此外，偶数董事会的公司为大股东或其关联方提供的贷款担保（GUARANTEE）、关联交易（CONNECT）更多，经营费用率（EXPENSES1，EXPENSES2）更高。可见，这些单变量分析结果支持了本章的假设预测，即偶数董事会更可能是受控股股东控制的，并与更多的代理问题有关。

表 3-2 还显示了偶数董事会和奇数董事会在公司特征上的一些差异。首先，整体上偶数董事会的公司投资回报率（ROA）更低，可能是较高的代理成本导致了较差的经营业绩。其次，偶数董事会在国有企业（SOE）中的比例更高。

表 3-2　单变量的分组差异检验结果

变量	EVEN＝1(样本量＝2433)			EVEN＝0(样本量＝11319)			t/Z 检验值
	均值	中位数	标准差	均值	中位数	标准差	
ORECTA	0.038	0.013	0.071	0.029	0.011	0.056	0.009 *** /0.002 ***
GUARANTEE	0.043	0.001	0.115	0.039	0.001	0.103	0.004 ** /0.000
CONNECT	0.050	0.001	0.125	0.045	0.001	0.116	0.005 * /0.000
EXPENSES1	0.179	0.128	0.185	0.167	0.122	0.166	0.012 *** /0.006 ***
EXPENSES2	0.116	0.079	0.148	0.104	0.074	0.128	0.012 *** /0.005 ***
SIZE	21.45	21.320	1.109	21.440	21.330	1.060	0.010/−0.010
LEV	0.467	0.478	0.225	0.467	0.476	0.221	0.000/0.002
TANGIBLE	0.268	0.225	0.186	0.263	0.235	0.177	0.005/−0.010
ROA	0.049	0.047	0.065	0.052	0.051	0.059	−0.003 ** /−0.004 ***
MTB	2.325	1.777	1.633	2.295	1.811	1.493	0.030/−0.034
TOP1	0.363	0.336	0.158	0.367	0.348	0.154	−0.004/−0.012 *
TOP2_5	0.155	0.128	0.115	0.158	0.137	0.113	−0.003/−0.009
BOARD	8.936	8.000	2.224	9.125	9.000	1.749	−0.189 *** /−1.000 ***
INDEP	0.372	0.375	0.058	0.360	0.333	0.048	0.012 *** /0.042 ***
DUAL	0.178	0.000	0.383	0.177	0.000	0.381	0.001/0.000
BSHR	0.059	0.000	0.147	0.068	0.000	0.158	−0.009/0.000
SOE	0.532	1.000	0.499	0.495	0.000	0.500	0.037 *** /1.000 ***
INST	0.062	0.024	0.103	0.062	0.028	0.096	0.000/−0.004 **
ANALYSTS	1.184	1.099	1.162	1.239	1.099	1.146	−0.055 *** /0.000 ***
BIG4	0.042	0.000	0.201	0.034	0.000	0.182	0.008 * /0.000 *
MKT	7.596	7.660	1.889	7.568	7.650	1.918	0.028/0.010
ST	0.081	0.000	0.273	0.073	0.000	0.260	0.008/0.000

注：*** 、** 、* 分别代表在 1％、5％、10％的统计水平下显著(双尾)。

3.5　多元回归分析

表 3-3 报告了偶数董事会和各种代理问题指标变量的多元回归结果。在控制了大量的公司和董事会特征之后，所有模型中偶数董事会（EVEN）的回归系数均显著为正，表明偶数董事会的公司有更严重的代理问题。例如，因变量为其他应收款（ORECTA）

的模型 1 中，自变量的系数为 0.004（模型 1：$\beta=0.004$，$p<0.01$），表明偶数董事会公司的公司间贷款比奇数董事会公司多。模型 2～5 的结果显示，偶数董事会与更多贷款担保、关联交易和更高的经营费用率有关（模型 2：$\beta=0.005$，$p<0.05$；模型 3：$\beta=0.005$，$p<0.10$；模型 4：$\beta=0.008$，$p<0.05$；模型 5：$\beta=0.006$，$p<0.10$）。

此外，除市场化水平（MKT）和 ST 状态（ST）外，很多控制变量在不同的模型中不具备一致的系数符号或统计显著性，因此很难得出统一的结论。市场化水平（MKT）在所有模型中的系数均为负，表明在中介机构更发达、法律监管更强的地区，代理问题显著更少。这一证据与 Jiang 等（2010）的研究结果一致，即在中国欠发达地区掏空问题更为严重。ST 状态（ST）的系数在所有模型中都为正，意味着陷入财务困境的 ST 公司有更多的代理问题。

表 3-3　偶数董事会和各种代理问题指标变量的多元回归分析结果

变量	ORECTA	GUARANTEE	CONNECT	EXPENSES1	EXPENSES2
	模型 1	模型 2	模型 3	模型 4	模型 5
EVEN	0.004***	0.005**	0.005*	0.008**	0.006*
	(3.435)	(1.982)	(1.727)	(2.341)	(1.944)
SIZE	−0.002***	0.003**	0.002	−0.013***	−0.010***
	(−2.822)	(2.090)	(1.386)	(−6.831)	(−6.453)
LEV	0.043***	−0.001	0.008	−0.052***	−0.024***
	(12.693)	(−0.231)	(1.282)	(−4.918)	(−2.788)
TANGIBLE	−0.051***	0.005	0.011	−0.043***	−0.020**
	(−15.138)	(0.893)	(1.493)	(−4.149)	(−2.341)
ROA	−0.166***	−0.049**	−0.087***	−0.524***	−0.456***
	(−11.011)	(−1.996)	(−3.072)	(−11.196)	(−11.361)
MTB	0.002***	0.004***	0.005***	0.018***	0.015***
	(4.072)	(4.395)	(4.105)	(9.534)	(9.633)
TOP1	−0.027***	0.069***	0.071***	−0.110***	−0.086***
	(−8.876)	(9.617)	(8.871)	(−11.843)	(−11.572)
TOP2_5	0.010**	−0.035***	−0.036***	0.002	−0.015
	(2.080)	(−3.899)	(−3.544)	(0.132)	(−1.228)
BOARD	−0.001***	0.002***	0.002***	−0.002***	−0.002***
	(−5.259)	(3.722)	(3.374)	(−3.031)	(−2.953)
INDEP	−0.024**	−0.030	−0.033	−0.022	−0.009
	(−2.543)	(−1.514)	(−1.457)	(−0.765)	(−0.371)
DUAL	−0.001	−0.008***	−0.007***	0.007*	0.002
	(−0.508)	(−3.837)	(−3.059)	(1.959)	(0.886)

续表

变量	ORECTA	GUARANTEE	CONNECT	EXPENSES1	EXPENSES2
	模型 1	模型 2	模型 3	模型 4	模型 5
BSHR	−0.003	−0.044 ***	−0.052 ***	−0.004	−0.018 ***
	(−1.072)	(−9.063)	(−9.471)	(−0.367)	(−2.639)
SOE	−0.008 ***	0.013 ***	0.011 ***	−0.024 ***	−0.017 ***
	(−7.020)	(6.059)	(4.671)	(−7.418)	(−6.446)
INST	−0.013 ***	0.065 ***	0.069 ***	0.012	−0.004
	(−3.353)	(4.860)	(4.854)	(1.065)	(−0.516)
ANALYSTS	−0.000	−0.003 ***	−0.004 ***	0.003 **	−0.001
	(−0.223)	(−3.289)	(−3.477)	(2.034)	(−1.022)
BIG4	−0.000	−0.000	−0.002	0.031 ***	0.012 ***
	(−0.048)	(−0.019)	(−0.425)	(4.672)	(2.604)
MKT	−0.002 ***	−0.002 ***	−0.002 ***	−0.005 ***	−0.002 ***
	(−5.960)	(−3.752)	(−2.804)	(−6.346)	(−3.758)
ST	0.027 ***	0.018 ***	0.019 ***	0.077 ***	0.069 ***
	(8.323)	(3.712)	(3.376)	(8.110)	(8.531)
截距	0.126 ***	−0.052 *	−0.038	0.682 ***	0.487 ***
	(8.535)	(−1.721)	(−1.127)	(13.612)	(11.604)
行业固定效应	控制	控制	控制	控制	控制
年度固定效应	控制	控制	控制	控制	控制
样本量	13752	13752	13752	13752	13752
F 值	44.585	25.832 ***	26.275 ***	74.800 ***	46.573 ***
调整 R^2	0.304	0.075	0.067	0.265	0.233

注:(1) *** 、** 、* 分别代表在 1%、5%、10% 的统计水平下显著(双尾);(2)括号内数字为经过异方差调整的 t 值。

3.6 稳健性检验

本章已经检验了偶数董事会与代理问题之间的关系,这些证据支持了偶数董事会可能是被控制的从而无法有效监督控股股东利益侵占行为的理论推测。然而,本章并没有论证偶数董事会和代理问题之间的因果关系。在多元回归分析中,本章控制了大量公司和董事会的特征以识别偶数董事会和代理问题之间的关系,但实证分析中仍可能忽略了会同时影响偶数董事会和侵占中小股东利益决策的遗漏变量。本章通过两种方式来缓解这一内生性问题：（1）寻找其他方面与偶数董事会公司相似的奇数董事会公司匹配样本。具体来说，使用倾向得分匹配法为每一个偶数董事会公司匹配一个可比性强的奇数董事会公司。在第一阶段，使用 Probit 模型来估计偶数董事会的概率，该模型以公司规模、杠杆率、董事会规模以及行业和年份固定效应作为自变量，然后选择倾向得分较高的奇数董事会公司作为偶数董事会公司的匹配公司。在第二阶段，使用偶数董事会公司和匹配的奇数董事会公司样本组成新的样本，并用各种代理问题指标变量对假设 H3-1 重新进行回归分析。使用匹配后的公司样本进行回归，第二阶段的结果仍然支持了本章的研究假设。（2）在回归中加入公司固定效应以进一步控制不可观测的公司特征。由于公司固定效应回归模型考察公司内部的变化，需要董事会规模随着时间的推移发生改变。因此，本章选择了样本期间董事会规模从奇数变为偶数或相反的公司。结果显示，在控制了公司固定效应后，偶数董事会（EVEN）与代理成本仍然正相关。综上，在控制了可能的遗漏变量和样本选择偏误问题后，本章的主要结论仍然稳健。

3.7 进一步分析

1.公司特征的影响

在证实偶数董事会与更多的代理问题有关之后，本章探讨了这种关联在不同公司特征下的差异。首先分析信息不对称的影响。内部人和外部人之间较高的信息不对称使得外部人更难观察和约束内部人侵占其利益的行为，从而降低了内部人被惩罚的风险。这一观点表明，对于信息不对称程度高的公司而言，设置偶数董事会的代理成本更高。因此，本章预计在信息不对称程度高的公司中，偶数董事会和代理问题之间的联系会更强。参考已有文献，本章使用公司规模和分析师关注度来衡量信息不对称的程度，并预期在小公司和分析师关注度低的公司中，偶数董事会与更多的代理问题有关。

其次，考察董事持股水平的区别。Vafeas（1999）认为，董事会持股有利于保持董事利益取向与中小股东目标更为一致，同时激励董事积极履行监督职能并缓解代理问题。据此本章认为当董事持股较多时，偶数董事会和代理成本之间的关联会变得更弱。

最后，本章研究了董事会规模带来的差异。本章认为大型董事会比小型董事会更难被控制。此外，大型董事会通常代表多个大股东，可以形成有效的相互监督（Attig et al.，2009）。Wang 等（2004）发现，大股东之间的权力制衡可能会使得公司业绩更好。借鉴这些研究，本章预计董事会规模较大的公司中，偶数董事会和代理问题之间的关联更弱。

为了检验这些影响，本章在模型中加入偶数董事会（EVEN）与信息不对称、董事持股比例、董事会规模指标的交乘项重新进行回归分析。为了节省篇幅，本章在表 3-4 中只报告了以其他应收款（ORECTA）为因变量的回归结果，但使用其他代理问题衡量指标的回归结果是类似的。

　　本章发现偶数董事会（EVEN）的系数在所有的模型中均显著为正，这与表 3-3 的结果一致，即偶数董事会与更多的代理问题有关。在模型 1 和模型 2 中，本章发现偶数董事会（EVEN）和企业规模（SIZE）的交乘项以及偶数董事会（EVEN）和分析师关注度（ANALYSTS）的交乘项系数均显著为负（模型 1：$\beta = -0.004$，$p < 0.01$；模型 2：$\beta = -0.004$，$p < 0.01$），表明在规模较大、有更多分析师关注的公司中，偶数董事会和代理问题之间的关联更弱。这一结果与本章预期一致，即在信息不对称程度较高的小公司和分析师关注度较低的公司，与偶数董事会有关的代理问题将更为严重。

　　在模型 3 中，本章发现偶数董事会（EVEN）和董事会规模（BOARD）的交乘项系数显著为负（模型 3：$\beta = -0.002$，$p < 0.01$），表明规模较大的董事会更难被控制，并且多个大股东交叉监督使得代理问题更少。模型 4 显示偶数董事会（EVEN）与董事会持股（BSHR）的交乘项系数显著为负（模型 4：$\beta = -0.014$，$p < 0.05$），表明股权可能会激励董事发挥监督作用和缓解代理问题。

表 3-4　基于公司特征的多元回归分析结果

变量	ORECTA			
	模型 1	模型 2	模型 3	模型 4
EVEN	0.081***	0.009***	0.024***	0.005***
	(2.832)	(3.999)	(4.217)	(3.610)
EVEN×SIZE	−0.004***			
	(−2.751)			
EVEN×ANALYSTS		−0.004***		
		(−4.088)		
EVEN×BOARD			−0.002***	
			(−3.797)	
EVEN×BSHR				−0.014**
				(−2.466)
SIZE	−0.001*	−0.002***	−0.002***	−0.002***
	(−1.779)	(−2.725)	(−2.869)	(−2.841)
LEV	0.043***	0.043***	0.043***	0.043***
	(12.700)	(12.674)	(12.727)	(12.700)
TANGIBLE	−0.051***	−0.051***	−0.051***	−0.051***
	(−15.091)	(−15.095)	(−15.210)	(−15.141)
ROA	−0.165***	−0.165***	−0.165***	−0.166***
	(−10.998)	(−11.001)	(−10.985)	(−11.013)
MTB	0.002***	0.002***	0.002***	0.002***
	(4.098)	(4.190)	(4.033)	(4.084)

续表

变量	ORECTA			
	模型 1	模型 2	模型 3	模型 4
TOP1	-0.027^{***}	-0.028^{***}	-0.027^{***}	-0.028^{***}
	(-8.821)	(-8.905)	(-8.667)	(-8.909)
TOP2_5	0.010^{**}	0.010^{**}	0.010^{**}	0.010^{**}
	(2.043)	(2.015)	(2.125)	(2.088)
BOARD	-0.001^{***}	-0.001^{***}	-0.001^{***}	-0.001^{***}
	(-5.127)	(-5.234)	(-2.801)	(-5.275)
INDEP	-0.024^{**}	-0.023^{**}	-0.023^{**}	-0.024^{**}
	(-2.481)	(-2.377)	(-2.454)	(-2.513)
DUAL	-0.000	-0.000	-0.000	-0.001
	(-0.476)	(-0.464)	(-0.440)	(-0.478)
BSHR	-0.003	-0.003	-0.003	-0.001
	(-1.082)	(-1.079)	(-1.026)	(-0.244)
SOE	-0.008^{***}	-0.008^{***}	-0.008^{***}	-0.008^{***}
	(-7.039)	(-6.978)	(-7.107)	(-7.010)
INST	-0.013^{***}	-0.013^{***}	-0.013^{***}	-0.013^{***}
	(-3.414)	(-3.393)	(-3.386)	(-3.327)
ANALYSTS	-0.000	0.001	-0.000	-0.000
	(-0.228)	(1.286)	(-0.353)	(-0.203)
BIG4	0.000	0.000	-0.000	-0.000
	(0.086)	(0.037)	(-0.074)	(-0.048)
MKT	-0.002^{***}	-0.002^{***}	-0.002^{***}	-0.002^{***}
	(-6.074)	(-6.034)	(-6.074)	(-5.977)
ST	0.027^{***}	0.027^{***}	0.026^{***}	0.027^{***}
	(8.305)	(8.276)	(8.244)	(8.312)
截距	0.112^{***}	0.123^{***}	0.121^{***}	0.126^{***}
	(7.326)	(8.375)	(8.219)	(8.544)
行业固定效应	控制	控制	控制	控制
年度固定效应	控制	控制	控制	控制
样本量	13752	13752	13752	13752
F 值	43.660	43.722	43.774	43.807
调整 R^2	0.304	0.305	0.304	0.304

注：(1) ***、**、* 分别代表在 1%、5%、10% 的统计水平下显著（双尾）；(2) 括号内数字为经过异方差调整的 t 值。

2.偶数董事会与董事会会议

为了增强结论可靠性，本章进一步考察董事会会议的数量和董事缺席董事会会议的情况。本章认为，被控制的董事会中，董事的作用仅限于"装点门面"，而不是监督控股股东或为管理层提供建议，因此其没有动力参加董事会会议。同样地，在董事会被控制的公司，控股股东也缺乏动力召开董事会会议以严格地进行公司决策。因此，本章预期偶数董事会会议召开次数较少，并且董事缺席会议的情况较多。本章计算了一年中每个公司董事会会议次数的自然对数（MEETING），并构建了董事缺席哑变量（AB-SENCE），如果一年中有董事缺席董事会会议则取值为1，否则为0。据此进行的回归分析结果如表3-5所示。

表 3-5　偶数董事会与会议活动的多元回归分析结果

变量	MEETING	ABSENCE
	模型 1	模型 2
EVEN	−0.017 ***	0.276 ***
	(−2.605)	(3.677)
SIZE	0.039 ***	0.080 *
	(10.137)	(1.694)
LEV	0.140 ***	0.292 *
	(9.438)	(1.655)
TANGIBLE	−0.239 ***	−0.564 ***
	(−13.667)	(−2.688)
ROA	−0.091 *	−2.390 ***
	(−1.758)	(−4.278)
MTB	−0.001	0.061 **
	(−0.433)	(2.154)
TOP1	−0.056 ***	−0.975 ***
	(−2.800)	(−4.000)
TOP2_5	−0.005	0.041
	(−0.202)	(0.127)
BOARD	−0.007 ***	0.087 ***
	(−4.156)	(5.263)
INDEP	0.079	0.074
	(1.434)	(0.106)
DUAL	0.001	0.030
	(0.223)	(0.324)

续表

变量	MEETING 模型 1	ABSENCE 模型 2
BSHR	0.082***	−0.690*
	(4.269)	(−1.771)
SOE	−0.046***	0.106
	(−7.430)	(1.460)
INST	0.067**	−0.144
	(2.521)	(−0.465)
ANALYSTS	0.012***	−0.058
	(4.038)	(−1.395)
BIG4	−0.005	−0.064
	(−0.375)	(−0.404)
MKT	−0.001	0.005
	(−0.556)	(0.275)
ST	0.018	0.383***
	(1.497)	(3.168)
截距	1.380***	−5.987***
	(15.653)	(−5.622)
行业固定效应	控制	控制
年度固定效应	控制	控制
样本量	13752	13752
F 值	48.120	1004.250
调整 R^2	0.143	0.125

注：(1) ***、**、* 分别代表在 1%、5%、10%的统计水平下显著（双尾）；(2)括号内数字为经过异方差调整的 t 值。

模型 1 中因变量为董事会会议次数的自然对数（MEETING），偶数董事会（EVEN）的回归系数在 1%水平显著为负（模型 1：$\beta = -0.017$，$p < 0.01$）。回归系数表示，偶数董事会在一年中的会议次数比奇数董事会少 1 次（$e^{0.017} \approx 1$）。在模型 2 中，本章使用 Logit 回归来估计董事在一年中缺席董事会会议的概率。结果显示，自变量系数在 1%水平显著为正，表明偶数董事会的董事更可能缺席董事会会议（模型 2：$\beta = 0.276$，$p < 0.01$）。综上，表 3-5 的结果与本章的观点一致，即偶数董事会监督效应更弱，其董事没有强烈的动机召开或出席董事会会议。

3.偶数董事会与财务报告质量

本章还预计代理成本较高的公司的财务报告质量较差，因为控股股东可能通过降低会计信息披露透明度以掩盖其代理问题。本章使用以下两个指标衡量财务报告质量：第一个指标为公司当年是否被出具非标准审计意见（MAO）；第二个指标是公司是否发生会计违规行为（IRREGULARITY），具体表现为违反公司信息披露规则（包括会计信息错报、延迟披露、未能披露重大信息以及不适当的会计处理）被市场监管机构发现并处罚。

　　表 3-6 中通过 Logit 回归模型检验董事会为偶数的公司是否更有可能被出具非标准无保留审计意见（模型 1）以及具有更多会计违规行为（模型 2）。本章发现，偶数董事会（EVEN）的系数在两个模型中均显著为正（模型 1：$\beta = 0.263$，$p < 0.05$；模型 2：$\beta = 0.205$，$p < 0.01$），表明偶数董事会公司会计信息质量更差，财务报告质量更低，支持了本章的理论预期。

表 3-6　偶数董事会与财务报告质量的多元回归分析结果

变量	MAO	IRREGULARITY
	模型 1	模型 2
EVEN	0.263 **	0.205 ***
	(2.463)	(2.947)
SIZE	0.211 ***	−0.022
	(3.018)	(−0.537)
LEV	2.258 ***	1.006 ***
	(9.258)	(6.445)
TANGIBLE	−0.213	−0.205
	(−0.747)	(−1.118)
ROA	−6.408 ***	−2.361 ***
	(−9.982)	(−4.833)
MTB	0.225 ***	−0.039
	(5.973)	(−1.517)
TOP1	−1.817 ***	−0.982 ***
	(−5.153)	(−4.697)
TOP2_5	−0.609	0.162
	(−1.320)	(0.572)
BOARD	−0.026	0.027
	(−0.951)	(1.525)
INDEP	−1.277	−0.479
	(−1.200)	(−0.787)
DUAL	−0.104	0.270 ***
	(−0.760)	(3.872)

续表

变量	MAO	IRREGULARITY
	模型 1	模型 2
BSHR	0.034	0.594***
	(0.059)	(2.841)
SOE	−0.491***	−0.382***
	(−4.922)	(−5.872)
INST	−1.751***	−0.881**
	(−2.653)	(−2.269)
ANALYSTS	−0.718***	−0.172***
	(−9.147)	(−5.361)
BIG4	−0.060	−0.048
	(−0.224)	(−0.282)
MKT	−0.043*	−0.073***
	(−1.722)	(−5.034)
ST	1.052***	0.098
	(7.879)	(0.857)
截距	−7.594***	−1.554
	(−4.866)	(−1.621)
行业固定效应	控制	控制
年度固定效应	控制	控制
样本量	13752	13752
Chi² 值	1211.859	648.605
调整 R^2	0.318	0.060

注:(1) ***、**、*分别代表在 1%、5%、10%的统计水平下显著(双尾);(2)括号内数字为经过异方差调整的 t 值。

在未列示的结果中,本章还探讨了其他类型的公司违规行为,包括内幕交易和有关公司决策的违规行为,但是没有发现偶数董事会与这两类违规行为有关。这与 Leuz 等(2003)认为代理问题更容易导致低劣的会计信息质量和会计违规行为相一致。

4.偶数董事会与公司价值

现有文献认为代理问题和不规范的公司治理会导致公司在股票市场上的估值降低(Gompers et al.,2003;Brown and Caylor,2006)。根据本章所发现的偶数董事会与更多的代理问题有关,本章预计董事人数为偶数的公司的价值应该更低。由此,本章检验了第 $t-1$ 年偶数董事会是否与较低的公司价值有关,其中公司价值的代理变量是第 t 年的股票市值的自然对数(MV)以及公司资产的市场价值与其重置成本的比率(即托宾 Q）。参考 Giannetti 等（2015）和 Zhu 等（2016）的做法，本章在多元回归分析中加入了 SEGEMENT、FCF、VOLATILITY、YOUNG_IPO 等公司特征作为控制变量，SEGEMENT 等于目标公司在第 $t-1$ 年所处行业数量，如果信息缺失则设为 1，如果数量大于 5 则设为 5；FCF 等于第 $t-1$ 年的经营现金净流量/总资产；VOLATILITY 等于第 $t-1$ 年目标公司的每日股票收益的标准差；YOUNG_IPO 为哑变量，如果该公司上市时间不到三年则取值为 1，否则为 0。为了解决部分内生性问题，本章还加入了公司固定效应以关注与偶数董事会相关的公司价值的时间序列变化。

表 3-7 报告了回归分析的结果。结果显示偶数董事会（EVEN）与公司价值指标（MV 和 Q）的回归系数均显著为负，表明偶数董事会与较低的公司价值有关。回归结果还具有经济显著性，例如模型 1 中因变量为 MV 时，偶数董事会（EVEN）的系数为 -0.077（模型 1：$\beta = -0.077$，$p < 0.01$），表明在其他不变的情况下，偶数董事会的公司 MV 比奇数董事会的公司低 7.7％左右。同样，模型 2 中偶数董事会（EVEN）的系数表明偶数董事会公司的托宾 Q 值比奇数董事会公司平均低 9.3％（模型 2：$\beta = -0.093$，$p < 0.01$）。因此，表 3-7 的结果进一步支持了偶数董事会是弱势的监督者并与更多的代理问题有关的结论。

表 3-7　偶数董事会与公司价值的多元回归分析结果

变量	MV	TOBINQ
	模型 1	模型 2
EVEN	-0.077^{***}	-0.093^{***}
	(-4.951)	(-3.052)
SIZE	0.559^{***}	-0.617^{***}
	(52.570)	(-29.667)
LEV	-0.165^{***}	1.180^{***}
	(-3.257)	(11.912)
ROA	1.656^{***}	1.426^{***}
	(14.800)	(6.512)
TOP1	-0.773^{***}	-2.531^{***}
	(-9.894)	(-16.543)
TOP2_5	-0.806^{***}	-2.805^{***}
	(-8.727)	(-15.530)
BOARD	-0.013^{**}	-0.008
	(-2.304)	(-0.713)
INDEP	1.243^{***}	1.600^{***}
	(7.966)	(5.239)
DUAL	0.065^{***}	0.116^{***}

续表

变量	MV	TOBINQ
	模型 1	模型 2
	(2.989)	(2.739)
BSHR	0.547 ***	1.540 ***
	(3.131)	(4.501)
SOE	−0.204 ***	−0.292 ***
	(−9.040)	(−6.623)
SEGEMENT	−0.018 ***	−0.016
	(−2.955)	(−1.382)
FCF	0.217 ***	0.200 **
	(4.341)	(2.048)
VOLATILITY	3.715 ***	6.495 ***
	(15.230)	(13.606)
YOUNG_IPO	−0.326 ***	−0.360 ***
	(−15.147)	(−8.550)
截距	9.928 ***	15.616 ***
	(42.411)	(34.085)
公司固定效应	控制	控制
年度固定效应	控制	控制
样本量	13744	13744
F 值	360.486	111.791
调整 R^2	0.321	0.128

注：(1) *** 、** 、* 分别代表在 1%、5%、10%的统计水平下显著(双尾)；(2)括号内数字为经过异方差调整的 t 值。

3.8 研究结论与实践启示

为了避免董事会会议出现投票平局，董事人数为奇数的设定更为合理。因此，本章推测董事人数为偶数的公司更可能是被控股股东控制的，从而产生更严重的代理问题。当控股股东能主导董事会并且预期其在董事会会议上的议案不可能被否决时，就可能会选择偶数董事会。因此，偶数董事会的存在可能是董事会被控股股东控制的一个信号，偶数董事会的决策与监督效率可能低于奇数董事会。

　　基于此，本章以 2004—2013 年中国 A 股上市公司为样本，实证分析了偶数董事会与上市公司代理问题间的关系。结果显示：（1）偶数董事会与更多的代理问题相关；（2）在信息不对称程度较高的小公司和分析师关注度较低的公司，与偶数董事会有关的代理问题更为严重；（3）当董事会规模更大或董事会持股更多时，偶数董事会与代理问题间的正向关系将被削弱；（4）相较于奇数董事会，偶数董事会的公司召开的董事会会议次数更少，且偶数董事会的成员更有可能缺席董事会会议；（5）偶数董事会的公司更有可能被出具非标准无保留审计意见和发生会计违规行为，且偶数董事会公司的市场价值更低。

　　本章的研究结论具有实践启示意义。如何完善独立董事制度，提高董事会独立性一直是监管部门所关注的重点问题。然而，现实中独立董事可能是由控股股东选择以在董事会中"装点门面"，从而满足监管要求。因此，为了有效地保护中小股东的利益和缓解代理问题，新兴市场的监管部门需要做的不仅仅是要求董事会中有一定数量或比例的独立董事，还需要从董事会结构、人员配比、董事特征等方面综合考虑如何完善董事会的治理功能。其次，本章发现偶数董事会与更少的董事会会议数量和更高的缺席率相关。因此，监管部门还可以从董事会会议召开数量和出席率着手，对上市公司董事会议召开情况提出要求，从而进一步倒逼董事积极履职，提高公司治理水平。

4 审计委员会与股价崩盘风险

4.1 审计委员会与股价崩盘风险研究概述

作为一种重要的金融现象，股价崩盘会给投资者财富和金融体系的安全稳定造成严重破坏，甚至可能成为经济危机爆发的直接诱因。在中国，股价崩盘事件时有发生。例如，2013 年万福生科（300268. SZ）的财务造假事件和光大证券（601788. SH）的"乌龙指"事件都引发了严重的股价崩盘。我们不难发现，信息披露违规和内部控制缺陷等问题是发生上述股价崩盘事件的重要原因。正因为如此，2002 年美国政府在安然、世通等公司财务舞弊丑闻的促动下颁布了《萨班斯-奥克斯利法案》（以下简称《萨班斯法案》），旨在以行政命令的方式强化公司的内部控制，其中特别严格规范了针对审计委员会的相关制度①。可见，美国监管层非常认可和重视审计委员会对防范公司股价崩盘风险的作用。

2002 年 1 月，中国证监会联合原国家经贸委发布《上市公司治理准则》，指出上市公司董事会自愿按照股东大会决议设立审计委员会，同时指出审计委员会的主要职责包括以下几个方面：（1）提议聘请或更换外部审计机构；（2）监督公司的内部审计制度及其实施；（3）负责内部审计与外部审计之间的沟通；（4）审核公司的财务信息及其披露；（5）审查公司的内控制度。可见，审计委员会是上市公司内外部审计的沟通桥梁，负有监督审查公司内部控制制度和财务报告流程的责任。2008 年财政部等五部委颁布的《企业内部控制基本规范》更是强制要求公司应该在董事会下设立审计委员会，监督企业建立健全有效的内部控制制度并进行自我评价。回顾现有相关文献，尽管审计委员会在完善内部控制制度，提升公司风险管理水平以及财务信息披露质量等方面所发挥的

---

① 《萨班斯法案》要求建立一个独立机构来监督上市公司审计、制定关于审计委员会成员构成的标准并独立负责审计师的提名等。

积极作用得到了学术界的一致认可（Collier and Gregory，1999；Klein，2002；Zhang et al.，2007；叶陈刚 等，2009；刘焱和姚海鑫，2014），但是审计委员会的设立是否有利于降低股价崩盘风险则鲜有研究涉及。

鉴于此，本章基于 2003—2009 年中国 A 股上市公司 7217 个年度观察数据，实证检验了审计委员会的设立情况与公司股价崩盘风险的关系，同时考察了外部治理机制即外部审计和制度环境对审计委员会相关影响的交互效应。在此基础上，本章还深入分析了审计委员会特征的影响。结果显示：（1）设立审计委员会能够显著降低上市公司未来股价崩盘的风险；（2）当上市公司被出具非标准审计意见以及公司注册所在地的外部制度环境更好时，审计委员会的设立对股价崩盘风险的抑制作用将显著变弱，意味着高质量的外部审计和发达的制度环境等外部治理机制会在一定程度上抵消审计委员会对股价崩盘风险的相关影响；（3）在进行了利用外生政策进行准自然实验、扩大股价崩盘风险的估计区间、控制更多可能影响本章主要结果的控制变量的稳健性检验后，本章的主要研究结论依然稳健；（4）外部市场态势会对股价崩盘风险产生重要影响，借鉴许年行等（2012）、李小荣和刘行（2012）的研究，本章把样本分为"牛市"组和"熊市"组，发现审计委员会对股价崩盘风险的抑制作用主要反映在牛市行情阶段；（5）当审计委员会主要由独立董事和 CFO 构成时，上市公司股价未来崩盘的风险显著更低，而当 CEO 出任审计委员会成员时，则会加剧公司股价未来的崩盘风险。

本章可能的贡献在于：第一，现有研究主要集中于对审计委员会设立动机，及其与财务报告质量、内部控制和外部审计关系的检验（Carcello and Neal，2000；Carcello and Neal，2003；Doyle et al.，2007；翟华云，2006；王雄元 等，2008；刘焱和姚海鑫，2014），本章通过建立审计委员会与股价崩盘风险间的内在联系延伸了这一领域的研究，并为评价审计委员会制度的政策效果提供了新的证据。第二，股价崩盘风险的经验研究是当前的热点问题（陈国进 等，2010；潘越 等，2011；许年行 等，2012；罗进辉和杜兴强，2014），本章对审计委员会降低上市公司股价未来崩盘风险的经验研究，丰富和拓展了国内关于股价崩盘风险影响因素的研究成果。第三，本章发现健全的外部治理机制在一定程度上对审计委员会所发挥的作用起到了替代效应，这一研究结论对于政策制定者和市场监管者具有重要的政策意义和实践启示。

4.2　文献回顾与假设提出

1.相关文献回顾

目前文献主要从公司层面和市场层面研究了股价崩盘风险的影响因素。基于代理理论和信息不对称理论，Jin 和 Myers（2006）提出了股价崩盘的生成机理——"坏消息窖藏理论"，认为信息不透明和投资者保护的有限性为管理者牟取私利创造了条件，而自利的管理者倾向于隐藏公司的坏消息，结果导致坏消息在累积到一定程度后突然释放到市场，对公司股价造成巨大的负面冲击而最终崩盘。在此基础上，现有文献从公司层面研究认为导致股价崩盘风险的原因主要有两点：第一，代理问题导致的管理层自利行为。公司内部管理层出于如"掏空"公司资源（Kim et al.，2011a）、获取股票短期期权价值（Kim et al.，2011b）、绩效薪酬兑现和职位晋升（Graham et al.，2005；Khan and Watts，2009；Benmelech et al.，2010）、公司避税（Kim et al.，2011a）、构建企业帝国（Kothari et al.，2009）等原因，往往存在隐藏坏消息的动机，导致坏消息或负面业绩在公司内部逐渐累积。第二，信息不透明带来的公司内外部信息不对称。不透明的公司财务报告，使得坏消息容易被管理层隐藏，从而带来股价未来崩盘的风险（Jin and Myers，2006）。例如，Bleck 和 Liu（2007）发现管理者倾向于延缓终止一个净现值为负的项目以攫取私人收益，而随着投资项目的到期清算，长期被掩盖而累积下来的亏损最终将被公之于世并导致股价崩盘。Hutton 等（2009）的研究结果也显示，公司的信息透明度越低，股价包含的公司异质信息越少，股价的暴跌风险越高。在中国，陈国进等（2008）最早从理论和实证上对该领域的研究成果进行了归纳和总结，为其他中国学者开展关于股价崩盘问题的研究做了重要铺垫。随后，国内学者主要分析了机构投资者（陈国进 等，2010；许年行 等，2013）、信息透明度（潘越 等，2011）、证券分析师（许年行 等，2012）、高管性别（李小荣和刘行，2012）、税收激进（江轩宇，2013）、内部控制（Zhou et al.，2013；叶康涛 等，2015）、媒体报道（罗进辉和杜兴强，2014）、政治联系（罗进辉 等，2014）等因素对股价崩盘风险的影响，相关的研究结论基本支持了国外学者的理论观点。

值得一提的是，不少研究表明，有效的内部控制和高质量的财务信息披露有助于抑制公司股价未来崩盘的风险（Zhou et al.，2013；叶康涛 等，2015；Kim and Zhang，2016），但是审计委员会作为公司内部控制制度和财务报告流程的评价者和监督者，它在防范股价崩盘风险中所扮演的角色尚不明确。

2.研究假设提出

一系列股价崩盘事件让人们逐渐意识到，有效的内部控制以及合规透明的信息披露是防范公司股价崩盘风险的重要手段（Hutton et al.，2009；潘越 等，2011；Zhou et al.，2013；叶康涛 等，2015；Kim and Zhang，2016）。在此背景下，审计委员会作为上市公司内部控制的重要制度安排和公司风险管理体系的重要组成部分，其专司财务报告流程和内部控制评价与监督的职责越来越受到各级监管层和投资者的关注。

首先，审计委员会的成员大多为具有财会专业知识的独立董事，他们能够在一定程度上认知和重视公司的代理成本，且基于个人声誉和风险承受能力的考虑，独立董事将更为谨慎客观地履行监督职责，从而增加公司运作的透明度（Chen and Jaggi，2001；乔旭东，2003），实现对公司权力运行（包括各项业务、财务事项及经营管理活动）的有效监督，维护股东和其他利益相关者的权益。其次，审计委员会一方面通过选聘外部审计机构以及与之沟通，在确保外部审计独立性的同时，能够防止管理层凌驾于内部控制之上的行为发生；另一方面，在与内部审计部门互动与支持的过程中，审计委员会能够实现对财务报告体系和内部控制的有效监控，从而及时发现内控缺陷、完善内控制度（Krishnan，2005；Doyle et al.，2007；Zhang et al.，2007；刘焱和姚海鑫，2014），识别和控制公司的财务风险和经营风险，达到事前预防的效果，规范公司的经营管理行为，从源头上降低"坏消息"发生的可能性。当"坏消息"在公司内部发生时，审计委员会通过有效规范公司的财务会计行为（Dechow et al.，1996；Abbott and Parker，2000），提高信息披露质量和公司的信息透明度（Klein，2002；翟华云，2006；Owens-Jackson et al.，2009），能够使"坏消息"无处藏身，从而减轻公司内外部信息的不对称程度，让投资者能够较为准确及时地了解公司真实的经营状况。

根据上述理论分析，本章认为通过监督审查公司的内部控制和财务报告流程，审计委员会能够提高公司的风险管理水平和财务信息披露质量，在降低坏消息产生的可能性的同时有效压缩坏消息被管理层隐藏的空间和时间，从而降低公司股价未来的崩盘风险。本章据此提出如下假设。

假设 H4-1：同等条件下，相较于未设立审计委员会的企业，设立了审计委员会的企业，其未来股价崩盘的风险更小。

根据审计需求的信息假说，审计的功能在于提高财务报表信息的质量和透明度，让投资者能够"透过现象看本质"，准确及时地了解上市公司真实的经营状况，从而降低资本市场的信息风险，缓解公司内外部信息不对称问题。研究表明，审计质量差异将对公司的应计项目、会计稳健性、会计及时性等各方面反映的会计信息质量产生显著影响（Francis et al.，1999；Basu et al.，2001；王艳艳和陈汉文，2006；贺建刚 等，2013）。作为公司重要的外部治理机制之一，高质量的外部审计通过降低信息不对称、对内部人实施有效监督和信号传递等方式为投资者提供鉴证服务（Watts and Zimmerman，1983），从而提高市场有效性、降低个股暴跌的风险。此外，从 1991 年美国《联邦储蓄保险公司法案》、2006 年美国公众公司会计监督委员会《第 5 号审计准则》，再到 2008 年我国财政部等五部委联合发布的《企业内部控制基本规范》以及 2011 年的《企业内部控制审计指引》，内部控制报告审计与鉴证已经成为提高企业内部控制有效性的重要制度安排。高质量的外部审计能够识别、分析、认定报告内控缺陷尤其是重大缺陷，并以审计意见的方式向投资者传递有关企业内控状况的信息，这对改进内控制度、完善风险管理体系和增强投资者信心具有积极的意义（张继勋 等，2011）。但是，审计质量的度量是学术界的一大难题，相关学者通常只能通过可观察的审计行为或审计产出对审计质量进行间接衡量（刘峰和周福源，2007），例如审定的盈余数据（Basu et al.，2001；Krishnan，2003）和审计意见类型（Lennox，2005）。当前，上市公司的信息披露质量和内部控制状况已成为投资者进行投资决策的关键指标，而外部审计出具的审计报告是投资者进行衡量的重要依据之一，因此，审计报告的决策相关性日益凸显。然而，上市公司不愿也不会允许注册会计师出具非标准审计意见。一般而言，"非标"审计意见能够较好地揭示上市公司所面临的风险、反映其信息披露及内部控制等相关方面存在的诸多问题，作为一种明确的负面警示信号和约束机制，"非标"审计意见能够引起投资者的警惕和高度关注；同时，"非标"审计意见在某种程度上也彰显了注册会计师独立客观的品质，体现更高的审计质量（Lennox，2005）。可见，和审计委员会相比，出具非标准审计意见反映的高质量外部审计在防范股价崩盘风险上也发挥着类似的作用，从而产生相互抵消效应，本章据此提出如下假设。

假设 H4-2：高质量的外部审计弱化了审计委员会与股价崩盘风险间的负向影响关系。

随着"法与金融"领域的研究深入，学术界对制度环境的影响愈发重视。股价崩盘风险在公司层面上源于管理者的自利行为和信息不对称问题（Jin and Myers，2006；Hutton et al.，2009），而后者一定程度上内生于公司所处的外部制度环境，如司法体系（Bushman et al.，2004）。近年来不少文献发现制度环境严重影响着公司的内部控制和财会行为（La et al.，1998；Ball et al.，2000；Doyle et al.，2007；姜英兵和严婷，2012；刘启亮 等，2012；罗进辉和杜兴强，2014）。作为新兴市场经济体，中国的国民经济受到市场力量和行政力量的双重作用，加之改革进程各异，公司所处地区的制度环境存在较大差异，这种差异将对公司的财会行为和治理水平产生重要影响（樊纲 等，2011）。随着外部制度环境的改善，公司所处地区的资本市场发展程度越高、法律体系越健全、投资者保护制度越完善、中介机构服务越到位（樊纲 等，2011），经济体制的转变和政府直接干预控制的减少使得上市公司的信息披露逐步趋向透明化（方军雄，2006），上市公司越倾向于通过正常的经营管理和风险控制来获取利润，促使其不断完善内控制度和提高内控质量，并在此基础上形成正常经营管理所需的内控制度（刘启亮 等，2012）。综上所述，良好的外部制度环境一方面有助于激励投资者搜集和整理公司层面的私有信息并进行交易（Morck et al.，2000；Doidge et al.，2004；Jin and Myers，2006），使得股票价格能够包含更多公司层面的特质信息，提高市场的资源配置效率，进而能够促使市场对所有可能获得的信息做出及时有效的反应（方军雄，2006）；另一方面有助于帮助投资者更容易识别出管理层隐瞒的坏消息，从而压缩管理层隐藏坏消息的行动空间和获利空间、降低企业的代理成本和诉讼风险，进而降低公司股价未来崩盘的风险。可见，宏观的制度环境与微观的审计委员会治理可能存在一种替代关系，良好的制度环境将降低公司对审计委员会内部机制的依赖程度。基于上述分析，本章提出如下假设。

假设 H4-3：发达的外部制度环境弱化了审计委员会与股价崩盘风险间的负向影响关系。

4.3　样本选择、变量定义与模型设定

1.样本选择与数据来源

中国资本市场于 2002 年正式引入审计委员会制度，并于 2010 年基本确立。其间，

审计委员会经历了从上市公司自治领域到法定内部监督机构的转变。考虑到这一制度背景情况，本章选取中国 A 股上市公司 2003—2009 年的 10315 个年度观察样本作为初始研究样本。参照相关文献的做法，我们按顺序对初始样本进行了下列的筛选过程：（1）剔除 ST 或 * ST 的公司—年度观察样本 790 个；（2）剔除交叉上市的公司—年度观察样本 872 个；（3）剔除资不抵债的公司—年度观察样本 169 个；（4）剔除金融业的公司—年度观察样本 93 个；（5）剔除数据缺失的公司—年度观察样本 1174 个。最后本章得到的有效公司—年度观察样本共计 7217 个，本章的数据均来自中国证券市场与会计研究（CSMAR）数据库。

2.变量定义与度量

（1）股价崩盘风险

参考 Hutton 等（2009）、Kim 等（2011a、2011b）、许年行等（2012）等文献的度量方法，本章选取了两种指标来衡量公司的股价崩盘风险水平。具体地，我们利用扩展的指数模型（4-1）进行回归分析，进而以得到的回归残差来反映公司的股价崩盘事件。

$$r_{j,t} = \alpha_j + \beta_{1,j} r_{m,t-2} + \beta_{2,j} r_{m,t-1} + \beta_{3,j} r_{m,t} + \beta_{4,j} r_{m,t+1} + \beta_{5,j} r_{m,t+2} + \varepsilon_{j,t} \tag{4-1}$$

其中，$r_{j,t}$ 为股票 j 在第 t 期的考虑现金红利再投资的周收益率，$r_{m,t}$ 为第 t 期经流通市值加权计算的市场周收益率。$\varepsilon_{j,t}$ 代表股票 j 的周收益率没有被市场周收益率解释的部分。若 $\varepsilon_{j,t}$ 为负且数值越小，则股票 j 的周收益率负向偏离市场周收益率的程度越大，表明目标公司的股价崩盘风险越大。特别地，鉴于残差项 $\varepsilon_{j,t}$ 的分布不符合正态性要求 $W_{j,t}$，本章对此进行对数转换以使残差项 $\varepsilon_{j,t}$ 呈现标准正态分布，进而把得到的数值称为股票 j 在第 t 期的周特定收益率，具体如公式（4-2）。

$$W_{j,t} = \ln(1 + \varepsilon_{j,t}) \tag{4-2}$$

在 $W_{j,t}$ 的基础上，我们构建出股价崩盘风险的两个代理变量负收益偏态系数 NCSKEW$_{j,t}$ 和收益上下波动比率 DUVOL$_{j,t}$，具体如公式（4-3）、（4-4）。

$$\text{NCSKEW}_{j,t} = -\left[n\,(n-1)^{3/2} \sum W_{j,t}^3\right] / \left[(n-1)(n-2)\left(\sum W_{j,t}^2\right)^{3/2}\right] \tag{4-3}$$

$$\text{DUVOL}_{j,t} = \ln\left\{\left[(n_u - 1) \sum_{\text{DOWN}} W_{j,t}^2\right] / \left[(n_d - 1) \sum_{\text{UP}} W_{j,t}^2\right]\right\} \tag{4-4}$$

其中，n 代表一年里股票 j 的交易周数，NCSKEW$_{j,t}$ 的数值越大，表示偏态系数负的程度越大，股票 j 的股价出现崩盘的风险水平也就越大。n_u 代表股票 j 的周特定收益（$W_{j,t}$）大于其年平均周特定收益率的周数，n_d 代表股票 j 的周特定收益（$W_{j,t}$）小于其年平均周特定收益率的周数。DUVOL$_{j,t}$ 的数值越大，表示股票 j 的收益率分布更倾向于左偏，该股票价格出现崩盘的风险水平也就越大。

（2）审计委员会

在本章的样本考察期间，由于上市公司具有设立审计委员会的自愿选择权，实际仅有 8% 的上市公司真正设立了审计委员会。这一背景情况给我们创造了一个难得的准自然实验环境，使得我们基于审计委员会的设立情况就能较好地识别出审计委员会的治理效果。为此借鉴 Dechow 等（1996）、翟华云（2006）、刘笑霞和李明辉（2013）等的做法，本章设置了一个审计委员会哑变量（AC），当上市公司在当年设立了审计委员会时该变量取值为 1，否则取值为 0。此外，下文中我们还进一步考察了独立性、专业性等审计委员会特征对审计委员会发挥相关作用的影响。

（3）调节变量

①外部审计质量（AUDIT）。借鉴 Lennox（2005）、刘峰和周福源（2007）等从审计意见视角衡量外部审计质量的做法①，当上市公司当年的年报审计被会计师事务所出具带强调事项段的无保留意见、保留意见、否定意见、无法表示意见等非标准的审计报告时，代表具有高质量的外部审计，AUDIT 取值 1，否则为 0。

②制度环境（MKT）。本章使用樊纲等（2011）编制的中国市场化相对指数来衡量上市公司所属省市的制度环境。公司注册地所属省市的市场化相对指数越高，意味着该地区的市场化制度环境越完善。

（4）控制变量

借鉴股价崩盘风险的相关文献（Kim，2011a；Kim，2011b；潘越 等，2011；许年行 等，2012；罗进辉和杜兴强，2014；Kim and Zhang，2016），本章控制了股票换手率（TUR）、年度特有收益（RET）、特有收益的标准差（SIGMA）、总资产收益率（ROA）、负债水平（LEV）、账面市值比（MTB）、公司规模（SIZE）、公司信息透明度（ACCM）、贝塔系数（BETA）等多个可能影响股价崩盘风险的系统因素。与此同时，本章还控制了年度和行业虚拟变量以便分别控制年度固定效应和行业固定效应的影响。所有变量的定义和度量详见表 4-1。

表 4-1　变量定义与度量

变量符号	变量定义
NCSKEW	表示股价崩盘风险的大小,具体计算方法参见公式(4-3),NCSKEW 越大,公司股价崩盘风险就越大。此外,本章还将 $t-1$ 期的 NCEKEW 作为控制变量,以 NCSKEW_1 表示
DUVOL	收益上下波动比率,表示股价崩盘风险的大小,具体计算方法参见公式(4-4),DUVOL 越大,公司股价崩盘风险就越大
AC	当上市公司设立审计委员会时取值为 1,否则为 0
AUDIT	当公司年报审计被出具非标准审计意见时取值 1,否则为 0
MKT	等于公司注册地所属省市当年的市场化指数
SIZE	等于公司总资产的自然对数值

---

① 本章也以是否聘请国际四大会计事师务所的审计服务来衡量外部审计质量，但是没有得到统计显著的回归结果。我们认为这是因为国际四大会计师事务所在中国是否提供了较高的审计服务仍然存在较大的疑问（刘峰和周福源，2007）。

续表

变量符号	变量定义
LEV	等于公司总负债与总资产的比值
ROA	等于公司净利润与总资产的比值
MTB	等于公司股票总市值与账面总资产的比值
ACCM	利用分行业分年度的修正 Jones 模型估计得到的可操纵应计利润水平的绝对值
BETA	当年公司周收益率（因变量）与同期市场指数周收益率（自变量）回归分析得到的回归系数
RET	公司当年平均周特定收益率，其中周特定收益率根据公式（4-1）和公式（4-2）计算得到
SIGMA	公司当年周特定收益率的标准差，其中周特定收益率根据公式（4-1）和公式（4-2）计算得到
TUR	等于当年内每个交易日股票成交股数与当日股票流通股总股数的比率之和除以当年交易日数

3.计量回归模型

为了检验本章提出的理论假设以及进一步分析的需要，本章设计了计量模型（4-5）和计量模型（4-6）。

$$
\begin{aligned}
\mathrm{CRASH}_{i,t} = {} & \beta_0 + \beta_1\,\mathrm{AC}_{i,t-1} + \beta_2\,\mathrm{NCSKEW\_1}_{i,t} + \beta_3\,\mathrm{AUDIT}_{i,t-1} + \beta_4\,\mathrm{MKT}_{i,t-1} + \\
& \beta_5\,\mathrm{SIZE}_{i,t-1} + \beta_6\,\mathrm{LEV}_{i,t-1} + \beta_7\,\mathrm{ROA}_{i,t-1} + \beta_8\,\mathrm{MTB}_{i,t-1} + \beta_9\,\mathrm{ACCM}_{i,t-1} + \\
& \beta_{10}\,\mathrm{BETA}_{i,t-1} + \beta_{11}\,\mathrm{RET}_{i,t-1} + \beta_{12}\,\mathrm{SIGMA}_{i,t-1} + \beta_{13}\,\mathrm{TUR}_{i,t-1} + \\
& \sum\mathrm{INDUSTRY} + \sum\mathrm{YEAR} + \varepsilon_{i,t}
\end{aligned} \tag{4-5}
$$

$$
\begin{aligned}
\mathrm{CRASH}_{i,t} = {} & \beta_0 + \beta_1\,\mathrm{AC}_{i,t-1} + \beta_2\,\mathrm{AC}_{i,t-1}\times\mathrm{AUDIT}_{i,t-1} + \beta_3\,\mathrm{AC}_{i,t-1}\times\mathrm{MKT}_{i,t-1} + \\
& \beta_4\,\mathrm{NCSKEW\_1}_{i,t} + \beta_5\,\mathrm{AUDIT}_{i,t-1} + \beta_6\,\mathrm{MKT}_{i,t-1} + \beta_7\,\mathrm{SIZE}_{i,t-1} + \\
& \beta_9\,\mathrm{ROA}_{i,t-1} + \beta_{10}\,\mathrm{MTB}_{i,t-1} + \beta_{11}\,\mathrm{ACCM}_{i,t-1} + \beta_{12}\,\mathrm{BETA}_{i,t-1} + \\
& \beta_{13}\,\mathrm{RET}_{i,t-1} + \beta_{14}\,\mathrm{SIGMA}_{i,t-1} + \beta_{15}\,\mathrm{TUR}_{i,t-1} + \sum\mathrm{INDUSTRY} + \\
& \sum\mathrm{YEAR} + \varepsilon_{i,t}
\end{aligned} \tag{4-6}
$$

其中，$\mathrm{CRASH}_{i,t}$ 代表本章的两个股价崩盘风险变量 NCSKEW 和 DUVOL，β_0 代表截距项，$\sum\mathrm{INDUSTRY}$ 和 $\sum\mathrm{YEAR}$ 分别代表行业和年度虚拟变量，$\varepsilon_{i,t}$ 为残差项。本章将利用计量回归模型（4-5）检验假设 H4-1，而计量回归模型（4-6）用于检验假设 H4-2 和 H4-3 分别提出的外部审计质量和制度环境对审计委员会与股价崩盘风险间关系的调节影响。由于本章的样本期间前后跨度 7 年，是一个典型的面板结构数据，可能存在公司间的截面相关和时间序列上的自相关问题，本章使用 Peterson 稳健回归模型来估计计量模型（4-5）和（4-6），同时对公司层面和年度层面的聚类效应进行调整。由于本章主要考察审计委员会的设立情况对公司股价未来发生崩盘风险的影响，我们对所有自变量的取值都滞后一期，从而可以在一定程度上缓解"互为因果"的内生性问题。此外，我们对连续型变量都进行了上下 1% 的 Winsorize 缩尾处理以便消除极端值的不利影响。

4.4 描述性统计分析

从表 4-2 列示的描述性统计结果可知：（1）股价崩盘风险的两个代理变量 NCSKEW 和 DUVOL 的标准差都达到了其均值的 3 倍左右，表明不同公司间的股价崩盘风险差异明显。（2）AC 的均值为 0.080，说明在审计委员会制度的初步建设阶段，仅有 8.0% 的上市公司主动响应监管部门的号召，在公司内部董事会下自愿设立了审计委员会。（3）在所有样本公司中，4.3% 的样本公司年报被会计师事务所出具了非标准审计意见。此外，其他变量在 Winsorize 缩尾处理后的统计分布不存在异常情况。

表 4-2 描述性统计结果

变量	样本量	均值	标准差	最小值	P25	中位数	P75	最大值
NCSKEW	7217	−0.275	0.860	−2.274	−0.870	−0.299	0.290	2.066
DUVOL	7217	−0.241	0.782	−2.011	−0.785	−0.248	0.277	1.772
NCSKEW_1	7217	−0.173	0.855	−2.175	−0.761	−0.193	0.401	2.131
AC	7217	0.080	0.271	0	0	0	0	1
AUDIT	7217	0.043	0.202	0	0	0	0	1
MKT	7217	7.423	2.010	0.290	5.890	7.400	9.020	11.160
SIZE	7217	21.310	0.914	19.287	20.672	21.226	21.881	23.886
LEV	7217	0.483	0.175	0.074	0.361	0.498	0.617	0.851
ROA	7217	0.058	0.059	−0.151	0.030	0.053	0.084	0.248
MTB	7217	1.901	1.138	0.801	1.170	1.524	2.193	6.989
ACCM	7217	0.076	0.076	0.001	0.024	0.053	0.102	0.400
BETA	7217	1.015	0.218	0.349	0.897	1.044	1.161	1.486
RET	7217	0.003	0.014	−0.024	−0.006	−0.001	0.011	0.043
SIGMA	7217	0.066	0.026	0.027	0.045	0.060	0.086	0.133
TUR	7217	2.165	1.652	0.295	0.859	1.623	3.020	6.996

4.5　Pearson 相关系数分析

表 4-3 为主要变量两两之间的 Pearson 相关系数。可以看到，（1）本章的两个股价崩盘风险代理变量——NCSKEW 和 DUVOL 间在 1% 的统计水平下显著相关，相关系数达 0.937，表明这两个代理变量具有很高的内部有效性。（2）审计委员会的设立（AC）与两个股价崩盘风险代理变量的相关系数分别为−0.054 和−0.059，而且也都在 1% 的统计水平下显著，意味着审计委员会的设立与公司股价未来崩盘的风险显著负相关，符合假设 H4-1 的理论预期。（3）市场化制度环境（MKT）也与股价崩盘风险的两个代理变量显著负相关，说明良好的制度环境有助于规范管理层的行为和提升公司信息披露的透明度，从而降低公司股价未来出现崩盘的风险。（4）外部审计质量（AUDIT）与股价崩盘风险的两个代理变量显著正相关，即当公司年报审计被出具非标准审计意见时，其股价更容易出现崩盘风险，这可能是因为非标准审计意见作为一种明确的负面警示信号，预示着上市公司很可能存在重大财务问题抑或经营风险，因而其股价在未来更可能出现暴跌。

表 4-3　Pearson 相关系数分析结果

变量	1	2	3	4	5	6	7	8
1 NCSKEW	1							
2 DUVOL	0.937***	1						
3 NCSKEW_1	0.034***	0.038***	1					
4 AC	−0.054***	−0.059***	−0.020*	1				
5 AUDIT	0.054***	0.061***	0.043***	−0.017	1			
6 MKT	−0.141***	−0.146***	−0.088***	0.047***	−0.035***	1		
7 SIZE	−0.041***	−0.049***	−0.069***	0.027**	−0.070***	0.138***	1	
8 LEV	−0.022*	−0.02**	−0.012	−0.017	0.087***	0.026**	0.290***	1
9 ROA	−0.026**	−0.043***	−0.166***	0.021*	−0.222***	0.116***	0.194***	−0.217***
10 MTB	0.059***	0.043***	−0.110***	0.016	0.011	0.044***	−0.269***	−0.234***
11 ACCM	−0.010	−0.016	−0.036***	0.007	0.017	0.063***	−0.046***	0.058***
12 BETA	−0.066***	−0.054***	0.064***	−0.001	0.029***	0.005	−0.133***	0.039***
13 RET	0.034***	0.019	−0.229***	−0.010	−0.044***	0.067***	0.074***	0.043***
14 SIGMA	−0.242***	−0.259***	−0.214***	0.110***	0.001	0.270***	0.049***	0.116***
15 TUR	−0.158***	−0.175***	−0.108***	0.055***	−0.034***	0.213***	−0.046***	0.059***

续表

	9	10	11	12	13	14	15
9 ROA	1						
10 MTB	0.313***	1					
11 ACCM	0.083***	0.134***	1				
12 BETA	−0.288***	−0.220***	−0.032***	1			
13 RET	0.223***	0.461***	0.088***	−0.022*	1		
14 SIGMA	0.018	0.223***	0.111***	0.266***	0.241***	1	
15 TUR	0.050***	0.270***	0.100***	0.266***	0.545***	0.692***	1

注：***、**、*分别代表在1%、5%、10%的统计水平下显著（双尾）。

4.6　多元回归分析

表 4-4 列示了经公司和年度双重聚类调整的 Peterson 稳健回归分析结果。从表 4-4 可以看到：（1）审计委员会哑变量（AC）在分别以 NCSKEW 和 DUVOL 为因变量的回归分析中都得到了显著为负的回归系数（模型 1：$\beta = -0.068$，$p < 0.05$；模型 4：$\beta = -0.073$，$p < 0.05$），意味着专司财务报告流程和内部控制评价与监督职责的审计委员会的设立，有利于防范和降低上市公司股价未来出现崩盘的风险。与此同时，审计委员会变量 AC 在模型 1 和模型 4 中的标准化回归系数分别为 −0.021 和 −0.025，分别占到 NCSKEW 均值（−0.275）和 DUVOL 均值（−0.241）的 7.64% 和 10.37%，充分反映了审计委员会对股价崩盘风险影响作用的经济显著性。因此，无论是统计显著性还是经济显著性，本章的假设 H4-1 都得到了较好的经验支持。（2）与假设 H4-2 的理论预期相符，以年报审计意见衡量的外部审计质量与审计委员会的交互项（AC×AUDIT）得到了统计显著的正回归系数（模型 2：$\beta = 0.446$，$p < 0.05$；模型 5：$\beta = 0.335$，$p < 0.05$），表明高质量的外部审计会降低内部审计委员会在防范股价崩盘风险中的治理效果，也即外部审计与内部审计之间更多地表现为相替代的作用。因为会计师事务所对公司年报的高质量审计，有利于降低信息不对称和对内部人实施有效监督，给投资者提供有价值的投资信息，从而在提高市场有效性的同时降低个股暴跌的风险，因而在一定程度上抵消了内部审计委员会的相关作用。（3）类似地，外部制度环境与审计委员会的交互项（AC×MKT）也得到了显著的正回归系数（模型 3：$\beta = 0.009$，$p < 0.01$；模型 6：$\beta = 0.012$，$p < 0.01$），支持了假设 H4-3 的理论预期，即上市公司注册地所在省市的市场化制度环境越完善，投资者利益的法律保护越有效，公司的信息披露质量越高，因而发达的制度环境会在一定程度上降低公司对内部审计委员会的依赖程度。

表 4-4　审计委员会对股价崩盘风险的多元回归分析结果

变量	NCSKEW			DUVOL		
	模型 1	模型 2	模型 3	模型 4	模型 5	模型 6
AC	−0.068 **	−0.061 **	−0.068 **	−0.073 **	−0.068 **	−0.074 **
	(−2.241)	(−1.969)	(−2.181)	(−2.270)	(−2.036)	(−2.272)
AC×AUDIT		0.446 **			0.335 **	
		(2.361)			(2.142)	
AC×MKT			0.009 ***			0.012 ***
			(4.516)			(4.229)
AUDIT		0.173 ***			0.171 ***	
		(4.291)			(5.140)	
MKT			−0.032 ***			−0.029 ***
			(−3.987)			(−3.699)
NCSKEW_1	−0.008	−0.009	−0.010	−0.010	−0.011	−0.012
	(−0.282)	(−0.323)	(−0.356)	(−0.369)	(−0.408)	(−0.440)
SIZE	0.006	0.007	0.015	0.000	0.001	0.008
	(0.163)	(0.172)	(0.376)	(0.012)	(0.024)	(0.198)
LEV	0.090	0.078	0.078	0.062	0.049	0.051
	(0.641)	(0.554)	(0.549)	(0.478)	(0.387)	(0.393)
ROA	−0.996 *	−0.853 *	−0.879 *	−1.022 **	−0.881 *	−0.915 *
	(−1.921)	(−1.692)	(−1.691)	(−2.010)	(−1.794)	(−1.793)
MTB	0.097	0.094	0.096	0.083	0.080	0.081
	(1.541)	(1.501)	(1.567)	(1.278)	(1.241)	(1.295)
ACCM	0.036	0.026	0.053	−0.013	−0.022	0.003
	(0.284)	(0.209)	(0.424)	(−0.085)	(−0.146)	(0.022)
BETA	0.133	0.139	0.116	0.164	0.169	0.148
	(0.965)	(1.011)	(0.886)	(1.059)	(1.095)	(1.003)
RET	5.106	5.149	4.677	4.542	4.582	4.158
	(1.547)	(1.570)	(1.437)	(1.378)	(1.398)	(1.272)
SIGMA	−8.433 ***	−8.493 ***	−7.963 ***	−7.995 ***	−8.048 ***	−7.567 ***
	(−5.222)	(−5.268)	(−5.631)	(−5.351)	(−5.432)	(−5.888)
TUR	−0.036	−0.034	−0.029	−0.036	−0.035	−0.03
	(−0.891)	(−0.859)	(−0.737)	(−0.988)	(−0.957)	(−0.836)
截距	−0.092	−0.107	−0.062	0.084	0.069	0.112
	(−0.109)	(−0.125)	(−0.076)	(0.099)	(0.079)	(0.135)

续表

变量	NCSKEW			DUVOL		
	模型1	模型2	模型3	模型4	模型5	模型6
行业固定效应	控制	控制	控制	控制	控制	控制
年度固定效应	控制	控制	控制	控制	控制	控制
样本量	7217	7217	7217	7217	7217	7217
F 值	31.10***	29.06***	29.89***	34.33***	32.08***	33.27***
调整 R^2	0.082	0.084	0.087	0.091	0.093	0.095
VIF 值	3.53	3.33	3.34	3.53	3.33	3.34

注：(1) ***、**、* 分别代表在 1%、5%、10% 的统计水平下显著（双尾）；(2) 括号内数字为同时经过公司层面和年度层面聚类调整的 t 值。

4.7　稳健性检验

本章进行了如下的稳健性检验以增强结论的可靠性：（1）为了解决"互为因果"的内生性问题困扰，本章利用中国上市公司审计委员会在 2010 年起从自愿设立转向强制设立的准自然实验环境，得到的回归结果支持了本章的研究假设；（2）管理层自利行为和信息不对称使得"坏消息"可能存在较长的潜伏期，因此，本章进一步把股价崩盘风险的估计区间延长到未来两年并进行实证分析，得到的回归结果同样很好地支持了本章的研究假设；（3）参考 Morck 等（2000）、Xu 等（2013）、叶康涛等（2015）的研究，本章进一步控制了市值账面比（MTB）、贝塔系数（BETA）等可能影响股价崩盘风险的变量并进行实证分析，得到的回归结果同样支持了本章的理论假设。

4.8　进一步分析

1.考虑外部市场态势的分析

研究表明，外部市场态势会对股价崩盘风险产生重要影响（许年行 等，2012，李小荣和刘行，2012），不同外部市场态势下审计委员会与股价崩盘风险间的影响关系很可能存在明显的差异。为此，本章借鉴许年行等（2012）、李小荣和刘行（2012）采用的波峰波谷判定法把外部市场态势界定为"牛市"和"熊市"，在 2003—2009 的样本期间，2005—2007 年、2009 年为牛市年份，其余年份则为熊市。在此基础上，本章把研究样本分为牛市组和熊市组，得到了如表 4-5 所示的分组回归分析结果。

表 4-5　基于外部市场态势的多元回归分析结果

变量	DUVOL					
	牛市行情			熊市行情		
	模型 1	模型 2	模型 3	模型 4	模型 5	模型 6
AC	−0.081**	−0.078**	−0.089**	−0.001	0.001	−0.000
	(−2.181)	(−2.152)	(−2.420)	(−0.064)	(0.044)	(−0.030)
AC×AUDIT		0.501***			−0.045	
		(8.886)			(−0.065)	
AC×MKT			0.019***			−0.001
			(4.883)			(−0.064)
AUDIT		0.149***			0.144	
		(3.354)			(1.333)	
MKT			−0.019			−0.021*
			(−1.421)			(−1.651)
NCSKEW_1	0.033	0.032	0.031	−0.055	−0.054	−0.051
	(1.195)	(1.140)	(1.115)	(−0.628)	(−0.633)	(−0.606)
SIZE	0.054	0.054	0.058	−0.021	−0.021	−0.014
	(1.310)	(1.289)	(1.363)	(−0.176)	(−0.172)	(−0.110)
LEV	−0.074	−0.084	−0.082	0.198	0.183	0.199
	(−0.770)	(−0.863)	(−0.930)	(0.785)	(0.740)	(0.789)
ROA	−0.666	−0.525	−0.614	−1.847***	−1.735***	−1.768***
	(−1.309)	(−1.136)	(−1.195)	(−4.585)	(−4.033)	(−4.483)
MTB	0.045	0.041	0.047	0.108***	0.105***	0.111***
	(0.554)	(0.506)	(0.566)	(2.783)	(2.721)	(2.830)
ACCM	−0.204	−0.205	−0.198	−0.052	−0.061	−0.032
	(−1.424)	(−1.376)	(−1.383)	(−0.190)	(−0.234)	(−0.119)
BETA	0.144	0.156	0.135	0.030	0.031	0.038
	(1.053)	(1.108)	(1.043)	(0.133)	(0.137)	(0.172)
RET	10.498***	10.509***	10.111***	−6.803**	−6.580**	−6.403**
	(3.217)	(3.250)	(3.194)	(−2.186)	(−2.155)	(−2.151)
SIGMA	−6.932***	−6.987***	−6.775***	−2.516***	−2.597***	−2.635***
	(−3.132)	(−3.107)	(−3.250)	(−14.790)	(−16.715)	(−26.076)
TUR	0.042	0.043	0.044	−0.075**	−0.074**	−0.069*
	(1.226)	(1.255)	(1.306)	(−2.079)	(−2.101)	(−1.797)
截距	−1.285	−1.303	−1.232	0.416	0.417	0.375
	(−1.148)	(−1.141)	(−1.148)	(0.173)	(0.170)	(0.157)

续表

变量	DUVOL					
	牛市行情			熊市行情		
	模型 1	模型 2	模型 3	模型 4	模型 5	模型 6
行业固定效应	控制	控制	控制	控制	控制	控制
年度固定效应	控制	控制	控制	控制	控制	控制
样本量	4287	4287	4287	2930	2930	2930
F 值	25.20***	23.82***	23.56***	24.50***	22.43***	22.92***
调整 R^2	0.095	0.098	0.097	0.144	0.145	0.146

注：(1)以 NCSKEW, 为因变量的回归分析得到了高度类似的结果，囿于篇幅限制省略汇报了相关结果；(2)***、**、*分别代表在 1%、5%、10%的统计水平下显著(双尾)；(3)括号内数字为同时经过公司层面和年度层面聚类调整的 t 值。

从表 4-5 可知，在牛市组，本章得到的相关研究结论仍然显著成立；而在熊市组，本章的相关研究结论没有得到统计数据的支持。这些结果表明，审计委员会在不同外部市场态势下对股价崩盘风险的影响存在不对称性，其对股价崩盘风险的抑制作用主要反映在牛市行情阶段。这可能是由于当股票市场为牛市阶段时，投资者情绪高涨，带有较高的乐观或过度自信的心理，容易忽略上市公司潜在的财务和经营风险。相比之下，作为"内部人"的审计委员会更为了解公司真实的经营状况，能够较为独立客观地进行评价和监督，从而在市场前景一片看好时"逆其道而行之"，对财务风险和经营风险实施有效控制，抑制股价泡沫的放大、防范股价崩盘风险。

2.考虑审计委员会特征的分析

在上述实证分析中，我们集中于讨论审计委员会设立情况对股价崩盘风险的影响关系。然而，在设立了审计委员会的公司中，审计委员会因其独立性和专业性等特征的差异而发挥着不同程度的治理效果（Klein，2002；Abbott et al.，2004，Krishnan，2005；Owens-Jackson et al.，2009；王雄元和管考磊，2006；王雄元 等，2008；刘焱和姚海鑫，2014）。因为审计委员会的独立性和专业性越高，越能够有效地对管理层和财务报表实施监督，并更为客观公正地评价财务报告的准确性和内部控制的有效性，进而更有助于提升公司财务信息的披露质量和公司的风险防范能力，最终更有利于降低股价崩盘风险。鉴于此，为深化审计委员会对公司股价崩盘风险影响机制的探讨，本章进一步分析了审计委员会特征对降低股价崩盘风险的影响作用。

具体地，本章以审计委员会中独立董事占比（AC_IND）和 CEO 出任审计委员会委员的情况（AC_CEO）来反映审计委员会的独立性[①]，当 AC_IND 较高或者 AC_

———————————

① 本章认为，独立董事占比是相关政策法规的强制要求，更多反映了审计委员会的形式独立性。而实际运作中管理层对审计委员会的干预，则会使审计委员会丧失实质独立性（王守海和李云，2012），故而本章以 CEO 出任审计委员会委员的情况来反映审计委员会的实质独立性。

CEO＝0 时，意味着公司的审计委员会具有相对较高的独立性。相比其他高管，公司的
CFO 通常是财会专业人员，他们也更熟知公司的财务活动和财务状况，因而本章以
CFO 出任审计委员会委员的情况（AC_CFO）来反映审计委员会的专业性，当 AC_
CFO＝1 时表示公司的审计委员会具有相对较高的专业性。据此，本章在设立了审计委
员会的子样本公司中回归分析了审计委员会独立性和专业性对股价未来崩盘风险的影
响，结果如表 4-6 所示。

表 4-6　审计委员会特征与股价崩盘风险的多元回归分析结果

变量	NCSKEW			DUVOL		
	模型 1	模型 2	模型 3	模型 4	模型 5	模型 6
AC_IND	−0.648***			−0.639***		
	(−3.199)			(−3.501)		
AC_CEO		0.622***			0.367**	
		(3.121)			(2.020)	
AC_CFO			−0.413*			−0.202
			(−1.686)			(−0.907)
NCSKEW_1	−0.131**	−0.124**	−0.117**	−0.104**	−0.094*	−0.090*
	(−2.436)	(−2.313)	(−2.161)	(−2.134)	(−1.929)	(−1.837)
SIZE	0.683***	0.592***	0.597***	0.579***	0.487***	0.489***
	(4.077)	(3.585)	(3.584)	(3.830)	(3.238)	(3.237)
LEV	−1.524***	−1.274**	−1.349**	−1.193**	−1.031**	−1.090**
	(−2.788)	(−2.310)	(−2.417)	(−2.419)	(−2.053)	(−2.153)
ROA	−0.052	0.071	0.001	0.059	0.090	0.033
	(−0.046)	(0.064)	(0.001)	(0.058)	(0.089)	(0.032)
MTB	0.222***	0.200***	0.206***	0.163***	0.142***	0.145***
	(3.718)	(3.362)	(3.429)	(3.036)	(2.621)	(2.663)
ACCM	0.469	0.517	0.487	0.474	0.525	0.511
	(0.815)	(0.899)	(0.838)	(0.914)	(1.001)	(0.970)
BETA	0.406	0.428	0.388	0.532**	0.532**	0.507*
	(1.420)	(1.493)	(1.343)	(2.060)	(2.036)	(1.934)
RET	1.860	3.713	3.228	2.881	4.655	4.405
	(0.458)	(0.922)	(0.793)	(0.787)	(1.268)	(1.193)
SIGMA	−11.346***	−13.376***	−12.712***	−10.559***	−12.238***	−11.831***
	(−3.952)	(−4.678)	(−4.422)	(−4.077)	(−4.697)	(−4.538)
TUR	−0.054	−0.056	−0.054	−0.038	−0.043	−0.042
	(−1.161)	(−1.205)	(−1.137)	(−0.902)	(−1.005)	(−0.984)

续表

变量	NCSKEW			DUVOL		
	模型 1	模型 2	模型 3	模型 4	模型 5	模型 6
截距	-13.962^{***}	-12.415^{***}	-12.292^{***}	-11.974^{***}	-10.291^{***}	-10.191^{***}
	(-4.031)	(-3.635)	(-3.565)	(-3.832)	(-3.307)	(-3.260)
行业固定效应	控制	控制	控制	控制	控制	控制
年度固定效应	控制	控制	控制	控制	控制	控制
样本量	577	577	577	577	577	577
F 值	7.67^{***}	7.62^{***}	6.87^{***}	7.24^{***}	6.36^{***}	6.01^{***}
调整 R^2	0.184	0.183	0.168	0.175	0.158	0.150

注:(1) ***、**、* 分别代表在 1%、5%、10% 的统计水平下显著(双尾);(2)括号内数字为同时经过公司层面和年度层面聚类调整的 t 值。

从表 4-6 可知，(1) 在审计委员会独立性的两个代理变量中，AC_IND 得到了统计显著的负回归系数（模型 1：$\beta=-0.648$，$p<0.01$；模型 4：$\beta=-0.639$，$p<0.01$），而 AC_CEO 得到了统计显著的正回归系数（模型 2：$\beta=0.662$，$p<0.01$；模型 5：$\beta=0.637$，$p<0.05$）。由于 CEO 出任审计委员会委员（AC_CEO）是表征审计委员会独立性的反向指标，这些结果表明审计委员会的独立性越高，越有利于其行使公司内部控制和财务报告流程的监督审查职责，提升公司的风险管理水平和财务信息披露质量，从而降低公司的股价崩盘风险。(2) 审计委员会中独立董事占比与股价崩盘风险的回归系数分别为 -0.648 和 -0.639，且都在 1% 统计水平下显著，表明审计委员会形式上独立性的提高能够有效防范股价崩盘风险，与现有文献研究结果相似。(3) CFO 出任审计委员会委员的情况（AC_CFO）得到了边际显著的负回归系数（模型 3：$\beta=-0.413$，$p<0.10$；模型 6：$\beta=-0.202$，$p<0.10$）。一方面，较弱的回归结果可能源于 CFO 作为内部人会在一定程度上降低审计委员会的独立性；另一方面，CFO 的出任更有助于增强审计委员会的专业性，提高其对公司内部控制和财务报告流程监督审查的能力，从而更为有效地预防股价暴跌现象的发生[1]。因此，本章进一步研究发现兼具独立性和专业性的审计委员会能够更好地帮助公司防范和降低股价崩盘风险。

---

[1] 更具体地，CEO 负责公司的经营业绩和战略发展，其报酬直接与当期业绩挂钩，因而倾向于粉饰财务数据甚至隐瞒披露公司经营的坏消息。而 CFO 的主要职责是处理公司账务和协助投融资活动，他们倾向于合规合法地进行财务信息披露，而且一旦监管层发现其在 CEO 的干预或授意下进行的信息披露违规行为，CFO 作为最直接的责任人将成为"替罪羊"，而 CEO 很可能逃脱应有的处罚。因此，CEO 和 CFO 出任审计委员会委员对审计委员会的治理效果产生了截然相反的作用。

4.9　研究结论与实践启示

本章把审计委员会的治理效果延伸到股价崩盘风险研究领域,以 2003—2009 年中国 A 股上市公司为样本,从理论和实证两方面论证了审计委员会影响公司股价崩盘风险的内在机理。本章发现,审计委员会的设立显著降低了上市公司股价未来崩盘的风险。同时,高质量的外部审计和发达的市场化制度环境会在一定程度上削弱并抵消内部审计委员会的治理作用。在进行了一系列稳健性检验后,上述结论仍然稳健成立。此外,本章还进一步分析了审计委员会的独立性和专业性的影响,发现当审计委员会的主要成员由独立董事或 CFO 构成时,上市公司股价未来崩盘的风险显著更低。而当 CEO 出任审计委员会委员时,则会加剧公司股价未来崩盘的风险。这些结果说明,上市公司设立审计委员会是防范其股价出现崩盘的一种重要机制。兼具独立性和专业性的审计委员会,通过有效监督与审查公司的内部控制制度和财务报告流程,能够提升公司的信息透明度和风险管理水平,从而降低公司股价未来的崩盘风险。

本章的研究结论主要有两点政策启示。从微观层面,完善公司内部治理结构、改进和营造有效运行的治理环境仍然是我国上市公司的主要努力方向。作为现代公司治理的"防疫系统",审计委员会在提升风险防范能力和信息透明度从而有效防范公司股价崩盘风险上已经初步显现了积极效果。但是目前我国上市公司的审计委员会制度仍停留在初级建设阶段,实际运作中还存在着诸多问题,例如缺乏实质上的独立性、与监事会的职权设置有所重叠等。对此,上市公司应尽快形成规范的法人治理结构、完善董事会制度建设,在加强董事会及其下设专业委员会独立性的同时,明确各自的监管职责和范围、减少相互推诿现象的发生。从宏观层面,在推进我国公司治理体系建设以及资本市场规范有序运行的进程中,相关部门和监管机构一方面应该加强法律法规建设,从法制上明确审计委员会的职责和权利、规范其从业资格,使公司内部治理机制有法可依、违法必究,同时还应强化外部审计质量控制、提高执法监管力度,多管齐下才能全面提升我国的审计水平和资本市场运行效率。

本章的不足之处和未来研究方向有如下三个方面:首先,在探讨审计委员会特征对公司股价崩盘风险的影响作用时,本章仅考虑了独立性和专业性两个维度,而有关审计委员会特征的研究日益丰富和全面,因此可以从更多的特征维度对审计委员会的治理效果进行实证检验。其次,除公司外部治理机制外,公司内部治理结构的其他方面也可能对审计委员会的运行效率产生影响,例如公司的股权结构。鉴于此,后续研究还可加入诸如股权集中度、股权制衡水平等公司内部治理特征,从而更具实践意义。再者,我国股价崩盘风险的实证研究方兴未艾,现有的文献更多关注公司层面的影响机制,本章亦如此。而股价崩盘事件是典型的由上市公司和外部投资者共同作用的资本市场现象,未来的研究可注重对市场层面因素的分析和探讨。

5　董事会秘书与股价同步性

5.1　董事会秘书与股价同步性研究概述

　　上市公司的董事会秘书制度早在 1994 年即被引入中国资本市场，历经 20 余年的探索和发展，该项制度已日臻完善，董事会秘书（简称董秘）连接上市公司与资本市场的"桥梁"和"窗口"的作用也逐渐得到了监管层和业界的普遍认可。除了负责信息披露事务，上市公司董秘如今已深入公司治理、投资者关系管理、投融资决策、危机公关处理等各方面，尤其是移动互联网时代的到来，改变了个体之间的联络方式和信息获取渠道，董秘还需时刻关注媒体对公司的报道并主动求证报道的真实性，从而及时作出积极回应。因此，在某种程度上，董秘扮演了连接上市公司与资本市场的重要信息纽带角色，对上市公司在资本市场中的表现起着举足轻重的作用。

　　2005 年新修订的《公司法》，更是从立法的高度将上市公司董秘界定为公司的高级管理人员，使得董秘这一职业群体逐步受到社会各界和资本市场的重视。特别地，国内知名财经杂志《新财富》在同一年推出了上市公司"金牌董秘"的评选活动，邀请证券监管机构、基金经理、证券分析师、个人投资者以及财经媒体记者对上市公司的优秀董秘进行提名和投票。该项评选活动截至 2014 年已成功举办了十届，得到了中国资本市场和监管层的高度认可和支持，并逐渐成为中国资本市场评价优秀董秘的一杆标尺。2014 年，新浪财经也开始对上市公司的优秀董秘进行评选。由此可见，董秘这一职业群体受到的关注越来越多。那么，作为连接上市公司与资本市场的重要信息纽带，董秘在资本市场中到底发挥了怎样的作用？其是否有助于提高资本市场的效率？已有研究主要分析了机构投资者、证券分析师、媒体报道等在传递信息及提高资本市场效率方面的作用（朱红军 等，2007；王亚平 等，2009；罗进辉和蔡地，2013），却鲜有研究关注上市公司董秘对资本市场效率的影响。

　　鉴于此，本章基于股价同步性视角，以 2005—2011 年中国 A 股上市公司 8430 个年度观察数据作为研究样本，实证分析了金牌董秘与股价同步性之间的关系。结果显示，与非金牌董秘相比，更加勤勉尽职的金牌董秘显著提高了上市公司的股价同步性，意味着在噪声较大的中国资本市场，董秘有助于提高资本市场的信息效率。其次，证券分析师关注度越高或机构投资者持股比例越大，金牌董秘对上市公司股价同步性的正向影响关系越弱，表明公司董秘与外部的证券分析师和机构投资者存在显著的交互影响关系。在使用倾向得分匹配以及工具变量检验控制潜在的内生性以及采用更换自变量度量方式的稳健性检验后，本章的主要结论依然成立。

本章可能的贡献在于：第一，现有文献从董秘的兼任和非正常离职等角度考察了董秘对信息披露质量、资本市场效率和公司业绩的影响关系（高强和伍利娜，2008；毛新述 等，2013；杜兴强 等，2013），本章则首次以金牌董秘的评选结果为依据区分了不同公司董秘履职情况的优劣，从而对董秘的作用进行更一般性的实证检验，为相关文献提供增量贡献。第二，区别于盈余价值相关性、盈余公告后漂移现象和应计异象，本章从股价同步性视角考察了金牌董秘提高资本市场效率的作用，有益补充了董秘发挥相关作用的经验证据。第三，本章进一步考察了公司董秘与外部证券分析师和机构投资者在改善资本市场效率方面的交互影响关系，相关研究结论能够加深我们对内外部信息发布与沟通机制及其作用的认识。

5.2　理论分析与假设提出

资本市场是信息的市场，信息引导着投资者的决策，进而引导着资本市场的资源配置。通常而言，投资者拥有的信息越及时充分，其投资决策越准确合理，从而越有利于资本市场实现资源的有效配置。然而，管理层与外部投资者之间的信息优势悬殊和相互冲突的利益动机有可能导致资本市场丧失优化资源配置的功能（Akerlof，1970）。因此，资本市场产生了对信息披露监管、信息中介服务和公司投资者关系管理等多方面的需求，同时也催生了董事会秘书制度。董秘作为上市公司的高级管理人员，是连接上市公司与外部利益相关者的信息纽带，对提高上市公司的信息透明度有着重要影响。总体而言，当前上市公司董秘的主要职责可分为三个方面（杜兴强 等，2013）。

第一，完善公司内部治理。董秘是上市公司治理结构中非常重要的一环（高强和伍利娜，2008）。在以董事会为核心的内部治理结构中，董秘作为一种完善上市公司治理结构的制度安排，能够促进董事会运行效率的提升，其职责主要体现在提供董事会成员所需要的信息、协助董事会完善公司治理、协助公司的决策制定和风险管理。尤其在现代公司董事会议程日趋复杂和信息传播愈加迅速的背景下，董秘所起到的信息过滤和信息沟通作用将更有利于提升董事会的运行效率。因此，董秘作用的有效发挥将有助于公司内部治理功能的实现。杜兴强等（2013）针对 IPO 公司董秘非正常离职现象的研究发现，上市公司董秘在公司成功 IPO 之后"功成身退"，会导致其在公司治理中的作用丧失，致使上市公司会计业绩显著下滑、公司违规概率增加。进一步地，由于公司治理水平与信息透明度息息相关，良好的公司治理结构能够有效降低盈余管理水平，提高会计信息质量，并减少公司基本面的不确定性（高雷和宋顺林，2007；王斌和梁欣欣，2008；伊志宏 等，2010）。因此，勤勉尽职的董秘能够通过完善公司内部治理进而提高公司的信息透明度。

第二，投资者关系管理。投资者关系管理能够提升公司在资本市场中的信息透明度，增进社会公众对公司的了解，吸引更多的证券分析师和机构投资者的关注（Chang et al.，2006），而董秘在上市公司与外部利益相关者之间发挥着重要的信息沟通桥梁作用。具体地，董秘作为上市公司与外部利益相关者的枢纽，通过接听投资者咨询电话、接待来访投资者和机构研究员、定期（不定期）组织召开投资者见面会、新闻发布会以及采用路演等方式，协调公司与证券监管机构、投资者、证券分析师、证券中介机构、媒体等之间的信息沟通。尤其在当今信息流转迅速的互联网时代，媒体对上市公司的不实报道往往会对上市公司的经营造成巨大影响，因此，董秘还负责时刻关注媒体报道，求证媒体报道的真实性，并及时对不实报道作出正面回应，董秘所起到的这种信息沟通作用对提升上市公司的信息透明度具有重要的促进作用。张宏亮和崔学刚（2009）研究发现，良好的投资者关系管理能降低投资者与管理者之间的信息不对称风险，从而降低公司的权益资本成本和提升公司价值。杜兴强等（2013）也指出，上市公司董秘的非正常离职将使得董秘的"投资者关系管理"功能缺失，导致上市公司信息透明度下降，进而引发投资者和管理层之间的代理成本上升。毛新述等（2013）则研究了 CFO 兼任董秘对信息传递有效性的影响，发现由 CFO 兼任董秘能够有效地向投资者解释公司战略信息和经营管理信息，从而提高公司盈余价值的相关性。由此可见，董秘在投资者关系管理中具有重要作用，勤勉尽职的董秘能够通过促进上市公司与外部利益相关者之间的信息沟通，提升公司的信息透明度。

第三，信息合规披露。董秘的主要职责还包括负责信息披露事务，其职责具体体现在协调公司与监管机构的信息沟通、协助公司高管及时了解监管信息、确保公司对外信息的合规披露（杜兴强 等，2013）。因此，董秘对上市公司信息披露的合法合规性具有直接影响。例如，杜兴强等（2013）研究发现，上市公司董秘在公司 IPO 成功后获利离场会增加上市公司的"信息合规披露"风险，提高上市公司违反外部监管机构规定的概率。除了保证信息披露的合法合规性，董秘对上市公司的信息披露质量亦有影响。周开国等（2011）对 2006 年新《公司法》的实施进行研究发现，从立法的高度界定了董秘的职责和地位后，上市公司的信息披露质量得到了显著提高。高强和伍利娜（2008）则研究了董事或副总兼任董秘对上市公司信息披露质量的影响，结果发现由公司副总兼任董秘可以提高信息披露质量。类似地，毛新述等（2013）以上市公司财务总监（CFO）兼任董秘这一独特视角为切入点，考察了董秘作为信息发布者对资本市场效率的影响，结果发现 CFO 兼任董秘可以确保公司信息披露的完整性和信息解释的专业性、可信性和可理解性，增强投资者对公司信息披露的市场反应，具体表现为CFO兼任董秘的公司，其盈余价值相关性更高、盈余公告后漂移现象更低，且投资者不存在对盈余组成信息的错误定价。因此，现有研究表明，董秘在上市公司信息披露中具有重要作用，其职责的有效履行不仅可以确保上市公司信息披露的合法合规性，还能提高信息披露质量，对于提升上市公司的信息透明度具有积极影响。

基于上述分析，董秘职责的有效履行有利于完善公司的内部治理、加强投资者关系管理和信息合规披露，促进上市公司信息透明度的提升。而信息透明度的提升将增进投资者对上市公司的了解，使投资者作出更准确合理的投资决策，进而表现为公司股价信息含量的提升。股价同步性作为一个反映资本市场效率的指标，可以较好地刻画股价信息含量，因而本章接下来将从股价同步性的视角具体分析董秘影响资本市场效率的逻辑与路径。

综观现有文献，关于股价同步性如何反映股价信息含量，国内外学者持有两种不同的观点。一种观点认为，股价的特质信息含量越高，公司股价与市场回报的同步性越低。例如，Durnev等（2003）研究发现，股价对未来盈余预测能力越强，股价同步性越低，即股价同步性与股价信息含量负相关。Jin和Myers（2006）的跨国研究也表明，股价同步性与国家的产权保护水平和信息透明度密切相关，信息不透明会导致外部投资者更多地以市场平均收益对公司股价进行预期，使得股价反映的公司特质信息减少，进而提高股价同步性。Hutton等（2009）对同一市场内不同股票的股价同步性进行研究，结果同样发现股价反映公司的特质信息越多，股价同步性越低。然而，这种观点主要是以美国等发达国家资本市场为主要研究对象所得到的结论，而忽视了不同国家或地区的市场环境差异。近年来，不少学者在考虑市场环境差异影响的基础上提出了另一种观点，认为在市场噪声较大的新兴资本市场上，股价信息含量越高，其股价同步性反而应该越高。例如，Lee等（2011）通过构建一个带噪声的多期理性模型，理论推演了股价的个体波动与股价信息含量之间的关系，发现股价的个体波动与股价信息含量呈U形曲线关系。当股价主要由噪声驱动时，股价信息含量与股价同步性正相关；当市场噪声减弱，股价主要由公司特质信息驱动时，股价信息含量则与股价同步性负相关。特别地，作为一个典型的新兴资本市场，中国的资本市场在法律监管、信息透明度、投资者结构等方面与发达资本市场均存在一定差距，公司股价更容易受到噪声的影响。王亚平等（2009）基于中国股票市场数据的实证研究发现，上市公司的股价同步性与其信息透明度显著正相关，信息透明度越高，股价同步性越高，即在中国，股价同步性正向反映了资本市场的信息效率。Hu和Liu（2013）的研究亦表明，在中国股票市场上，较低的股价同步性代表着更多的噪声成分和较少的股价信息含量。

因此，在中国特定的制度背景下，股价同步性正向反映了资本市场的效率。既然勤勉尽职的董秘通过完善公司的内部治理、加强投资者关系管理和确保信息合规披露，有利于提升上市公司的信息透明度，那么就有利于投资者的科学决策和提高资本市场的效率，进而表现为公司股价具有较高的信息含量，股价同步性随之上升。据此，本章提出第一个假设：

假设 H5-1：同等条件下，相较于不勤勉尽职的董事会秘书，勤勉尽职的董事会秘书所在公司的股价同步性更高。

需要指出的是，上述假设成立的前提条件是中国资本市场中存在噪声并且噪声是影响股票价格的主要因素。根据 Lee 等（2011）的理论观点，当股价主要受噪声影响时，信息透明度与股价同步性正相关，而当噪声减弱时，信息透明度与股价同步性的正相关关系会减弱甚至出现反转。因此，噪声的多寡严重影响着董秘与股价同步性间的关系性质和关系强度。

证券分析师作为资本市场中重要的信息中介，是股价中噪声含量的重要影响因素。由于其特有的专业性，证券分析师具有较强的信息收集能力和分析解读能力，通过深度挖掘并传播上市公司信息，证券分析师能够提高公司的信息透明度，提高股价信息含量（Arya and Mittendorf，2007）。因此，更多的分析师关注意味着更高的股价信息含量和更少的噪声。在中国，证券分析师行业发展较晚，虽然有部分学者质疑证券分析师的信息中介作用（李春涛和张璇，2011；冯旭南和李心愉，2011），但更多的经验研究表明证券分析师关注确实提高了中国上市公司的股价信息含量。例如，朱红军等（2007）研究发现，证券分析师通过搜寻和加工信息的行为，减弱了盈余公告后漂移现象并使当期股票价格能够反映更多的未来有关盈余信息。姜超（2013）通过采用个股"股价同步性"以及累积超额收益率两种指标度量上市公司股价中的特质信息含量，检验了证券分析师对股价特质信息含量的影响，发现两种指标的分析结果均表明中国证券分析师能够提高股价信息含量，提升资本市场效率。因此，在中国资本市场上，证券分析师对上市公司的关注度越高，个股股价包含的公司特质信息就越多，包含的噪声成分相对越少，董秘与股价同步性的正向影响关系则会在一定程度上相对减弱。据此，提出本章的第二个假设：

假设 H5-2：证券分析师关注度弱化了勤勉尽责的董事会秘书与股价同步性间的正向影响关系。

除了证券分析师，机构投资者作为资本市场上的专业投资主体，也是影响股价中噪声含量的重要力量（王亚平 等，2009）。一般而言，相比散户投资者，机构投资者既拥有明显的资金优势和专业分析能力，又因持有大额股份而具有较强的动机搜集上市公司的经营管理信息甚至参与到公司治理中，因而更能基于公司的基本面信息作出理性的投资决策，从而提高公司股价的特质信息含量。例如，在欧美发达资本市场上，相关研究发现机构投资者能更好地解读盈余操纵行为，其持有的股票不存在"功能锁定"的现象，并且机构投资者持股比例较高的公司具有更弱的应计异象问题和更少的投机性交易（Hand，1990；Balsam et al.，2002；Collins et al.，2003；Brandt et al.，2010）。在中国，虽然中小投资者仍然占有很大比重，但是 2005 年股权分置改革以来机构投资者队伍已经有了长足发展。当然，与发达资本市场相比，中国的机构投资者在专业能力、人才优势、投资理念等方面还存在不小的差距。尽管如此，中国的机构投资者在改善资本市场效率方面仍起到了非常重要的作用。基于中国资本市场数据的相关研究发现，机构投资者持股比例越高，公司的应计盈余管理活动越少，盈余信息真实性越强，股票市场的定价效率和稳定性则越好，而机构投资者的交易则显著增加了公司股价中的特质信息含量（程书强，2006；侯宇和叶冬艳，2008；王亚平 等，2009；王永梅和王亚平，2011）。可见，在中国的资本市场上，机构投资者能够促进资本市场效率的提升，机构投资者持股比例越高的股票，其股价受噪声的影响程度越低，因而董秘与股价同步性之间的正相关关系也会相应降低。据此，提出本章的第三个假设：

假设 H5-3：机构投资者持股弱化了勤勉尽责的董事会秘书与股价同步性间的正向影响关系。

5.3　样本选择、变量定义与模型设定

1.样本选择与数据来源

本章选择 2005—2011 年中国沪深两市 A 股上市公司作为研究对象。之所以选择 2005—2011 年作为考察区间，主要有两点考虑：（1）2005 年修订的《公司法》首次从立法的高度明确了董秘作为公司高级管理人员的地位，这一修订提升了董秘在上市公司的相关作用。（2）《新财富》杂志从 2005 年开始推出"金牌董秘"的评选活动，而本章是采用"金牌董秘"的评选结果作为评价董秘是否"勤勉尽职"的标准。特别地，根据《新财富》杂志公布的上市公司"金牌董秘"名单，2005—2011 年所评选的"金牌董秘"均按董秘评分进行排名，但 2012 年及以后年度评选的"金牌董秘"不再区分名次。因此，为了更好地考察董秘勤勉尽职程度与资本市场效率之间的关系，本章分别选取 2005 年和 2011 年作为样本选择的起始年份和截止年份。具体地，本章得到的初始研究样本共计 12510 个，在此基础上对初始样本进行了如下筛选：（1）剔除 ST、﹡ST 公司—年度观察样本 1325 个；（2）剔除发行 B 股或 H 股的交叉上市公司—年度观察样本 919 个；（3）剔除金融业公司—年度观察样本 117 个；（4）剔除资不抵债公司—年度观察样本 1167 个；（5）剔除年交易周数少于 30 周的公司—年度观察样本 143 个[①]；（6）剔除数据缺失的公司—年度观察样本 409 个。最终，本章得到的有效公司—年度观察样本共计 8430 个，本章的金牌董秘数据系作者手工搜集整理得到，机构投资者持股数据来自 Wind 数据库，证券分析师数据和股票交易数据以及其他财务会计数据皆来自中国证券市场与会计研究（CSMAR）数据库。

---

①　本研究中使用个股的股价同步性来反映资本市场效率水平，而个股的股价同步性指标是指个股周回报率对市场周回报率进行回归分析所得到的拟合系数 R^2，因而根据统计回归分析的大样本要求，个股的年交易周数不能小于 30 周。

2.变量定义与度量

（1）股价同步性

借鉴 Morck 等（2000）、李增泉（2005）、朱红军等（2007）的度量方法，本章采用回归模型（5-1）的拟合系数 R^2 衡量上市公司的股价同步性。

$$R_{i,t} = \alpha + \beta R_{m,t} + \varepsilon \tag{5-1}$$

其中，$R_{i,t}$ 为第 i 家公司股票第 t 期考虑现金红利再投资的周收益率，$R_{m,t}$ 为经流通市值加权平均计算的第 t 期 A 股综合市场周收益率。模型（5-1）的拟合系数 R^2 的经济含义是公司的个股收益中被市场收益所解释的部分。由于 R^2 的取值范围为（0，1），不满足回归分析的正态性要求，因此本章对 R^2 进行了如公式（5-2）的对数转换使之呈正态分布，得到的 RSQ 即为本章所使用的股价同步性变量。

$$\text{RSQ} = \text{Ln}[R^2/(1-R^2)] \tag{5-2}$$

（2）金牌董秘

如何准确客观地评价上市公司董秘的勤勉尽职程度，是一个非常现实的难题。本研究中，我们利用《新财富》杂志的"金牌董秘"评选结果来界定上市公司董秘履职情况的优劣，因为该项评选活动截至 2014 年已成功举办了十届，得到中国资本市场各界的高度关注与认可，并逐渐成为中国资本市场评价优秀董秘的一杆标尺。具体地，本章构建了一个金牌董秘哑变量（SCERE），若当年上市公司的董秘被《新财富》杂志评选为金牌董秘，则取值为 1，否则为 0。

（3）调节变量

①证券分析师关注度（ANALY）。借鉴朱红军等（2007）的度量方法，证券分析师关注度（ANALY）等于对每家上市公司跟踪分析的证券分析分析师人数加 1 后的自然对数值。

②机构投资者持股比例（INST）。考虑到本章的样本考察期间主要为股权分置改革后的全流通时期，故而本章借鉴王亚平等（2009）和罗进辉（2013b）的做法，机构投资者持股比例（INST）等于所有机构投资者持有股份总数与公司总股份数的比值。

（4）控制变量

参考 Jin 和 Myers（2006）、游家兴等（2006）、朱红军等（2007）等关于股价同步性的相关研究文献，本章还控制了国有性质（SOE）、股权集中度（TOP1）、国际四大审计（BIG4）、上市年限（AGE）、总资产收益率（ROA）、负债水平（LEV）、市值账面比（MTB）、股票换手率（TUR）等因素对上市公司股价同步性的系统影响。特别地，我们引入了一个新会计准则实施变量（NEW）以控制 2007 年实施的与国际趋同的新会计准则可能对公司信息披露质量及其股价同步性的可能影响。此外，我们还引入了年度哑变量（YEAR）和行业哑变量（INDUSTRY）以控制时间效应和行业效应。所有变量的符号与具体定义如表 5-1 所示。

表 5-1 变量定义与度量

变量符号	变量定义
R^2	市场指数回报对公司股价回报的解释能力,由回归模型(5-1)得到
RSQ	具体计算方法参见公式(5-2)。RSQ 越大,公司股价走势与市场走势的同步性越高
SECRE	当公司的董秘被《新财富》杂志评为金牌董秘时取值为 1,否则为 0
ANALY	等于对公司进行跟踪分析的证券分析师人数加 1 后的自然对数值
INSTI	等于公司所有机构投资者持有股份与总股份的比值
SOE	当公司的终极控制人为国有单位或国有法人时取值为 1,否则为 0
TOP1	等于公司第一大股东持有股份占总股份的比值
BIG4	当公司聘请了国际四大会计师事务所提供审计服务时取值为 1,否则为 0
AGE	等于公司上市年数加 1 后的自然对数值
ROA	等于公司净利润与总资产的比值
LEV	等于公司总负债与总资产的比值
MTB	等于公司股票总市值与账面总资产的比值
TUR	等于当年内每个交易日的股票成交股数与当日股票流通股总股数的比率之和除以当年交易日数
NEW	当公司样本来自 2007 年以及以后年度时取值为 1,否则为 0

3.计量回归模型

为了检验本章提出的研究假设,本章构建如下 3 个计量回归模型,采用 OLS 多元回归估计方法检验金牌董秘对公司股价同步性的经验影响关系以及证券分析师和机构投资者的相关调节作用。

$$RSQ_t = \beta_0 + \beta_1 SECRE_{t-1} + \beta_2 ANALY_{t-1} + \beta_3 INSTI_{t-1} + \beta_4 SOE_{t-1} + \beta_5 TOP1_{t-1} + \beta_6 BIG4_{t-1} + \beta_7 AGE_{t-1} + \beta_8 ROA_{t-1} + \beta_9 LEV_{t-1} + \beta_{10} MTB_{t-1} + \beta_{11} TUR_{t-1} + \beta_{12} NEW_{t-1} + \sum INDUSTRY + \sum YEAR + \varepsilon_{i,t} \quad (5\text{-}3)$$

$$RSQ_t = \beta_0 + \beta_1 SECRE_{t-1} + \beta_2 SECRE_{t-1} \times ANALY_{t-1} + \beta_3 ANALY_{t-1} + \beta_4 INSTI_{t-1} + \beta_5 SOE_{t-1} + \beta_6 TOP1_{t-1} + \beta_7 BIG4_{t-1} + \beta_8 AGE_{t-1} + \beta_9 ROA_{t-1} + \beta_{10} LEV_{t-1} + \beta_{11} MTB_{t-1} + \beta_{12} TUR_{t-1} + \beta_{13} NEW_{t-1} + \sum INDUSTRY + \sum YEAR + \varepsilon_{i,t} \quad (5\text{-}4)$$

$$RSQ_t = \beta_0 + \beta_1 SECRE_{t-1} + \beta_2 SECRE_{t-1} \times INSTI_{t-1} + \beta_3 ANALY_{t-1} + \beta_4 INSTI_{t-1} + \beta_5 SOE_{t-1} + \beta_6 TOP1_{t-1} + \beta_7 BIG4_{t-1} + \beta_8 AGE_{t-1} + \beta_9 ROA_{t-1} + \beta_{10} LEV_{t-1} + \beta_{11} MTB_{t-1} + \beta_{12} TUR_{t-1} + \beta_{13} NEW_{t-1} + \sum INUDSTRY + \sum YEAR + \varepsilon_{i,t} \quad (5\text{-}5)$$

其中,RSQ_t 代表股价同步性,$SECRE_{t-1}$ 代表金牌董秘哑变量。具体地,根据假设 H5-1 的理论预期,回归系数 β_1 应该显著为正;$SECRE_{t-1} \times ANALY_{t-1}$ 为 $SECRE_{t-1}$ 与 $ANALY_{t-1}$ 的交互项,根据假设 H5-2,该交互项的回归系数 β_2 应该显著为负;根据假设 H5-3，$SECRE_{t-1}$ 与 $INSTI_{t-1}$ 的交互项 $SECRE_{t-1} \times INSTI_{t-1}$ 也应该得到显著为负的回归系数，亦即 β_2 显著为负。特别地，为了缓解因变量与自变量之间互为因果的内生性问题，本章把所有自变量的取值都滞后了一期。同时，为了控制异常数据的不利影响，我们对所有连续型变量都进行了上下 1% 的 Winsorize 缩尾处理。

5.4 描述性统计分析

表 5-2 报告了本章主要变量的描述性统计结果：（1）R^2 的均值（中位数）为 0.400（0.398），这低于王亚平等（2009）所报告的 2004—2007 年的 0.412（0.416），但仍比 Jin 和 Myers（2006）所报告的绝大多数国家的 R^2 要高，说明中国资本市场的股价同步性虽然有所下降，但与发达资本市场相比，股价同步性仍处于较高的水平。由 R^2 经公式（5-2）转换而来的 RSQ，其均值为 −0.475，标准差为 0.804，说明不同上市公司间的股价同步性存在明显差异。（2）SECRE 的均值为 0.051，意味着每个年度约有 5.1% 的样本公司董秘被《新财富》杂志评为"金牌董秘"。（3）ANALY 的均值和标准差 2.180（$e^{1.157}-1$）和 2.130（$e^{1.141}-1$），说明平均而言每家上市公司至少有 2 名证券分析师跟踪关注且不同公司的分析师关注度存在较大差异。（4）INSTI 的均值为 0.515，意味着上市公司平均有半数以上的股票被机构投资者所持有，机构投资者已经发展成为中国资本市场的中坚力量。

控制变量方面，SOE 的均值为 0.553，表明 55.2% 的样本公司的终极控制人为国有单位或国有法人；TOP1 的均值和中位数分别为 0.379 和 0.361，意味着上市公司"一股独大"的现象比较严重；BIG4 的均值为 0.035，说明从已审计的公司数量看，仅有 3.5% 的上市公司聘请了国际四大会计师事务所提供审计服务。此外，其他有关公司特征的控制变量 AGE、ROA、LEV、MTB、TUR 的分布情况都不存在异常。

表 5-2 描述性统计结果

变量	样本量	均值	标准差	最小值	P25	中位数	P75	最大值
R^2	8430	0.400	0.165	0.001	0.284	0.398	0.514	0.884
RSQ	8430	−0.475	0.804	−3.016	−0.927	−0.416	0.055	1.251
SECRE	8430	0.051	0.219	0	0	0	0	1
ANALY	8430	1.157	1.141	0	0	1.099	2.197	3.555
INSTI	8430	0.515	0.208	0.019	0.384	0.544	0.668	0.897
SOE	8430	0.553	0.497	0	0	1	1	1
TOP1	8430	0.379	0.156	0.045	0.254	0.361	0.498	0.865

续表

变量	样本量	均值	标准差	最小值	P25	中位数	P75	最大值
BIG4	8430	0.035	0.185	0	0	0	0	1
AGE	8430	2.069	0.630	0.693	1.609	2.303	2.565	3.091
ROA	8430	0.068	0.060	−0.122	0.035	0.061	0.097	0.269
LEV	8430	0.470	0.190	0.052	0.334	0.487	0.618	0.840
MTB	8430	2.296	1.522	0.813	1.243	1.778	2.831	8.912
TUR	8430	3.414	2.513	0.452	1.602	2.783	4.535	14.265
NEW	8430	0.754	0.431	0	1	1	1	1

5.5 Pearson 相关系数分析

表 5-3 报告了本章的 Pearson 相关系数分析结果。从表 5-3 可知，（1）上市公司的股价同步性（RSQ）与金牌董秘（SECRE）的相关系数为 0.062，且在 1% 的统计水平下显著，意味着上市公司的股价同步性与董秘的勤勉尽职正相关，初步支持了本章的研究假设 H5-1。（2）金牌董秘（SECRE）与证券分析师关注度（ANALY）和机构投资者持股（INST）都在 1% 水平下显著正相关，说明董秘勤勉尽职的上市公司会吸引更多的分析师关注和机构投资者投资，这主要可能是因为勤勉尽职的金牌董秘加强了上市公司与资本市场间的信息沟通和完善了投资者关系管理，使得上市公司更容易吸引分析师和机构投资者的关注与投资。（3）新会计准则的实施（NEW）与股价同步性（RSQ）在 1% 的统计水平下显著正相关，说明 2007 年实施的新会计准则有利于提高上市公司的信息披露质量和信息透明度，降低了噪声对股价的影响，使得股价同步性得以提高，这在一定程度上支持了新会计准则的积极意义。此外，其他控制变量间的两两相关系数都远小于 0.5，意味着把这些变量同时引入回归模型不会引起严重的多重共线性问题。

表 5-3 Pearson 相关系数分析结果

变量	1	2	3	4	5	6	7
1 RSQ	1						
2 SECRE	0.062***	1					
3 ANALY	−0.026**	0.241***	1				
4 INSTI	−0.079***	0.115***	0.141***	1			
5 SOE	0.033***	0.026**	−0.110***	0.239***	1		

续表

变量	1	2	3	4	5	6	7
6 TOP1	0.005	0.079 ***	0.103 ***	0.478 ***	0.213 ***	1	
7 BIG4	0.029 ***	0.108 ***	0.114 ***	0.084 ***	0.010	0.103 ***	1
8 AGE	−0.007	0.037 ***	−0.219 ***	−0.023 **	0.238 ***	−0.121 ***	−0.013
9 ROA	0.045 ***	0.160 ***	0.472 ***	0.157 ***	−0.119 ***	0.115 ***	0.060 ***
10 LEV	−0.019 *	−0.003	−0.117 ***	0.069 ***	0.157 ***	0.008	0.004
11 MTB	−0.004	0.088 ***	0.298 ***	−0.046 ***	−0.199 ***	−0.066 ***	−0.038 ***
12 TUR	0.112 ***	−0.088 ***	0.147 ***	−0.253 ***	−0.217 ***	−0.074 ***	−0.067 ***
13 NEW	0.126 ***	0.056 ***	0.345 ***	−0.203 ***	−0.138 ***	−0.145 ***	−0.017

	8	9	10	11	12	13
8 AGE	1					
9 ROA	−0.225 ***	1				
10 LEV	0.360 ***	−0.302 ***	1			
11 MTB	−0.197 ***	0.422 ***	−0.404 ***	1		
12 TUR	−0.423 ***	0.111 ***	−0.223 ***	0.380 ***	1	
13 NEW	0.089 ***	0.146 ***	−0.029 ***	0.338 ***	0.420 ***	1

注：*** 、** 、* 分别代表在 1%、5%、10% 的统计水平下显著（双尾）。

5.6　单变量的组间差异分析

根据样本公司聘请的董秘是否被评为"金牌董秘"，把全样本划分为两个子样本——金牌董秘子样本（SECRE=1）和非金牌董秘子样本（SECRE=0），进而分析两个子样本间存在哪些显著差异，结果如表 5-4 所示。从表 5-4 可知，无论是均值差异的 T 检验还是中位数差异的 Z 检验，金牌董秘子样本的股价同步性（RSQ）都在 1% 统计水平下显著大于非金牌董秘子样本，与假设 H5-1 的预期相符。此外，与非金牌董秘子样本公司相比，金牌董秘子样本公司具有显著更高的证券分析师关注、更高的机构投资者持股、更高的第一大股东持股、更高的概率是国有企业和由国际四大会计事务所提供审计服务、更长的上市年限、更高的盈利能力和发展能力以及更低的股票换手率等特征，这意味着具有上述特征的上市公司董秘更可能被评选为金牌董秘。

表 5-4　分组差异分析结果

变量	SECRE＝0（样本量＝8004）			SECRE＝1（样本量＝426）			t/Z 检验值
	均值	中位数	标准差	均值	中位数	标准差	
RSQ	−0.154	−0.121	0.751	0.059	0.042	0.711	−5.705*** /−5.209***
ANALY	1.094	0.693	1.114	2.350	2.565	0.955	−22.831*** /−21.136***
INSTI	0.509	0.539	0.207	0.618	0.657	0.200	−10.610*** /−11.184***
SOE	0.550	1	0.498	0.608	1	0.489	−2.347** /−2.346**
TOP1	0.376	0.358	0.155	0.432	0.450	0.170	−7.231*** /−6.875***
BIG4	0.031	0	0.173	0.122	0	0.328	−9.974*** /−9.917***
AGE	2.063	2.303	0.633	2.170	2.303	0.547	−3.414*** /−2.945***
ROA	0.066	0.059	0.059	0.109	0.097	0.059	−14.878*** /−14.773***
LEV	0.470	0.488	0.190	0.467	0.472	0.182	0.283/0.510
MTB	2.265	1.759	1.489	2.879	2.207	1.969	−8.149*** /−6.462***
TUR	3.465	2.826	2.545	2.458	2.091	1.524	8.087*** /7.999***

注：***、**、*分别代表在1％、5％、10％的统计水平下显著（双尾）。

5.7　多元回归分析

表 5-5 列示了本章的 OLS 多元回归分析结果，其中模型 1 为仅引入控制变量的基础回归模型，模型 2 在模型 1 的基础上引入金牌董秘哑变量（SECRE）以检验假设 H5-1，模型 3 和模型 4 分别引入交互项 SECRE×ANALY 和 SECRE×INSTI 以检验假设 H5-2 和假设 H5-3，模型 5 则是本章的全变量回归模型。所有回归模型的 F 统计量都在 1％水平下显著，说明本章的计量模型总体上是有效的。回归模型的方差膨胀因子（VIF 值）介于 5.36 和 6.07 之间，小于临界值 10，意味着回归模型的多重共线性问题比较轻，不会影响本章的统计结论。

表 5-5　金牌董秘与股价同步性的多元回归分析结果

变量	RSQ				
	模型 1	模型 2	模型 3	模型 4	模型 5
SECRE		0.082**	0.250***	0.392***	0.492***
		(2.045)	(2.942)	(3.313)	(3.689)
SECRE×ANALY			−0.073**		−0.056
			(−2.110)		(−1.644)
SECRE×INSTI				−0.506***	−0.458**
				(−2.693)	(−2.458)

续表

变量	RSQ				
	模型 1	模型 2	模型 3	模型 4	模型 5
ANALY	-0.073^{***}	-0.076^{***}	-0.073^{***}	-0.076^{***}	-0.074^{***}
	(-7.721)	(-7.941)	(-7.492)	(-7.971)	(-7.586)
INSTI	-0.242^{***}	-0.244^{***}	-0.244^{***}	-0.219^{***}	-0.221^{***}
	(-4.827)	(-4.878)	(-4.873)	(-4.286)	(-4.329)
SOE	0.086^{***}	0.085^{***}	0.084^{***}	0.084^{***}	0.084^{***}
	(4.368)	(4.329)	(4.312)	(4.309)	(4.297)
TOP1	0.132^{**}	0.129^{*}	0.129^{*}	0.128^{*}	0.128^{*}
	(1.983)	(1.928)	(1.939)	(1.919)	(1.928)
BIG4	0.152^{***}	0.146^{***}	0.151^{***}	0.152^{***}	0.155^{***}
	(3.248)	(3.087)	(3.202)	(3.225)	(3.299)
AGE	0.009	0.008	0.008	0.008	0.008
	(0.499)	(0.410)	(0.404)	(0.438)	(0.430)
ROA	1.366^{***}	1.351^{***}	1.341^{***}	1.359^{***}	1.351^{***}
	(7.369)	(7.291)	(7.230)	(7.337)	(7.284)
LEV	-0.110^{**}	-0.110^{**}	-0.110^{**}	-0.114^{**}	-0.114^{**}
	(-2.000)	(-2.014)	(-2.011)	(-2.087)	(-2.078)
MTB	-0.039^{***}	-0.040^{***}	-0.039^{***}	-0.040^{***}	-0.039^{***}
	(-4.987)	(-5.090)	(-5.066)	(-5.108)	(-5.087)
TUR	0.027^{***}	0.028^{***}	0.027^{***}	0.028^{***}	0.028^{***}
	(5.888)	(6.031)	(5.935)	(6.075)	(5.994)
NEW	0.248^{***}	0.248^{***}	0.249^{***}	0.249^{***}	0.250^{***}
	(10.014)	(10.002)	(10.043)	(10.060)	(10.086)
截距	-0.672^{***}	-0.662^{***}	-0.667^{***}	-0.678^{***}	-0.680^{***}
	(-6.554)	(-6.486)	(-6.542)	(-6.619)	(-6.650)
行业固定效应	控制	控制	控制	控制	控制
年度固定效应	控制	控制	控制	控制	控制
样本量	8430	8430	8430	8430	8430
F 值	18.326^{***}	17.871^{***}	17.480^{***}	17.499^{***}	17.084^{***}
调整 R^2	0.059	0.059	0.059	0.060	0.060
VIF 值	5.50	5.36	5.59	5.91	6.07

注：(1) ***、**、* 分别代表在 1%、5%、10% 的统计水平下显著（双尾）；(2) 括号内数字为经过异方差调整的 t 值。

　　具体地，模型 2 的结果显示，金牌董秘哑变量（SECRE）得到了显著为正的回归系数（模型 2：β=0.082，p<0.05），即如果上市公司聘请了更勤勉尽职的金牌董秘，其股价同步性会更高，从而支持了本章的研究假设 H5-1。根据前述的理论分析，该结果表明勤勉尽职的董秘能够更好地完善公司的内部治理、加强投资者关系管理和提升信息披露质量，进而促进上市公司信息透明度的提升，股价同步性随之提高。模型 3 的结果显示，证券分析师关注（ANALY）和金牌董秘哑变量（SECRE）的交互项得到了显著为负的回归系数（模型 2：β=－0.073，p<0.05），与研究假设 H5-2 的预期相符，表明证券分析师关注度会调减金牌董秘哑变量与公司股价同步性间的正相关关系，因为证券分析师能够提高股价的信息含量，降低股价中的噪声成分，从而减弱噪声市场中金牌董秘与股价同步性间的正向影响关系。模型 4 的结果显示，机构投资者持股比例（INSIT）和金牌董秘哑变量（SECRE）的交互项也得到了显著为负的回归系数（模型 4：β=－0.506，p<0.01），支持了假设 H5-3 的理论预期，亦即机构投资者作为更加理性的专业投资者，其持股比例的增加意味着股价受噪声的影响程度降低，因而金牌董秘与股价同步性间的正向影响关系会减弱。

　　控制变量方面，我们发现国有性质（SOE）、第一大股东持股比例（TOP1）、聘请国际四大审计（BIG4）、总资产收益率（ROA）、股票换手率（TUR）都与股价同步性显著正相关，而负债水平（LEV）和市值账面比（MTB）与股价同步性显著负相关，这些结果与王亚平等（2009）的研究结论基本类似。特别地，新会计准则实施哑变量（NEW）得到了显著为正的回归系数，意味着与国际会计准则趋同的新会计准则的实施，通过提高上市公司的信息披露质量和信息透明度（张然和张会丽，2008；毛新述和戴德明，2009），提升了噪声市场中上市公司的股价信息含量和股价同步性。

5.8　稳健性检验

1.倾向得分匹配检验

　　首先，在研究样本中，上市公司董秘被评为金牌董秘的样本仅占总样本的 5.1%，意味着金牌董秘子样本和非金牌董秘子样本的占比严重失衡，这将使得本章研究结论对可能存在的样本选择性偏差问题变得非常敏感。为此，本章使用倾向得分匹配法进行稳健性测试。具体地，第一步，结合表 5-4 的分组差异分析结果，以金牌董秘哑变量（SECRE）为因变量，公司规模、负债水平、总资产收益率、市值账面比、股票换手率、市场化环境、国际四大审计、证券分析师关注度、机构投资者持股比例等公司特征变量为自变量，使用 Logit 逻辑回归模型估计出每个年度观察样本公司董秘被评为金牌董秘的倾向得分。第二步，根据得到的倾向得分，使用最邻近匹配法为每一个金牌董秘实验样本找到一个配对样本，进而利用计量模型（5-3）回归分析实验样本和配对样本，得到的回归分析结果如表 5-6 所示。从表 5-6 可以看到，尽管在 PSM 模型下统计显著水平有所降低，但金牌董秘哑变量仍然得到了显著为正的回归系数（模型 1：$\beta =$ 0.097，$p < 0.10$）。这一结果表明，样本的选择性偏差问题并没有影响本章相关研究结论的成立。

2.工具变量检验

其次，为了更有效地控制"互为因果"的内生性问题，我们还使用了两阶段最小二乘估计方法（2SLS）。本章认为，除了公司层面的因素，董秘的个体特征是影响甚至决定其能否被评为金牌董秘的重要因素，更为重要的是董秘的个体特征与其任职公司的股价同步性间不存在直接的相关关系。因此，本章选取董秘的年龄和性别作为工具变量[①]，据此得到的回归分析结果如表 5-6 所示。从表 5-6 可知，工具变量化的金牌董秘变量（instrumented SECRE）也得到了统计显著的正回归系数（模型 2：$\beta = 1.960$，$p < 0.10$），意味着在使用工具变量回归模型有效控制"互为因果"的内生性问题后，本章的相关研究结论仍然是稳健成立的。

表 5-6　内生性检验结果

变量	RSQ	
	PSM	2SLS
	模型 1	模型 2
SECRE	0.097*	1.960*
	(1.699)	(1.828)
ANALY	−0.120***	−0.137
	(−3.725)	(−1.636)
INSTI	−0.643***	−0.364**
	(−3.960)	(−2.387)
SOE	0.088	0.030
	(1.242)	(0.622)
TOP1	0.262	0.097
	(1.189)	(0.933)
BIG4	0.034	0.005
	(0.370)	(0.042)
AGE	0.088	0.111
	(1.375)	(1.223)

① 董事会秘书作为连接上市公司与资本市场的"桥梁"和"窗口"，发挥着越来越重要的作用，因此承担的职业责任和所面临的经验与能力要求也越高。从社会学的角度，年龄、性别、教育背景等个体特征能够在一定程度上反映董秘的职业经验与工作能力。然而，由于董秘的教育背景信息缺失情况严重，故而本章仅选取年龄和性别作为金牌董秘的工具变量。

续表

变量	RSQ	
	PSM	2SLS
	模型 1	模型 2
ROA	1.285**	1.389***
	(2.064)	(2.713)
LEV	−0.334*	−0.128
	(−1.651)	(−1.360)
MTB	−0.082***	−0.076
	(−3.698)	(−1.395)
TUR	0.070***	0.087
	(3.071)	(1.506)
NEW	0.473***	0.105
	(4.598)	(0.539)
截距	−0.558	−0.837***
	(−1.432)	(−2.186)
行业固定效应	控制	控制
年度固定效应	控制	控制
样本量	786	3878
F 值/Wald Chi² 值	5.974***	50.88**
调整 R^2	0.161	—

注:(1) ***、**、* 分别代表在 1%、5%、10% 的统计水平下显著(双尾);(2)括号内数字为经过异方差调整的 t 值。

3.更改自变量度量方式的稳健性检验

在本章的样本考察期间 2005—2011 年,《新财富》杂志不仅会评选出金牌董秘总名单,还会根据评委的打分对金牌董秘进行排名。那么一个有趣的问题是,金牌董秘的排名是否具有额外的增量信息呢?为此,我们重新构建了一个金牌董秘排名变量 SECRE _ rank,其值等于对应金牌董秘的排名名次。特别地,由于《新财富》杂志在 2005—2007 年每年评选出 50 名金牌董秘;在 2008—2010 年每年评选出 100 名金牌董秘;在 2011 年评选出 150 名金牌董秘。为了使不同年度间的金牌董秘排名具有更好的可比性,我们把 2008—2010 年金牌董秘的排名名次除以 2 后四舍五入取整数,把 2011 年金牌董秘的排名名次除以 3 后四舍五入取整数。经过这些转换后,每个年度金牌董秘排名名次的取值都为 1~50。最后,根据得到的金牌董秘排名变量在金牌董秘子样本中进行相关的回归分析,结果如表 5-7 所示。从表 5-7 可以看到,金牌董秘排名变量 SECRE _ rank、与证券分析师关注度的交互项 SECRE _ rank×ANALY、与机构投资者持股比例的交互项 SECRE _ rank×INSTI 都没有得到一致显著的回归系数,这些结果说明虽然金牌董秘间存在排名次序的差异，但他们带给上市公司股价同步性的经验影响却是类似的，不存在显著的强弱差异。这一结果也从一个侧面表明，《新财富》杂志的金牌董秘评选活动仅是对董秘勤勉尽职情况的定性评价。

表 5-7　关于金牌董秘排名的稳健性测试结果

变量	RSQ				
	模型 1	模型 2	模型 3	模型 4	模型 5
SECRE_rank		0.004	0.009 *	−0.006	−0.000
		(1.383)	(1.678)	(−0.723)	(−0.051)
SECRE_rank×ANALY			−0.002		−0.003
			(−1.135)		(−1.486)
SECRE_rank×INSTI				0.015	0.020
				(1.237)	(1.526)
ANALY	−0.156 ***	−0.147 ***	−0.072	0.144 ***	−0.041
	(−3.639)	(−3.389)	(−0.948)	(−3.334)	(−0.514)
INSTI	−0.492 **	−0.514 **	−0.533 **	−0.894 **	−1.024 ***
	(−2.323)	(−2.383)	(−2.465)	(−2.417)	(−2.666)
SOE	0.122	0.123	0.125	0.121	0.124
	(1.318)	(1.333)	(1.365)	(1.305)	(1.344)
TOP1	−0.018	0.009	0.001	0.049	0.049
	(−0.064)	(0.030)	(0.002)	(0.169)	(0.169)
BIG4	−0.037	−0.022	−0.030	−0.021	−0.032
	(−0.271)	(−0.166)	(−0.223)	(−0.160)	(−0.238)
AGE	0.196 **	0.199 **	0.204 **	0.198 **	0.204 **
	(2.256)	(2.299)	(2.355)	(2.284)	(2.358)
ROA	2.050 **	2.166 **	2.158 **	2.119 **	2.095 **
	(2.288)	(2.397)	(2.402)	(2.315)	(2.302)
LEV	−0.461	−0.426	−0.427	−0.417	−0.415
	(−1.608)	(−1.495)	(−1.501)	(−1.462)	(−1.463)
MTB	−0.094 ***	−0.094 ***	−0.095 ***	−0.093 ***	−0.093 ***
	(−3.241)	(−3.239)	(−3.257)	(−3.182)	(−3.194)
TUR	0.077 **	0.072 **	0.073 **	0.069 **	0.069 **
	(2.529)	(2.373)	(2.390)	(2.288)	(2.289)
NEW	0.635 ***	0.641 ***	0.640 ***	0.646 ***	0.645 ***
	(4.905)	(4.965)	(4.939)	(5.045)	(5.042)
截距	−0.728 *	−0.865 **	−1.056 **	−0.638	−0.838 *
	(−1.793)	(−2.107)	(−2.424)	(−1.403)	(−1.822)

续表

变量	RSQ				
	模型 1	模型 2	模型 3	模型 4	模型 5
行业固定效应	控制	控制	控制	控制	控制
年度固定效应	控制	控制	控制	控制	控制
样本量	426	426	426	426	426
F 值	6.071***	6.043***	5.983***	5.851***	5.810***
调整 R^2	0.191	0.192	0.192	0.192	0.193

注：(1) ***、**、* 分别代表在 1％、5％、10％的统计水平下显著(双尾)；(2)括号内数字为经过异方差调整的 t 值。

5.9　研究结论与实践启示

董事会秘书（简称董秘），是连接上市公司与外部利益相关者的重要信息纽带。然而，对于这个与资本市场联系如此密切的职业群体，目前却鲜有研究关注其与资本市场效率之间的影响关系。鉴于此，本章选取 2005—2011 年中国 A 股上市公司的相关数据，从股价同步性角度实证分析了上市公司董秘对资本市场效率的经验影响关系。结果发现，同等条件下，与非金牌董秘相比，更加勤勉尽职的金牌董秘有利于提高上市公司的股价同步性。进一步，证券分析师的关注度越高抑或机构投资者的持股比例越高，金牌董秘对公司股价同步性的正向影响关系越弱。在经过对样本选择性偏差和"互为因果"的内生性问题等进行稳健性测试后，这些结论依然成立，这说明上市公司聘请勤勉尽职的金牌董秘，有利于更好地完善公司的内部治理、加强投资者关系管理和提高信息披露质量，从而促进上市公司信息透明度的提升。而在噪声较大的中国资本市场，信息透明度的提升则会提高公司的股价同步性。证券分析师和机构投资者作为资本市场中两类重要的参与主体，具有较强的信息收集与分析能力，其参与度的提高能提高公司股价的信息含量，降低噪声对股价的影响，进而减弱勤勉尽职的金牌董秘与股价同步性间的正向影响关系。

本章的研究结论主要有以下实践启示。首先，建立高效透明的资本市场是中国市场化改革的重要一环，董秘作为连接上市公司与外部利益相关者的重要信息纽带，对提高资本市场效率具有积极影响。中国政府和资本市场监管部门应该加强对董秘这一特殊职业群体的监督管理和培训指导，通过加强职业继续教育和完善考核标准体系，提升董秘群体的综合执业水平。近年来优秀董秘已然成为上市公司和拟上市公司竞相猎取的紧缺人才，在这样的背景下，加强董秘的职业教育与培训显得更加重要和迫切。其次，随着中国资本市场的不断发展，证券分析师和机构投资者已经成为市场的重要参与者，他们在提升资本市场效率方面发挥了积极作用。但是，证券分析师的非独立性及由此引发的利益冲突问题，以及机构投资者的短期频繁炒作和内幕交易等问题，在中国资本市场仍然时有发生。这就要求中国资本市场的相关监管部门进一步完善制度环境建设，提高证券分析师执业能力，同时更加注重其职业道德教育，引导机构投资者形成注重基本面分析的长期价值投资理念，最终促进中国资本市场的平稳健康发展。

囿于"金牌董秘"评比的局限性，本章仅能对上市公司董秘的履职情况进行相对粗糙的定性刻画，而没能更科学客观地进行定量度量，这可能会在一定程度上影响本章的相关研究结论，同时也阻碍了我们对相关的问题进行更加细致的实证分析。随着企业界和学术界对董秘这一职业群体的认识加深和对相关职业要求的明晰与细化，未来在数据可获得的情况下，我们应该对该领域的相关问题开展更进一步的研究。

6 独立董事声誉机制的有效性

6.1 独立董事声誉机制的有效性研究概述

在过去 20 年间，大量的新兴市场国家参考发达国家的做法要求上市公司聘请独立董事。然而，由于新兴市场国家普遍存在控股股东且缺乏合格和有能力的独立董事，独立董事是否有效发挥了咨询和监督职能尚不明确（Jiang and Kim，2015）。少数研究发现，独立董事发挥监督管理层和咨询职能的效果主要取决于独立董事的特征和技能。例如，Giannetti 等（2015）发现在中国，具有海外背景的独立董事可以通过提高公司经营的国际化程度以改善公司业绩。Jiang 等（2016）研究指出，年轻或高声誉的独立董事更有可能在董事会决议中投出反对票，发挥了更好的监督作用。本章通过研究高声誉独立董事是否能够有效地发挥咨询和监督管理层的职能，丰富了独立董事声誉机制领域的相关文献，从而为改善中国上市公司的经营业绩和治理水平提供了一定的经验借鉴。

声誉约束通常被认为是促进独立董事履行职责的重要因素。然而，在新兴市场国家，高声誉独立董事是否能像在美国等成熟资本市场国家一样有效地履行职责尚未可知。与所有权高度分散的美国市场上市公司不同，中国等新兴市场国家的公司通常有一个能够亲自挑选独立董事的控股股东（Jiang and Kim，2015；Ma and Khanna，2016；He and Luo，2018）。鉴于新兴市场国家的投资者法律保护薄弱，公司的控股股东很可能滥用控制权，通过隧道行为、关联交易和关联担保等方式侵害中小投资者利益（Berkman et al.，2009；Jiang et al.，2010；Peng et al.，2011）。此外，控股股东也可以通过聘请熟悉的独立董事以实现自身利益最大化。实际上，人们通常认为独立董事是为了迎合监管要求而聘请的"橡皮图章"。此外，独立董事本身可能与控股股东勾结，以获得职位和相关利益。这类董事还可能会排挤声誉良好的董事，进一步限制后者在新兴市场国家中发挥治理作用。那么，在中国这样的新兴市场国家，独立董事的声誉机制是否能够发挥应有的作用？

鉴于此, 本章以 2004—2017 年中国 A 股上市公司 20448 个年度观察数据作为研究样本, 实证检验了独立董事声誉机制在中国的有效性。结果显示: (1) 独立董事声誉与公司经营业绩、总资产周转率和全要素生产率之间存在正相关关系; (2) 独立董事声誉与第一类、第二类代理成本呈负相关关系, 但与目标公司支付的现金股利呈正相关关系。这表明高声誉独立董事更有可能在保护股东利益 (特别是中小股东利益) 免受管理层和大股东等公司内部人员侵占方面发挥有效的治理作用; (3) 独立董事声誉与公司收到非标准审计意见和发生财务信息披露违规行为的概率呈负相关关系。在使用 Heckman 两阶段法、工具变量法、采用新的独立董事声誉度量方式、排除《关于进一步规范党政领导干部在企业兼职 (任职) 问题的意见》的影响、控制独立董事政治联系的稳健性检验后, 上述研究结果依然成立。进一步, 本章发现身处产品市场竞争程度较高或市场化程度较高地区的公司以及拥有大型董事会的公司更有可能聘请声誉良好的独立董事。此外, 本章还发现高声誉独立董事对公司业绩的正向影响在地区市场化环境程度较低的公司、非国有企业、没有政治联系的公司、分析师跟踪人数和机构投资者持股比例较低的公司以及处于产品市场竞争程度弱行业的公司中表现得更强。

本章可能的贡献在于: 第一, 本章的研究为独立董事声誉机制有效性提供了来自新兴市场国家的经验证据。研究结果表明, 在投资者法律保护薄弱的新兴市场国家中, 高声誉独立董事可以有效发挥其咨询和监督职能, 这与美国等发达国家关于独立董事声誉有效性的研究结论一致, 即声誉关注会激励独立董事履行其职责 (Fama and Jensen, 1983; Masulis and Mobbs, 2014, 2016, 2017; Sila et al., 2017; Bryan and Mason, 2020)。第二, 本章对董事及董事会的各种特征的相关文献进行了补充。董事对公司业绩的贡献在很大程度上取决于个人特征和能力, 已有研究表明公司业绩与女性董事 (Liu et al., 2014)、海外董事 (Giannetti et al., 2015) 和独立董事呈正相关 (Firth et al., 2007a; Conyon and He, 2011; Liang et al., 2013; Liu et al., 2015)。本章结果表明, 高声誉独立董事能够改善公司经营业绩、治理水平和财务报告质量。

6.2 理论分析与假设提出

自 20 世纪 90 年代初上交所和深交所成立以来, 中国借鉴发达国家资本市场的做法, 为上市公司引入了董事会和其他治理结构。从 1997 年开始, 中国上市公司被鼓励在董事会中设立独立董事, 以保障中小股东的利益。2001 年, 中国证监会发布了《关于在上市公司建立独立董事制度的指导意见》, 规定独立董事及其直系亲属不能在公司任职、持有大量股份或向公司提供咨询服务, 并要求到 2003 年, 上市公司董事会成员中至少包括 1/3 的独立董事, 独立董事的任期一届最长为 3 年、最多可以连任 2 届, 并且每个人最多兼任 5 家上市公司的独立董事。该规定还允许独立董事由持有公司至少

1％股份的大股东提名。但实际上，独立董事往往仍由控股股东和其他大股东提名和任命。例如，上海证券交易所研究中心（2004）报告称 70％的独立董事是由上市公司的第一大股东提名的。鉴于控股股东有侵占中小股东利益的动机，长期以来，公司是否有强烈动机聘请独立董事以有效监督管理层并限制控股股东侵占中小股东利益一直存在争议（Shivdasani and Yermack，1999；Hwang and Kim，2009；Coles et al.，2014）。事实上，Lin 等（2008）对中国上市公司独立董事的调查显示，很少有独立董事认为自身有能力影响公司决策，独立董事无法有效地进行监督（He and Luo，2018），上市公司中如隧道行为（Jiang et al.，2010）、关联交易和关联担保（Berkman et al.，2009；Peng et al.，2011）等行为屡见不鲜。此外，很少有中国上市公司的独立董事人数超过规定要求的最低人数（即 1/3）（Jiang and Kim，2015），这意味着控股股东没有强烈动机任命更多的独立董事以监督和约束其控制权滥用行为。

现有文献对独立董事与公司业绩之间的关系也存在分歧（Adams et al.，2010；Jiang and Kim，2015）。然而，并非所有独立董事都是一样的，他们对公司业绩的贡献可能取决于其技能和特征（Adams et al.，2010）。例如，Giannetti 等（2015）发现，聘请具有海外背景独立董事的公司，其经营业绩和公司经营的国际化程度都有所改善。Jiang 等（2016）发现，与年长或声誉不佳的独立董事相比，年轻或高声誉独立董事更有可能通过在董事会决议中投出反对票来发挥监督作用。这些研究表明，在检验独立董事的监督和咨询功能的效果时，独立董事的技能和特征是需要考虑的重要因素。

有学者认为，声誉关注促使独立董事监督管理层，而良好的声誉会带来更多的独董职位（Fama and Jensen，1983）。美国的经验证据在很大程度上支持这一观点。当独立董事有效地履行其职责并维护投资者的利益时，他们会获得更多的独董职位（Farrell and Whidbee，2000；Harford，2003；Yermack，2004）；而当他们卷入公司丑闻时，则会失去独董职位（Fich and Shivdasani，2006；Ertimur et al.，2012；Fos and Tsoutsoura，2014）。此外，声誉机制也会促使独立董事将更多精力分配给具有更高知名度和声誉的大公司（Masulis and Mobbs，2014）。几项研究一致表明，具有较高声誉激励的独立董事提高了 CEO 的薪酬绩效敏感性，并提高了公司的信息透明度特别是盈余质量（Masulis and Mobbs，2016，2017；Sila et al.，2017；Bryan and Mason，2020）。

然而，较少有研究文献关注独立董事在投资者法律保护薄弱的市场中的声誉问题。鉴于控股股东在公司决策中的主导地位，独立董事在多大程度上发挥了监督作用尚不明确。一个例外是 Jiang 等（2016）的研究工作，他们研究了中国上市公司董事会决议中董事的投票结果，发现高声誉独立董事相对声誉不佳的董事更有可能投出反对票，持反对意见的董事也更有可能在未来获得更多的独董职位。上述证据表明，对职业和声誉的关注可以促使中国上市公司的独立董事提出异议，从而发挥监督作用。

本章的研究旨在拓展相关领域的文献，并为高声誉独立董事在投资者法律保护薄弱的新兴市场中发挥的作用提供经验证据。本章认为声誉良好的董事可能会在以下方面对公司业绩有所贡献。第一，声誉关注促使声誉良好的董事有效监督经理层的行为，约束表现不佳的经理人，限制控股股东侵占中小股东利益的行为。这些治理作用可以缓解代理问题，改善公司的经营业绩。第二，声誉良好的董事通常具有优秀的专业知识与技能，以及较广的社会关系网络，这可以帮助公司实现有效运营（Giannetti et al.，2015），获得政府支持或银行贷款，并赢得和其他公司合作的商业机会，由此提高公司的经营业绩。第三，为掩盖自身的机会主义行为，公司管理者倾向于提供透明度较低的财务报告，而高声誉独立董事可以改善公司的财务报告质量，以此向外部利益相关者释放公司治理水平良好的正面信息。

因此，如果高声誉独立董事能在中国上市公司中有效地发挥监督和咨询职能，本章预期其与公司业绩呈正相关关系。具体地，本章提出以下假设：

假设 H6-1：同等条件下，相较于低声誉独立董事所任职公司，高声誉独立董事所任职公司的经营业绩更好。

假设 H6-1a：同等条件下，相较于低声誉独立董事所任职公司，高声誉独立董事所任职公司的现金股利更多。

假设 H6-1b：同等条件下，相较于低声誉独立董事所任职公司，高声誉独立董事所任职公司的代理成本更低。

假设 H6-1c：同等条件下，相较于低声誉独立董事所任职公司，高声誉独立董事所任职公司的财务报告质量更高。

6.3 样本选择、变量定义与模型设定

1.样本选择与数据来源

本章的初始样本为 2004—2017 年中国沪深两市的所有上市公司。由于 2003 年出台的政策要求中国上市公司设立特定规模的董事会，其中至少有三分之一是独立董事，故本章的样本期间从 2004 年开始。本章从 CSMAR 数据库中获取公司财务会计数据和公司治理数据，这些数据被广泛运用于中国市场的相关研究中。此外，本章从国民经济研究所的市场化指数中获得中国各地区的市场化发展数据（王小鲁 等，2018）。从最初的30546 个公司—年度观察样本中，本章剔除了金融类公司和数据缺失的公司—年度观察样本，最终得到 20448 个有效的公司—年度观察样本。

2.变量定义与度量

（1）独立董事声誉

参考以往文献的做法（Jiang et al.，2016），本章采用独立董事担任上市公司独董的职位数来衡量独立董事的声誉，即假设担任更多的独董职位意味着独董的声誉更好。许多研究发现，独立董事的质量与其担任的独董职位数量呈正相关（Gilson，1990；

Kaplan and Reishus，1990；Brickley et al.，1999；Ferris et al.，2003）。现有研究还表明，独立董事通过约束表现不佳的经理人或提高公司价值而建立起良好声誉后，会获得更多的独董职位（Farrell and Whidbee，2000；Yermack，2004）。在公司一年度层面上，本章计算了上市公司所有独立董事担任的独立董事职位数并取平均值，以此反映某一年特定上市公司独立董事的平均声誉（SEATS）。

（2）公司业绩

本章采用三种方法来衡量公司业绩。第一个是净资产收益率（ROE），由净利润除以股东权益所得。ROE衡量的是公司的盈利能力或公司利用股东的资本经营所创造的利润。第二个是总资产周转率（TURN），由总收入除以总资产所得。总资产周转率衡量的是公司利用其资产创造收入的经营效率。第三个是全要素生产率（TFP），本章采用公司营业收入对员工人数、总资产和原材料等其他投入的总支出的回归残差来计算公司的TFP，借鉴 Giannetti 等（2015）的方法进行分行业和年度的回归估计得到。TFP反映了一个公司在特定年度与行业全要素生产率的偏离程度。

（3）独立董事监督有效性

本章也使用三个指标来衡量独立董事的监督有效性。第一个是管理费用除以主营业务收入的比率（ACOST1），用来捕捉和反映股东与管理层之间的代理冲突所导致的第一类代理成本（He and Luo，2018）。第二个是其他应收款除以总资产的比率（ACOST2），用来反映大股东和中小股东之间的代理冲突所导致的第二类代理成本。在中国，大股东侵占中小股东的利益，通常是以关联交易形式（Jiang et al.，2010；Jiang and Kim，2015）。这种交易在资产负债表中被模糊地反映为其他应收款，以规避监管。因此，ACOST2 是对控股股东侵占中小股东利益的直接衡量（Qian and Yeung，2015；He and Luo，2018）。第三个是现金股利（DIV），由现金股利除以总资产所得，正如 La Porta 等（2000）的研究表明，控股股东对中小股东利益的侵占等代理问题，阻碍了上市公司支付现金股利。如果独立董事能够缓解代理问题，那么上市公司将向外部股东发放更多的现金股利。

（4）财务报告质量

为了提供佐证，本章还考虑了财务报告质量。上市公司及其内部人员有向外部利益相关者提供高质量财务报告的基本义务。然而，公司内部人员往往通过提供不透明的财务报告来降低信息透明度，从而掩盖了代理问题。因此，如果高声誉独立董事确实有效地发挥了监督作用，那么他们应该会提高财务报告质量。本章使用两种方法衡量财务报告质量。第一种为是否收到非标准审计意见（MAO）。如果一家公司提供的财务报告质量不高，并含有一些重大错误，那么外部审计师就更有可能出具非标审计意见。第二种为是否发生财务信息披露违规行为（IRREGULARITIY）。这些违规行为包括财务数据虚假、延迟披露、重大信息遗漏和财务报表不实。本章预期，与其他公司相比，拥有高声誉独立董事的公司收到非标审计意见和发生财务信息披露违规行为的概率较低。

（5）控制变量

借鉴现有相关文献，本章在多元回归中加入了一系列控制变量，包括公司规模（SIZE）、公司年龄（AGE）、销售增长率（GROWTH）、杠杆率（LEV）、自由现金流（FCF）和股票收益波动性（VOL）等。本章使用三个变量来控制公司的所有权结构特征：SOE，表示是否为国有企业；TOP1，代表第一大股东持股比例；MSHR，代表高管持股比例。本章还控制了董事会特征，即董事会规模（BOARD）、独立董事占比（IN-DEP）、两职兼任情况（DUAL）和董事持股比例（BSHR）。最后，本章在回归估计模型中控制了年度固定效应和行业固定效应，以控制年份或行业特征因素对公司业绩的潜在影响。变量的详细定义如表 6-1 所示。

表 6-1　变量定义与度量

变量符号	变量定义
ROE	t 年末净利润与股东权益的比率
TURN	t 年末总收入与总资产的比率
TFP	公司在第 t 年末的全要素生产率，参考 Giannetti 等（2015）的定义，全要素生产率等于一个行业年度所有公司的营业收入自然对数与总资产自然对数、员工总数自然对数以及原材料、服务等现金支出的自然对数的回归残差
ACOST1	t 年末管理费用除以主营业务收入的比率
ACOST2	t 年末其他应收款除以总资产的比率
DIV	t 年的每股现金股利除以每股资产的账面价值
MAO	若公司收到非标准审计意见，则等于 1，否则等于 0
IRREGULARITY	若公司当年发生过财务信息披露违规行为，则等于 1，否则等于 0
SEATS	$t-1$ 年公司的独立董事在其他上市公司中担任独董职位数的平均值
SIZE	$t-1$ 年末总资产的自然对数值
LEVE	$t-1$ 年末总负债与总资产的比值
AGE	上市以来的年限加 1 后的自然对数值
GROWTH	$t-1$ 年销售收入的年度变化百分比
FCF	$t-1$ 年末经营活动现金流净额/总资产
VOL	$t-1$ 年公司股票日收益的标准差
SOE	哑变量，当公司的终极控股股东为各级国资委、国有法人、政府及其相关行政机构时取值为 1，否则为 0
TOP1	$t-1$ 年末第一大股东持有股份的比例
BOARD	$t-1$ 年末的公司董事会的总席位数
INDEP	$t-1$ 年末公司董事会中独立董事席位数占总席位数的比率
DUAL	哑变量，当公司的董事长与总经理两个职位由一人担任时取值为 1，否则为 0
MSHR	$t-1$ 年末公司高管持有股份的比例
BSHR	$t-1$ 年末所有董事会成员持有股份的比例

3.计量回归模型

为了控制公司的特征，并分离出高声誉独立董事作为公司业绩、治理水平和财务报告质量顾问和监督者的影响，本章使用公司—年度观察数据来估计以下回归模型：

$$
\begin{aligned}
\mathrm{DEP}_{i,t} = {} & \beta_0 + \beta_1 \mathrm{SEATS}_{i,t-1} + \beta_2 \mathrm{SIZE}_{i,t-1} + \beta_3 \mathrm{LEV}_{i,t-1} + \beta_4 \mathrm{AGE}_{i,t-1} + \\
& \beta_5 \mathrm{GROWTH}_{i,t-1} + \beta_6 \mathrm{FCF}_{i,t-1} + \beta_7 \mathrm{VOL}_{i,t-1} + \beta_8 \mathrm{SOE}_{i,t-1} + \\
& \beta_9 \mathrm{TOP1}_{i,t-1} + \beta_{10} \mathrm{BOARD}_{i,t-1} + \beta_{11} \mathrm{INDEP}_{i,t-1} + \beta_{12} \mathrm{DUAL}_{i,t-1} + \\
& \beta_{13} \mathrm{MSHR}_{i,t-1} + \beta_{14} \mathrm{BSHR}_{i,t-1} + \sum \mathrm{INDUSTRY} + \sum \mathrm{YEAR} + \varepsilon_{i,t}
\end{aligned}
\tag{6-1}
$$

其中 $\mathrm{DEP}_{i,t}$ 代表公司 i 在 t 年的业绩、监督效果和财务报告质量，具体衡量指标有 $\mathrm{ROE}_{i,t}$、$\mathrm{TURN}_{i,t}$、$\mathrm{TFP}_{i,t}$、$\mathrm{ACOST1}_{i,t}$、$\mathrm{ACOST2}_{i,t}$、$\mathrm{DIV}_{i,t}$、$\mathrm{MAO}_{i,t}$ 和 $\mathrm{IRREGU\text{-}LARITY}_{i,t}$。$\mathrm{SEATS}_{i,t-1}$ 是公司 i 的独立董事在 $t-1$ 年的平均声誉。如果高声誉独立董事确实有效地发挥了咨询和监督职能，那么当以 $\mathrm{ROE}_{i,t}$、$\mathrm{TURN}_{i,t}$、$\mathrm{TFP}_{i,t}$ 或 $\mathrm{DIV}_{i,t}$ 为因变量时，系数 β_1 应该显著为正，而以 $\mathrm{ACOST1}_{i,t}$、$\mathrm{ACOST2}_{i,t}$、$\mathrm{MAO}_{i,t}$ 或 $\mathrm{IRREGU\text{-}LARITY}_{i,t}$ 为因变量时，系数 β_1 应该显著为负。此外，因为 $\mathrm{MAO}_{i,t}$ 和 $\mathrm{IRREGU\text{-}LARITY}_{i,t}$ 为哑变量，作为因变量回归时本章采用 Logit 模型来估计回归模型（6-1）。

6.4　描述性统计分析

表 6-2 汇报了主要变量的描述性统计分析结果。为了消除极端值的影响，本章对所有连续变量在 1％ 和 99％ 分位上进行 Winsorize 缩尾处理。样本公司独立董事的平均人数有很大差异，从第一四分位数到第三四分位数，在其他上市公司中担任独董职务的平均数量从 0.333 增加到 1.400。平均而言，样本公司的 ROE 为 9.4％，TURN 为 0.693，TFP 为 0.016。ACOST1（ACOST2）的均值和标准差分别为 0.093（0.021）和 0.072（0.034），表明不同公司的代理成本存在较大差异。在所有样本中，2.5％ 的公司收到了审计师的非标审计意见，8.4％ 的公司因财务信息披露违规行为而被监管部门发现并受到处罚。样本公司也表现出较高的销售增长率、较高的股票回报波动率和较高的股权集中度，以及第一大股东平均持有 36.7％ 的股份。相比之下，高管和董事所持有的公司股份并不多。董事会平均有 9 个董事席位，其中 1/3（即 3 个）是独立董事。这些公司特征和董事会特征与 He 和 Luo（2018）以及 Jiang 等（2016）的相关发现一致。

表 6-2 描述性统计结果

变量	样本量	均值	标准差	最小值	P25	中位数	P75	最大值
SEATS	20448	0.953	0.744	0	0.333	0.833	1.400	3
ROE	20448	0.094	0.076	0.002	0.038	0.077	0.127	0.397
TURN	20448	0.693	0.491	0.077	0.367	0.573	0.861	2.753
TFP	20448	0.016	0.279	−0.771	−0.145	−0.001	0.160	0.893
ACOST1	20448	0.093	0.072	0.008	0.046	0.076	0.116	0.435
ACOST2	20448	0.021	0.034	0.000	0.004	0.010	0.023	0.209
DIV	20448	0.266	0.311	0	0	0.200	0.372	1.869
MAO	20448	0.025	0.156	0	0	0	0	1
IRREGULARITY	20448	0.084	0.278	0	0	0	0	1
SIZE	20448	21.843	1.232	19.312	20.965	21.69	22.537	25.679
LEV	20448	0.453	0.209	0.051	0.293	0.456	0.611	0.941
AGE	20448	2.218	0.616	0.693	1.792	2.303	2.708	3.178
GROWTH	20448	0.230	0.551	−0.572	−0.004	0.132	0.310	3.943
FCF	20448	0.049	0.076	−0.186	0.008	0.048	0.092	0.264
VOL	20448	0.031	0.010	0.015	0.024	0.029	0.036	0.061
SOE	20448	0.498	0.500	0	0	0	1	1
TOP1	20448	0.367	0.155	0.090	0.243	0.347	0.481	0.750
BOARD	20448	9.010	1.849	5	8	9	9	15
INDEP	20448	0.365	0.052	0.250	0.333	0.333	0.385	0.571
DUAL	20448	0.199	0.399	0	0	0	0	1
MSHR	20448	0.045	0.114	0	0	0	0.008	0.562
BSHR	20448	0.083	0.167	0	0	0	0.043	0.645

6.5 单变量的组间差异分析

本章进行了单变量的组间差异检验, 以比较声誉良好和声誉不佳的独立董事所在公司特征方面的差异。具体地, 本章根据 SEATS 将全样本划分为 SEATS≤1 子样本和 SEATS>1 子样本, 然后比较两个子样本中公司业绩度量指标的均值和中位数。表 6-3 报告了单变量组间差异检验的结果, 本章发现相对于拥有声誉较差独董的公司

（SEATS≤1），拥有声誉较好独董的公司（SEATS＞1）具有显著更高的 ROE、TURN、TFP 和 DIV，总体上表现出更好的经营绩效。与前者相比，后者也表现出更低的代理成本，以及收到非标审计意见和发生财务信息披露违规行为的概率也较低。这些结果的相关发现，为高声誉独立董事通过降低代理成本和提高财务报告质量以改善公司业绩提供了初步证据。本章还发现，拥有声誉良好独立董事的公司表现出独特的公司特征和董事会特征，这些特征可能会影响公司绩效。因此，在多元回归分析中控制这些特征变量是很重要的。

表 6-3　分组差异检验结果

变量	SEATS≤1（样本量＝12934）			SEATS＞1（样本量＝7514）			T/Z 检验
	均值	中位数	标准差	均值	中位数	标准差	
ROE	0.092	0.075	0.076	0.096	0.080	0.076	−0.004*** /−0.005***
TURN	0.686	0.566	0.488	0.706	0.583	0.495	−0.020*** /−0.017***
TFP	0.012	−0.003	0.280	0.024	0.002	0.276	−0.012*** /−0.005**
ACOST1	0.094	0.076	0.074	0.091	0.077	0.068	0.003*** /−0.001
ACOST2	0.023	0.010	0.037	0.018	0.009	0.027	0.005*** /0.001***
DIV	0.256	0.183	0.311	0.284	0.224	0.312	−0.028*** /−0.041***
MAO	0.030	0.000	0.170	0.017	0.000	0.127	0.013*** /0.000***
IRREGULARITY	0.090	0.000	0.287	0.074	0.000	0.261	0.016*** /0.000***
SIZE	21.71	21.56	1.214	22.07	21.93	1.231	−0.360*** /−0.370***
LEV	0.450	0.453	0.210	0.458	0.463	0.207	−0.008** /−0.010**
AGE	2.185	2.303	0.617	2.276	2.398	0.610	−0.091*** /−0.095***
GROWTH	0.232	0.136	0.553	0.229	0.126	0.547	0.003/0.010*
FCF	0.048	0.047	0.076	0.050	0.049	0.075	−0.002** /−0.002**
VOL	0.031	0.029	0.010	0.031	0.029	0.010	0.000** /0.000
SOE	0.506	1.000	0.500	0.484	0.000	0.500	0.022*** /1.000***
TOP1	0.368	0.349	0.155	0.365	0.346	0.155	0.003/0.003
BOARD	9.064	9.000	1.918	8.916	9.000	1.721	0.148*** /0.000***
INDEP	0.364	0.333	0.052	0.367	0.333	0.052	−0.003*** /−0.000***
DUAL	0.192	0.000	0.394	0.210	0.000	0.407	−0.018*** /−0.000***
MSHR	0.042	0.000	0.111	0.049	0.000	0.118	−0.007*** /−0.000***
BSHR	0.080	0.000	0.167	0.089	0.000	0.169	−0.009*** /−0.000***

注：***、**、* 分别代表在 1%、5%、10% 的统计水平下显著（双尾）。

6.6 多元回归分析

1.独立董事声誉与公司业绩

在表 6-4 中，本章用多元回归的方法检验了独立董事声誉和公司经营业绩之间的关系。在控制公司和董事会特征后，$t-1$ 年的 SEATS 与 t 年的三个经营业绩指标（ROE、TURN 和 TFP）的回归系数至少在 5% 统计水平下显著正相关。例如，模型 2 中 SEATS 的系数为 0.002（$p<0.01$），模型 4 中为 0.022（$p<0.01$），模型 6 中为 0.006（$p<0.05$）。这意味着，当独立董事的平均人数每增加 1 时，公司的 ROE 提高 0.2%，TURN 提高 2.2%，行业调整后的 TFP 提高 0.6%。考虑到 ROE、TURN 和 TFP 的平均值较低，这些估计系数具有显著的经济显著性。例如，TFP 的样本平均值是 1.6%，TFP 提高 0.6% 意味着在样本平均值基础上提高了 37.5%（＝0.6/1.6）。

表 6-4 独立董事声誉与公司经营业绩的多元回归分析结果

变量	ROE		TURN		TFP	
	模型 1	模型 2	模型 3	模型 4	模型 5	模型 6
SEATS	0.004 ***	0.002 ***	0.034 ***	0.022 ***	0.009 ***	0.006 **
	(6.055)	(3.226)	(7.984)	(5.345)	(3.288)	(2.382)
SIZE		0.005 ***		0.004		−0.017 ***
		(7.792)		(0.973)		(−7.114)
LEV		0.046 ***		0.371 ***		0.046 ***
		(12.341)		(18.426)		(3.487)
AGE		−0.002		−0.019 ***		−0.010 **
		(−1.560)		(−2.890)		(−2.418)
GROWTH		0.020 ***		0.072 ***		0.036 ***
		(16.996)		(10.357)		(7.641)
FCF		0.289 ***		0.785 ***		0.787 ***
		(34.873)		(16.057)		(25.079)
VOL		−0.080		−1.106 *		−1.377 ***
		(−0.786)		(−1.877)		(−3.712)
SOE		−0.013 ***		0.044 ***		0.026 ***
		(−9.604)		(5.625)		(5.165)

续表

变量	ROE		TURN		TFP	
	模型 1	模型 2	模型 3	模型 4	模型 5	模型 6
TOP1		0.029***		0.229***		0.082***
		(8.148)		(10.916)		(5.862)
BOARD		−0.000		0.003		0.001
		(−0.154)		(1.307)		(0.791)
INDEP		−0.034***		−0.058		−0.107***
		(−3.233)		(−0.894)		(−2.668)
DUAL		−0.001		−0.018**		−0.016***
		(−0.752)		(−2.122)		(−2.776)
MSHR		0.019***		−0.031		−0.002
		(2.742)		(−0.821)		(−0.062)
BSHR		0.010**		0.016		0.015
		(1.970)		(0.548)		(0.738)
截距	0.071***	−0.075***	0.700***	0.330***	0.026	0.317***
	(9.812)	(−4.900)	(14.814)	(3.690)	(0.860)	(5.524)
行业固定效应	控制	控制	控制	控制	控制	控制
年度固定效应	控制	控制	控制	控制	控制	控制
样本量	20448	20448	20448	20448	20448	20448
F 值	21.467	66.019	163.134	138.430	2.164	20.065
调整 R^2	0.036	0.167	0.214	0.266	0.003	0.056

注:(1) ***、**、*分别代表在 1%、5%、10%的统计水平下显著(双尾);(2)括号内数字是基于 Huber-White 调整后的标准差计算而得的 T 值。

2.独立董事声誉与公司治理情况

表 6-5 报告了独立董事声誉与公司治理情况的回归结果。在控制了公司和董事会的特征之后,SEATS 与两个衡量代理成本的指标 ACOST1 和 ACOST2 显著负相关(模型 2:$\beta = -0.001$,$p < 0.10$;模型 4:$\beta = -0.001$,$p < 0.01$),与 DIV 显著正相关(模型 6:$\beta = 0.014$,$p < 0.01$)。这些结果表明,与没有高声誉独立董事的公司相比,拥有高声誉独立董事的公司因股东和管理层之间或大股东与中小股东之间的利益冲突而产生的代理成本更少,并且发放了更多的现金红利给外部中小股东。因此,声誉关注促使高声誉独立董事发挥其监督作用并减少代理问题,这与本章的理论预期一致。

表 6-5　独立董事声誉与公司治理情况的多元回归分析结果

变量	ACOST1		ACOST2		DIV	
	模型 1	模型 2	模型 3	模型 4	模型 5	模型 6
SEATS	-0.005^{***}	-0.001^{*}	-0.001^{***}	-0.001^{***}	0.014^{***}	0.013^{***}
	(-7.227)	(-1.750)	(-4.500)	(-3.423)	(4.839)	(4.424)
SIZE		-0.016^{***}		-0.003^{***}		0.031^{***}
		(-26.644)		(-10.479)		(15.104)
LEV		-0.055^{***}		0.032^{***}		-0.301^{***}
		(-15.990)		(18.981)		(-25.501)
AGE		0.011^{***}		0.005^{***}		-0.056^{***}
		(10.857)		(11.330)		(-12.437)
GROWTH		-0.010^{***}		-0.002^{***}		-0.027^{***}
		(-9.606)		(-3.670)		(-8.126)
FCF		-0.024^{***}		-0.033^{***}		0.187^{***}
		(-3.446)		(-9.140)		(6.890)
VOL		0.354^{***}		0.191^{***}		-3.442^{***}
		(3.960)		(4.593)		(-9.527)
SOE		-0.003^{**}		-0.005^{***}		0.000
		(-2.330)		(-7.916)		(0.078)
TOP1		-0.032^{***}		-0.014^{***}		0.157^{***}
		(-10.545)		(-9.796)		(10.427)
BOARD		0.001^{***}		-0.000^{*}		0.006^{***}
		(4.588)		(-1.806)		(4.908)
INDEP		0.048^{***}		0.002		-0.106^{**}
		(5.124)		(0.471)		(-2.392)
DUAL		0.001		-0.001^{**}		-0.008
		(1.026)		(-2.166)		(-1.301)
MSHR		0.009		-0.000		0.009
		(1.302)		(-0.121)		(0.263)
BSHR		0.002		0.001		0.034
		(0.456)		(0.593)		(1.404)
截距	0.079^{***}	0.390^{***}	0.047^{***}	0.097^{***}	0.329^{***}	-0.115^{*}
	(11.860)	(27.868)	(11.784)	(13.318)	(6.952)	(-1.820)

续表

变量	ACOST1		ACOST2		DIV	
	模型 1	模型 2	模型 3	模型 4	模型 5	模型 6
行业固定效应	控制	控制	控制	控制	控制	控制
年度固定效应	控制	控制	控制	控制	控制	控制
样本量	20448	20448	20448	20448	20448	20448
F 值	90.507	142.641	47.409	52.580	20.833	72.881
调整 R^2	0.143	0.264	0.125	0.190	0.024	0.103

注:(1) ***、**、* 分别代表在 1%、5%、10% 的统计水平下显著(双尾);(2)括号内数字是基于 Huber-White 调整后的标准差计算而得的 T 值。

3.独立董事声誉与财务报告质量

表 6-6 列示了检验独立董事声誉与财务报告质量的回归结果。如果高声誉独立董事能够发挥其监督作用并缓解代理问题,那么本章预期他们能够提高目标公司的财务报告质量。表 6-6 中的 Logit 回归结果证实了这一预测。SEATS 与 MAO 和 IRREGULARITY 都至少在 5% 统计水平下显著负相关(模型 2:$\beta = -0.213$,$p < 0.01$;模型 4:$\beta = -0.080$,$p < 0.05$)。这意味着拥有声誉良好独立董事的公司与其他公司相比,收到非标审计意见和发生财务信息披露违规行为的概率较低[1]。

表 6-6 独立董事声誉与财务报告质量的多元回归分析结果

变量	MAO		IRREGULARITY	
	模型 1	模型 2	模型 3	模型 4
SEATS	-0.337^{***}	-0.213^{***}	-0.120^{***}	-0.080^{**}
	(-5.051)	(-3.134)	(-3.287)	(-2.174)
SIZE		-0.631^{***}		-0.204^{***}
		(-12.149)		(-7.330)
LEV		3.647^{***}		1.714^{***}
		(12.455)		(11.344)
AGE		0.531^{***}		-0.001
		(4.436)		(-0.023)
GROWTH		-0.060		0.029
		(-0.675)		(0.586)

---

[1] 本章还试图研究高声誉独立董事对其他类型违规行为的影响,即与市场交易有关和与经营有关的违规行为。然而,我们未能发现显著的结果。一个可能的原因是,我们的样本中与市场交易和经营有关的违规行为的样本比财务信息披露违规行为的样本少。

续表

变量	MAO		IRREGULARITY	
	模型 1	模型 2	模型 3	模型 4
FCF		-2.028^{***}		-2.159^{***}
		(-3.142)		(-6.051)
VOL		10.137		2.228
		(1.249)		(0.480)
SOE		-0.379^{***}		-0.256^{***}
		(-3.588)		(-4.014)
TOP1		-1.396^{***}		-0.746^{***}
		(-3.669)		(-3.896)
BOARD		0.080^{***}		0.011
		(2.740)		(0.605)
INDEP		0.635		-0.430
		(0.602)		(-0.743)
DUAL		-0.139		0.234^{***}
		(-0.975)		(3.256)
MSHR		1.611		-1.254^{***}
		(1.503)		(-2.959)
BSHR		-1.366^{*}		0.407
		(-1.773)		(1.419)
截距	-3.205^{***}	6.538^{***}	-2.673^{***}	1.226^{*}
	(-8.287)	(4.908)	(-10.371)	(1.681)
行业固定效应	控制	控制	控制	控制
年度固定效应	控制	控制	控制	控制
样本量	20448	20448	20448	20448
Log likelihood	-2319.542	-1982.970	-5756.363	-5583.650
Pseudo R^2	0.024	0.166	0.025	0.054

注：(1) ***、**、* 分别代表在 1%、5%、10% 的统计水平下显著（双尾）；(2) 括号内数字是基于 Huber-White 调整后的标准差计算而得的 T 值。

综上，表 6-3 至表 6-7 中的回归结果显示，独立董事的声誉与公司下一年度的经营业绩呈正相关。这些结果支持了声誉关注促进独立董事在公司董事会中有效地发挥咨询和监督作用，从而缓解代理问题并改善公司业绩的观点。

6.7 稳健性检验

本章进行了如下的稳健性检验以增强结论的可靠性：（1）由于公司和高声誉独立董事会双向选择，本章样本可能存在自选择偏差问题。因此，本章采用 Heckman 两阶段法，第二阶段回归结果与前文一致。（2）尽管我们用第 t 年的公司业绩和治理水平回归第 $t-1$ 年的独立董事声誉，但仍然存在反向因果的可能性，即业绩更好的公司有能力聘请更多高声誉独立董事，或者治理水平更好的公司会吸引高声誉独立董事。本章使用公司所在省市的 985 重点高校（包括会计类国家重点学科大学）的数量和 SO_2 年释放量作为工具变量，运用两阶段最小二乘法（2SLS）进行稳健性检验，回归结果支持了本章的主要研究结论。（3）本章同时从独董职位数和任职公司的资产规模两个维度构建了新的声誉变量进行稳健性检验，回归结果表明本章的主要结果对独立董事声誉的其他度量标准是稳健的。（4）2013 年 10 月 19 日中组部下发了《关于进一步规范党政领导干部在企业兼职（任职）问题的意见》（简称"18 号文"），这项新规定禁止退休的政府官员担任上市公司的独立董事。因此，大量独立董事特别是担任多个独董职位的独立董事辞去了董事会席位（Liu et al.，2018；Shi et al.，2018）。基于此，本章进一步检验该政策是否会影响本章的主要发现。我们将全样本划分为政策出台前子样本和政策出台后子样本，并重新估计两个子样本的回归结果，结果表明本章的主要发现只有在政策出台前才基本有效，即声誉关注将激励独立董事有效地发挥治理作用并提升公司绩效，该政策导致了在意声誉且可能担任多个独董职位的政府官员（即本研究中高声誉独立董事）的辞职。（5）对于政策出台前的显著结果还有另一种可能的解释，即独立董事的政治联系会改善目标公司的业绩。为了解决这个问题，我们把独立董事的政治联系作为一个控制变量。在控制了公司和董事会的特征、独立董事的政治联系后，$t-1$ 年的 SEATS 与 t 年度量经营业绩的三个指标仍呈正相关。因此，潜在的替代解释并没有改变本章的主要发现。

6.8 进一步分析

1.聘请高声誉独立董事的决定因素分析

本节探讨了公司为什么要聘请高声誉独立董事。由于独立董事也会选择公司，因此本节主要研究公司与高声誉独立董事之间的对应关系。借鉴以往相关研究（Masulis and Mobbs，2014），本章预期高声誉独立董事更喜欢为大公司和国有企业服务。此外，处于竞争激烈环境中的公司也可能更希望聘请具备专业知识、广泛人脉且高声誉的独立董事。最后，董事会规模较大的公司聘请高声誉独立董事的概率也可能更高。

本章使用 Logit 回归模型来估计聘请高声誉独立董事的概率。本部分构建了一个哑变量 HIGH_DIRECTORSHIPS 作为因变量，当公司聘请了一名或多名在其他上市公司担任两个以上独董职务的独立董事则等于 1，否则等于 0。此外，本章控制了如董事会规模（BOARD）、产权性质（SOE）、产品市场竞争程度（HHI），以及地区市场化水平（MKT）。此外，参考 Giannetti 等（2015）的研究，本章还控制了包括 SIZE、LEV、AGE、GROWTH、FCF、VOL、TOP1、INDEP、DUAL、MSHR 和 BSHR 等前文中使用的控制变量。

表 6-7 的回归结果显示，高声誉独立董事更有可能为大型国有企业提供服务，董事会规模较大的公司比董事会规模较小的公司更有可能聘请高声誉独立董事，处于高度竞争行业或地区市场化水平高的公司比其他公司更希望聘请高声誉独立董事。此外，规模较大且拥有较多自由现金流的公司更有可能聘请高声誉独立董事。

表 6-7　考察聘请高声誉独董的决定因素的多元回归分析结果

变量	HIGH_DIRECTORSHIPS				
	模型 1	模型 2	模型 3	模型 4	模型 5
BOARD	0.059***				0.059***
	(6.185)				(6.193)
SOE		0.080**			0.072*
		(2.118)			(1.877)
HHI			−1.124**		−1.155**
			(−2.313)		(−2.374)
MKT				0.076***	0.080***
				(7.552)	(7.865)
SIZE	0.168***	0.189***	0.193***	0.185***	0.153***
	(10.133)	(11.632)	(12.030)	(11.505)	(9.122)
LEV	0.062	0.069	0.072	0.120	0.126
	(0.698)	(0.774)	(0.807)	(1.346)	(1.412)
AGE	0.006	−0.019	−0.007	0.009	0.008
	(0.175)	(−0.596)	(−0.204)	(0.295)	(0.235)
GROWTH	0.007	0.006	0.002	0.008	0.017
	(0.269)	(0.227)	(0.069)	(0.306)	(0.638)
FCF	0.842***	0.860***	0.862***	0.821***	0.823***
	(4.085)	(4.178)	(4.190)	(3.989)	(3.984)

续表

变量	HIGH_DIRECTORSHIPS				
	模型 1	模型 2	模型 3	模型 4	模型 5
VOL	−1.655	−1.807	−1.911	−1.459	−1.636
	(−0.610)	(−0.667)	(−0.705)	(−0.537)	(−0.601)
TOP1	−0.105	−0.195*	−0.153	−0.182*	−0.163
	(−1.007)	(−1.842)	(−1.470)	(−1.749)	(−1.524)
INDEP	0.723**	0.010	−0.025	0.038	0.786**
	(2.300)	(0.035)	(−0.086)	(0.130)	(2.492)
DUAL	−0.034	−0.044	−0.055	−0.075*	−0.040
	(−0.785)	(−1.024)	(−1.287)	(−1.754)	(−0.917)
MSHR	0.347	0.391*	0.427*	0.437*	0.320
	(1.526)	(1.718)	(1.882)	(1.914)	(1.396)
BSHR	−0.212	−0.226	−0.295*	−0.373**	−0.228
	(−1.317)	(−1.382)	(−1.837)	(−2.313)	(−1.385)
截距	−4.439***	−4.076***	−4.077***	−4.742***	−4.795***
	(−10.470)	(−9.551)	(−9.582)	(−11.028)	(−10.959)
行业固定效应	控制	控制	控制	控制	控制
年度固定效应	控制	控制	控制	控制	控制
样本量	20448	20448	20448	20448	20448
Log likelihood	−13122.646	−13139.434	−13138.838	−13112.184	−13086.575
Pseudo R^2	0.056	0.055	0.055	0.057	0.059

注:(1)***、**、*分别代表在 1%、5%、10% 的统计水平下显著(双尾);(2)括号内数字是基于 Huber-White 调整后的标准差计算而得的 T 值。

2.基于制度环境的异质性分析

本章进行了两组异质性分析。第一组探究了独立董事的声誉机制是否与中国独特的制度环境有关。本章选择了地区市场化环境、产权性质和政治联系这三个与中国制度环境密切相关的因素。众所周知,中国各地区的市场化环境水平差异很大,这为我们提供了在一个国家样本中研究正式制度环境作用的机会。中国国有企业在中国经济成分中占有很大比重,它们受到政府的严格监管,并且与非国有企业的经营方式截然不同。因此,比较独立董事的声誉在国有企业和非国有企业中影响的不同是重要而有趣的。此外,政治联系在全世界都很普遍,尤其在中国这样的新兴市场经济体。公司会使用政治联系这一非正式制度以弥补欠发达的正式制度环境,帮助公司顺利经营并存活(Liu et al.,2018;Shi et al.,2018)。为了检验这三个因素各自的影响,我们进行了三个分组分析：（1）根据中国所有地区的平均市场化指数，将全样本划分为高市场化水平和低市场化水平两组，衡量标准来源于王小鲁等（2018）编制的市场化指数；（2）根据目标公司终极控股股东的产权性质，将全样本划分为国有和非国有企业样本；（3）根据目标公司的政治联系，将全样本划分为有政治联系和没有政治联系的两组子样本，以 Fan 等（2007）提出的方法进行度量。然后，我们重新估计每个子样本的回归结果，如表 6-8 的栏目 A～C 所示。

如表 6-8 中的栏目 A 所示，在低市场化环境（MKT＝0）的子样本中，SEATS 对度量公司业绩的三个指标的系数均显著为正，但在高市场化环境（MKT＝1）的子样本中，只有当以 ROE 为因变量时才得到显著为正的系数。表 6-8 的栏目 B 所示，在非国有企业子样本（国有企业＝0）中，SEATS 对公司业绩的三个度量指标的系数均显著为正，但在国有企业子样本（国有企业＝1）中，只有当 ROE 和 TURN 作为因变量时才得到显著为正的系数。如表 6-8 的栏目 C 所示，在没有政治联系的公司子样本（FPC＝0）中，SEATS 对公司业绩的三个度量指标的系数均显著为正，但在有政治联系的公司子样本（FPC＝1）中，只有当 TURN 作为因变量时才得到显著为正的系数。上述结果表明，在正式或非正式制度相对薄弱的情况下，独立董事的声誉机制整体上运作良好。换言之，高声誉独立董事能够弥补制度环境的不足，进而发挥有效的治理作用。

表 6-8　基于制度环境的多元回归分析结果

栏目 A：地区市场化环境分组

变量	ROE		TURN		TFP	
	MKT＝1	MKT＝0	MKT＝1	MKT＝0	MKT＝1	MKT＝0
	模型 1	模型 2	模型 3	模型 4	模型 5	模型 6
SEATS	0.002**	0.002**	0.031***	0.008	0.012***	0.003
	(2.123)	(2.068)	(4.515)	(1.467)	(2.651)	(0.832)
控制变量	控制	控制	控制	控制	控制	控制
截距	−0.091***	−0.083***	−0.239*	0.798***	0.469***	0.299***
	(−3.965)	(−3.938)	(−1.827)	(6.681)	(5.159)	(3.825)
行业固定效应	控制	控制	控制	控制	控制	控制
年度固定效应	控制	控制	控制	控制	控制	控制
样本量	9367	11081	9367	11081	9367	11081
F 值	38.475	32.817	58.485	101.974	12.761	11.089
调整 R^2	0.182	0.160	0.243	0.314	0.063	0.061

续表

栏目 B：产权性质分组

变量	ROE		TURN		TFP	
	SOE＝1	SOE＝0	SOE＝1	SOE＝0	SOE＝1	SOE＝0
	模型 1	模型 2	模型 3	模型 4	模型 5	模型 6
SEATS	0.003***	0.002*	0.021***	0.024***	0.011***	0.003
	(2.623)	(1.687)	(4.021)	(3.709)	(2.681)	(0.711)
控制变量	控制	控制	控制	控制	控制	控制
截距	−0.114***	−0.102***	0.636***	−0.319***	0.327***	0.476***
	(−4.658)	(−3.637)	(4.731)	(−2.763)	(3.740)	(4.078)
行业固定效应	控制	控制	控制	控制	控制	控制
年度固定效应	控制	控制	控制	控制	控制	控制
样本量	10261	10187	10261	10187	10261	10187
F 值	34.650	39.789	54.026	103.495	11.398	14.314
调整 R^2	0.174	0.176	0.224	0.314	0.061	0.062

栏目 C：政治联系分组

变量	ROE		TURN		TFP	
	FPC＝1	FPC＝0	FPC＝1	FPC＝0	FPC＝1	FPC＝0
	模型 1	模型 2	模型 3	模型 4	模型 5	模型 6
SEATS	0.003***	−0.001	0.016***	0.052***	0.007**	0.003
	(3.924)	(−0.897)	(3.490)	(5.524)	(2.459)	(0.447)
控制变量	控制	控制	控制	控制	控制	控制
截距	−0.036*	−0.109***	0.913***	−0.442**	0.342***	0.212
	(−1.952)	(−2.920)	(6.992)	(−2.173)	(6.091)	(1.505)
行业固定效应	控制	控制	控制	控制	控制	控制
年度固定效应	控制	控制	控制	控制	控制	控制
样本量	16862	3586	16862	3586	16862	3586
F 值	53.619	16.456	112.8	34.071	17.002	5.135
调整 R^2	0.161	0.214	0.266	0.294	0.058	0.063

注：(1) ***、**、* 分别代表在 1％、5％、10％的统计水平下显著（双尾）；(2) 括号内数字是基于 Huber-White 调整后的标准差计算而得的 T 值。

3.基于外部治理环境的异质性分析

另一组异质性分析旨在探究独立董事作为一种内部治理机制，将如何与其他外部治理机制交互影响。本章选择了产品市场竞争程度、分析师跟踪人数、机构投资者持股比例这三个外部治理机制变量。现有文献表明，当公司面临产品市场竞争程度较高、分析师跟踪人数较多或拥有大量成熟机构投资者持股时，公司内部人员会受到明显的外部监督和约束。在这种情况下，公司存在的代理问题更少。因此，本章预期在这些公司中，高声誉独立董事对公司业绩的正向影响不如其他公司那么明显。为了验证这一预期，本章进行了三个分组分析：（1）根据产品市场竞争程度的均值，将全样本划分为市场竞争程度高和低的两个子样本，以基于销售收入的目标公司的行业集中度的赫芬达尔指数度量；（2）根据分析师平均跟踪人数，将全样本划分为分析师跟踪人数多和少的两个子样本，以目标公司的分析师跟踪人数加 1 后的自然对数值度量；（3）根据机构投资者平均持股比例，将全样本划分为机构投资者持股比例高和低的两个子样本。然后，本节重新估计每个子样本的回归结果，如表 6-9 的栏目 A～C 所示。

如表 6-9 中的栏目 A 所示，在产品市场竞争程度低的子样本中（LOW＝1），SEATS 对度量公司业绩的三个指标的系数均显著为正，但在产品市场竞争程度高的子样本中（LOW＝0）其系数并不显著。如表 6-9 的栏目 B 所示，在分析师跟踪人数少的子样本（HIGH1＝0）中，SEATS 得到显著为正的系数，但在分析师跟踪人数多的子样本（HIGH1＝1）中，只有当 TURN 作为因变量时才得到显著为正的系数。如表 6-9 的栏目 C 所示，在机构投资者持股比例低的子样本（HIGH2＝0）中，SEATS 得到显著为正的系数，但在机构投资者持股比例高的子样本（HIGH2＝1）中，只有当 TURN 作为因变量时才得到显著的系数。

表 6-9　基于外部治理环境的多元回归分析结果

栏目 A:产品市场竞争程度分组

变量	ROE		TURN		TFP	
	LOW＝1	LOW＝0	LOW＝1	LOW＝0	LOW＝1	LOW＝0
	模型 1	模型 2	模型 3	模型 4	模型 5	模型 6
SEATS	0.002***	0.001	0.034***	−0.005	0.006*	0.008
	(2.811)	(1.047)	(6.518)	(−0.797)	(1.891)	(1.457)
控制变量	控制	控制	控制	控制	控制	控制
截距	−0.082***	−0.021	−0.030	0.507***	0.403***	0.167*
	(−4.050)	(−0.911)	(−0.274)	(3.709)	(6.090)	(1.820)
行业固定效应	控制	控制	控制	控制	控制	控制
年度固定效应	控制	控制	控制	控制	控制	控制
样本量	14091	6357	14091	6357	14091	6357
F 值	61.792	22.400	139.109	40.287	17.968	7.751
调整 R^2	0.178	0.151	0.278	0.164	0.058	0.054

续表

栏目 B:分析师跟踪人数分组

变量	ROE		TURN		TFP	
	HIGH1＝0	HIGH1＝1	HIGH1＝0	HIGH1＝1	HIGH1＝0	HIGH1＝1
	模型 1	模型 2	模型 3	模型 4	模型 5	模型 6
SEATS	0.002 **	0.001	0.022 ***	0.019 ***	0.010 **	0.000
	(2.441)	(1.154)	(3.687)	(3.323)	(2.572)	(0.077)
控制变量	控制	控制	控制	控制	控制	控制
截距	0.116 ***	0.097 ***	0.633 ***	0.740 ***	0.562 ***	0.438 ***
	(5.080)	(3.933)	(4.421)	(5.006)	(6.043)	(4.721)
行业固定效应	控制	控制	控制	控制	控制	控制
年度固定效应	控制	控制	控制	控制	控制	控制
样本量	10763	9685	10763	9685	10763	9685
F 值	22.795	49.912	63.681	111.152	10.150	15.521
调整 R^2	0.118	0.239	0.231	0.339	0.050	0.078

栏目 C:机构投资者持股比例分组

变量	ROE		TURN		TFP	
	HIGH2＝0	HIGH2＝1	HIGH2＝0	HIGH2＝1	HIGH2＝0	HIGH2＝1
	模型 1	模型 2	模型 3	模型 4	模型 5	模型 6
SEATS	0.004 ***	0.000	0.028 ***	0.014 **	0.010 ***	0.001
	(4.162)	(0.231)	(4.979)	(2.358)	(2.720)	(0.342)
控制变量	控制	控制	控制	控制	控制	控制
截距	−0.004	−0.029	0.305 **	1.171 ***	0.431 ***	0.381 ***
	(−0.176)	(−1.076)	(2.323)	(5.644)	(5.160)	(4.022)
行业固定效应	控制	控制	控制	控制	控制	控制
年度固定效应	控制	控制	控制	控制	控制	控制
样本量	11939	8509	11939	8509	11939	8509
F 值	38.329	38.359	61.269	103.023	9.353	15.179
调整 R^2	0.163	0.212	0.238	0.314	0.041	0.090

注:(1) ***、**、* 分别代表在 1％、5％、10％的统计水平下显著(双尾);(2)括号内数字是基于 Huber-White 调整后的标准差计算而得的 T 值。

6.9 研究结论与实践启示

在现有关于独立董事声誉关注研究的启发下（Fama and Jensen，1983；Farrell and Whidbee，2000；Harford，2003；Yermack，2004；Masulis and Mobbs，2014，2016，2017；Sila et al.，2017；Bryan and Mason，2020），本章研究了在投资者法律保护较为薄弱的新兴资本市场中，高声誉独立董事能否有效地履行其咨询和监督职责。具体地，本章以 2004—2017 年中国 A 股上市公司 20448 个年度观察数据作为研究样本，实证检验了独立董事声誉机制在中国的有效性。结果显示，以独董职位数度量的独立董事声誉与公司业绩正相关，且高声誉独立董事与公司的高利润率、高运营效率和高全要素生产率相关。此外，与其他公司相比，拥有高声誉独立董事的公司存在更低的代理成本，发放更多的现金股利，收到非标审计意见和发生财务信息披露违规行为的概率较低。进一步，本章发现，当正式或非正式制度环境薄弱以及公司外部治理水平较弱时，独立董事的声誉机制运作更为良好，表现为一种替代效应。

本章的研究结果支持了以下观点：即使在投资者法律保护薄弱的新兴市场，声誉关注也能够促使独立董事积极履行职责。因此，本研究拓展了美国等发达资本市场对独立董事声誉的相关研究。本研究还丰富了关于中国独立董事和董事会特征的文献，例如关于女性董事（Liu et al.，2014；Luo et al.，2017）、海外经历（Giannetti et al.，2015）和独立董事的研究（Firth et al.，2007a；Conyon and He，2011；Liang et al.，2013；Liu et al.，2015）。正如本章的结论表明，高声誉独立董事可以弥补新兴市场薄弱制度环境和公司外部治理机制的不足，进而发挥有效的治理作用，因而与更好的公司业绩和治理水平相关。本章的研究结论将为期望寻找优质投资机会的投资者和渴望提高公司治理质量的政策制定者提供重要启示。

7 独立董事声誉与代理成本

7.1 独立董事声誉与代理成本研究概述

独立董事制度是股份制有限公司的一项基本制度，旨在增强董事会的独立性，强化公司内部的制衡机制，提高公司的治理水平。2001 年 8 月 16 日，中国证监会发布《关于在上市公司建立独立董事制度的指导意见》（以下简称《指导意见》），明确要求境内上市公司全面引入独立董事制度。虽然中国上市公司的独立董事制度建设已经过去了十余年，但是关于独立董事制度的有效性仍然存在很大的争议。在实务界，独立董事一直因其"不独立""不懂事""不作为"而饱受抨击，著名财经评论人叶檀女士更是一针见血地戏称中国上市公司的独立董事为"花瓶"。尽管承受着巨大的质疑，独立董事的队伍仍在不断壮大，近年来更是有张国立、陈志武、谢国忠、吴晓求、史玉柱、巴曙松等具有很高社会知名度的明星级独立董事（简称明星独董）先后加入。特别地，2012 年 5 月，戏称独立董事为"花瓶"的叶檀女士被 ST 天目（股票代码：SH.600671）正式聘请为独立董事。这则消息一经发布就引起了新闻媒体的广泛关注[①]。外界不禁猜想，作为独立董事，类似叶檀女士这样的社会知名人士是否还会甘当"花瓶"的角色？上市公司又是出于什么目的聘请明星担任独立董事？

在学术界，长期以来大量学者把上市公司的多名独立董事视为一个整体，认为所有独立董事都是同等有效的，进而以独立董事比例的高低来评判董事会的独立性及其治理效果（Coles et al.，2008；Nguyen and Nielsen，2010）。然而，这一做法在中国特殊的制度背景下存在很大的问题，因为中国绝大部分上市公司的独立董事比例都集中在 33% 左右，独立董事制度的建设主要以满足中国证监会的监管要求为目的（陈运森，2012）。

---

① 详情请查看：http://finance.sina.com.cn/stock/s/20120517/101112085739.shtml 和 http://stock.hexun.com/2012-05-23/141685627.html。

这意味着对于中国上市公司而言，独立董事比例无法真正反映董事会独立性的差异和区分不同董事的治理效果。实际上，正是由于这一问题，目前关于中国上市公司独立董事有效性的研究文献仍没有取得学界一致认可的结论（魏刚 等，2007；陈运森和谢德仁，2011；叶康涛 等，2011；余峰燕和郝项超，2011）。在此背景下，近年来不少学者开始对独立董事的个体特征（包括年龄、学历、性别、财务背景、行政背景、社会关系网络等）所可能带来的治理效应差异展开了一系列研究（Erhardt et al.，2003；Xie et al.，2003；王跃堂 等，2006；魏刚 等，2007；胡奕明和唐松莲，2008；陈运森和谢德仁，2011；余峰燕和郝项超，2011）。例如，陈运森和谢德仁（2012）考察了独立董事的董事网络背景对其治理行为的影响，发现独立董事在整个董事网络的中心度越高，其越能发挥积极的治理作用。然而，关于独立董事的社会知名度是否也会影响独立董事的治理行为，目前还没有研究涉及。

鉴于此，本章以 2008—2010 年中国 A 股上市公司 3531 个年度观察数据作为研究样本，实证分析独立董事声誉与企业代理成本间的关系。结果显示：（1）具有高社会知名度的明星独董不仅没有发挥更好的治理作用，反而加剧了上市公司的双重代理问题（特别是第二类代理问题）。（2）在国有企业中，明星独董主要加剧了股东与管理层间的第一类代理问题；而在民营企业中，明星独董则主要加剧了大股东与中小股东间的第二类代理问题。（3）在进行改变明星独董及代理成本的衡量标准、使用固定效应模型以及对所有的数值型控制变量进行了上下 1% 的 Winsorize 缩尾处理等稳健性检验后，得到的回归结果同样支持了本章的研究假设 H7-1b 和 H7-2，本章的实证研究结论是稳健可靠的。（4）进一步分析中，本章发现独立董事声誉降低了公司的经营业绩和市场价值。这些结论表明，虽然明星独董面临更强的社会声誉约束条件，但是仍然逃脱不了充当"花瓶"的角色，聘请明星独董并不能改善公司的治理状况。

本章可能的贡献在于：第一，与现有大量文献把所有独立董事都看作是同等有效的做法不同，本章认为社会声誉是影响个体行为的一个重要考量因素，具有不同社会知名度的独立董事面临着不同强度的社会声誉机制约束，从而可能表现出不同的治理行为及其效果，拓展了独立董事治理作用的相关文献。第二，已有研究主要考察了独立董事与公司业绩间的相关性。然而，独立董事的主要职责是监督和咨询，既不参与公司的日常经营，也不直接对公司业绩负责（叶康涛 等，2007）。基于此，本章直接从双重代理成本视角检验了明星独董在监督上市公司管理层和大股东的机会主义行为中发挥的治理作用，并附加考察了明星独董对公司业绩的影响，从而诠释了明星董事影响公司业绩的一条具体途径。第三，尽管有部分文献涉及独立董事的声誉约束，但毫无例外地都使用了独立董事的任职公司数作为衡量标准，该指标能够反映独立董事在人力资本市场的认可程度，但没有考虑独立董事个人的社会声誉约束（叶康涛 等，2011）。本章利用独立董事在互联网搜索引擎中得到的姓名检索条数来反映其个人的社会知名度，进而基于社会知名度来衡量独立董事的社会声誉约束程度，突破了独立董事声誉机制研究的长期局限，对未来研究具有重要的参考价值。

7.2 文献回顾与假设提出

1.相关文献回顾

独立董事制度的有效性问题，一直是公司治理领域的热点研究话题之一。一方面，在英美等国上市公司中，股权高度分散导致股东大会对董事会和管理层制约的弱化，广大中小股东由于参与监督的成本收益问题而存在普遍的"搭便车"行为。另一方面，英美等国公司治理结构的特征是"一元制"的董事会，在治理结构中没有独立的监督机构。在此背景下，作为一种替代方式，独立董事制度成为英美等国强化公司内部制衡机制的一个有效选择。因此，早在20世纪40年代，美国证券交易委员会就通过立法要求公司建立独立董事制度以保护投资者利益。然而，关于独立董事的治理作用，美国资本市场的经验证据并未取得一致的结论。例如，Core等（1999）、Nguyen和Nielsen（2010）学者研究发现，独立董事能够有效监督管理层、提高公司业绩和给股东带来价值增值。另一些文献则发现董事会独立性与公司绩效间不存在显著的影响关系（Hermalin and Weisbach，1991；Klein，1998）。更有甚者，Fosberg（1989）发现引入独立董事反而降低了公司价值。Harford（2003）以公司接管事件为研究对象，发现接管过程中目标企业的独立董事会为了自身利益而抵制接管要约，从而损害股东利益。特别地，Bhagat和Black（2002）研究发现，董事会的独立性不是越高越好，独立董事比例与公司长期业绩间存在一种非线性的倒U形关系。

在中国，随着2001年《指导意见》的发布和独立董事制度的正式启动，独立董事制度的有效性问题吸引了大量学者的关注。胡勤勤和沈艺峰（2002）、谭劲松等（2003）、李常青和赖建清（2004）等学者率先对中国独立董事制度的实施效果进行了检验，结果发现引入独立董事不仅没有提高反而可能降低公司的经营业绩。伴随独立董事制度的完善和相关研究的深入，后续涌现出的大量文献同样没有取得一致结论。例如，Peng（2004）、Luo（2012）、支晓强和童盼（2005）、王跃堂等（2006）、叶康涛等（2007）研究发现独立董事比例越高，管理层行为越可能受到独立董事的公开质疑，大股东侵占中小股东利益的问题越轻，公司的盈余质量越高，对公司绩效的促进作用则越强。而高雷等（2006）、王兵（2007）、唐雪松等（2010）没有发现独立董事能够履行监督职责以保护投资者利益的经验证据。Su等（2008）更是发现独立董事比例与股权集中度呈U形曲线关系，表明在中国特殊制度背景下，独立董事实际受到大股东的控制进而沦为大股东攫取控制权私利的工具。与此同时，不少学者开始意识到独立董事背景对其治理行为的重要影响，例如魏刚等（2007）、胡奕明和唐松莲（2008）、陈运森和谢德仁（2011）、叶康涛等（2011）、余峰燕和郝项超（2011）、分析了独立董事的财务背景、政治背景、教育背景、社会网络关系等对治理行为的影响。

综观国内外现有相关文献，本章发现主要存在以下两个问题：（1）大量文献主要考察了独立董事与公司业绩的相关性，但是公司业绩的影响因素众多，且独立董事并不直接对公司业绩负责，这使得我们很难对现有相互矛盾的研究结论给予合理解释。（2）长期以来大量学者单纯以独立董事比例来评判董事会的独立性。在世界范围内董事会结构不断趋同的大背景下，独立董事比例已经很难反映董事会独立性的差异及其治理效果。因此，区别于以往研究，本章直接从独立董事的监督职责出发，分析明星独董在缓解双重代理问题中的治理效果及其差异，从而加深对独立董事治理行为的认识。

2.研究假设提出

引入独立董事制度的最初目的是缓解股东与管理层间的第一类代理问题（Fama and Jensen，1983）。在中国，上市公司股权结构的高度集中，使得公司往往处于一个或少数几个大股东的控制之下，产生了大股东侵占中小股东利益的第二类代理问题。而中国证监会引入独立董事制度主要就是为了抑制大股东的利益侵占行为（叶康涛 等，2007）。因此，在中国上市公司中，独立董事需要同时监督管理层和大股东的机会主义行为，降低股东与管理层间、大股东与中小股东间的双重代理成本。

近年来，信息化浪潮的推进和互联网的普及使得媒体的作用与日俱增，逐渐发展成为独立于立法、行政和司法之外的"第四权"，形成经济社会的一支重要监督力量（Dyck and Zingales，2008）。明星独董由于个人良好的社会知名度，自然容易成为媒体关注乃至监督的焦点，其微小过错或问题都可能成为社会舆论聚焦和媒体炒作的对象，这迫使他们无论履职还是行事都需要更加小心谨慎。而且，媒体对股票市场的关注和偏好似乎是天生的，上市公司的代理问题及其引发的各种公司丑闻常常占据着各大新闻媒体的头版头条而饱受关注（李培功和沈艺峰，2010；罗进辉，2012）。因此，相比于普通独董，明星独董倘若有渎职行为被媒体曝光，将很可能成为社会公众的"众矢之的"，最终对其个人的声誉和事业造成不可估量的负面影响。也就是说，高强度的媒体监督和高昂的渎职成本将有利于激励明星独董更加勤勉尽责地发挥其监督职能，降低公司的双重代理成本。此外，明星独董由于个人已有的社会地位和良好声誉，无论在经济收入还是未来的事业发展方面都更不会受到所任职公司的约束与牵制。这意味着，与普通独董相比，明星独董具有更好的独立性，更有可能对管理层或大股东的经营决策和不合理行为提出公开质疑并发表反对意见，从而缓解公司的双重代理问题。因此，我们有理由认为，存在明星独董的上市公司具有更低的双重代理成本。

我国的独立董事制度仍不完善，独立董事的提名权实际被上市公司大股东和高管垄断（王兵，2007；唐雪松 等，2010）。作为"理性经济人"，大股东和高管很难有动机去引进勤勉尽责的独立董事来监督自己，反而更有可能去引进"明人情""懂事理"的独立董事以方便实现自己的利益诉求。因此，在中国当前的制度背景下，即使是明星独董，也很难成为"花瓶"独董中的例外群体。更为重要的是，大股东和高管提名并引进明星独董还可能为其实施机会主义行为创造更多的"活动空间"，因为明星独董的公众形象和社会声誉，能够帮助公司树立良好的品牌形象、带来社会公众的更多信任，从而减少外界对公司的监督与质疑。正如中国著名营销策划专家叶茂中先生所言，"中国的大众普遍不是很自信，需要意见领袖的引导，而明星在某种程度上扮演了意见领袖的角色"。因此，具有意见领袖角色的明星独董很可能成为大股东和高管的"挡箭牌"而加剧公司的双重代理问题。此外，与普通独董相比，明星独董拥有更繁杂的个人事务和更密集的行程安排，从而更难以抽出足够的时间和精力来履行其作为独立董事的监督职责，这也是目前上市公司独立董事饱受抨击的主要问题之一（支晓强和童盼，2005；叶康涛 等，2011）。

综上，关于明星独董的治理作用，不同角度的理论分析得到了完全相反的观点，至于哪一种观点在中国当前的制度背景下占优，则将是本章经验研究所要回答的问题。为此，本章提出如下两个对立的子假设：

假设 H7-1a：同等条件下，相较于未拥有明星独董的企业，拥有明星独董的企业的双重代理成本更低。

假设 H7-1b：同等条件下，相较于未拥有明星独董的企业，拥有明星独董的企业的双重代理成本更高。

在中国不同产权性质的上市公司中，两类代理问题的严重性存在着明显差别（Chen et al.，2009）。国有控股上市公司中，国家代表全体公民出资成为公司的控股股东，这一事实造成了出资人本质上的"缺位"，使得管理层成为公司的实际控制人，即所谓的"内部人控制"（杨记军 等，2010）。一方面，这些掌握着实际控制权的国企高管往往不具有对企业剩余收益的索取权，因而具有很强的动机攫取控制权私利。另一方面，国企高管通常都是由政府直接指派或任命且常具有明确的政府官员等级，为了追求政治晋升，国企高管常常牺牲公司的整体利益来达到提供就业机会、实现政府税收等政治目的（Li and Zhou，2005），而经营目标多重性也使得投资者和董事会很难对国企高管进行科学考核与监督激励。此外，由于中国政府对国企高管薪酬的长期管制，扭曲了其相对收入水平，使得具有一定合理性的在职消费成为国企高管提高收入的替代性选择，导致高管的过度在职消费行为成为国有企业代理成本的主要来源之一（陈冬华 等，2005）。因此，在国有上市公司中，股东与管理层之间的第一类代理问题是公司治理需要解决的最主要问题；而民营上市公司面临的主要问题则是控股家族侵占中小股东利益的第二类代理问题，且第一类代理问题已经内化于第二类代理问题中。因为在民营上市公司中，高管多为控股家族成员或由控股家族推荐任命，其代表的主要是控股家族的利益。与此同时，中国民营上市公司普遍存在金字塔控股结构，控股家族的控制权和现金流权高度分离，大大降低了控股家族侵占中小股东利益的掏空成本，从而加剧了公司的第二类代理问题（Luo et al.，2012；王力军和童盼，2008）。

根据上述理论分析结论，在中国特殊的制度背景下，不同产权性质上市公司的主要代理问题是不同的。那么，明星独董在不同产权性质上市公司中所要面对和解决的代理问题也是不一样的，因而提出本章的第二个研究假设：

假设 H7-2：明星独董对两类代理成本的影响在不同产权性质企业中存在明显差异。

具体地，明星独董主要可能对国有企业的第一类代理成本和民营企业的第二类代理成本产生显著影响。

7.3 样本选择、变量定义与模型设定

1.样本选择与数据来源

根据研究需要，本章选取中国沪深两市 A 股上市公司 2008—2010 年的 5008 个年度观察样本作为初始样本。不失一般性，为了避免异常数据的影响，本章顺序剔除了：（1）样本考察期间曾被 ST、＊ST 的年度观察样本 337 个；（2）资不抵债的公司样本 306 个；（3）同时发行 B 股或 H 股的公司样本 406 个；（4）金融业公司样本 51 个；（5）数据缺失样本 377 个。最终，本章得到的有效公司—年度观察样本为 3531 个，其中 2008 年 1082 个，2009 年 1181 个，2010 年 1268 个。

本章使用的上市公司明星独董数据通过百度搜索引擎手工收集整理得到，上市公司的财务会计数据和治理结构数据则来自中国证券市场与会计研究（CSMAR）数据库。

2.变量定义与度量

（1）代理成本

本研究的因变量是上市公司的第一类代理成本和第二类代理成本。借鉴 Ang 等（2000）、李寿喜（2007）、罗进辉（2012）等的做法，本章使用经营费用率和总资产周转率两个指标来度量股东与管理层间的第一类代理成本。其中，经营费用率反映了管理层对包括在职消费在内的实物消费所引致的代理成本的控制效率，而总资产周转率则能够反映管理层对公司资产的利用效率，进而衡量管理层以闲暇享受代替努力工作所带来的效率损失及其成本。具体地，上市公司的经营费用率越高或总资产周转率越低，股东与管理层间的第一类代理成本就越高，反之则相反。

参考 Jiang 等（2010）、陈运森（2012）、罗进辉（2012）的度量方法，本章使用其他应收款占公司总资产的比率来衡量大股东与中小股东间的第二类代理成本，因为研究表明，以"暂借款"形式形成的其他应收款项具有很好的隐蔽性，是中国上市公司大股东侵占中小股东利益的主要形式和内容（Jiang et al.，2010）。因此，上市公司的其他应收款情况能够较好反映大股东侵占中小股东利益的第二类代理问题，其他应收款占比越高，表明大股东与中小股东间的第二类代理成本也就越高。

（2）明星独董

借鉴 Ferris（2011）等的做法，关于明星独董（STAR）的度量，本章使用独立董事个人在互联网上的受关注程度作为评判标准。随着互联网在中国的不断普及，各类网络门户已经成为广大民众获取信息的最主要途径之一，而且个体的社会知名度也与其在

互联网上的受关注程度高度相关，例如，中国著名篮球运动员姚明在百度搜索引擎中得到的个人检索条数为 9520 万余条，这一检索结果与其社会知名度高度匹配。特别地，近年来越来越多的学者开始使用网络媒体数据开展相关的实证研究并得到了学术界的普遍认可（李培功和沈艺峰，2010；罗进辉，2012）。因此，全球最大的中文搜索引擎——百度，为我们获取评判明星独董的客观可信数据提供了便利和可能。具体地，针对 2008—2010 年中国上市公司聘请的共计 6190 位独立董事名单：第一步，通过百度搜索引擎单独对独立董事姓名进行逐一准确检索，得到每位独立董事在互联网上的个人检索总条数（N）[①]；第二步，对独立董事姓名和其所任职上市公司的股票代码同时进行逐一准确检索，得到每位独立董事因其担任上市公司独立董事而受到的网络检索条数（N_1）；第三步，每位独立董事因其个人因素得到的网络检索条数 $N_2 = N - N_1$，而且 $N2$ 的值越大，意味着该独立董事的社会知名度越高；第四步，根据所有独立董事得到的纯个人网络检索条数 N_2 进行排名，本章把检索条数排名在前 15％ 的独立董事界定为明星级独立董事，也即本章的研究对象——明星独董（STAR）。由于个别独立董事的姓名与一些日常用语重名（例如：强力、高潮、高峰、黎明、平衡、向前、雷达、章程等），其在百度搜索引擎上得到的个人检索条数高达上亿条。鉴于这一特殊异常情况，本章剔除个人网络检索条数排名在前 1％ 的独立董事名单，进而利用一个更干净的独立董事网络检索数据来界定明星独董，得到另一个代理变量 ADJ _ STAR。此外，出于稳健性的考虑，本章还分别使用了 10％ 和 5％ 作为界定明星独董的分界标准，发现得到的相关分析结果基本保持一致，故而下文不再赘述。

（3）控制变量

借鉴现有关于代理成本的研究文献（Jiang et al.，2010；李寿喜，2007；陈运森，2012；罗进辉，2012），本章控制了公司特征、年度、行业、内外部治理机制等因素可能对上市公司双重代理成本产生的系统影响。特别地，本章还控制了上市公司控股股东终极现金流权与终极控制权分离的影响，因为大量研究表明两权分离是影响第一类和第二类代理成本的重要因素之一（Friedman et al.，2003；罗进辉，2012）。变量的符号和具体定义如表 7-1 所示。

表 7-1　变量定义与度量

变量符号	变量定义
AGENCY_COST1_1	等于管理费用和销售费用之和与主营业务收入的比值
AGENCY_COST1_2	等于主营业务收入与公司总资产的比值
AGENCY_COST2	等于其他应收款与公司总资产的比值

---

① 需要指出的是，这里使用的独立董事个人网络检索数据是笔者在 2012 年 7—8 月手工搜集整理得到的。不同的检索时间将得到不同的检索数据，但笔者测试发现两个不同检索时间下得到的检索数据高度正相关。

续表

变量符号	变量定义
STAR	若公司存在独立董事在百度搜索引擎中得到的个人检索条数在所有上市公司独立董事中排名前 15％,则取值为 1,否则为 0
ADJ_STAR	若公司存在独立董事在百度搜索引擎中得到的个人检索条数在所有上市公司独立董事中排名前 15％(剔除前 1％的异常样本后),则取值为 1,否则为 0
TOP1	第一大股东持有股份与公司总股份的比值
BLOCKS	若第二大股东持股比例不低于 5％,则取值为 1,否则为 0
INST	机构投资者持有股份与公司总股份的比值
BOARD	公司董事会的总席位数
INDEP	独立董事席位与董事会总席位的比值
MSHR	管理层持有股份与公司总股份的比值
COMPEN	高管前三名薪酬总额的自然对数值
DUAL	若董事长与总经理两职由一人担任,则取值为 1,否则为 0
BIG4	若公司聘请四大会计师事务所审计,则取值为 1,否则为 0
SOE	若控股股东为国有单位或国有法人,则取值为 1,否则为 0
SIZE	公司总资产的自然对数值
LEV	公司总负债与总资产的比值
TANGIBLE	公司固定资产与总资产的比值
GROWTH	(当年主营业务收入－上一年主营业务收入)/上一年主营业务收入
AGE	公司 IPO 以来所经过的年份数

3.计量回归模型

为了科学检验明星独董对上市公司双重代理成本的影响作用，本章构建了如下的计量模型（7-1）。

$$
\begin{aligned}
AGENCY\_COST_{i,t} = {} & \beta_0 + \beta_1 \{STAR_{i,t},\ ADJ\_STAR_{i,t}\} + \beta_1 SIZE_{i,t-1} + \\
& \beta_2 LEV_{i,t-1} + \beta_3 TANGIBLE_{i,t-1} + \beta_4 GROWTH_{i,t-1} + \\
& \beta_5 AGE_{i,t-1} + \beta_6 TOP1_{i,t-1} + \beta_7 WEDGE_{i,t-1} + \\
& \beta_8 BLOCKS_{i,t-1} + \beta_9 BOARD_{i,t-1} + \beta_{10} INDEP_{i,t-1} + \\
& \beta_{11} MSHR_{i,t-1} + \beta_{12} COMPEN_{i,t-1} + \beta_{13} DUAL_{i,t-1} + \\
& \beta_{14} INST_{i,t-1} + \beta_{15} BIG4_{i,t-1} + \sum INDSUTRY + \sum YEAR + \varepsilon_{i,t}
\end{aligned}
$$

$$(7\text{-}1)$$

其中，$AGENCY\_COST_{i,t}$ 代表双重代理成本变量；$\{STAR_{i,t},\ ADJ\_STAR_{i,t}\}$ 代表明星独董的两个哑变量；i 表示第 i 个公司，t 表示第 t 年；$\varepsilon_{j,t-1}$ 为随机扰动项。在下文的多元回归分析中，本章主要使用 OLS 方法来估计计量模型（7-1）的相关参数，而在稳健性检验部分则使用了面板数据的固定效应模型估计方法。为了消除异常值的影响，本章对衡量双重代理成本的三个连续变量都进行了上下 1% 的 Winsorize 缩尾处理。与此同时，所有 OLS 回归模型的方差膨胀因子 VIF 值都小于临界值 10，表明本章回归模型的多重共线性问题比较轻，计量模型的估计结果稳健可靠。

7.4 描述性统计分析

表 7-2 列示了样本数据的描述性统计分析结果。从表 7-2 可知：（1）与本章对明星独董的界定标准基本相符，近 14.1%（13.3%）的样本公司聘请了具有很高社会知名度的明星级独立董事，而且这些样本公司绝大部分都只聘请了一位明星独董。（2）样本公司的平均经营费用率为 14.5%，总资产周转率平均为 0.706，表明平均而言，样本公司每实现 1 单位的营业收入需要付出 0.145 单位的经营成本，总资产的周转天数则为 517 天。（3）样本公司中，第一大股东持股比例平均为 36.4%，49.3% 的样本公司存在多个大股东制衡的股权结构。与此同时，49.6% 的样本公司终极控制人存在现金流权与控制权的两权分离现象，且 56% 的样本公司为国有控股上市公司。（4）正如引言部分所指出的，样本公司的独立董事比例平均为 36.4%，中位数为 33.3%，都高度接近于 1/3 的政策要求，意味着样本公司在独立董事比例指标上的差异非常小，因而以往文献仅以独立董事比例来衡量和反映中国上市公司独立董事的治理作用是不尽合理的。此外，其他变量的描述性统计结果没有发现异常情况。

表 7-2 描述性统计结果

变量	样本量	均值	标准差	最小值	P25	中位数	P75	最大值
STAR	3531	0.141	0.348	0	0	0	0	1
ADJ_STAR	3531	0.133	0.340	0	0	0	0	1
AGENCY_COST1_1	3531	0.145	0.118	0.017	0.070	0.113	0.179	0.704
AGENCY_COST1_2	3531	0.706	0.487	0.058	0.375	0.599	0.887	2.692
AGENCY_COST2	3531	0.020	0.029	0.000	0.004	0.010	0.023	0.186
SIZE	3531	21.478	1.077	18.184	20.727	21.375	22.128	26.402
LEV	3531	0.475	0.189	0.000	0.337	0.488	0.622	0.996
TANGIBLE	3531	0.270	0.180	0.000	0.132	0.243	0.386	0.960
GROWTH	3531	0.295	2.707	−0.986	−0.027	0.131	0.313	149.082
AGE	3531	7.973	4.629	0	4	9	12	19
TOP1	3531	0.364	0.152	0.035	0.240	0.345	0.479	0.852

续表

变量	样本量	均值	标准差	最小值	P25	中位数	P75	最大值
WEDGE	3531	0.496	0.500	0	0	0	1	1
BLOCKS	3531	0.493	0.500	0	0	0	1	1
INST	3531	0.469	0.217	0.000	0.309	0.484	0.631	0.982
BOARD	3531	9.121	1.792	3	9	9	9	17
INDEP	3531	0.364	0.053	0.091	0.333	0.333	0.375	0.800
MSHR	3531	0.046	0.132	0.000	0.000	0.000	0.001	0.748
COMPEN	3531	13.701	0.748	10.361	13.221	13.713	14.196	16.166
DUAL	3531	0.155	0.362	0	0	0	0	1
BIG4	3531	0.029	0.169	0	0	0	0	1
SOE	3531	0.560	0.496	0	0	1	1	1

7.5　Pearson 相关系数分析

表 7-3 列示了各主要变量两两间的 Pearson 相关系数。从表 7-3 可以看到，（1）明星独董哑变量与第一类代理成本变量不存在显著的相关关系，但与第二类代理成本变量显著正相关，这一结果与本章的假设 H7-1b 相吻合，即控股股东提名并聘请明星独董，不是"作茧自缚"，而是为其侵占中小股东利益的行为提供"挡箭牌"，因而加剧了公司的第二类代理问题。（2）负债水平、固定资产比例、国有性质等与明星独董显著正相关，表明国有控股的、负债水平高的、固定资产比例大的上市公司更倾向于聘请明星独董。（3）第一大股东持股、机构投资者持股、董事会规模、高管薪酬等都与双重代理成本显著负相关，意味着这些治理机制都能够有效缓解上市公司的双重代理问题。（4）与本章预期相符，控股股东的两权分离与实物消费衡量的第一类代理成本和其他应收款占比衡量的第二类代理成本都显著正相关，表明两权分离下控股股东倾向于减少对管理层的监督并增加对中小股东的利益侵占，从而加剧上市公司的双重代理问题。此外，其他控制变量间的两两相关系数绝大部分都远小于 0.5，因而在下文的多元回归分析中同时引入这些控制变量时不会发生严重的多重共线性问题。

表 7-3　**Pearson 相关系数分析结果**

变量	1	2	3	4	5	6	7	8	9	10
1 STAR	1									
2 ADJ_STAR	0.950*	1								
3 AGENCY_COST1_1	−0.002	0.002	1							
4 AGENCY_COST1_2	−0.007	−0.013	−0.307*	1						
5 AGENCY_COST2	0.061*	0.060*	0.171*	−0.070*	1					
6 SIZE	0.006	0.011	−0.354*	0.064*	−0.102*	1				
7 LEV	0.034*	0.029	−0.295*	0.126*	0.136*	0.384*	1			
8 TANGIBLE	0.046*	0.050*	−0.131*	0.018	−0.175*	0.110*	0.078*	1		
9 GROWTH	0.009	0.008	−0.014	−0.018	0.026	0.058*	0.044*	−0.044*	1	
10 AGE	−0.007	−0.010	0.014	−0.037*	0.140*	0.201*	0.266*	0.004	−0.012	1
11 TOP1	−0.010	−0.008	−0.214*	0.091*	−0.159*	0.269*	0.023	0.040*	0.070*	−0.139*
12 WEDGE	−0.020	−0.016	0.057*	0.014	0.039*	−0.075*	0.019	−0.047*	−0.013	0.013
13 BLOCKS	0.012	0.012	0.121*	−0.025	−0.042*	−0.227*	−0.118*	−0.046*	0.026	−0.269*
14 INST	0.027	0.029	−0.103*	0.108*	−0.124*	0.234*	0.034*	0.023	0.058*	−0.072*
15 BOARD	0.086*	0.084*	−0.104*	0.048*	−0.100*	0.279*	0.114*	0.136*	0.000	−0.038*
16 INDEP	0.007	0.005	0.018	−0.033	0.049*	0.016	−0.036*	−0.065*	0.001	0.009
17 MSHR	−0.042*	−0.039*	0.082*	−0.004	−0.053*	−0.223*	−0.228*	−0.126*	−0.009	−0.482*
18 COMPEN	−0.050*	−0.044*	−0.066*	0.138*	−0.099*	0.364*	−0.001	−0.137*	0.030	0.013
19 DUAL	−0.019	−0.019	0.099*	−0.022	−0.015	−0.168*	−0.147*	−0.072*	0.000	−0.190*
20 BIG4	0.006	0.011	−0.026	0.046*	−0.043*	0.240*	0.052*	0.017	0.002	−0.003
21 SOE	0.045*	0.044*	−0.160*	0.068*	−0.070*	0.307*	0.160*	0.175*	0.020	0.243*

	11	12	13	14	15	16	17	18	19	20
11 TOP1	1									
12 WEDGE	−0.059*	1								
13 BLOCKS	−0.322*	0.105*	1							
14 INST	0.459*	0.131*	0.069*	1						
15 BOARD	0.035*	−0.043*	0.042*	0.154*	1					
16 INDEP	0.029	−0.035*	−0.045*	−0.045*	−0.261*	1				
17 MSHR	−0.093*	−0.176*	0.262*	−0.396*	−0.123*	0.045*	1			
18 COMPEN	0.086*	−0.012	−0.017	0.176*	0.123*	0.030	0.013	1		
19 DUAL	−0.046*	0.026	0.093*	−0.078*	−0.131*	0.058*	0.203*	0.023	1	
20 BIG4	0.114*	0.052*	−0.011	0.106*	0.069*	0.050*	−0.035*	0.173*	−0.005	1
21 SOE	0.205*	−0.392*	−0.239*	0.204*	0.228*	−0.061*	−0.370*	0.061*	−0.232*	0.043*

注：* 代表至少在 5% 的统计水平下显著（双尾）。

7.6 多元回归分析

上文的相关系数分析结果已经为我们的研究假设提供了初步的经验证据，但上述分析没有控制其他相关因素的影响，所得到的研究结论具有一定的局限性。因此，接下来，我们将通过多元回归方法更科学地分析明星独董的治理作用及其在不同产权性质企业的差异，以检验本章提出的研究假设。

1.明星独董对双重代理成本的影响关系分析

表 7-4 列示了明星独董对上市公司第一类和第二类代理成本影响关系的 OLS 回归分析结果。模型 1 和模型 2 的结果与假设 H7-1b 的预期相符，明星独董哑变量（STAR 和 ADJ_STAR）得到了正回归系数，表明明星独董不仅没有发挥更好的监督约束作用，反而助长了管理层过度在职消费的代理行为及其成本（AGENCY_COST1_1），但是这一结果并没有通过统计显著性检验。类似地，在模型 3 和模型 4 中，明星独董哑变量得到了负回归系数，意味着上市公司聘请明星独董反而降低了总资产周转率（AGENCY_COST1_2），加剧管理层闲暇享受以代替努力工作而引致的代理问题，但是这一结果也不具有统计显著性。在模型 5 和模型 6 中，被解释变量为其他应收款占比衡量的第二类代理成本（AGENCY_COST2），解释变量明星独董哑变量的回归系数在 5% 统计水平下显著为正（$\beta=0.004$），表明与聘请普通独董的上市公司相比，聘请明星独董的上市公司大股东侵占中小股东利益的问题更严重，具有更高的第二类代理成本，因而支持了本章的假设 H7-1b。综上所述，表 7-4 的回归结果否定了假设 H7-1a，而在一定程度上支持了假设 H7-1b，即提名并聘请明星独董并不是上市公司高管和大股东"作茧自缚"的积极治理行为，而是把明星独董作为"挡箭牌"以赢得外部投资者更多的信任和更少的监督，从而为公司内部人（特别是大股东）创造更多的"活动空间"，加剧了上市公司的双重代理问题，明星独董成为一只更精致的"花瓶"，没有发挥应有的监督约束作用。

表 7-4 明星独董与双重代理成本的多元回归分析结果

变量	AGENCY_COST1_1		AGENCY_COST1_2		AGENCY_COST2	
	模型 1	模型 2	模型 3	模型 4	模型 5	模型 6
STAR	0.005		-0.027		0.004 **	
	(0.858)		(-1.205)		(2.301)	
ADJ_STAR		0.007		-0.032		0.004 **
		(1.248)		(-1.422)		(2.428)
SIZE	-0.027 ***	-0.027 ***	-0.017 *	-0.017 *	-0.003 ***	-0.003 ***
	(-11.800)	(-11.808)	(-1.912)	(-1.907)	(-4.523)	(-4.534)

续表

变量	AGENCY_COST1_1		AGENCY_COST1_2		AGENCY_COST2	
	模型 1	模型 2	模型 3	模型 4	模型 5	模型 6
LEV	−0.121***	−0.121***	0.401***	0.401***	0.023***	0.023***
	(−9.280)	(−9.291)	(8.175)	(8.171)	(6.955)	(6.974)
TANGIBLE	−0.050***	−0.051***	0.008	0.008	−0.022***	−0.022***
	(−4.358)	(−4.379)	(0.157)	(0.174)	(−7.576)	(−7.582)
GROWTH	0.001	0.001*	−0.002**	−0.002**	0.000***	0.000***
	(1.637)	(1.652)	(−1.991)	(−2.001)	(3.826)	(3.834)
AGE	0.003***	0.003***	0.001	0.001	0.000***	0.000***
	(6.999)	(7.001)	(0.490)	(0.488)	(3.344)	(3.352)
TOP1	−0.110***	−0.110***	0.313***	0.313***	−0.022***	−0.022***
	(−7.487)	(−7.485)	(5.101)	(5.099)	(−5.813)	(−5.811)
WEDGE	0.001	0.001	0.017	0.017	0.000	0.000
	(0.328)	(0.328)	(0.992)	(0.998)	(0.140)	(0.125)
BLOCKS	−0.000	−0.000	0.010	0.010	−0.004***	−0.004***
	(−0.101)	(−0.102)	(0.603)	(0.602)	(−3.525)	(−3.521)
BOARD	0.001	0.001	0.003	0.003	−0.001**	−0.001**
	(0.894)	(0.868)	(0.709)	(0.719)	(−2.107)	(−2.105)
INDEP	0.026	0.025	−0.057	−0.056	0.017*	0.017*
	(0.766)	(0.751)	(−0.397)	(−0.391)	(1.899)	(1.903)
MSHR	0.016	0.016	0.187**	0.187**	−0.011**	−0.011**
	(0.824)	(0.822)	(2.361)	(2.364)	(−2.326)	(−2.331)
COMPEN	0.002	0.002	0.098***	0.098***	−0.003***	−0.003***
	(0.760)	(0.761)	(9.224)	(9.223)	(−3.489)	(−3.491)
DUAL	0.009	0.009	−0.014	−0.014	−0.001	−0.001
	(1.589)	(1.588)	(−0.700)	(−0.700)	(−0.643)	(−0.642)
INST	0.024**	0.024**	0.116**	0.116**	−0.005*	−0.005*
	(2.150)	(2.150)	(2.468)	(2.469)	(−1.704)	(−1.707)
BIG4	0.038***	0.038***	0.003	0.003	−0.001	−0.001
	(3.171)	(3.165)	(0.068)	(0.072)	(−0.367)	(−0.381)
SOE	−0.009*	−0.009*	0.063***	0.063***	−0.004***	−0.004***
	(−1.785)	(−1.790)	(3.341)	(3.345)	(−3.040)	(−3.046)
截距	0.756***	0.757***	−0.759***	−0.761***	0.130***	0.130***
	(14.581)	(14.587)	(−3.795)	(−3.801)	(9.106)	(9.115)

续表

变量	AGENCY_COST1_1		AGENCY_COST1_2		AGENCY_COST2	
	模型 1	模型 2	模型 3	模型 4	模型 5	模型 6
行业固定效应	控制	控制	控制	控制	控制	控制
年度固定效应	控制	控制	控制	控制	控制	控制
样本量	3531	3531	3531	3531	3531	3531
F 值	29.73***	29.72***	48.72***	48.76***	14.43***	14.46***
调整 R^2	0.221	0.222	0.247	0.247	0.147	0.147

注：(1) ***、**、* 分别代表在 1%、5%、10% 的统计水平下显著（双尾）；(2) 括号内数字为经异方差调整的 T 值。

2.基于产权性质的异质性分析

为了检验研究假设 H7-2 关于明星独董的治理效应在不同产权性质公司中对两类代理成本影响关系的差异，本章进一步把全样本划分为国有子样本（SOE＝1）和民营子样本（SOE＝0），并分别进行了 OLS 多元回归分析，结果如表 7-5 所示。

表 7-5　基于产权性质的异质性分析结果

变量	AGENCY_COST1_1		AGENCY_COST1_2		AGENCY_COST2	
	SOE＝1	SOE＝0	SOE＝1	SOE＝0	SOE＝1	SOE＝0
	模型 1	模型 2	模型 3	模型 4	模型 5	模型 6
ADJ_STAR	0.011*	−0.002	−0.061**	0.028	0.002	0.006*
	(1.665)	(−0.149)	(−2.230)	(0.751)	(1.097)	(1.939)
SIZE	−0.022***	−0.035***	−0.031***	0.003	−0.003***	−0.003***
	(−9.068)	(−7.800)	(−2.725)	(0.183)	(−3.777)	(−2.705)
LEV	−0.093***	−0.153***	0.456***	0.376***	0.025***	0.020***
	(−6.809)	(−6.358)	(6.643)	(5.376)	(6.429)	(3.430)
TANGIBLE	−0.065***	−0.037*	0.022	0.021	−0.021***	−0.027***
	(−4.674)	(−1.788)	(0.346)	(0.294)	(−6.031)	(−4.993)
GROWTH	0.001*	−0.004*	−0.001	0.000	0.000***	0.000
	(1.871)	(−1.729)	(−0.678)	(0.067)	(6.959)	(−0.579)
AGE	0.002***	0.005***	0.004	−0.003	0.000	0.001***
	(4.499)	(5.149)	(1.359)	(−0.755)	(0.494)	(3.480)
TOP1	−0.109***	−0.105***	0.327***	0.196**	−0.023***	−0.021***
	(−6.671)	(−3.797)	(4.051)	(2.016)	(−4.661)	(−3.421)
WEDGE	−0.005	0.018**	0.027	−0.010	−0.002*	0.004*
	(−1.121)	(2.186)	(1.251)	(−0.374)	(−1.853)	(1.768)

续表

变量	AGENCY_COST1_1		AGENCY_COST1_2		AGENCY_COST2	
	SOE＝1	SOE＝0	SOE＝1	SOE＝0	SOE＝1	SOE＝0
	模型1	模型2	模型3	模型4	模型5	模型6
BLOCKS	0.002	−0.002	−0.029	0.058**	−0.003*	−0.006***
	(0.432)	(−0.201)	(−1.249)	(2.268)	(−1.944)	(−2.838)
BOARD	0.000	0.002	0.010*	−0.009	−0.001**	0.000
	(0.089)	(0.614)	(1.765)	(−1.169)	(−2.227)	(−0.505)
INDEP	−0.023	0.066	0.084	−0.245	0.004	0.030*
	(−0.680)	(1.020)	(0.405)	(−1.344)	(0.443)	(1.844)
MSHR	−0.042	0.045	−0.150	0.220**	−0.063***	0.002
	(−0.549)	(1.574)	(−0.611)	(2.090)	(−3.978)	(0.353)
COMPEN	0.001	0.008*	0.113***	0.074***	−0.000	−0.005***
	(0.194)	(1.707)	(7.822)	(4.735)	(−0.028)	(−3.739)
DUAL	0.014	0.009	−0.009	−0.029	−0.000	0.000
	(1.640)	(1.223)	(−0.270)	(−1.150)	(−0.126)	(0.033)
INST	0.011	0.025	0.011	0.321***	−0.005*	−0.006
	(0.977)	(1.158)	(0.198)	(4.119)	(−1.651)	(−1.089)
BIG4	0.023**	0.066**	0.107**	−0.162**	0.002	−0.005*
	(2.117)	(2.506)	(2.091)	(−2.431)	(1.164)	(−1.817)
截距	0.693***	0.837***	−0.743***	−0.534*	0.104***	0.124***
	(11.364)	(8.710)	(−2.762)	(−1.661)	(5.975)	(4.780)
行业固定效应	控制	控制	控制	控制	控制	控制
年度固定效应	控制	控制	控制	控制	控制	控制
样本量	1977	1554	1977	1554	1977	1554
F 值	20.66***	11.29***	40.04***	22.66***	13.06***	8.12***
调整 R^2	0.249	0.196	0.297	0.203	0.138	0.168

注：(1) ***、**、* 分别代表在1%、5%、10%的统计水平下显著(双尾)；(2)括号内数字为经异方差调整的 T 值；(3)以 STAR 变量衡量明星独董时得到的分析结果与以 ADJ_STAR 变量衡量明星独董得到的分析结果高度一致，故而在此省略相关的分析结果以精简篇幅。

从表 7-5 的回归结果可知，(1) 在国有上市公司样本中，解释变量 ADJ_STAR 与经营费用率衡量的第一类代理成本显著正相关（模型 1：$\beta=0.011$，$p<0.10$），与总资产周转率衡量的第一类代理成本显著负相关（模型 3：$\beta=-0.061$，$p<0.05$），而与其他应收款占比衡量的第二类代理成本正相关但不具有统计显著性（模型 5：$\beta=0.002$，$p<0.10$），表明由于国有上市公司的代理问题主要反映在股东与管理层间的第一类代理问题，因而明星独董的治理效应也主要表现在第一类代理成本上，即管理层实物消费和

闲暇享受引致的第一类代理成本在聘请明星独董的国有上市公司中都显著更高。（2）在民营上市公司样本中，解释变量 ADJ _ STAR 仅与其他应收款占比衡量的第二类代理成本显著正相关（模型 6：$\beta=0.006$，$p<0.10$），表明聘请明星独董主要加剧了民营企业中大股东侵占中小股东利益的第二类代理问题。综上所述，本章的研究假设 H7-2 得到了经验证据的支持，即由于第一类和第二类代理问题在国有和民营企业中的轻重程度不同，明星独董对双重代理成本的影响效应也因此在国有和民营企业中表现出明显的差异。这一结果启示我们，未来关于代理问题的研究需要特别考虑产权性质的重要影响。

3.稳健性检验

本章进行了如下的稳健性检验以增加研究结论的可靠性：（1）除了使用百度搜索引擎中检索条数排名前 15％界定明星独董的，还分别使用了 10％和 5％作为界定明星独董的评判标准，发现得到的相关分析结果基本保持一致；（2）对于双重代理成本的度量方法，本章还分别使用了管理费用率衡量管理层的实物消费代理成本（Ang et al.，2000；李寿喜，2007；陈运森，2012）、流动资产周转率衡量管理层的闲暇享受代理成本（罗进辉，2012）、第一大股东及其子公司占用上市公司的其他应收款占比衡量大股东侵占中小股东利益的第二类代理成本（陈运森，2012），相关的回归分析结果仍然支持了本章的理论假设；（3）由于本章使用的是一个跨度三年的典型面板数据结构，我们还尝试使用了面板数据的固定效应模型估计方法进行了多元回归分析，得到的结果与上文的 OLS 多元回归分析结果基本保持一致；（4）在仅对解释变量和被解释变量中的连续变量进行缩尾处理的基础上，本章还对所有的数值型控制变量进行了上下 1％的 Winsorize 缩尾处理以消除极值的不利影响，得到的回归结果同样支持了本章的研究假设。综上，本章的研究结论是稳健可靠的。

4.进一步分析

公司治理的终极目标是提高公司绩效和市场价值以最大化股东利益。既然明星独董加剧了上市公司的双重代理问题，那么明星独董最终是否会对上市公司的经营成果也产生负面影响呢？为此，本章进一步分析了明星独董对公司绩效的影响效应。具体地，本章分别分析了明星独董对上市公司经营业绩和市场价值的影响关系，其中经营业绩以 ROA 度量，市场价值以 TOBINQ 度量[①]，得到的 OLS 多元回归分析结果如表 7-6 所示。

---

① ROA 为总资产报酬率，计算公式为：ROA＝（利润总额＋财务费用）×2/（期初总资产余额＋期末总资产余额）；ROE 为净资产收益率，计算公式为：ROA＝净利润×2/（期初股东权益余额＋期末股权权益余额）；TOBINQ 为公司价值，计算公式为：TOBINQ＝（期末股票市值＋期末总负债）/期末总资产，其中非流通股或限制流通股份的股价以流通股股价代替。

表 7-6　明星独董与公司绩效的多元回归分析结果

变量	ROA			TOBINQ		
	全样本 模型 1	SOE＝1 模型 2	SOE＝0 模型 3	全样本 模型 7	SOE＝1 模型 8	SOE＝0 模型 9
ADJ_STAR	−0.007 ***	−0.006 **	−0.008 **	−0.554 ***	−0.508 ***	−0.643 ***
	(−3.405)	(−2.363)	(−2.278)	(−11.771)	(−8.944)	(−8.198)
SIZE	−0.001	−0.003 ***	0.001	−0.533 ***	−0.462 ***	−0.664 ***
	(−1.311)	(−2.655)	(0.865)	(−21.933)	(−15.037)	(−16.998)
LEV	−0.044 ***	−0.038 ***	−0.045 ***	−1.586 ***	−1.322 ***	−1.804 ***
	(−8.795)	(−5.812)	(−5.799)	(−12.896)	(−8.158)	(−9.652)
TANGIBLE	0.010 *	0.012 *	0.001	−0.368 ***	−0.269 *	−0.491 **
	(1.887)	(1.834)	(0.066)	(−3.076)	(−1.942)	(−2.303)
GROWTH	0.000	0.000	0.002 ***	0.003	0.002	0.002
	(0.708)	(0.483)	(2.859)	(1.212)	(1.136)	(0.055)
AGE	0.000	0.001 **	0.000	0.042 ***	0.037 ***	0.055 ***
	(1.242)	(2.484)	(0.460)	(7.944)	(5.481)	(6.322)
TOP1	−0.004	−0.003	−0.001	−0.161	0.019	−0.503 *
	(−0.611)	(−0.361)	(−0.124)	(−1.027)	(0.102)	(−1.782)
WEDGE	−0.001	−0.003	−0.001	−0.004	−0.082	0.125
	(−0.569)	(−1.471)	(−0.322)	(−0.090)	(−1.588)	(1.567)
BLOCKS	−0.005 ***	−0.006 ***	−0.003	−0.089 **	−0.064	−0.131 *
	(−2.612)	(−2.715)	(−1.056)	(−2.066)	(−1.194)	(−1.838)
BOARD	0.001 **	0.001 ***	0.000	0.023 **	0.022 *	0.014
	(2.223)	(2.838)	(0.451)	(2.202)	(1.785)	(0.688)
INDEP	−0.029 **	−0.032 *	−0.028	1.074 ***	0.799 *	0.801
	(−1.970)	(−1.724)	(−1.130)	(2.919)	(1.705)	(1.314)
MSHR	0.092 ***	0.203 ***	0.086 ***	2.031 ***	5.503 ***	2.366 ***
	(11.030)	(3.336)	(7.346)	(9.191)	(3.609)	(7.267)
COMPEN	0.023 ***	0.022 ***	0.023 ***	0.226 ***	0.177 ***	0.307 ***
	(19.080)	(13.404)	(13.029)	(7.656)	(4.539)	(6.813)
DUAL	0.001	0.005	−0.002	0.100 *	0.035	0.126 *
	(0.337)	(1.473)	(−0.664)	(1.791)	(0.377)	(1.806)
INST	0.074 ***	0.071 ***	0.076 ***	1.306 ***	1.100 ***	1.579 ***
	(14.429)	(11.450)	(8.406)	(10.619)	(7.976)	(6.820)

续表

变量	ROA			TOBINQ		
	全样本	SOE=1	SOE=0	全样本	SOE=1	SOE=0
	模型 1	模型 2	模型 3	模型 7	模型 8	模型 9
BIG4	−0.003	−0.001	−0.004	0.127	0.122	0.045
	(−0.604)	(−0.117)	(−0.565)	(1.341)	(1.108)	(0.237)
SOE	−0.010***	—	—	−0.138***	—	—
	(−4.761)	—	—	(−2.820)	—	—
截距	−0.237***	−0.203***	−0.322***	10.456***	9.452***	12.298***
	(−11.281)	(−7.433)	(−8.331)	(19.378)	(13.146)	(12.852)
行业固定效应	控制	控制	控制	控制	控制	控制
年度固定效应	控制	控制	控制	控制	控制	控制
样本量	3531	1977	1554	3519	1976	1543
F 值	53.14***	31.03***	28.74***	75.09***	31.28***	44.02***
调整 R^2	0.283	0.286	0.296	0.380	0.333	0.396

注：(1) ***、**、* 分别代表在 1%、5%、10% 的统计水平下显著（双尾）；(2)括号内数字为经异方差调整的 T 值；(3)以 STAR 变量衡量明星独董时得到的分析结果与以 ADJ_STAR 变量衡量明星独董得到的分析结果高度一致，故而在此省略相关的分析结果以精简篇幅。

从表 7-6 的回归结果可知，无论是经营业绩（ROA）还是市场价值（TOBINQ），也无论是国有上市公司还是民营上市公司，明星独董哑变量（ADJ_STAR）都得到了至少在 5% 统计水平下显著为负的回归系数。这一结果表明，与聘请普通独董的上市公司相比，聘请明星独董的上市公司的经营业绩和市场价值都显著更低，即明星独董不仅没有发挥更积极的治理作用，反而加剧了上市公司的双重代理问题，进而降低公司的经营业绩和市场价值。因此，表 7-6 的回归结果在一定程度上为本章的研究假设提供了进一步的证据支持。

7.7　研究结论与实践启示

中国的独立董事制度建设已经过去了十余年，但是关于独立董事有效性的争论却从未停止过。本章从独立董事的社会声誉机制出发，在百度搜索引擎中通过手工搜集整理得到上市公司所有独立董事姓名的检索条数，并以此反映独立董事的社会知名度把独立董事划分为明星独董和普通独董，进而实证分析了明星独董在缓解上市公司双重代理问题中的治理效应。具体地，利用中国 A 股上市公司 2008—2010 年 3531 个年度观察样本，本章发现与聘请普通独董的上市公司相比，聘请明星独董的上市公司具有显著更高的双重代理成本（特别是第二类代理成本）和显著更低的经营业绩和市场价值。进一步，本章发现产权性质对明星独董的治理效应具有重要的调节影响——明星独董主要加剧了国有控股上市公司的第一类代理问题和民营控股上市公司的第二类代理问题。

本章的研究结论主要有三点实践启示。首先，在中国，由于上市公司的内部人（包括管理层和大股东）垄断着独立董事的提名权且独立董事需要从上市公司领取报酬，因此即便是明星独董也未能发挥有效的监督治理作用，反而充当了一只更为精致的"花瓶"，加剧了上市公司的双重代理问题。广大中小投资者不应该被明星独董的"明星"身份所欺骗而放松对上市公司的考察和监督，相关监管机构也应该特别加强对聘请明星独董的上市公司的监管以更好地保护投资者利益。其次，虽然理论上具有很高社会知名度的明星独董可能面临高强度的媒体监督和公众舆论压力，但仍然无法有效制约其渎职行为。这与中国大众的盲目追星行为、明星的社会责任缺失、社会对明星渎职行为的处罚过轻等问题密切相关。近年来明星代言"问题企业"和"问题商品"的事件也同样说明了这一问题。因此，在当今信息化时代，新闻媒体与资本市场的高度融合，明星身份的多元化和商业化发展，迫切需要中国证监会联合中国广电总局等相关部门建立统一的监管机制，在保护明星的商业利益的同时，明确和强化明星的社会责任和对明星的监管，从而使得明星更好地发挥其应有的榜样和示范作用。最后，由于中国不同产权性质的上市公司具有不同类型的代理问题，中国的公司治理改革实践需要特别考虑产权性质的重要影响。具体地，针对国有企业，相关部门应该进一步落实国有资本的出资人地位及其职责，完善国企高管的监督与激励机制；针对民营企业，则需要从建立和繁荣多层次资本市场、健全投资者法律保护体系的根本点着手，在促进民营企业优化股权结构的同时，保护中小投资者的利益。

需要指出的是，由于数据搜集成本的经济性和客观的技术限制，本章利用百度搜索引擎中获得的姓名检索条数来界定明星独董的方法没能完全消除重名问题的不利影响，这有待后续研究的进一步完善。此外，关于独立董事社会声誉机制的有效性问题，未来值得更多学者的研究关注，特别是明星独董具体给上市公司带来了哪些利弊，目前还不甚清楚。

8 独立董事声誉与高管薪酬

8.1 独立董事声誉与高管薪酬研究概述

中国上市公司的独立董事制度建设已经过去十余年了，关于独立董事的有效性却仍然存在着很大的争议。在中国，独立董事常常由于其"不独立""不懂事""不作为"而饱受业界和学术界的抨击。作为股份制有限公司的一项基本制度，独立董事制度发挥作用的首要机制是声誉机制（Fama and Jensen，1983）。然而在中国，独立董事人力资本市场并未真正建立起来，因而谈不上独立董事的职业声誉激励。在此背景下，独立董事的社会声誉激励是否可以弥补职业声誉激励的不足而驱使独立董事发挥有效的治理作用呢？近年来先后有王石、史玉柱、陈志武、吴晓求、叶檀、张国立等为数不少的专业或非专业的社会知名人士加入中国上市公司的独立董事队伍，这一现实情况为我们解答上述疑问提供了一个难得的机会。

此外，由于制定科学合理的高管薪酬契约是董事会的基本职责，而且近年来高管薪酬问题因与社会公平、腐败、公司治理等关乎国计民生的社会热点存在着千丝万缕的联系而受到了广大投资者甚至是普通老百姓的高度关注（谢德仁 等，2012；杨德明和赵璨，2012）。这意味着如果独立董事参与制定的高管薪酬契约存在问题，很可能会被新闻媒体[①]和公众发现，从而严重损害其社会声誉，也即独立董事的社会声誉将与高管薪酬业绩敏感性存在很强的直接影响关系。

鉴于此，本章以 2008—2012 年中国 A 股上市公司的 8142 个年度观察数据作为研究样本，实证分析了独立董事声誉与上市公司高管薪酬间的关系，结果显示：（1）相较

---

① 近年来，新闻媒体爆出的中国上市公司高管薪酬乱象比比皆是。例如，2009 年 2 月，券商国泰君安被媒体爆出在 2008 年国际金融危机背景下的熊市给高管支付了"天价薪酬"，引起了社会的广泛关注。

于未拥有明星独董的企业，拥有明星独董的企业具有更高的高管薪酬业绩敏感性；（2）由于政府对国有企业高管薪酬的严格管制，明星独董对高管薪酬业绩敏感性的正相关关系主要反映在民营上市公司；（3）在进行了工具变量检验、将样本划分为"业绩增长"和"业绩下降"两组、使用 $t-1$ 期明星独董变量、改变明星独董度量方式、改变公司业绩度量方式以及进行公司层面和年度层面双重聚类的稳健性检验后，本章的研究结论依然成立。

本章可能的贡献在于：第一，区别于"一刀切"地把所有独立董事都看作是同等有效个体的传统文献，本章把独立董事的社会声誉与其社会知名度联系起来，个人的社会知名度不同，其面临的社会声誉激励强度也就不同，因而不同独立董事将发挥不同的治理作用。这一研究做法能够帮助我们更好地认识独立董事治理行为的内在机理，丰富了相关文献。第二，现有关于独立董事声誉激励的研究文献都毫无例外地使用独立董事的任职公司数量作为衡量标准，这种做法的科学性在中国普遍存在"人情董事""关系董事"的特殊制度背景下有待验证，此外这种做法没有考虑独立董事的社会声誉激励问题（叶康涛 等，2011）。本章基于社会知名度来衡量独立董事社会声誉激励强度的研究做法在当今高度发达的互联网时代则具有较好的接受度和客观性，能够弥补独立董事声誉激励研究的长期局限，具有重要的研究参考价值。第三，本章从近年来政府、公众、新闻媒体等高度关注的高管薪酬视角考察了独立董事社会声誉机制的有效性，该研究视角与本章的研究问题具有很强的内在逻辑影响关系，因而得到的相关研究结论具有更强的说服力，能够帮助我们更好地厘清现有文献中相互矛盾的研究结论。

8.2　文献回顾与假设提出

1.相关文献回顾

在中国，随着 2001 年《指导意见》的发布和独立董事制度的正式建立，独立董事的治理效果吸引了大量中国学者的研究关注，产生了丰富的研究成果。遗憾的是，现有文献并没有取得一致的研究结论（叶康涛 等，2011；陈运森，2012）。例如，有研究发现独立董事比例与高管行为受到公开质疑的概率、公司的盈余质量、公司绩效等存在显著的正相关关系，而与大股东侵占中小股东利益的代理问题显著负相关（Luo et al.，2012；支晓强和童盼，2005；王跃堂 等，2006；叶康涛 等，2007；叶康涛 等，2011）。与此同时，也有不少学者的实证研究提供了中国独立董事治理缺乏有效性的经验证据（高雷 等，2006；王兵，2007；唐雪松 等，2010）。更有甚者，Su 等（2008）发现在中国的特殊制度背景下，独立董事实际成为控股股东侵占中小股东利益的工具。随着研究的进展，相关学者开始关注独立董事的个体特征和社会背景（财务背景、政府背景、教育背景、社会网络关系等）对其发挥治理作用的潜在影响（魏刚 等，2007；胡奕明和唐松莲，2008；余峰燕和郝项超，2011；陈运森和谢德仁，2012）。

相对而言，深入探讨独立董事声誉机制有效性问题的研究文献则要少得多。理论上，Fama 和 Jensen（1983）最早阐述了独立董事声誉机制的作用机理，指出由于独立董事大多为其他企业或组织的主要决策者，他们具有在人力资本市场上传递决策专家"美誉"的潜在动机，因为决策专家的"美誉"在很大程度上决定着他们当前和未来的职业前景。因此，即使不存在显性激励契约，作为隐性契约的声誉机制也将驱使独立董事实施有效的履职行为，从而发挥应有的治理作用（马如静和唐雪松，2011）。根据这一基本原理，国内外学者普遍采用独立董事的任职公司数量来衡量独立董事声誉，以寻找独立董事声誉机制有效性的证据。例如，Yermack（2004）针对美国财富 500 强企业的 734 名独立董事进行研究发现，独立董事任职公司的绩效越好，其在外兼任董事职位的公司数量就越多。陈艳（2008）则以深交所上市公司的独立董事数据检验了中国独立董事声誉机制的有效性，发现独立董事任职公司的业绩增长与其在未来获得新职位的可能性显著正相关，即任职公司的业绩与独立董事声誉正相关，一定程度上支持了独立董事声誉机制在中国的有效性。然而，面对中国尚未成熟的独立董事人力资本市场，以及普遍存在的"人情董事""关系董事"的现实情况，以独立董事的任职公司数量来衡量独立董事的职业声誉，在中国显然存在着很大的误差，因而相关结论缺乏足够的说服力。

综观现有相关文献，我们发现仍然存在着诸多的不足。首先，中国上市公司独立董事制度的有效性至今尚未取得一致的研究结论，亟需相关学者对现有相互矛盾的研究结论给出合理的解释。其次，单纯以独立董事比例来评判独立董事的治理作用及其效果的传统做法已经与董事会结构国际趋同的大背景格格不入，阻碍了相关研究目的的实现①，当前研究迫切需要捕捉各种可能影响独立董事个体治理行为差异的重要因素。最后，独立董事声誉机制的有效性问题，仍然是一个尚未得到充分检验的基本问题，尤其是在中国。其中最主要的困难在于没有找到一个科学的指标来衡量独立董事的声誉。基于上述研究现状及其不足，本章拟从高管薪酬业绩敏感性的视角，利用互联网上挖掘出的深度客观数据来衡量独立董事的社会声誉，进而实证检验独立董事的社会声誉机制在中国情境下的有效性，从而加深我们对中国上市公司独立董事治理行为的认识，弥补和扩展相关文献。

2.研究假设提出

聘请独立董事的一个主要目的是监督公司管理层的经营管理行为，缓解股东与管理层间的委托代理问题（Fama and Jensen，1983）。除了监督手段，独立董事缓解管理层代理问题的另一个重要手段是通过薪酬委员会制定科学的薪酬契约以从内在动机上激励

---

① 例如，陈运森（2012）统计发现，2003—2009 年中国上市公司独立董事比例的第一个四分位、均值、中位数和第三个四分位都非常接近于 33% 的监管要求，这意味着独立董事比例指标在中国各上市公司中已经不具有好的差异识别度，无法真正区分不同上市公司独立董事的治理效果。

管理层的勤勉尽责行为。因此，高管薪酬契约的有效性能够很好反映独立董事参与公司治理的效果。那么，独立董事的社会声誉机制将会如何影响其制定的高管薪酬契约有效性呢？本章分析认为存在以下两种情况。

一方面，在当今互联网高度普及的信息化浪潮时代，个人的社会声誉与新闻媒体的关注休戚相关。正所谓"成也萧何，败也萧何"，社会声誉作为个人的一种无形资产，需要在媒体的长期正面报道中积累起来，却很可能在媒体曝光的负面新闻下毁于一旦。因此，高社会知名度的明星独董比普通独董更容易受到新闻媒体的关注和报道，倘若其发生渎职行为，将很可能被媒体曝光并在媒体的推波助澜下成为社会大众口诛笔伐的对象，严重影响其个人的社会声誉和职业生涯前景。与此同时，在中国，高管薪酬问题已经不单纯是一家公司的治理问题，它还与社会公平、腐败、贫富差距、社会和谐等关乎国计民生的社会热点存在着千丝万缕的联系，因而受到了广大投资者甚至是普通老百姓的高度关注（谢德仁 等，2012；杨德明和赵璨，2012）。也就是说，高强度的媒体监督和高昂的渎职成本将倒逼面临更强社会声誉激励的明星独董更有效地履行职责，制定出更科学合理的高管薪酬契约，而不是与高管合谋侵害中小股东的利益。再者，较高的社会地位和声誉使得明星独董在经济收入和未来职业发展上都具有更大的独立性和选择空间，进而不容易被所任职公司收买或俘获，较大的独立性使得其更不可能与高管合谋，从而可以更加公正地对管理层的经营表现进行评判。因此，我们有理由认为，存在明星独董的上市公司将制定出更科学的高管薪酬契约，即具有更高的高管薪酬业绩敏感性。

另一方面，在中国上市公司高度集中的股权结构背景下，独立董事的提名权实际被大股东和高管垄断（王兵，2007；唐雪松 等，2010）。理性的公司高管不大可能引进勤勉尽责的独立董事来监督自己，而更可能引进人情董事和关系董事，从而与独立董事合谋，放松独立董事对自己的监督。与此同时，中国也尚未建立起成熟的独立董事人力资本市场。这意味着在中国当前的制度背景下，即使是具有较强社会声誉激励的明星独董也很可能不具有向相关人力资本市场传递决策专家"美誉"的基本动机，他们参与制定的高管薪酬契约很可能会有意迎合其提名者的利益（Su et al.，2008），从而降低了高管薪酬契约的有效性，在监管当局鲜有对独立董事的渎职行为进行处罚的大背景下更是如此。特别地，聘请明星独董还能够为公司建立良好的品牌形象和赢得公众的信任，进而能够为高管的"不作为"和"少作为"创造更大的生存空间。正如中国著名营销策划专家叶茂中先生所言，中国的大众普遍不是很自信，明星因此在一定程度上扮演了社会公众的意见领袖角色。此外，相较于普通独董，明星独董更繁忙的个人事务和行程安排使得其难以抽出足够的时间精力积极参与到高管薪酬契约的制定过程，这也是目前上市公司独立董事饱受抨击的主要问题之一（支晓强和童盼，2005；叶康涛 等，2011）。因此，从这一角度看，聘请社会知名度较高的明星独董反而可能降低公司高管薪酬契约的有效性。

综上，关于独立董事的明星效应存在正反两种理论观点，本章研究则是要回答在中国特定的制度背景下哪一种理论观点占优的问题。为此，本章提出如下两个对立的子假设：

假设 H8-1a：同等条件下，相较于未拥有明星独董的企业，拥有明星独董的企业具有更高的高管薪酬业绩敏感性。

假设 H8-1b：同等条件下，相较于未拥有明星独董的企业，拥有明星独董的企业具有更低的高管薪酬业绩敏感性。

在中国，一方面，国有企业高管的薪酬水平长期受到政府一系列政策的严格管制（陈冬华 等，2005；陈信元 等，2009）。例如，2002 年，中国政府推行国企高管年薪制时规定高管年薪不得超过职工平均工资的 12 倍；2009 年，财政部印发的《金融类国有及国有控股企业负责人薪酬管理办法》更是明确了国有金融企业负责人年薪的最高限额为 280 万元人民币。这意味着，国企高管薪酬的政府管制不可避免地削弱了国有上市公司董事会在制定高管薪酬契约中的权力（陈运森，2012）。另一方面，由于国有产权的特殊性，国有企业高管在完成相关业绩目标的同时，常常还肩负着提供就业机会、实现政府税收等社会和政治目标（Li and Zhou，2005；陈信元 等，2009；罗进辉，2012）。国有企业经营目标的多重性，既大大增加了董事会对国企高管进行科学考核与激励的难度，又给国企高管创造了把经营不善归因于种种社会和政治负担的自然性辩解渠道（谢德仁 等，2012），使得董事会很难对国企高管的薪酬激励"说上话"。因此，本章认为相对民营上市公司，明星独董对国有上市公司高管薪酬业绩敏感性的相关影响更弱，据此提出第二个假设：

假设 H8-2：相较于国有企业，明星独董对民营企业高管薪酬业绩敏感性的影响更强。

8.3 样本选择、变量定义与模型设定

1.样本选取与数据来源

本章选取 2008—2012 年中国沪深两市 A 股上市公司 10272 个年度观察样本作为初始研究样本。为了避免异常数据的不利影响和增强样本间的可比性，初始样本经历了如下的顺次筛选过程：（1）剔除 ST、＊ST 等处于非正常交易状态的上市公司样本 542 个；（2）剔除净资产小于 0 的上市公司样本 151 个；（3）剔除交叉上市的公司样本 731 个；（4）剔除金融保险证券行业的公司样本 109 个；（5）剔除数据缺失的公司样本 597 个。最终得到的有效年度样本为 8142 个。其中，2008—2012 年的观察样本个数分别为 1212 个、1343 个、1650 个、1903 个和 2034 个。

本章的明星独董数据系作者通过百度中文搜索引擎手工搜集整理得到，制度环境指数来自樊纲等（2011）编制的中国市场化指数，上市公司的财务会计数据和治理结构数据则皆来自中国证券市场与会计研究（CSMAR）数据库。为了消除极端值可能带来的不利影响，本章对连续型因变量和自变量都进行了上下 1% 的 Winsorize 缩尾处理。

2.变量定义与度量

（1）高管薪酬

在主效应检验中，本章以高管前三名薪酬总额的自然对数衡量高管薪酬（COMP）。此外，在稳健性检验中使用"董事、监事和高管前三名的薪酬总额"的自然对数和"董事、监事和高管的薪酬总额"的自然对数来衡量上市公司高管的货币薪酬水平。

（2）公司业绩

本章使用总资产收益率（ROA）来衡量公司业绩，其值等于营业利润除以平均总资产。在稳健性检验中还将使用净资产收益率（ROE）和滞后一期的总资产收益率（ROA_1）作为公司业绩的衡量指标。

（3）明星独董

STAR 为明星独董虚拟变量，若上市公司聘请社会名人出任独立董事职务，则取值为 1，否则取值为 0。借鉴现有相关研究的做法（Ferris et al.，2011；俞庆进和张兵，2012），本章以独立董事个人在百度中文搜索引擎（www.baidu.com）上的网络关注程度作为评判其是否为社会名人的标准。具体的操作过程如下：第一步，使用每位独立董事的姓名检索，得到独立董事个人的互联网检索总条目数；第二步，同时使用每位独董的姓名和其任职公司的股票代码进行检索，得到独立董事因担任上市公司独董而形成的互联网检索条目数；第三步，独立董事个人的纯检索条目数等于前面两步得到的条目数之差，得到的差值越大，该独董的社会知名度越高；第四步，把纯检索条目数排名在前 10％的独立董事界定为高社会知名度的明星独董（STAR_10％）。特别地，考虑到有些董事的姓名因与日常用语重名（如向前、平衡、高峰、黎明、雷达等）而得到了高达上亿条的互联网检索条目数，本章通过剔除排名在前 1％的独董名单后重新通过第四步的方法来界定明星独董，得到了另一个经过重名调整后的明星独董代理变量 adj_STAR_10％[①]。需要特别说明的是，由于百度搜索引擎不支持限制时间的检索，而且个人社会声誉的形成是长时间不断累积的结果，本章是以独立董事个人截止到 2012 年的网络检索条数统一近似反映其过去几年的社会声誉情况。

（4）控制变量

借鉴现有相关文献（Firth et al.，2010；辛清泉和谭伟强，2009；陈冬华 等，2010），本章还控制了公司规模（SIZE）、负债水平（LEV）、成长机会（MTB）、管理费用率（MFEE）、第一大股东持股（TOP1）、产权性质（SOE）、高管持股（MSHR）、两职兼任情况（DUAL）、董事会规模（BOARD）、董事会独立性（INDEP）、市场化制度环境（MKT）等多个公司特征变量和公司治理变量可能对高管货币薪酬水平产生的系统影响。其中，公司规模等于年末公司总资产的自然对数值；负债水平等于年末公司总负债与总资产的比值；成长机会以公司的账面市值比来衡量，等于公司年末账面价值与股

---

① 本章还使用 5％作为界定明星独董的划分标准，结果发现相关研究仍然显著成立。

票市值的比值；管理费用率为公司年末管理费用与主营业务收入的比值；第一大股东持股为公司年末第一大股东持有股份与总股份的比值；产权性质为哑变量，当公司的终极控股股东为各级国资委、国有法人、政府及其相关行政机构时取值为 1，否则为 0；高管持股等于公司年末高管持股数量与总股数的比值；两职兼任情况哑变量在公司的董事长与总经理两个职位由同一个人担任时取值 1，否则为 0；董事会规模等于公司董事会的总席位数；董事会独立性为公司董事会中独立董事席位数占总席位数的比率；市场化制度环境则根据樊纲等（2011）编制的中国各地区市场化相对进程指数来确定。最后，本章还通过引入年度哑变量和行业哑变量以控制年度效应和行业效应的影响。

3.计量回归模型

借鉴现有关于高管激励和高管薪酬的研究文献（Firth et al.，2010；辛清泉和谭伟强，2009；谢德仁 等，2012），本章构建了如下的计量模型以检验提出的研究假设。

$$
\begin{aligned}
\text{COMP}_{i,t} = {} & \beta_0 + \beta_1 \text{ROA}_{i,t} + \beta_2 \text{ROA}_{i,t} \times \text{STAR}_{i,t} + \beta_3 \text{SIZE}_{i,t} + \beta_4 \text{LEV}_{i,t} + \\
& \beta_5 \text{MTB}_{i,t} + \beta_6 \text{MFEE}_{i,t} + \beta_7 \text{TOP1}_{i,t} + \beta_8 \text{SOE}_{i,t} + \beta_9 \text{MSHR}_{i,t} + \\
& \beta_{10} \text{DUAL}_{i,t} + \beta_{11} \text{BOARD}_{i,t} + \beta_{12} \text{INDEP}_{i,t} + \beta_{13} \text{MKT}_{i,t} + \\
& \sum \text{INDUSTRY} + \sum \text{YEAR} + \varepsilon_{i,t}
\end{aligned}
\tag{8-1}
$$

本章主要考察的是上述明星独董代理变量与公司业绩（$\text{ROA}_{i,t}$）的交乘项和高管货币薪酬水平（$\text{COMP}_{i,t}$）之间的关系，如果该交乘项的回归系数（β_2）显著为正，则支持假设 H8-1a，即聘请明星独董有利于增强高管薪酬业绩敏感性；反之，如果 β_2 显著为负，则支持假设 H8-1b，聘请明星独董降低了高管薪酬业绩敏感性。为了检验假设 H8-2，本章把样本公司按照产权性质不同划分为国有公司子样本（$\text{SOE}_{i,t}=1$）和民营公司子样本（$\text{SOE}_{i,t}=0$），据此利用计量模型（8-1）分别进行多元回归分析。

8.4　描述性统计分析

表 8-1 为本章主要变量的描述性统计结果。从表 8-1 可知，（1）通过对数转换后样本公司前三名高管总薪酬的均值为 103.30 万元，最小值为 17.01 万元，最高值则达到了 593.87 万元，表明不同上市公司的高管薪酬水平存在很大差距，呈现出"零薪酬"和"天价薪酬"共存的状态。（2）对比本章对明星独董的界定标准，STAR_10%（adj_STAR_10%）的均值为 30.7%（30.0%），意味着每个明星独董通常会在 3 家以上的上市公司担任独立董事，一定程度上支持了假设 H8-1b 中的相关论点。（3）样本公司中，第一大股东平均持股比例高达 36.1%，且有近 41.5% 的公司为国有控股上市公司，而公司高管持股比例则平均为 10.9%。（4）独立董事比例（INDEP）的均值、第一个四分位、中位数、第三个四分位分别为 36.6%、33.3%、33.3%、40.0%，都高度接近于

33%的政策底线，说明绝大部分公司聘请独立董事只是为了迎合中国证监会的监管要求，而不是根据公司自身的治理需求来加强董事会的独立性。

表 8-1　描述性统计结果

变量	样本量	均值	标准差	最小值	P25	中位数	P75	最大值
COMP	8142	13.848	0.707	12.044	13.400	13.862	14.316	15.597
ROA	8142	0.069	0.060	−0.119	0.036	0.063	0.099	0.266
STAR_10%	8142	0.307	0.461	0	0	0	1	1
adj_STAR_10%	8142	0.300	0.458	0	0	0	1	1
SIZE	8142	21.603	1.082	19.435	20.808	21.467	22.261	24.668
LEV	8142	0.432	0.217	0.033	0.257	0.440	0.609	0.867
MTB	8142	0.560	0.254	0.120	0.356	0.533	0.740	1.173
MFEE	8142	0.091	0.074	0.010	0.045	0.073	0.111	0.476
TOP1	8142	0.361	0.149	0.092	0.240	0.345	0.470	0.740
SOE	8142	0.415	0.493	0	0	0	1	1
MSHR	8142	0.109	0.202	0	0	0	0.105	0.704
DUAL	8142	0.227	0.419	0	0	0	0	1
BOARD	8142	8.960	1.717	4	8	9	9	17
INDEP	8142	0.366	0.050	0.300	0.333	0.333	0.400	0.571
MKT	8142	9.045	1.987	4.880	7.560	9.020	10.580	11.800

8.5　Pearson 相关系数分析

表 8-2 为主要变量的 Pearson 相关系数分析结果。从表 8-2 可以得到，高管薪酬（COMP）与公司业绩（ROA）显著正相关（显著水平至少达到 5%），表明样本公司存在高管薪酬业绩敏感性，高管薪酬水平随着公司业绩的好坏而增减。明星独董（STAR）与公司业绩（ROA）至少在 5% 统计水平下显著负相关，意味着聘请了明星独董的样本公司具有较差的业绩。但是，明星独董（STAR）与高管薪酬（COMP）并不存在统计显著的相关关系，明星独董是否影响了公司的高管薪酬业绩敏感性，目前还无法科学判断。除了明星独董的两个替代变量间相关系数大于 0.5 之外，其他各主要变量间的相关系数绝大部分都远小于 0.5，说明多重共线性问题不大，从而能够保证后续多元回归分析结果的可靠性。

表 8-2 Pearson 相关系数分析结果

变量	1	2	3	4	5	6	7	8	9
1 COMP	1								
2 ROA	0.283*	1							
3 STAR_10%	−0.007	−0.028*	1						
4 adj_STAR_10%	−0.010	−0.043*	0.865*	1					
5 SIZE	0.394*	0.048*	0.055*	0.056*	1				
6 LEV	0.024*	−0.325*	0.054*	0.063*	0.503*	1			
7 MTB	0.080*	−0.339*	0.023	0.035*	0.541*	0.455*	1		
8 MFEE	−0.062*	−0.129*	0.024*	0.026*	−0.368*	−0.289*	−0.258*	1	
9 TOP1	0.055*	0.108*	−0.004	−0.005	0.247*	0.039*	0.068*	−0.205*	1
10 SOE	0.046*	−0.126*	0.116*	0.101*	0.311*	0.312*	0.252*	−0.130*	0.152*
11 MSHR	−0.029*	0.161*	−0.065*	−0.069*	−0.307*	−0.419*	−0.232*	0.104*	−0.088*
12 DUAL	0.018	0.071*	−0.054*	−0.054*	−0.198*	−0.226*	−0.167*	0.095*	−0.022*
13 BOARD	0.108*	0.011	0.104*	0.098*	0.282*	0.165*	0.130*	−0.089*	0.001
14 INDEP	0.011	−0.007	0.056*	0.051*	0.005	−0.033*	−0.020	0.022	0.055*
15 MKT	0.236*	0.098*	−0.074*	−0.072*	−0.053*	−0.145*	−0.033*	−0.015	0.041*

	10	11	12	13	14	15
10 SOE	1					
11 MSHR	−0.435*	1				
12 DUAL	−0.280*	0.283*	1			
13 BOARD	0.235*	−0.182*	−0.147*	1		
14 INDEP	−0.061*	0.083*	0.080*	−0.347*	1	
15 MKT	−0.214*	0.218*	0.150*	−0.089*	−0.013	1

注：* 表示至少 5% 的统计显著水平（双尾检验）。

8.6 单变量的组间差异分析

把全样本划分为明星独董子样本（STAR_10%＝1）和普通独董子样本（STAR_10%＝0），在此基础上本章通过均值差异的 T 检验方法和中位数差异的 Z 检验方法分析了各主要变量在两个子样本间是否存在显著差异，得到的检验结果参见表 8-3。从表中结果可以得到，聘请了明星独董的上市公司比聘请普通独董的上市公司具有显著更低的公司业绩，这与表 8-2 的相关系数分析结果一致。与此同时，我们还发现公司规模越大、负债水平越高、成长机会越小、董事会规模越大、独立董事比例越高、高管持股比例越低、国有控股、非两职兼任、所处地区的市场化环境越差的上市公司，越有可能聘请明星独董。

表 8-3 分组差异检验结果

变量	STAR_10%=0(样本量=5642)			STAR_10%=1(样本量=2500)			T/Z 检验值
	均值	中位数	标准差	均值	中位数	标准差	
COMP	13.851	13.861	0.705	13.841	13.864	0.713	0.611/0.401
ROA	0.071	0.065	0.059	0.067	0.059	0.063	2.509***/3.738***
SIZE	21.564	21.418	1.071	21.692	21.596	1.102	−4.933***/−5.329***
LEV	0.424	0.430	0.218	0.450	0.463	0.215	−4.890***/−4.844***
MTB	0.556	0.527	0.252	0.568	0.544	0.259	−2.030**/−1.963**
MFEE	0.090	0.073	0.072	0.094	0.073	0.079	−2.195**/−1.011
TOP1	0.362	0.345	0.147	0.360	0.344	0.154	0.380/0.732
SOE	0.377	0	0.485	0.500	1	0.500	−10.510***/−10.440***
MSHR	0.118	0	0.207	0.089	0	0.188	5.880***/5.632***
DUAL	0.242	0	0.428	0.193	0	0.395	4.907***/4.900***
BOARD	8.841	9	1.61	9.227	9	1.911	−9.406***/−7.706***
INDEP	0.365	0.333	0.048	0.371	0.333	0.055	−5.044***/−4.343***
MKT	9.142	9.020	1.954	8.825	8.930	2.043	6.668***/6.345***

注：***、**、*分别代表在1%、5%、10%的统计水平下显著(双尾)。

8.7 多元回归分析

1.明星独董与高管薪酬业绩敏感性间的影响关系分析

接下来，我们将通过多元回归方法分析明星独董对公司高管薪酬业绩敏感性的影响关系以检验本章提出的研究假设。

表8-4列示了明星独董对上市公司高管薪酬业绩敏感性影响关系的OLS回归分析结果。表中数据结果显示，模型1-4中公司业绩变量ROA都得到了1%统计水平下显著为正的回归系数，表明样本公司在制定高管薪酬时与会计业绩明显挂钩。在样本公司确实存在高管薪酬业绩敏感性的前提条件下，我们进一步可以看到公司业绩变量ROA与明星独董代理变量的交互项也都得到了统计显著的负回归系数。以模型2为例，交互项ROA×STAR_10%的回归系数为−0.579，统计显著水平为1%。据此可知，聘请明星独董的上市公司具有显著更低的高管薪酬业绩敏感性，即明星独董降低了上市公司高管薪酬契约的有效性，从而支持了本章的研究假设H8-1b。

表 8-4　明星独董与高管薪酬业绩敏感性的多元回归分析结果

变量	COMP			
	模型 1	模型 2	模型 3	模型 4
ROA	2.391 ***	2.406 ***	2.389 ***	2.393 ***
	(10.985)	(11.025)	(10.995)	(11.026)
ROA×STAR_10%		−0.579 ***		
		(−5.407)		
ROA×ADJ_STAR_10%				−0.460 ***
				(−3.276)
STAR_10%	−0.021 **	−0.022 **		
	(−1.975)	(−2.293)		
ADJ_STAR_10%			−0.021 ***	−0.022 ***
			(−2.707)	(−3.011)
SIZE	0.328 ***	0.329 ***	0.328 ***	0.328 ***
	(70.378)	(71.599)	(70.018)	(69.076)
LEV	−0.215 ***	−0.215 ***	−0.214 ***	−0.215 ***
	(−3.932)	(−3.940)	(−3.920)	(−3.931)
MTB	−0.377 ***	−0.376 ***	−0.376 ***	−0.376 ***
	(−8.462)	(−8.384)	(−8.419)	(−8.397)
MFEE	0.654 ***	0.659 ***	0.654 ***	0.652 ***
	(5.253)	(5.213)	(5.305)	(5.241)
TOP1	−0.358 ***	−0.356 ***	−0.358 ***	−0.355 ***
	(−7.310)	(−7.238)	(−7.319)	(−7.259)
SOE	0.068 ***	0.068 ***	0.068 ***	0.068 ***
	(7.046)	(7.079)	(7.139)	(7.172)
MSHR	−0.160 ***	−0.160 ***	−0.161 ***	−0.160 ***
	(−4.930)	(−4.871)	(−4.930)	(−4.896)
DUAL	0.064 ***	0.063 ***	0.064 ***	0.064 **
	(10.084)	(9.950)	(9.997)	(9.827)
BOARD	0.015 ***	0.015 ***	0.015 ***	0.015 ***
	(6.102)	(6.069)	(6.516)	(6.526)
INDEP	0.200	0.205	0.199	0.201
	(1.365)	(1.389)	(1.391)	(1.411)
MKT	0.077 ***	0.077 ***	0.077 ***	0.077 ***
	(13.310)	(13.253)	(13.231)	(13.156)

续表

变量	COMP			
	模型 1	模型 2	模型 3	模型 4
截距	6.187***	6.171***	6.189***	6.180***
	(67.057)	(67.473)	(67.774)	(67.766)
行业固定效应	控　制	控　制	控　制	控　制
年度固定效应	控　制	控　制	控　制	控　制
样本量	8142	8142	8142	8142
F 值	163.24***	157.96***	163.24***	157.82***
VIF 值	3.27	3.19	3.26	3.19
调整 R^2	0.358	0.359	0.358	0.358

注:(1) *** 、** 、* 分别代表在 1%、5%、10% 的统计水平下显著(双尾);(2)括号内数字为经异方差调整的 T 值。

2.基于产权性质的异质性分析

表 8-5 列示了检验假设 H8-2 得到的国有子样本和民营子样本 OLS 多元回归分析结果。从表 8-5 的回归结果可知，在模型 1 和模型 3 对应的国有上市公司子样本中，公司业绩变量 ROA 与明星独董 2 个代理变量的交互项回归系数虽然为负，但都不具有统计显著性(模型 1：$\beta = -0.549$，$p > 0.10$；模型 3：$\beta = -0.472$，$p > 0.10$)，意味着明星独董并不影响国有上市公司子样本的高管薪酬业绩敏感性。而在模型 2 和模型 4 对应的民营上市公司子样本中，公司业绩变量 ROA 与明星独董的 2 个代理变量的交互项回归系数为负，且至少在 10% 水平下统计显著(模型 2：$\beta = -0.606$，$p < 0.01$；模型 4：$\beta = -0.424$，$p < 0.01$)。这一结果表明，明星独董对上市公司高管薪酬业绩敏感性的负面影响主要发生在民营上市公司，这与本章的研究假设 H8-2 的预期相符。

表 8-5　基于产权性质的异质性分析结果

变量	COMP			
	模型 1	模型 2	模型 3	模型 4
	SOE=1	SOE=0	SOE=1	SOE=0
ROA	2.474***	2.405***	2.458***	2.396***
	(10.729)	(9.993)	(11.332)	(9.790)
ROA×STAR_10%	-0.549	-0.606***		
	(-1.506)	(-4.751)		
ROA×ADJ_STAR_10%			-0.472	-0.424**
			(-1.598)	(-2.457)
STAR_10%	-0.002	-0.044***		
	(-0.162)	(-3.086)		

续表

变量	COMP			
	模型 1	模型 2	模型 3	模型 4
	SOE=1	SOE=0	SOE=1	SOE=0
ADJ_STAR_10%			0.008	−0.050***
			(0.618)	(−5.291)
SIZE	0.309***	0.353***	0.309***	0.352***
	(37.190)	(72.827)	(36.916)	(68.691)
LEV	−0.337***	−0.139*	−0.339***	−0.139*
	(−10.996)	(−1.743)	(−11.196)	(−1.736)
MTB	−0.385***	−0.341***	−0.385***	−0.340***
	(−5.210)	(−14.164)	(−5.245)	(−13.783)
MFEE	0.415***	0.809***	0.408***	0.801***
	(4.705)	(4.925)	(4.795)	(4.932)
TOP1	−0.365***	−0.266***	−0.364***	−0.267***
	(−7.520)	(−4.469)	(−7.486)	(−4.527)
MSHR	1.082***	−0.105***	1.092***	−0.106***
	(3.144)	(−3.653)	(3.150)	(−3.668)
DUAL	0.016	0.089***	0.017	0.090***
	(0.547)	(8.812)	(0.563)	(8.905)
BOARD	0.008***	0.027***	0.008**	0.027***
	(2.658)	(5.154)	(2.359)	(5.222)
INDEP	0.229	0.369**	0.216	0.362**
	(1.191)	(2.005)	(1.089)	(2.017)
MKT	0.091***	0.064***	0.091***	0.064***
	(12.975)	(17.909)	(13.106)	(17.519)
截距	6.221***	5.484***	6.225***	5.502***
	(31.991)	(65.296)	(32.194)	(59.064)
行业固定效应	控制	控制	控制	控制
年度固定效应	控制	控制	控制	控制
样本量	3377	4765	3377	4765
F 值	87.85***	83.07***	87.82***	83.02***
VIF 值	2.76	4.37	2.75	4.37
调整 R^2	0.419	0.325	0.419	0.325

注：(1) ***、**、* 分别代表在 1%、5%、10% 的统计水平下显著（双尾）；(2) 括号内数字为经异方差调整的 T 值。

此外，我们在民营上市公司子样本的回归中发现了一个有趣的结果，明星独董的两个代理变量都得到了显著为负的回归系数，意味着聘请明星独董的民营上市公司给高管发放了显著更少的货币薪酬。本章分析认为，在外界公众和媒体普遍关注上市公司高管绝对薪酬水平而非高管薪酬业绩敏感性的现实背景下，明星独董在社会声誉机制的激励下更倾向于降低所任职公司高管的绝对薪酬水平，以更好地避免外界对其履职情况的监督和曝光。如此一来，明星独董就更有可能与高管合谋。这在一定程度上帮助我们理解明星独董没能提高反而降低高管薪酬业绩敏感性的内在原因。

3.稳健性检验

本章进行了如下的稳健性检验以增强结论的可靠性：（1）为了解决"互为因果"的内生性问题困扰，本章以公司年龄、机构投资者持股、所属省市的市场化水平为工具变量，采用 2SLS 方法进行了稳健性检验。（2）近年来，国内外学者研究发现虽然公司高管的薪酬普遍呈现显著的业绩敏感性，但是高管薪酬在业绩增长时的边际增加量要大于业绩下降时的边际减少量，也即高管薪酬存在不对称的黏性特征（Jackson et al.，2008；方军雄，2009）。那么，明星独董对中国上市公司高管薪酬业绩敏感性的影响效应是否也会因薪酬黏性问题而呈现非对称性呢？为此，本章把目标样本根据公司当年业绩（ROA）与上年的比较情况细分为"业绩增长"组和"业绩下降"组，重新进行了相关的多元回归分析。（3）由于上市公司在制定高管薪酬契约时存在一定的时滞，其决策依据主要是公司过去的经营业绩，而且公司高管当年的薪酬契约往往是董事会在上一年年末或年初制定的。这就意味着本章考察的独立董事明星效应可能存在滞后性问题。为此，本章把上市公司明星独董哑变量的滞后一期值作为解释变量，重新进行了相关的回归分析。（4）本章以明星独董人数变量（STAR _ Number _ 10%）作为原自变量的替代变量进行稳健性检验。（5）借鉴陈运森和谢德仁（2012）的做法使用滞后一期的总资产收益率（ROA _ 1）和净资产收益率（ROE）作为公司业绩的替代指标并进行稳健性检验。（6）本章同时从公司层面和年度层面对相关的回归分析结果进行了聚类调整，以便控制面板数据可能发生的公司间截面相关和时间序列上的自相关等问题。上述检验结果都表明，本章的主要研究结论是稳健可靠的。

8.8 研究结论与实践启示

声誉激励是独立董事发挥治理作用的首要机制。在中国独立董事人力资本市场尚未真正建立起来的背景下，独立董事并不具备强烈的职业声誉激励。鉴于此，本章首次根据百度搜索引擎得到的独立董事个人社会知名度客观数据，从高管薪酬业绩敏感性的视角考察了独立董事的社会声誉机制有效性，也即本章所称的独立董事明星效应。具体地，利用中国 A 股上市公司 2008—2012 年 8142 个年度观察样本，本章实证发现聘请社会知名度高即具有更高社会声誉激励的明星独董的上市公司比仅聘请普通独董的上市公司具有显著更低的高管薪酬业绩敏感性，而且进一步的研究发现明星独董的这一影响主要反映在民营上市公司。因此，本章的研究结果表明，在中国，社会声誉机制不但没有激励独立董事发挥积极的治理作用，反而在一定程度上加剧了公司的治理问题，降低了高管薪酬契约的有效性。

本章研究结论具有重要的实践启示。首先，既然具有更强社会声誉激励的明星独董也未能发挥有效的治理作用，甚至充当了更为精致的"花瓶"，那么广大中小投资者和相关监管机构不应该被独立董事的明星身份欺骗而放松应有的监督和警觉。其次，追根究底，明星独董沦落为更精致"花瓶"的根源与中国大众的盲目追星行为、明星的社会责任缺失、社会对明星渎职行为的处罚过轻等问题存在着莫大的关系，近年媒体曝出的明星代言"问题企业"和"问题商品"事件即是重要的例证。因此，中国证监会应该联合中国广电总局等相关部门，通过完善相关的规章制度来明确明星的社会责任和强化对明星的有效监管，引导具有社会大众意见领袖作用的明星发挥更好的榜样示范作用。最后，由于数据搜集技术的客观限制，本章在界定明星独董时没能完全消除重名问题的影响，这有待后续研究的完善。此外，独立董事具有监督与咨询两种作用，虽然明星独董没有发挥有效的监督作用，但明星独董是否发挥了更好的咨询作用呢？再者，具有经管和法律方面专业知识的专业明星独董与非专业明星独董是否会在监督或咨询作用上存在一些差异呢？目前我们还不甚清楚，值得未来更深入地进行研究。

9　独立董事津贴与异议行为

9.1　独立董事津贴与异议行为研究概述

过去几十年，世界各地掀起了一波又一波的董事会改革浪潮，各国都试图通过在公司董事会中增加独立董事来提高董事会的独立性（Fauver et al., 2017）。然而，独立董事是否能够保持独立性、发挥应有的公司治理作用受到了广大中小投资者的质疑。尤其是在投资者保护薄弱的新兴市场中，公司控股股东往往有权决定独立董事的任免，进而聘用符合自身利益的"不独立"董事（Durnev and Kim, 2005；Doidge et al., 2007；Dayanandan et al., 2019）。

独立董事制度是股份制有限公司的一项基本制度，旨在增强董事会的独立性，强化公司内部的制衡机制。中国证监会 2003 年的公司治理改革进一步规定，所有上市公司必须至少有三分之一的董事会成员为独立董事，独立董事的治理效应受到了广泛关注。在中国，独立董事不能持有所任职公司的股份，因此，现金津贴成为独立董事的唯一报酬形式。这也意味着，如果现金津贴与独立董事的独立性有关，那么在中国情境下研究现金津贴与独立董事独立性之间的关系更为直接有效。

本章以 2004—2021 年中国 A 股上市公司 34865 个年度观察数据作为研究样本，实证分析了独立董事津贴与其在董事会中异议行为的关系，结果显示：（1）独立董事的现金津贴与他们在董事会上投反对票的概率呈正相关关系。在控制公司特征和董事会特征、考察不同时期的子样本、剔除零津贴董事会所对应公司样本以及使用稀少事件 Logit 模型和广义线性模型后，这一结果仍然稳健成立；（2）在分析师关注度较小以及机构持股比例较低的公司中，独立董事的现金津贴与其异议行为之间的正相关关系更强，表明当外部监督较弱时，高薪独立董事的监督作用更为明显；（3）内部监督方面，在独立董事较多或第一大股东持股比例较大的公司中，独立董事的现金津贴与其异议行为之间的正相关关系较弱，表明在内部监督较强的情况下，高薪聘请的独立董事发挥的监督作用较弱，呈现出相互替代的关系；（4）独立董事的个人津贴与独立董事意见和市场反应的一致性呈正相关关系，表明高津贴的独立董事更有可能进行最符合外部投资者利益的投票；（5）独立董事的现金津贴与公司的盈利能力、效率、生产率、现金分红以及公司价值都呈正相关关系。

本章可能的贡献在于：首先，本章丰富了有关投资者保护薄弱市场中独立董事有效性的文献。尽管有学者担心在投资者保护薄弱的新兴市场中，独立董事可能会被控股股东"俘获"，但本章的研究结果表明，对声誉的关注可以促使独立董事保持独立性并成为有效的监督者，这与 Jiang 等（2016）的研究结果一致。其次，本章丰富了独立董事津贴有效性的相关文献。Adams 和 Ferreira（2008）的研究表明，仅 1000 美元的津贴就足以激励独立董事出席他们原本会缺席的董事会会议。Farrell 等（2008）也发现，公司是根据市场津贴水平来设计董事津贴的，任何偏离市场津贴水平的做法都会被调整回市场水平。本章的结论为上述研究提供了来自新兴市场国家的经验证据。

9.2　理论分析与假设提出

与其他市场的公司董事会一样，中国的董事会也会召开会议讨论和表决提案。为了提高透明度，及时发布董事会会议信息，中国 2004 年的一项法律要求上市公司在董事会会议结束后立即披露表决记录。具体地，上市公司必须披露提案的主题、投票的细节、持反对意见董事的身份（如有）以及董事的意见，未及时披露表决记录的公司将受到中国证监会的处罚。这一规定为研究人员提供了研究独立董事投票行为的独特数据。

在中国，独立董事提出异议可以有效阻止董事长和高管将损害中小股东利益的提案列入董事会会议议程，尤其是在事后必须公开披露异议投票的情况下。Chen 等（2013）的研究表明，在 2004 年法规赋予小股东否决权后，中国上市公司的董事会大幅减少了向股东大会提交破坏公司价值的有关提案。Jiang 等（2016）也发现，独立董事异议被公开后，公司面临来自公共媒体、投资者和监管机构的更严格审查，股价下跌、受到监管制裁的可能性增加。因此，控股股东和高管可能会选择不提出独立董事易投反对票的议案，从而提高提案质量、降低反对率。

然而，公司管理层也可以利用高薪"贿赂"独立董事，进而损害独董的独立性。即使在美国，媒体也经常或明或暗地将董事的高额津贴与备受关注的公司倒闭事件或丑闻联系起来，暗示高薪聘请的独立董事无法有效监督高管并阻止他们的不当行为。例如，在安然公司申请破产后，《纽约时报》于 2001 年 12 月 16 日报道，安然公司的每位董事都获得了总额 380619 美元的现金和股票，在美国公司董事津贴中排名第七。Brick 等（2006）的研究表明，在美国，独立董事的津贴与首席执行官的津贴呈正相关，即董事与高管之间存在裙带关系。Hope 等（2019）也发现，独立董事的津贴与关联交易正相关，表明高额津贴会损害独立董事的独立性。在投资者保护薄弱、腐败现象较为普遍的新兴市场中，独立董事更有可能被高额津贴所"贿赂"，从而损害其独立性和丧失监督意愿。

另一方面，独立董事的津贴也反映了公司愿意为董事的能力和声誉所支付的市场价格（Yermack，2004；Adams and Ferreira，2008；Farrell et al.，2008；Engel et al.，2010）。在上述情况下，独立董事的津贴很可能与其声誉正相关，而声誉是通过其独立性、资质、技能和专业知识赢得的（Masulis and Mobbs，2014，2016）。此外，高薪董事更有动力保持其独立性并保护自己的声誉，因为如果独立性受损从而导致董事职位丧失，独董需要付出更大的努力修复其受损声誉和未来的就职机会。因此，对声誉的担忧会促使高津贴的独立董事更有效地监督内部人，尤其是在投资者保护薄弱的市场中，良好的声誉可能更有价值。

基于上述分析，如果高现金津贴损害了独立董事的独立性，那么支付较高现金津贴的公司将降低独立董事的发表异议概率。相反，如果高现金津贴反映了独立董事声誉和技能的市场价值，那么高现金津贴公司可能面临更高的独立董事异议概率。由此，本章提出以下竞争性假设：

假设 H9-1a：同等条件下，公司给予独立董事的现金津贴越高，独立董事发表异议意见的概率越大。

假设 H9-1b：同等条件下，公司给予独立董事的现金津贴越高，独立董事发表异议意见的概率越小。

9.3 样本选择、变量定义与模型设定

1.样本选择及数据来源

本章从 CSMAR 数据库中收集 A 股上市公司的数据，初始样本包括 2004—2021 年沪深两市所有上市公司。在此基础上，本章剔除了董事津贴数据缺失、公司特征和财务数据缺失的样本，最终得到的有效公司—年度观察样本有 34865 个。表 9-1 报告了独立董事在不同年份和不同行业的样本分布和平均津贴情况。表中数据显示，随着中国股票市场的发展，公司数量和独立董事人数逐年增加。在样本期内，董事会董事人数的中位数稳定为 9 人，但董事会规模的平均值却在下降，这可能是因为新上市公司的规模随着时间的推移逐渐缩小，而规模较小的公司通常具有较小的董事会规模。独立董事人数的平均值和中位数保持稳定，因为大多数上市公司董事会中的独立董事人数只达到最低法定要求。

独立董事的平均现金津贴随着时间的推移而增加，中位数从 2004 年的 3 万元增加

到 2021 年的 7 万元。表 9-1 的最后一列报告了发生独立董事异议事件的公司比例，可以发现独立董事异议率在早期较高，在 2007 年达到峰值 14.3%，一个可能的原因是当时投资者法律保护薄弱，中国上市公司存在严重的代理冲突，控股股东肆意侵吞上市公司资产时有发生（Berkman et al.，2009；Jiang et al.，2010；Peng et al.，2011）。近年来，一系列旨在限制代理冲突、改善公司治理的法规相继出台，这很可能提高了董事会提案的质量，从而也就降低了被独立董事投票反对的可能性。

表 9-1　样本公司董事会及异议意见的年度分布情况

年份	公司数量	独立董事总数	公司董事人数均值	公司董事人数中位数	公司独立董事均值	公司独立董事中位数	独立董事津贴均值	独立董事津贴中位数	异议意见数量均值
2004	855	2740	9.802	9	3.205	3	34143.32	30000	0.039
2005	1010	3298	9.626	9	3.265	3	37547.11	30000	0.064
2006	1074	3532	9.527	9	3.289	3	37528.15	33242	0.090
2007	1018	3332	9.384	9	3.273	3	38516.53	36000	0.143
2008	1093	3639	9.349	9	3.329	3	41627.74	38000	0.005
2009	1255	4131	9.190	9	3.292	3	43879.21	40000	0.007
2010	1317	4314	9.078	9	3.276	3	47156.55	45000	0.011
2011	1447	4759	9.055	9	3.289	3	51510.16	50000	0.003
2012	1809	5897	8.936	9	3.260	3	54604.83	50000	0.011
2013	2027	6586	8.881	9	3.249	3	57673.69	50000	0.005
2014	2217	7167	8.735	9	3.173	3	55701.25	50000	0.017
2015	2315	7329	8.595	9	3.161	3	59457.90	52500	0.010
2016	2549	8035	8.490	9	3.146	3	63397.41	60000	0.007
2017	2553	8044	8.516	9	3.142	3	69390.61	60000	0.007
2018	2876	8992	8.436	9	3.130	3	72507.39	63200	0.016
2019	2955	9237	8.410	9	3.117	3	74432.87	64000	0.017
2020	3076	9577	8.360	9	3.110	3	74432.73	64800	0.018
2021	3419	10607	8.324	9	3.095	3	77008.61	70000	0.010

2.变量定义与度量

（1）独立董事异议意见

DISSENT 为独立董事异议意见的代理变量，若公司当年至少有一位独立董事提出过异议意见，则 DISSENT 取值为 1，否则为 0。

（2）独立董事现金津贴

COMPEN 为独立董事现金津贴的代理变量，其值等于公司董事会中独立董事平均现金津贴的自然对数。

（3）控制变量

本章加入了一系列控制变量，以控制可能与独立董事异议和津贴相关的公司和董事会特征。具体地，本章控制的公司特征包括公司规模（SIZE）、盈利能力（ROA）、杠杆比率（LEV）、公司年龄（AGE）、增长率（GROWTH）、自由现金流（FCF）、股票收益波动率（VOL）、第一大股东持股比例（TOP1）、管理层持股比例（MSHR）、产权性质（SOE）。

此外，本章也对董事会特征进行了控制，包括董事会规模（BOARD）、董事会独立性（INDEP）、董事长和 CEO 的两职合一情况（DUAL）、董事会持股比例（BSHR）以及独立董事党员身份（CPC）。最后，本章还加入了行业和年份固定效应，以控制影响独立董事异议和津贴的行业和年份因素。变量的符号和具体定义如表 9-2 所示。

表 9-2 变量定义与度量

变量符号	变量定义
DISSENT	若当年公司内至少有一位独立董事提出异议，则该变量等于 1，否则为 0
PAY	公司董事会独立董事在年度的平均现金津贴
COMPEN	公司董事会独立董事平均现金津贴的自然对数
ROE	公司年末净利润与净资产的比率
TURN	公司年末销售额与总资产的比率
TFP	公司在 t 年末的全要素生产率，如 Giannetti 等（2015）所定义。具体地说，TFP 等于销售额的自然对数对总资产的自然对数、员工总数的自然对数和所有公司在一个行业年度内用于原材料和服务的现金支付的自然对数的回归残差
DIV	公司每股现金股利占每股资产账面价值的比例
MTB	公司年末股票市值与总资产的比值
ROA	公司年末净利润与总资产的比值
SIZE	公司年末总资产的自然对数
LEV	公司年末总负债与总资产的比值
AGE	公司上市年份的自然对数
GROWTH	营业收入增长率
FCF	净经营现金流量减去净资本支出之差与总资产的比值
VOL	公司当年每日股票回报率的标准差
SOE	当目标公司为国有企业时取值为 1，否则取值为 0
TOP1	第一大股东持股总数占总股本的比值
BOARD	董事会的总席位数
INDEP	独立董事人数占董事会总人数的比值

续表

变量符号	变量定义
DUAL	当公司总经理和董事长为同一人时取值为 1,否则取值为 0
MSHR	管理层持股总数占总股本的比值
BSHR	董事会持股总数占总股本的比值
CPC	如果公司有一名及以上独立董事为党员,则取值为 1,否则取值为 0

3.计量回归模型

为了检验独立董事的现金津贴与董事会表决异议率之间的影响关系,本章使用第 i 公司在第 t 年的观测数据估计了以下 Logit 回归模型:

$$\begin{aligned}
\text{DISSENT}_{i,t} = {} & \beta_0 + \beta_1 \text{COMPEN}_{i,t-1} + \beta_2 \text{ROA}_{i,t-1} + \beta_3 \text{SIZE}_{i,t-1} + \beta_4 \text{LEV}_{i,t-1} + \\
& \beta_5 \text{AGE}_{i,t-1} + \beta_6 \text{GROWTH}_{i,t-1} + \beta_7 \text{FCF}_{i,t-1} + \beta_8 \text{VOL}_{i,t-1} + \\
& \beta_9 \text{SOE}_{i,t-1} + \beta_{10} \text{TOP1}_{i,t-1} + \beta_{11} \text{BOARD}_{i,t-1} + \beta_{12} \text{INDEP}_{i,t-1} + \\
& \beta_{13} \text{DUAL}_{i,t-1} + \beta_{14} \text{MSHR}_{i,t-1} + \beta_{15} \text{BSHR}_{i,t-1} + \sum \text{INDUSTRY} + \\
& \sum \text{YEAR} + \varepsilon_{i,t}
\end{aligned} \tag{9-1}$$

如果高额现金津贴损害了独立董事的独立性,本章预计回归系数 β_1 显著为负,表明高薪独立董事提出异议的可能性更小。相反,如果 β_1 显著为正,则表明高现金津贴并不会损害独立董事的独立性,反而高津贴的独立董事更有可能对董事会议案提出异议意见。

9.4 描述性统计分析

表 9-3 报告了样本公司主要变量的描述性统计结果。与 Jiang 等 (2016) 的研究结果一致,我们在大约 2% 的公司—年度样本中观察到独立董事在董事会会议上发表了异议意见的事件。样本公司独立董事的现金津贴表现出很大差异。第一、第二和第三个四分位数的年薪分别为 3.8 万元、5.3 万元和 7.6 万元。样本公司的总资产收益率 (ROA)、市值账面比 (MTB)、营业收入增长率 (GROWTH) 的中位数分别为 3.6%、1.70 和 11.3%,样本中公司董事会人数中位数 (BOARD) 为 9,独立董事比例 (INDEP) 中位数为 0.333。此外,样本中 40.6% 的公司是国有企业,且第一大股东平均持有公司 35.1% 的股份。这些公司特征与之前对中国企业的研究中所报道的特征保持基本一致。

表 9-3 描述性统计结果

变量	样本量	均值	标准差	最小值	P25	中位数	P75	最大值
DISSENT	34865	0.020	0.139	0	0	0	0	1
COMPEN	34865	10.849	0.557	7.601	10.532	10.820	11.184	12.226
PAY	34865	61000	34000	8750	38000	53000	76000	200000
ROE	34865	0.046	0.198	−1.362	0.024	0.066	0.116	0.510
TURN	34865	0.636	0.451	0.055	0.343	0.532	0.785	2.816
TFP	34865	0.003	0.306	−0.929	−0.167	−0.005	0.168	0.934
DIV	34865	0.012	0.018	0	0	0.006	0.016	0.102
MTB	34865	2.185	1.508	0.844	1.261	1.697	2.499	9.817
ROA	34865	0.035	0.069	−0.354	0.013	0.036	0.066	0.219
SIZE	34865	21.932	1.246	19.133	21.042	21.777	22.642	26.100
LEV	34865	0.446	0.213	0.050	0.279	0.442	0.602	1.148
AGE	34865	2.109	0.795	0	1.609	2.303	2.773	3.296
GROWTH	34865	0.193	0.507	−0.655	−0.023	0.113	0.282	4.464
FCF	34865	0.042	0.110	−0.241	−0.022	0.030	0.097	0.450
VOL	34865	0.031	0.013	0.013	0.023	0.029	0.036	0.114
SOE	34865	0.406	0.491	0	0	0	1	1
TOP1	34865	0.351	0.152	0.084	0.232	0.327	0.454	0.750
BOARD	34865	8.742	1.761	3	7	9	9	19
INDEP	34865	0.370	0.053	0.222	0.333	0.333	0.400	0.571
DUAL	34865	0.247	0.431	0	0	0	0	1
MSHR	34865	0.055	0.121	0	0	0	0.028	0.588
BSHR	34865	0.106	0.180	0	0	0	0.154	0.671
CPC	34865	0.438	0.496	0	0	0	1	1

9.5 Pearson 相关系数分析

表 9-4 列示了各主要变量两两间的 Pearson 相关系数。结果表明，DISSENT 与 COMPEN 显著正相关，初步表明独立董事津贴越高，其发表异议行为的概率越大。同时，DISSENT 与 ROA、ROE、DIV 和 GROWTH 负相关，这与独立董事在公司经营

业绩较好时不太可能持异议的观点一致。DISSENT 与 SIZE、TOP1 负相关，与 LEV、SOE 呈正相关。这一证据与 Jiang 等（2016）的所提出的观点基本一致。

COMPEN 与 ROE、ROA、TURN、TFP、DIV 和 FCF 呈正相关，这与现有研究提出的业绩良好的公司会向独立董事支付高额津贴的相关研究结论一致。此外，COMPEN 与 SIZE 和 BOARD 显著正相关。有趣的是，COMPEN 与 INDEP 显著正相关，这表明拥有更多独立董事的公司更有可能向独立董事支付更高的现金津贴。总体而言，这些结果意味着本章所控制的一些公司特征变量既与董事会异议有关，也与独立董事津贴相关，因此在多元回归中非常有必要控制上述公司特征变量。

表 9-4　Pearson 相关系数分析结果

变量	1	2	3	4	5	6	7	8
1 DISSENT	1							
2 COMPEN	0.013**	1						
3 ROE	−0.017***	0.050***	1					
4 TURN	−0.008	0.068***	0.142***	1				
5 TFP	−0.003	0.047***	0.232***	0.452***	1			
6 DIV	−0.021***	0.079***	0.300***	0.118***	0.253***	1		
7 MTB	0.021***	−0.037***	0.055***	−0.032***	0.086***	0.160***	1	
8 ROA	−0.046***	0.082***	0.306***	0.115***	0.219***	0.442***	0.085***	1
9 SIZE	−0.017***	0.272***	0.057***	0.120***	0.076***	0.012**	−0.392***	0.066***
10 LEV	0.019***	0.033***	−0.110***	0.139***	−0.009	−0.322***	−0.168***	−0.379***
11 AGE	0.016***	0.021***	−0.095***	0.016***	−0.029***	−0.205***	−0.033***	−0.207***
12 GROWTH	−0.019***	−0.010*	0.095***	0.114***	0.110***	0.039***	0.035***	0.204***
13 FCF	−0.012**	0.041***	0.162***	0.098***	0.177***	0.265***	0.042***	0.268***
14 VOL	0.000	−0.059***	0.015***	−0.019***	−0.011**	0.004	0.075***	0.027***
15 SOE	0.016***	−0.008	0.000	0.084***	0.041***	−0.068***	−0.115***	−0.046***
16 TOP1	−0.032***	0.046***	0.112***	0.111***	0.089***	0.179***	−0.065***	0.154***
17 BOARD	0.009*	0.067***	0.022***	0.053***	0.034***	0.023***	−0.118***	0.024***
18 INDEPE	−0.003	0.022***	0.000	−0.018***	−0.017***	−0.013**	0.036***	−0.007
19 DUAL	−0.024***	−0.006	0.001	−0.045***	−0.033***	0.025***	0.058***	0.028***
20 MSHR	−0.014**	−0.016***	0.050***	−0.036***	−0.004	0.123***	0.030***	0.128***
21 BSHR	−0.011**	−0.033***	0.052***	−0.042***	−0.008	0.146***	0.023***	0.146***
22 CPC	0.019***	−0.020***	0.001	0.022***	0.007	−0.020***	−0.050***	0.019***

续表

变量	9	10	11	12	13	14	15	16
9 SIZE	1							
10 LEV	0.371***	1						
11 AGE	0.312***	0.316***	1					
12 GROWTH	0.048***	0.031***	−0.025***	1				
13 FCF	0.081***	−0.122***	−0.010*	0.037***	1			
14 VOL	−0.263***	−0.104***	−0.469***	0.040***	−0.045***	1		
15 SOE	0.261***	0.157***	0.311***	−0.046***	0.020***	−0.112***	1	
16 TOP1	0.183***	−0.024***	−0.133***	0.030***	0.080***	0.007	0.163***	1
17 BOARD	0.266***	0.104***	0.094***	−0.019***	0.046***	−0.070***	0.194***	−0.017***
18 INDEPE	−0.015***	−0.013**	−0.027***	0.009*	−0.007	0.010*	−0.052***	0.041
19 DUAL	−0.134***	−0.089***	−0.200***	0.015***	−0.022***	0.108***	−0.292***	−0.015***
20 MSHR	−0.212***	−0.203***	−0.416***	0.037***	−0.003	0.182***	−0.252***	0.008
21 BSHR	−0.262***	−0.250***	−0.516***	0.040***	−0.001	0.189***	−0.344***	−0.023***
22 CPC	0.075***	0.061***	0.141***	−0.013**	−0.002	−0.081***	0.224***	0.040***

变量	17	18	19	20	21	22
17 BOARD	1					
18 INDEP	−0.433***	1				
19 DUAL	−0.131***	0.093***	1			
20 MSHR	−0.111***	0.078***	0.417***	1		
21 BSHR	−0.138***	0.062***	0.201***	0.733***	1	
22 CPC	0.105***	−0.006	−0.105***	−0.102***	−0.129***	1

注：***、**、*分别代表在1%、5%、10%的统计水平下显著(双尾)。

9.6　多元回归分析

　　表9-5报告了独立董事津贴与其异议行为的多元回归分析结果。在模型1和2中，本章逐步控制公司特征和董事会特征。在两个模型中，COMPEN的系数均在1%的统计水平显著为正（模型1：$\beta=0.339$；模型2：$\beta=0.309$），这表明向独立董事支付更高现金津贴的上市公司中，独立董事投反对票的概率更大。独立董事的现金津贴与独立董

事在董事会会议上持异议的可能性呈正相关，即津贴较高的独立董事更有可能持不同意见，并对控股股东和高管发挥更好的治理和监督作用，研究假设 H9-1a 得到经验证据支持。

表 9-5　独立董事津贴与异议行为的多元回归分析结果

变量	DISSENT	
	模型 1	模型 2
COMPEN	0.339 ***	0.309 ***
	(3.727)	(3.410)
ROA	−3.068 ***	−2.869 ***
	(−5.570)	(−5.183)
SIZE	−0.165 ***	−0.141 ***
	(−3.206)	(−2.755)
LEV	0.343	0.259
	(1.326)	(1.011)
AGE	0.193 **	0.121
	(2.449)	(1.357)
GROWTH	−0.131	−0.142 *
	(−1.604)	(−1.737)
FCF	0.125	0.156
	(0.314)	(0.389)
VOL	0.970	1.211
	(0.185)	(0.233)
SOE		−0.292 ***
		(−2.689)
TOP1		−0.894 ***
		(−2.816)
BOARD		0.062 **
		(2.336)
INDEP		0.260
		(0.275)
DUAL		0.023
		(0.187)
MSHR		−1.630 *
		(−1.854)
BSHR		−0.076
		(−0.134)
CPC		0.114

续表

变量	DISSENT	
	模型 1	模型 2
		(1.242)
截距	-3.092^{**}	-3.329^{***}
	(-2.497)	(-2.614)
行业固定效应	控制	控制
年度固定效应	控制	控制
样本量	34865	34865
Wald Chi^2	959.074	1012.211
Pseudo R^2	0.134	0.140

注：(1) ***、**、* 分别代表在 1％、5％、10％的统计水平下显著（双尾）；(2)括号内数字为在公司层面聚类调整后的 Z 值。

9.7　稳健性检验

在表 9-6 的模型 1 和模型 2 中，本章根据时间将样本划分为 2004—2013 以及 2014—2021 两个子样本，并对每个子样本重新按计量回归模型（9-1）进行回归分析。结果显示，在模型 1 和模型 2 中，COMPEN 的系数仍在 1％的统计水平显著为正（模型 1：$\beta=0.297$；模型 2：$\beta=0.305$），表明本章的主要结果随着时间的推移是稳健的。

由于上市公司向独立董事支付不同数额的现金津贴或不向独立董事支付任何现金津贴的比例非常低，因此，在模型 3 和模型 4 中，本章分别剔除了同一公司向不同独立董事支付不同数额津贴的样本以及支付零津贴的公司样本，并重新进行多元回归分析。结果显示，在模型 3 和模型 4 中，COMPEN 的系数均在 1％的统计水平显著为正（模型 3：$\beta=0.421$；模型 4：$\beta=0.348$），本章的主要结果仍然稳健。

表 9-6　稳健性检验结果

变量	DISSENT					
	模型 1	模型 2	模型 3	模型 4	模型 5	模型 6
COMPEN	0.297^{**}	0.305^{**}	0.421^{***}	0.348^{***}	0.307^{***}	0.296^{***}
	(2.548)	(1.985)	(3.532)	(3.266)	(3.390)	(3.392)
ROA	-3.539^{***}	-2.401^{***}	-3.190^{***}	-2.745^{***}	-2.879^{***}	-2.812^{***}
	(-3.741)	(-3.311)	(-4.472)	(-4.666)	(-5.210)	(-5.278)
SIZE	-0.136^{*}	-0.164^{**}	-0.106^{*}	-0.155^{***}	-0.140^{***}	-0.137^{***}
	(-1.797)	(-2.344)	(-1.742)	(-2.821)	(-2.743)	(-2.763)

续表

变量	DISSENT					
	模型 1	模型 2	模型 3	模型 4	模型 5	模型 6
LEV	0.149	0.369	0.093	0.264	0.256	0.227
	(0.440)	(0.950)	(0.315)	(1.029)	(1.003)	(0.934)
AGE	−0.046	0.176	0.131	0.109	0.121	0.118
	(−0.294)	(1.517)	(1.263)	(1.165)	(1.354)	(1.351)
GROWTH	−0.120	−0.159	−0.119	−0.149*	−0.135*	−0.133*
	(−1.147)	(−1.109)	(−1.277)	(−1.743)	(−1.647)	(−1.684)
FCF	−0.424	1.353	−0.036	−0.133	0.158	0.167
	(−0.856)	(1.637)	(−0.077)	(−0.316)	(0.395)	(0.431)
VOL	7.455	2.214	−2.301	0.966	1.620	1.189
	(0.655)	(0.354)	(−0.316)	(0.174)	(0.312)	(0.234)
SOE	−0.302**	−0.274*	−0.306**	−0.320***	−0.291***	−0.278***
	(−2.116)	(−1.714)	(−2.420)	(−2.840)	(−2.689)	(−2.669)
TOP1	−0.559	−1.423***	−0.860**	−0.832**	−0.884***	−0.851***
	(−1.358)	(−2.698)	(−2.395)	(−2.539)	(−2.787)	(−2.764)
BOARD	0.047	0.089*	0.063**	0.073***	0.062**	0.060**
	(1.468)	(1.723)	(2.105)	(2.609)	(2.340)	(2.309)
INDEP	0.695	−0.210	0.666	0.232	0.281	0.179
	(0.560)	(−0.137)	(0.597)	(0.237)	(0.298)	(0.196)
DUAL	−0.001	0.078	−0.068	−0.007	0.026	0.026
	(−0.007)	(0.504)	(−0.469)	(−0.053)	(0.210)	(0.215)
MSHR	−1.346	−1.779	−1.160	−1.302	−1.612*	−1.643*
	(−1.065)	(−1.577)	(−1.320)	(−1.517)	(−1.837)	(−1.899)
BSHR	0.840	−0.370	0.086	−0.366	−0.063	−0.048
	(1.032)	(−0.549)	(0.152)	(−0.663)	(−0.110)	(−0.085)
CPC	0.135	0.074	0.211**	0.126	0.114	0.115
	(1.140)	(0.513)	(2.017)	(1.332)	(1.238)	(1.299)
截距	−2.896	−4.974***	−5.266***	−3.576***	−3.298***	−3.298***
	(−1.642)	(−2.618)	(−3.430)	(−2.637)	(−2.593)	(−2.671)
行业固定效应	控制	控制	控制	控制	控制	控制
年度固定效应	控制	控制	控制	控制	控制	控制
样本量	12905	21641	22224	30365	34865	34865
Wald Chi²	631.250	168.301	840.894	953.358	—	1086.284
Pseudo R^2	0.197	0.046	0.155	0.143	—	—

注：(1) ***、**、*分别代表在 1%、5%、10% 的统计水平下显著（双尾）；(2) 括号内数字为在公司层面聚类调整后的 Z 值。

在模型 5 和模型 6 中，本章使用罕见事件 Logit 模型（King and Zeng，2001a，2001b）和广义线性模型重新进行回归估计。结果显示，COMPEN 的系数仍在 1% 的统计水平显著为正（模型 5：$\beta=0.307$；模型 6：$\beta=0.296$），表明本章的主要结果对潜在的稀有事件偏差是稳健的。

9.8　进一步分析

本章将进一步分析内外部监管环境对独立董事现金津贴与异议行为间关系的潜在调节影响。以往研究表明，当外部监督较弱时，独立董事发挥着更重要的治理作用（Borokhovich et al.，1996）；当外部监督较强时，公司不太可能在董事会会议上提出损害股东利益的议案，从而导致独立董事的反对率较低。因此，本章预期当内外部监管力度较强时，高薪独立董事的治理作用会表现得更弱，独立董事监督与其他利益相关者监督间存在替代关系。

1.基于外部监督环境的异质性分析

本章首先以机构投资者持股比例和分析师关注度衡量外部监督的力度。以往研究表明，机构投资者可以成为外部监督者，因为他们在监督方面拥有大额所有权和成本效益优势（Shleifer and Vishny，1986；Kahn and Winton，1998；Maug，1998）。Chen 等（2013）发现，中国的机构投资者是有效的外部监管者，机构投资者持股比例高的上市公司，其董事会议案的质量更高。此外，文献还研究表明，分析师可以通过监测公司业绩、减少信息不对称以及抑制公司违规等方式来发挥积极有效的监督作用（Yu，2008；Dyck et al.，2010；Chen et al.，2015；Chen et al.，2016）。

本章根据机构投资者持股（INST）的年度均值和跟踪的分析师数量（ANALYSTS）的年度均值将样本分别分为高机构投资者持股比例组（INST＝1）和低机构投资者持股比例组（INST＝0），以及高分析师关注度组（ANALYSTS＝1）和低分析师关注度组（ANALYSTS＝0）四组，并分别进行回归分析，结果如表 9-7 所示。当机构投资者持股比例较高时，COMPEN 的系数为正，但不具有统计显著性。而当机构投资者持股比例较低时，COMPEN 的系数在 1% 统计水平显著为正。此外，分析师关注的分组检验结果与上述结论一致，即高薪独立董事在外部监督薄弱的上市公司中发挥着更重要的治理作用。

表 9-7　基于外部监督环境的异质性分析结果

变量	DISSENT			
	INST＝1	INST＝0	ANALYSTS＝1	ANALYSTS＝0
	模型 1	模型 2	模型 3	模型 4
COMPEN	0.131	0.403***	0.346	0.408***
	(0.951)	(3.264)	(1.506)	(2.674)
ROA	−1.947**	−3.333***	1.521	−4.234***
	(−1.961)	(−4.896)	(0.574)	(−4.292)
SIZE	−0.251***	−0.069	−0.195	−0.137
	(−3.280)	(−0.963)	(−1.364)	(−1.430)
LEV	0.510	0.146	0.262	0.611
	(1.343)	(0.448)	(0.354)	(1.346)
AGE	0.363***	−0.114	0.423*	−0.104
	(2.722)	(−0.947)	(1.776)	(−0.786)
GROWTH	−0.336**	−0.081	−0.048	−0.389**
	(−1.967)	(−0.854)	(−0.231)	(−2.255)
FCF	0.770	−0.239	0.471	−0.071
	(1.061)	(−0.468)	(0.421)	(−0.096)
VOL	3.449	0.396	−3.328	−9.258
	(0.424)	(0.056)	(−0.207)	(−0.935)
SOE	−0.195	−0.383***	0.098	−0.159
	(−1.235)	(−2.634)	(0.349)	(−0.942)
TOP1	−0.612	−1.223***	−0.076	−0.944*
	(−1.210)	(−2.771)	(−0.094)	(−1.861)
BOARD	0.018	0.083**	−0.031	0.059
	(0.424)	(2.489)	(−0.483)	(1.480)
INDEP	2.121	−0.887	−1.139	1.204
	(1.481)	(−0.764)	(−0.468)	(0.821)
DUAL	−0.263	0.213	−0.094	−0.383*
	(−1.163)	(1.408)	(−0.296)	(−1.717)
MSHR	−0.764	−2.070**	−1.476	0.093
	(−0.463)	(−2.044)	(−0.958)	(0.079)
BSHR	1.075	−0.700	1.318	−1.212
	(1.117)	(−0.985)	(1.192)	(−1.557)
CPC	0.008	0.181	−0.001	0.201
	(0.055)	(1.534)	(−0.006)	(1.350)
截距	−1.014	−4.660**	−3.600	−4.073*
	(−0.565)	(−2.406)	(−1.045)	(−1.769)

续表

变量	DISSENT			
	INST＝1	INST＝0	ANALYSTS＝1	ANALYSTS＝0
	模型 1	模型 2	模型 3	模型 4
行业固定效应	控制	控制	控制	控制
年度固定效应	控制	控制	控制	控制
样本量	15463	19205	7593	14675
Wald Chi^2	439.838	712.396	264.086	483.975
Pseudo R^2	0.130	0.157	0.151	0.142

注:(1) ***、**、*分别代表在 1％、5％、10％的统计水平下显著(双尾);(2)括号内数字为在公司层面聚类调整后的 Z 值。

2.基于内部监督环境的异质性分析

代理理论认为,所有权与控制权的分离是股东与经理人间发生代理冲突的一个重要原因 (Jensen and Mackling,1976)。在独立董事和所有者的密切监督下,经理们更少有机会做出以牺牲所有者利益为代价的自利行为。此外,公司独立董事可以有效地监督管理层并约束其可能损害股东利益的行为 (Black and Kim,2012;Lo et al.,2010),且研究发现拥有大股东的公司面临较少的代理冲突 (Claessens and Djankov,1999;Shleifer and Vishny,1997)。因此,本章以公司独立董事比例 (INDEP) 和第一大股东持股比例 (TOP1) 作为内部监督机制的代理变量。

本章根据独立董事比例和第一大股东持股比例的年度均值将样本公司划分为高独立董事比例组 (INDEP＝1) 和低独立董事比例组 (INDEP＝0),以及高第一大股东持股比例组 (TOP1＝1) 和低第一大股东持股比例组 (TOP1＝0) 四组,并分别进行回归分析,结果如表 9-8 所示。表 9-8 的模型 1 和模型 2 中,COMPEN 的回归系数在两组中都为正,但仅在独立董事比例较低的子样本中统计显著。模型 3 和模型 4 显示了类似的结果,即仅在第一大股东持股比例低于样本年度平均水平的公司中,COMPEN 的系数才显著为正。上述结果表明,仅当公司内部监督水平较差时,高额津贴的独立董事才能发挥着更好的监督作用。

表 9-8 基于内部监督环境的异质性分析结果

变量	DISSENT			
	INDEP＝1	INDEP＝0	TOP1＝1	TOP1＝0
	模型 1	模型 2	模型 3	模型 4
COMPEN	0.164	0.385 ***	0.195	0.385 ***
	(1.146)	(3.281)	(1.445)	(3.196)
ROA	−1.555 *	−3.471 ***	−2.776 **	−2.758 ***
	(−1.649)	(−5.059)	(−2.319)	(−4.412)

续表

变量	DISSENT			
	INDEP＝1	INDEP＝0	TOP1＝1	TOP1＝0
	模型 1	模型 2	模型 3	模型 4
SIZE	−0.122*	−0.163**	0.010	−0.234***
	(−1.647)	(−2.454)	(0.129)	(−3.518)
LEV	0.915**	−0.022	−0.013	0.342
	(2.558)	(−0.065)	(−0.033)	(1.054)
AGE	0.147	0.101	0.037	0.144
	(1.065)	(0.911)	(0.275)	(1.242)
GROWTH	−0.090	−0.174	−0.295*	−0.072
	(−0.701)	(−1.616)	(−1.658)	(−0.797)
FCF	−0.133	0.231	−0.309	0.364
	(−0.191)	(0.470)	(−0.461)	(0.709)
VOL	6.926	−1.722	2.344	0.489
	(0.737)	(−0.286)	(0.259)	(0.077)
SOE	−0.280	−0.302**	0.028	−0.443***
	(−1.540)	(−2.304)	(0.140)	(−3.248)
TOP1	−0.333	−1.194***	−0.930	−1.385**
	(−0.617)	(−3.034)	(−1.238)	(−2.184)
BOARD	0.046	0.059*	0.039	0.075**
	(1.139)	(1.680)	(1.008)	(2.071)
INDEP	−0.632	3.580**	1.902	−0.679
	(−0.435)	(2.196)	(1.291)	(−0.569)
DUAL	−0.001	0.075	0.113	−0.019
	(−0.002)	(0.484)	(0.531)	(−0.121)
MSHR	−0.209	−2.420*	−2.265**	−1.277
	(−0.198)	(−1.896)	(−2.116)	(−0.915)
BSHR	−1.165	0.516	−0.055	−0.045
	(−1.354)	(0.707)	(−0.070)	(−0.054)
CPC	0.300**	0.022	0.036	0.162
	(2.012)	(0.192)	(0.243)	(1.402)
截距	−2.334	−4.431***	−4.742***	−2.440
	(−1.197)	(−2.727)	(−2.621)	(−1.331)
行业固定效应	控制	控制	控制	控制

续表

变量	DISSENT			
	INDEP＝1	INDEP＝0	TOP1＝1	TOP1＝0
	模型1	模型2	模型3	模型4
年度固定效应	控制	控制	控制	控制
样本量	13338	21383	15535	19059
Wald Chi²	424.659	702.987	430.485	687.652
Pseudo R^2	0.144	0.151	0.165	0.138

注:(1) ***、**、* 分别代表在 1%、5%、10% 的统计水平下显著(双尾);(2)括号内数字为在公司层面聚类调整后的 Z 值。

3.有关独立董事意见和市场反应一致性的影响关系分析

由于独立董事津贴在公司内部的变化有限,前文中本章主要从公司层面检验了独立董事津贴与异议行为的关系。然而,公司层面的证据并没有考虑关于独立董事异议意见所对应的具体议案。鉴于此,参考 Jiang 等(2016)的做法,本章使用董事提案层面的数据来检验独立董事津贴是否与对提案投反对票的概率有关。为了确保投票行为的多样性,本章要求每个独立董事在样本期内至少提出一次异议。根据收集到的投票表决所有提案,发现这些提案都已得到董事会的批准,即独立董事的异议并没有影响议案是否通过。但值得注意的是,公司管理层在提出议案前通常会私下征询独立董事的意见,那些受到独立董事质疑的议案可能并不会出现在董事会正式会议上。因此,独立董事可能可以在事前阻止公司内部人员将损害公司利益的提案提交到董事会会议。

聚焦于已批准的提案,本章定义了一个市场反应虚拟变量 ALIGN,当市场投资者对已批准通过但独立董事持异议的议案做出负面反应或者市场对已批准通过且独立董事未持异议的议案做出正面反应时,ALIGN 取值为 1,否则取值为 0。其中,市场反应通过投票结果宣布前后三个交易日窗口内的累计超额收益率衡量。进一步,本章使用 Logit 回归模型来估计检验独立董事的现金津贴是否与 ALIGN 相关。参考 Jiang 等(2016)的做法,本章在原有控制变量基础上进一步控制了董事性别、年龄、学历、董事职位的数量和董事在董事会任职的第一个三年任期的指标变量等董事会特征变量,以及关于提案类型的固定效应①。

表 9-9 报告了相关的 Logit 回归分析结果。模型 1 至模型 4 中,本章逐步增加了公司特征、董事会特征和董事特征的控制变量。结果显示,在所有回归模型中,COMPEN 的回归系数均显著为正,表明高薪独立董事更有可能投票支持符合外部投资者利益的议案。

---

① 有七类提案涉及以下问题:董事和经理津贴、高管任命和更替、年度报告、关联交易、对个人或其他公司的担保、投资和收购以及审计。

表 9-9　有关独立董事意见和市场反应一致性的多元回归分析结果

变量	ALIGN			
	模型 1	模型 2	模型 3	模型 4
COMPEN	0.210***	0.172**	0.174**	0.185**
	(2.835)	(2.226)	(2.216)	(2.354)
公司特征	不控制	控制	控制	控制
董事会特征	不控制	不控制	控制	控制
董事特征	不控制	不控制	不控制	控制
提案类型固定效应	控制	控制	控制	控制
行业固定效应	控制	控制	控制	控制
年度固定效应	控制	控制	控制	控制
样本量	10164	10164	10164	10164
Wald Chi²	1178.179	425.676	302.139	346.057
Pseudo R^2	0.022	0.025	0.028	0.029

注:(1)***、**、*分别代表在1%、5%、10%的统计水平下显著(双尾);(2)括号内数字为在公司层面聚类调整后的 Z 值。

4.独立董事津贴与公司经营业绩的影响关系分析

本章证据表明，考虑到独立董事的市场竞争，公司很可能会根据独立董事的声誉、技能和对公司的贡献来设定现金津贴，即高额现金津贴更可能反映了独立董事声誉和技能的市场价值。基于此，本章进一步提供更多的证据来支持上述观点。具体地，由于拥有高声誉和技能的独立董事应该实施更有效的监督和向高管提供更有价值的建议，帮助公司实现更好的业绩。因此，本章考察了高薪独立董事对公司业绩的贡献是否更大。相反，如果高额现金津贴导致独立性受损、监督不力和更多的代理冲突，公司业绩将受到损害，独立董事的现金津贴与公司业绩之间将存在负相关关系。

根据 Giannetti 等（2015）和 Liu 等（2015）的做法，本章分别以 ROE、TURN、TFP、DIV、MTB 衡量公司的盈利能力、运营效率、全要素生产率、现金分红以及市账比，进而检验独立董事的现金津贴与公司业绩之间的影响关系。回归结果如表 9-10 所示，模型 1 至模型 5 中，COMPEN 的回归系数均显著为正，表明独立董事的高薪与更好的盈利能力、运营效率和全要素生产率相关，以及与更多的现金股利和更高的公司价值相关。

表 9-10　独立董事津贴与公司经营业绩的多元回归分析结果

变量	ROE	TURN	TFP	DIV	MTB
	模型 1	模型 2	模型 3	模型 4	模型 5
COMPEN	0.009***	0.048***	0.017***	0.001***	0.202***
	(3.641)	(5.125)	(2.806)	(4.901)	(8.446)

续表

变量	ROE	TURN	TFP	DIV	MTB
	模型 1	模型 2	模型 3	模型 4	模型 5
SIZE	0.014 ***	0.002	0.008 **	0.002 ***	−0.551 ***
	(8.406)	(0.289)	(2.184)	(8.299)	(−23.993)
LEV	−0.101 ***	0.288 ***	0.000	−0.025 ***	−0.181
	(−10.798)	(9.114)	(0.013)	(−26.996)	(−1.594)
AGE	−0.020 ***	−0.026 ***	−0.028 ***	−0.003 ***	0.203 ***
	(−9.462)	(−2.812)	(−4.971)	(−9.566)	(8.485)
GROWTH	0.035 ***	0.085 ***	0.064 ***	0.001 ***	0.147 ***
	(12.600)	(13.216)	(14.833)	(5.742)	(8.264)
FCF	0.262 ***	0.402 ***	0.465 ***	0.038 ***	1.146 ***
	(20.045)	(9.792)	(17.685)	(23.629)	(9.436)
VOL	−0.039	−0.458 *	−0.327	−0.083 ***	2.235 **
	(−0.414)	(−1.651)	(−1.619)	(−7.546)	(2.288)
SOE	0.004	0.047 ***	0.017 *	−0.001 ***	−0.173 ***
	(1.145)	(2.854)	(1.887)	(−3.214)	(−4.856)
TOP1	0.091 ***	0.220 ***	0.094 ***	0.015 ***	0.280 ***
	(10.038)	(5.394)	(3.757)	(11.021)	(3.038)
BOARD	0.001	0.001	0.000	0.000 ***	0.010
	(1.499)	(0.234)	(0.095)	(2.878)	(1.142)
INDEP	0.011	−0.087	−0.072	−0.005	0.853 ***
	(0.390)	(−0.848)	(−1.167)	(−1.398)	(3.333)
DUAL	−0.008 **	−0.019 *	−0.022 ***	−0.001 **	0.047
	(−2.249)	(−1.761)	(−2.931)	(−2.207)	(1.468)
MSHR	0.040 ***	0.008	0.056 *	0.004 **	−0.010
	(2.682)	(0.167)	(1.729)	(1.971)	(−0.073)
BSHR	0.002	−0.004	−0.038	0.003 *	−0.533 ***
	(0.206)	(−0.095)	(−1.518)	(1.790)	(−5.089)
CPC	0.004	0.008	0.003	0.000	−0.073 ***
	(1.521)	(0.798)	(0.539)	(0.666)	(−2.979)
截距	−0.423 ***	−0.194	−0.481 ***	−0.030 ***	10.388 ***
	(−10.687)	(−1.223)	(−5.176)	(−6.478)	(23.327)
行业固定效应	控制	控制	控制	控制	控制
年度固定效应	控制	控制	控制	控制	控制
样本量	34865	34865	34865	34865	34865
F 值	30.815	40.346	19.045	42.343	108.048
调整 R^2	0.077	0.227	0.072	0.248	0.315

注：(1) ***、**、* 分别代表在 1%、5%、10% 的统计水平下显著（双尾）；(2) 括号内数字为在公司层面聚类调整后的 *T* 值。

9.9 研究结论与实践启示

在世界各地掀起了董事会改革浪潮之后，许多市场都强制要求公司董事会必须有独立董事。然而，独立董事能否成为公司内部人士的独立而有效的监督者还有待商榷，尤其是在投资者保护薄弱的新兴市场。在有关独立董事的各类特征中，独立董事的津贴引起了公众和研究者的极大关注。一个普遍的担忧是，高额现金津贴可能会损害独立董事的独立性，高薪独立董事无法有效监督和约束代理问题。尤其在投资者保护薄弱的市场中，公司通常有控股股东，他们能够亲自通过高薪俘获独董，使得独立董事丧失独立性。然而，也有研究认为津贴反映了独立董事的声誉和技能的市场价值，高薪的独立董事是决策专家和有效的监督者，因为如果失去独立性，其声誉和未来的职业生涯可能会面临风险。在本章的研究中，由于大多数提案是由控股股东和高管提出的，本章认为独立董事投反对票体现了其与高管进行对抗的意愿。因此，本章通过考察独立董事在董事会会议上的投票行为来探讨独立董事薪酬与其监督表现的相关关系。

具体地，本章以 2004—2021 年中国 A 股上市公司 34865 个年度观察数据作为研究样本，实证分析了独立董事津贴与其在董事会中异议行为间的关系，结果显示：（1）独立董事的现金津贴与其在董事会上投反对票的概率呈正相关关系；（2）分析师、机构投资者、独立董事比例、第一大股东持股比例等内外部治理环境特征与独立董事现金津贴的治理功能起到了相互替代的作用；（3）独立董事的现金津贴与独立董事意见和市场反应的一致性呈正相关；（4）独立董事的现金津贴与公司的盈利能力、运营效率、全要素生产率、现金分红以及公司价值呈正相关关系。

本章研究结论具有重要的实践启示。首先，独立董事对公司产生的监督作用依赖于自身的独立性，一旦存在利益上的冲突，其监督作用必定大打折扣。因此，监管部门需要紧密关注公司独立董事职位的薪酬设定，避免独立董事被高薪俘获从而降低独立性，导致中小股东利益受损。其次，声誉机制是独立董事保持独立性的主要原因。因此，监管部门一方面需要完善必要的惩处机制，加大"花瓶独董"的惩罚力度，倒逼独立董事积极履职；另一方面，监管部门也应完善独立董事激励的相关机制，对积极履职的高声誉独董给予一定的奖励。

10　独立董事地位与高管薪酬

10.1　独立董事地位与高管薪酬研究概述

独立董事在公司治理框架中扮演了重要的监督角色，其重要职责之一是监督高管薪酬中的代理问题。特别是在国有企业中，"真实"所有者缺位和内部人控制使得高管薪酬更容易出现代理问题（权小锋 等，2010）。由于产权的特殊性，国有企业在行业准入、政府补贴、产业政策等方面存在制度优势，这导致企业业绩不完全是高管个人能力与努力的结果，而是源自上述外部"幸运因素"。在监督机制缺失的情况下，这些外部"幸运因素"所导致的业绩往往成为国企高管获取高薪的借口，而通过将薪酬与业绩表面挂钩，国企高管成功为自身薪酬进行了辩护（沈艺峰和李培功，2010；谢德仁 等，2012；罗宏 等，2014；杨青 等，2014；罗进辉 等，2018）。因此，如何通过董事会，特别是独立董事监督治理国有企业高管薪酬问题，一直是公司治理领域研究的核心问题。

相关研究最初从独立董事数量及比例来探究独立董事的治理效应，逐渐过渡到关注独立董事声誉激励、社会资源、政治联系、网络联结、异地履职、技能专长、学术背景等个体异质性特征，并发现独立董事个体异质性特征会影响其监督效果。然而，优化个体特征并不能保证独立董事监督效果的自发形成，现实中独立董事常常因"不作为"被诟病为"橡皮图章"和"花瓶"。一个值得关注的现象是，中国上市公司中独立董事在董事会中的地位普遍较低，缺乏足够的话语权与影响力。那么，独立董事在董事会中的地位较低是导致独立董事"不作为"的重要原因吗？独立董事地位会如何影响其对高管薪酬的监督治理效果？

社会学理论表明，在任何群体组织决策中，等级的发展都是不可避免的。等级是一个群体内基于权力、地位或两者的显性或隐性排名（Magee and Galinsky，2008）。董事会作为公司治理的核心权力机构，其内部也存在这样的等级关系。虽然在正式制度层面，董事会内部本身不存在正式的等级关系，各董事成员作为股东利益的代表，在一人一票的平等议事规则下不存在支配其他董事的合法权利。然而，表面平等的背后是"隐性"的秩序。由于董事会成员存在能力和影响力的差异，在社会规范和成员认知的作用下，董事会成员根据这些差异对自己和其他董事的相对地位进行识别和排序，从而在董事会中形成等级关系，被称为董事会的"非正式层级"（马连福 等，2019）。非正式层级引发了董事间的单向服从与信任关系（Simpson et al.，2012），层级地位越高，董事的话语权越大，这一点在中国强调论资排辈的传统文化下更是如此（杜兴强 等，2017）。层级地位所蕴含的话语权对独立董事这类"外部人"履行监督职能至关重要。独立董事层级地位越高，越可能"勇敢"地对损害股东利益的行为决策发表意见，其意见也更可能被董事会其他成员重视，同时也因其在董事会中的层级地位较高而更不可能被管理层俘获。因此，研究独立董事在董事会中的层级地位对其监督效果，特别是对高管薪酬这一根本性代理问题的治理效应，具有重要的理论意义和实践价值。

除上述之外，由于相比民营企业，国有企业存在更为严重的出资人缺失和内部人控制问题，因而更加依赖董事会发挥相应的治理作用。且高管的薪酬问题是国有企业中最核心的代理问题之一，从薪酬业绩敏感性这一角度可以有效探究独立董事地位如何影响其监督效果。

鉴于此，本章以 2004—2017 年中国 A 股国有上市公司 10299 个年度观察数据为研究样本，实证分析了独立董事地位与国有上市公司高管薪酬业绩敏感性的关系。结果显示：（1）独立董事在董事会中的地位越高，国有企业高管的薪酬业绩敏感性越低，且这种关系在垄断行业国有企业和政府补助多的国有企业中更为明显；（2）在进行了工具变量检验、倾向得分匹配、处理效应模型、改变高管薪酬的衡量方式、改变公司业绩的衡量方式、考虑新旧会计准则的衔接问题及其潜在影响、考虑《中央管理企业负责人薪酬制度改革方案》等系列文件对研究结果影响的稳健性检验后，本章的主要结论依然稳健；（3）进一步分析中，为探究独立董事地位的作用机制，本章分离出高管薪酬中的超额薪酬，并区分了业绩中的"运气"成分与"非运气"成分。结果显示，高管薪酬中的超额薪酬与"非运气"业绩无关，而只与"运气"业绩显著正相关。而独立董事地位越高，高管超额薪酬水平越低，且超额薪酬与"运气"业绩之间的敏感性也越低。这些结果表明，独立董事在董事会中的地位越高，在董事会中拥有的话语权就越大，相关意见和建议更可能受到董事会的重视，因而能够更好地发挥其监督作用，从而显著提升国有企业高管薪酬契约的有效性，降低国有企业高管的超额薪酬水平，并约束高管利用与自身能力和努力无关的"运气"业绩为超额薪酬辩护的行为。

本章可能的贡献在于：首先，现有关于独立董事治理效应的文献主要考察了独立董事的个体异质性特征，较少注意到独立董事需要外在的保障才能更好地发挥监督治理作用。而本章研究发现，独立董事地位是其发挥治理作用的一个关键因素，为今后独立董事治理效应的研究开拓了新的思路。其次，本章根据中国上市公司披露的董事会名单，利用独立董事的排序位置作为其地位的衡量标准，反映董事会内部权力分配这一较为抽象的概念，拓展了独立董事地位及其治理效应方面的实证研究。

10.2　理论分析与假设提出

代理理论认为，当股东无法完全观察高管代理行为时，基于企业业绩制定高管薪酬是信息劣势下的最优选择（Jensen and Meckling，1976）。在此观点下，当企业业绩是高管努力程度与能力水平的真实反映时，高管的薪酬业绩敏感性越高，薪酬契约越能约束高管的道德风险。令人遗憾的是，企业业绩通常包含噪声，不仅包括高管通过变更会计政策与改变企业交易活动等手段掺杂的"水分"，也包括来自外部环境因素的贡献（谢德仁 等，2014；罗宏 等，2014）。此时，将高管薪酬与企业业绩完全挂钩将使高管从业绩噪声中"渔利"。具体到国有企业，国有企业凭借强大的政策优势和资源优势，长期享受着行业准入、产业政策、政府补贴等方面的制度优势，通过非市场竞争途径获取了明显的竞争优势，获得了与民企"不平等"竞争下的超额利润，表现出高于真实绩效的名义绩效（郑志刚，2015）。具体地，我国特有的行政垄断普遍存在于国有企业中，即政府将市场资源向国有企业倾斜（李增福和骆欣怡，2018）。例如，叶林祥 等（2011）指出，垄断地位使得国有企业获得更多的营业收入、超额利润，进一步加大了企业高管与员工的工资差距；韩鹏飞和胡奕明（2015）指出，国有企业拥有的政府隐性担保能在企业发生债务违约时获得资金帮助，进而降低国有企业债券风险，为企业提供较大的融资优势。相比之下，民营企业缺乏政府的政策支持和隐性担保，融资需求难以得到满足且融资成本也相对较高（方红星 等，2013）。唐松和孙铮（2014）指出，国有企业与政府之间普遍有着紧密的政治关联，拥有政治关联的高管能够获取较高的薪酬，而非国有企业就需要通过自身努力来建立一种政治关联，从而在向政府寻租的过程中获得超额收益。综合上述分析，国有企业因其特有的身份优势，使得业绩中相当部分来自制度支持，并不能反映管理层经营才能和努力程度（佟爱琴和陈蔚，2017），但却为高管获取高额薪酬提供了合理的借口（谢德仁 等，2012；罗进辉 等，2018）。高管通过薪酬与业绩之间的表面关联向公众表明，企业严格遵循"根据业绩支付薪酬"的原则，高管薪酬不是对股东财富的掠夺，而是来自企业业绩的增长，从而为薪酬的"结果正当性"提供辩护（谢德仁 等，2012；罗宏 等，2014；罗进辉 等，2018）。因此相比于非国有企业，国有企业拥有较高的业绩噪声，一个有效的国有企业高管薪酬契约，反而应该表现为具有更低的高管薪酬业绩敏感性。

在国有企业"真实"所有者缺位的情况下，董事会需要对高管薪酬契约中的代理问题发挥更有效的监督治理作用，而独立董事在这过程中是否具有话语权则显得至关重要。在制度层面上，独立董事负有考核高管业绩、制定高管薪酬的职责和权力。《上市公司治理准则》规定，独立董事应当在薪酬与考核委员会占多数并担任召集人，薪酬与考核委员会负责研究高管考核标准、制定薪酬政策与方案。然而，制度赋权不能保证监督效果的自然形成（罗进辉 等，2018），独立董事除了需要形式权力，还需拥有实质话语权和影响力，这与其在董事会中的地位有关。虽然董事会成员之间本身不存在正式的地位层级差异，但董事之间存在影响力的差异，这些差异被董事会成员感知并排序，从而形成了非正式的层级（马连福 等，2019）。非正式层级地位差异引发了董事间的尊重与顺从行为。当独立董事在非正式层级中身居高位时，其在董事会中受到的尊敬越大，享有的权威越高，这对独立董事这类董事会中的"外部人"履行监督职能尤其重要。独立董事地位越高时，不仅独立董事更敢于就高管业绩考核与薪酬制定提出相关意见，董事会其他成员也更可能重视独立董事提出的意见。此时，独立董事更能够引导董事会根据其专业意见或建议制定更有效的高管业绩考核制度与薪酬方案，国企高管更难以通过将薪酬与非自身因素所导致的业绩进行挂钩来为薪酬的"结果正当性"提供辩护，其获取不当薪酬的行为会受到限制。此外，独立董事监督失效的一个重要原因是独立董事常常被管理层俘获，独立性丧失。而当独立董事在董事会非正式层级中处于高位时，其权威和影响力使其能够能保持更高的独立性，不会在高管压力下出现偏袒高管的行为。更高的独立性保证了独立董事能够更无顾虑地约束国企高管的"邀功"行为，限制其以薪酬与业绩的表面关联为掩护，从不属于自身功劳的业绩中谋取高薪。据此，本章提出第一个假设：

假设 H10-1：同等条件下，国有企业独立董事地位越高，高管的薪酬业绩敏感性越低。

行业垄断是国有企业的重要特征之一。通过行政授权独占稀缺自然资源，或垄断经营对国计民生非常重要的产品或服务，垄断性国有企业牢牢掌握了市场定价权并获得了稳定的利润来源（韩朝华和周晓艳，2009）。行业垄断地位不仅降低了国企高管的财务风险与经营风险，还使国企高管获得了一种隐性的业绩补贴（刘瑞明和石磊，2011；郭淑娟和惠宁，2014）。显然，垄断产生的利润与高管的经营才能和努力程度无关，但它增加了业绩中的噪声成分，为高管获取超额薪酬提供了辩护的理由。当高管业绩考核缺乏适当的监督时，高管容易夸大企业利润中的个人贡献。而通过将自身薪酬与垄断利润挂钩，薪酬与业绩间的敏感性上升，高管"名正言顺"地获取了超额薪酬（罗进辉 等，2018）。相较而言，非垄断性国有企业由于缺乏垄断优势，要在优胜劣汰的市场竞争中盈利，更依赖高管的经营管理能力，此时企业业绩能在更大程度上反映高管的个人贡献，高管薪酬与企业业绩之间理应保持较高的敏感性。因此，本章预期，相比非垄断性国有企业，垄断性国有企业中的高管将自身薪酬与垄断利润挂钩往往是自利行为，独立董事在董事会中地位越大，谋取高薪的现象会被更大程度地约束。据此，本章提出第二个假设：

假设 H10-2：行业垄断特征强化了国有企业独立董事地位与高管薪酬业绩敏感性之间的负向影响关系。

政府补助作为政府实现特定的政治、社会或经济目的的资源分配手段，常常构成了国有企业利润的重要来源。在考核高管业绩时，政府补助属于企业业绩中的非经常损益，是政府对企业后续发展的支持与投入，而非企业正常生产经营活动产生的利润。因此，政府补助属于企业业绩中的噪声，不能反映高管的经营才能与努力程度。然而，由于缺乏完善的法律法规对政府补助予以规范，政府也难以监督企业使用政府补助的过程。在监督机制不完善的情况下，政府补助往往会脱离其社会功能取向，异化为高管攫取私利的工具（步丹璐和王晓艳，2014；罗宏 等，2014）。借由将薪酬与包含政府补助的业绩挂钩，高管向外界传达了企业严格执行"根据业绩支付薪酬"的原则，巧妙地为自身薪酬进行了辩护。政府补助越多，企业业绩越有利于高管通过"搭经济便车"的方式谋取高薪，此时增强高管的薪酬业绩敏感性反而为管理层提供了更多的寻租空间。因此，本章预期，相比政府补助较少的国有企业，政府补助较多的国有企业中的高管更易将自身薪酬与政府补助挂钩，独立董事在董事会中地位越高时，谋取高薪的现象会受到更大程度的限制。据此，本章提出第三个假设：

假设 H10-3：政府补助强化了国有企业独立董事地位与高管薪酬业绩敏感性之间的负向影响关系。

10.3　样本选择、变量定义与模型设定

1.样本选择与数据来源

根据研究需要，本章选取中国 A 股国有控股上市公司 2004—2017 年的年度观察数据作为研究样本，得到的初始样本共计 13870 个。为了避免异常样本的不利影响，本章对初始样本依次进行了如下的筛选过程：（1）剔除 ST 和 *ST 公司年度观察样本 956 个；（2）剔除交叉上市公司年度观察样本 1562 个；（3）剔除金融业公司年度观察样本 315 个；（4）剔除相关数据缺失的公司年度观察样本 738 个。最终，本章得到的有效公司—年度观察样本为 10299 个。

本章使用的独立董事排序数据系手工收集整理而得，上市公司的财务数据和公司治理数据则来自中国证券市场与会计研究（CSMAR）数据库，而制度环境指数来自樊纲等（2011）编制的中国各地区市场化指数。

2.变量定义与度量

（1）高管薪酬

本研究以高管前三名薪酬总额的自然对数进行度量。在稳健性检验中，采用了董事、监事以及高管薪酬总额的自然对数来衡量高管的薪酬水平。

（2）独立董事地位

主要解释变量 ORDER 代表独立董事地位，本章用独立董事在董事会名单中的排序

来度量。笔者通过巨潮资讯网下载国有控股上市公司年报，在"董事、监事、高级管理人员和员工情况"部分查看董事会名单，如果全部独立董事排在董事会名单末尾，则说明该公司独立董事在董事会的地位较低，ORDER 取值为 0；反之如果独立董事未全部排在董事会名单的末尾，则说明该公司独立董事在董事会的地位相对较高，ORDER 取值为 1。

（3）控制变量

此外，本章还控制了滞后一期的公司规模（SIZE）、负债水平（LEV）、市值账面比（MTB）、管理费用率（MFEE）、高管持股比例（MSHR）、两职兼任情况（DUAL）、第一大股东持股比例（TOP1）、董事会规模（BOARD）、董事会独立性（INDEP）、无形资产比例（INAST）、企业上市年限（AGE）、市场化水平（MKT）以及年度（YEAR）、行业（INDUSTRY）等因素的潜在影响。同时，本章对所有连续变量都进行了上下 1% 的 Winsorize 缩尾处理。变量的具体定义如表 10-1 所示。

表 10-1　变量定义与度量

变量符号	变量定义
SALARY	高管前三名薪酬总额取自然对数
ORDER	根据独立董事在董事会名单中的排序来确定，如果独立董事全部排在董事会名单的末尾，此变量取 0；如果独立董事没有全部排在董事会名单的最后列示，则取值为 1
ROA	等于净利润与总资产的比值
MON	当企业所属行业为垄断行业时，取值为 1，否则为 0①
GOV	等于政府补助总额与总资产的比值②
SIZE	等于公司年末总资产的自然对数
LEV	等于年末公司总负债与总资产的比值
MTB	等于公司总市值与净资产的比值
MFEE	等于管理费用与营业收入的比值
TOP1	等于第一大股东持股数与企业总股份数的比值
MSHR	等于年末高管持股数量与总股数的比值
DUAL	若公司董事长与总经理两个职位由同一个人担任则取值为 1，否则为 0
BOARD	等于公司董事会总席位数
INDEP	等于公司董事会独立董事席位数与总席位数的比值
INAST	等于年末无形资产净额与总资产的比值
AGE	等于企业已上市年数
MKT	来自樊纲等(2011)所编制的中国各地区市场化指数

---

① 借鉴罗进辉等(2018)的相关界定标准，本章将石油天然气开采，电力、煤气及水的生产和供应业，交通运输、仓储业，信息技术业等涉及国家安全的行业、自然垄断行业、为社会公众提供公共服务的行业以及高新技术行业归纳为政府管控的垄断行业。

② 本章中，政府补助主要关注非正常损益，数据来源于公司定期公告的营业外收入。

3.计量回归模型

为检验独立董事地位对高管薪酬业绩敏感性的影响，本章借鉴高管薪酬激励相关文献的做法（辛清泉和谭伟强，2009；谢德仁 等，2012），构建了如下计量回归模型（10-1）以验证相关假设：

$$\begin{aligned} \text{SALARY}_{i,t} = {} & \beta_0 + \beta_1 \text{ORDER}_{i,t} + \beta_2 \text{ORDER}_{i,t} \times \text{ROA}_{i,t} + \beta_3 \text{ROA}_{i,t} + \\ & \beta_4 \text{SIZE}_{i,t-1} + \beta_5 \text{LEV}_{i,t-1} + \beta_6 \text{MTB}_{i,t-1} + \beta_7 \text{MFEE}_{i,t-1} + \\ & \beta_8 \text{TOP1}_{i,t-1} + \beta_9 \text{MSHR}_{i,t-1} + \beta_{10} \text{DUAL}_{i,t-1} + \beta_{11} \text{BOARD}_{i,t-1} + \\ & \beta_{12} \text{INDEP}_{i,t-1} + \beta_{13} \text{INAST}_{i,t-1} + \beta_{14} \text{AGE}_{i,t-1} + \beta_{15} \text{MKT}_{i,t-1} + \\ & \sum \text{INDUSTRY} + \sum \text{YEAR} + \varepsilon_{i,t} \end{aligned} \qquad (10\text{-}1)$$

根据本章提出的假设 H10-1，独立董事地位与公司业绩的交乘项（ORDER $\times$ ROA）的系数 β_2 应该显著为负，即独立董事地位越高，国有企业高管的薪酬业绩敏感性越低。

进一步，为检验假设 H10-2 与假设 H10-3，本章对模型 1 按照垄断行业和非垄断行业、高政府补助组和低政府补助组（以政府补助的样本中位数划分）进行分组检验。根据假设 H10-2 和假设 H10-3 的理论预期，在垄断行业和高政府补助组别中，独立董事地位与公司业绩的交乘项（ORDER $\times$ ROA）的系数 β_2 应该显著为负，即独立董事地位提升对高管薪酬业绩敏感性降低效果在垄断行业和政府补助多的国有企业中更明显。

10.4　描述性统计分析

表 10-2 汇报了主要变量的描述性统计分析结果，可以看出：通过对数转换，样本国有企业高管前三名薪酬总额（SALARY）的均值为 106.10 万元，最低薪酬水平为 12.24 万元，最高薪酬水平为 727.02 万元，最高薪酬水平约是最低薪酬水平的 59 倍，说明不同国有企业的高管薪酬之间存在较大的差异；样本中独立董事排序（ORDER）的均值为 0.074，说明有 7.4％的样本公司把独立董事排在其他董事的前面，意味着这种情况具有一定的代表性，不是纯个例现象，这为本章后续的回归分析提供了必要的数据基础①；总资产净利润率（ROA）的均值为 0.03，中位数为 0.03，而标准差达到了 0.05，说明各国有企业之间经营业绩表现的差异较大；从行业属性来看，样本国有企业中有 41.60％的企业属于垄断行业（MON）；政府补助占总资产比例（GOV）的均值为

---

① 进一步，我们统计发现在样本期间内，有 217 家样本公司的独立董事在董事会名单中的排序发生了变化，即独立董事在一家公司的多年观测样本中未一直排在董事会名单的最后或者前面，占总样本公司数的 20.65％，同样表明不少上市公司对独立董事的排列顺序并不是一成不变的习惯或惯例，而应该是一种有意为之的特定安排。

0.40％，最高达到了 28.80％，考虑到国有企业资产规模普遍较大，政府补助的绝对金额并不低。此外，其他控制变量没有明显异常情况。

表 10-2　描述性统计结果

变量	样本量	均值	标准差	最小值	p25	中位数	p75	最大值
SALARY	10299	13.875	0.819	11.715	13.385	13.933	14.417	15.799
ORDER	10299	0.074	0.261	0	0	0	0	1
ROA	10299	0.030	0.052	−0.188	0.010	0.028	0.053	0.176
MON	10299	0.416	0.493	0	0	0	1	1
GOV	10299	0.004	0.011	0	0	0.001	0.004	0.288
SIZE	10299	22.031	1.199	19.777	21.163	21.886	22.769	25.572
LEV	10299	0.499	0.189	0.077	0.361	0.511	0.645	0.876
MTB	10299	3.110	2.343	0.721	1.590	2.377	3.786	13.834
MFEE	10299	0.084	0.062	0.008	0.041	0.069	0.107	0.355
TOP1	10299	40.433	15.745	11.640	27.790	39.650	52.440	75.820
MSHR	10299	0.002	0.009	0	0	0	0	0.070
DUAL	10299	0.099	0.299	0	0	0	0	1
BOARD	10299	9.508	1.938	4	9	9	11	19
INDEP	10299	0.358	0.050	0.222	0.333	0.333	0.375	0.556
INAST	10299	0.044	0.055	0	0.010	0.027	0.056	0.311
AGE	10299	11.215	5.541	1	7	11	15	27
MKT	10299	6.806	1.653	2.940	5.670	6.840	7.930	9.780

10.5　Pearson 相关系数分析

表 10-3 汇报了各变量之间的 Pearson 相关系数。从表中可以看出，高管薪酬（SALARY）与公司业绩（ROA）显著正相关，说明样本国有企业的高管薪酬存在业绩敏感性，高管薪酬水平随着公司业绩的变化而变化。而代表独立董事地位的独立董事排序（ORDER）与公司业绩（ROA）不存在显著的相关关系，与高管薪酬（SALARY）虽然在 10％的统计水平下显著正相关关系，但是相关系数较小。此外，其他各主要变量间的相关系数均小于 0.50，意味着不存在明显的多重共线性问题，保证了后续多元回归分析结果的可靠性。

表 10-3 Pearson 相关系数分析结果

变量	1	2	3	4	5	6	7	8
1 SALARY	1							
2 ORDER	0.016*	1						
3 ROA	0.288***	0.001	1					
4 MON	−0.040***	0.014	−0.006	1				
5 GOV	0.079***	0.042***	0.027***	0.031***	1			
6 SIZE	0.477***	0.022*	0.041***	0.093***	−0.036***	1		
7 LEV	0.045***	0.026***	−0.303***	−0.047***	−0.018*	0.389***	1	
8 MTB	0.084***	0.012	0.145***	−0.098***	0.080***	−0.265***	−0.039***	1
9 MFEE	−0.106***	0.030***	−0.061***	−0.070***	0.034***	−0.315***	−0.263***	0.159***
10 TOP1	−0.065***	0.007	0.123***	0.073***	−0.060***	0.200***	−0.047***	−0.103***
11 MSHR	0.130***	0.025**	0.108***	0.009	0.076***	−0.079***	−0.141***	0.132***
12 DUAL	0.012	0.010	−0.018*	−0.062***	0.004	−0.045***	0.015	0.019*
13 BOARD	0.001	0.037***	0.025**	0.057***	−0.038***	0.133***	0.052***	−0.074***
14 INDEP	0.155***	0.016	−0.015	−0.043***	0.016	0.171***	0.060***	0.021**
15 INAST	−0.021**	0.007	−0.017*	−0.051***	0.013	−0.006	−0.041***	0.035***
16 AGE	0.326***	0.055***	−0.079***	−0.054***	0.043***	0.296***	0.183***	0.046***
17 MKT	0.418***	0.037***	0.088***	−0.086***	0.045***	0.168***	−0.014	0.025**

变量	9	10	11	12	13	14	15	16
9 MFEE	1							
10 TOP1	−0.110***	1						
11 MSHR	0.078***	−0.130***	1					
12 DUAL	0.012	−0.052***	0.039***	1				
13 BOARD	−0.050***	0.021**	−0.032***	−0.072***	1			
14 INDEP	−0.040***	0.000	−0.023**	0.026***	−0.238***	1		
15 INAST	0.153***	−0.057***	−0.021**	−0.007	0.017*	0.014	1	
16 AGE	−0.037***	−0.219***	−0.222***	0.013	−0.151***	0.138***	0.096***	1
17 MKT	−0.041***	0.003	0.120***	0.051***	−0.109***	0.057***	−0.030***	0.253***

注：***、**、* 分别代表在 1%、5%、10% 的统计水平下显著（双尾）。

10.6　单变量的组间差异分析

根据独立董事在董事会名单中的排序，将全样本划分为独立董事地位低组（ORDER＝0）和独立董事地位高组（ORDER＝1），并在此基础上进行了均值差异的 T 检验和中位数差异的 Z 检验，检验结果如表 10-4 所示。可以看到，与独立董事地位较低的国有企业相比，独立董事地位较高的国有企业高管薪酬水平和政府补助相对较高。此外，独立董事地位较高的国有企业还具有资产规模较大、负债水平较高、管理费用率较低、高管持股比例较低、董事会规模较大、上市时间较长等特征，并且更可能是市场化水平较高地区的国有企业。

表 10-4　分组差异检验结果

变量	ORDER＝0(样本量＝9541)			ORDER＝1(样本量＝758)			T/Z 检验
	均值	中位数	标准差	均值	中位数	标准差	
SALARY	13.871	13.931	0.823	13.922	13.975	0.774	-1.662^* / -1.708^*
ROA	0.030	0.028	0.052	0.030	0.028	0.054	-0.118 / 0.387
MON	0.417	0	0.493	0.392	0	0.488	1.373 / 1.373
GOV	0.004	0.001	0.010	0.006	0.001	0.016	-4.254^{***} / -2.566^{**}
SIZE	22.023	21.886	1.191	22.126	21.895	1.294	-2.267^{**} / -1.508
LEV	0.498	0.509	0.190	0.516	0.538	0.184	-2.609^{***} / -2.591^{***}
MTB	3.102	2.370	2.331	3.212	2.481	2.485	-1.247 / -1.169
MFEE	0.084	0.069	0.062	0.077	0.066	0.055	3.038^{***} / 2.612^{***}
TOP1	40.402	39.670	15.792	40.826	39.340	15.156	-0.715 / -0.852
MSHR	0.002	0	0.009	0.001	0	0.007	2.532^{**} / 2.089^{**}
DUAL	0.098	0	0.298	0.110	0	0.313	-0.992 / -0.992
BOARD	9.488	9	1.924	9.760	9	2.089	-3.727^{***} / -3.255^{***}
INDEP	0.358	0.333	0.050	0.361	0.333	0.053	-1.598 / -1.792^*
INAST	0.044	0.027	0.055	0.046	0.030	0.051	-0.696 / -1.710^*
AGE	11.129	11	5.526	12.294	12	5.614	-5.580^{***} / -5.380^{***}
MKT	6.788	6.790	1.660	7.023	7.230	1.546	-3.772^{***} / -3.634^{***}

注：***、**、* 分别代表在 1%、5%、10% 的统计水平下显著（双尾）。

10.7 多元回归分析

1.独立董事地位与高管薪酬敏感性间的影响关系分析

表 10-5 展示了独立董事地位影响国有企业高管薪酬业绩敏感性的 OLS 多元回归分析结果。模型 1 为仅引入控制变量的基础回归模型，模型 2 引入独立董事地位（OR-DER）及其与企业业绩的交乘项（ORDER×ROA）以检验研究假设 H10-1。回归模型 1 和 2 的调整后 R^2 都超过了 50%，意味着本章回归模型对高管薪酬水平具有较高的解释力。模型 1 结果显示，公司业绩（ROA）的回归系数在 1% 的统计水平下显著为正（模型 1：$\beta=3.378$，$p<0.01$），说明国有企业的高管薪酬存在业绩敏感性。模型 2 结果显示，独立董事地位与公司业绩的交乘项（ORDER×ROA）的回归系数在 1% 的统计水平下显著为负（模型 2：$\beta=-1.068$，$p<0.01$），说明独立董事地位越高，国企高管的薪酬业绩敏感性越低，意味着独立董事地位能够提升其对国企高管薪酬的监督效果，限制了国企高管以薪酬与业绩的表面关联为掩护，从不属于自身功劳的业绩中谋取高薪，即独立董事地位提升缓解了国有企业高管的薪酬辩护行为，从而支持了本章的假设 H10-1。

表 10-5　独立董事地位与高管薪酬业绩敏感性的多元回归分析结果

变量	SALARY			
	模型 1		模型 2	
	系数	T 值	系数	T 值
ORDER			0.058 **	2.523
ORDER×ROA			−1.068 ***	−2.683
ROA	3.378 ***	26.369	3.465 ***	25.824
SIZE	0.257 ***	36.188	0.257 ***	36.322
LEV	−0.248 ***	−6.442	−0.249 ***	−6.453
MTB	0.025 ***	7.999	0.026 ***	8.063
MFEE	0.160	1.498	0.161	1.501
TOP1	−0.005 ***	−11.677	−0.005 ***	−11.780
MSHR	3.149 ***	4.635	3.174 ***	4.675
DUAL	0.034 *	1.799	0.034 *	1.787
BOARD	0.021 ***	6.619	0.020 ***	6.512
INDEP	0.167	1.438	0.159	1.367

续表

变量	SALARY			
	模型 1		模型 2	
	系数	T 值	系数	T 值
INAST	-0.755^{***}	-6.860	-0.758^{***}	-6.881
AGE	-0.001	-0.883	-0.001	-0.835
MKT	0.099^{***}	26.706	0.099^{***}	26.638
截距	6.509^{***}	41.862	6.508^{***}	41.890
行业固定效应	控制		控制	
年度固定效应	控制		控制	
样本量	10299		10299	
F 值	164.375		160.910	
调整 R^2	0.580		0.580	

注:(1) $***$ 、$**$ 、$*$ 分别代表在 1%、5%、10% 的统计水平下显著(双尾);(2)括号内数字为经过异方差调整的 t 值。

2.基于行业垄断特征的异质性分析

表 10-6 展示了假设 H10-2 和 H10-3 的分组多元回归分析结果,其中模型 1 和模型 2 是在垄断行业与非垄断行业的国有企业中,独立董事地位对高管薪酬业绩敏感性影响的差异。通过回归结果可以看出,在垄断行业,独立董事地位与企业业绩的交乘项 (ORDER×ROA) 得到了在 1% 统计水平下显著的负回归系数(模型 1: $\beta=-1.802$, $p<0.01$),而在非垄断行业,该系数虽为负数但不显著(模型 2: $\beta=-0.348$, $p>0.1$),而且交乘项的回归系数在两组间的差异检验达到了 10% 的统计显著水平。这说明,相对非垄断国有企业,在薪酬"水分"更高的垄断国有企业中独立董事地位对高管薪酬业绩敏感性的降低作用更加明显,从而验证了本章的假设 H10-2,即独立董事地位提升可以抑制国有企业高管利用与其自身努力程度无关的业绩获取高薪酬的现象,这种约束作用在垄断行业的国有企业中更加明显。

3.基于政府补助的异质性分析

表 10-6 的模型 3 和模型 4 检验了独立董事地位对高管业绩敏感性的影响与政府补助之间的关系。当国有企业获得政府补助较高时,独立董事地位与企业业绩的交乘项 (ORDER×ROA) 得到了 1% 统计水平下显著的负回归系数(模型 3: $\beta=-2.121$, $p<0.01$),而当国有企业获得政府补助较低时,该交乘项 (ORDER×ROA) 的回归系数也为负但并不显著(模型 4: $\beta=-0.220$, $p>0.1$),且交乘项的回归系数在两组间的差异检验达到了 5% 的统计显著水平,这意味着独立董事地位对高管薪酬业绩敏感性的降低作用在政府补助高的国有企业中更为明显,从而验证了本章的假设 H10-3,即独立董事在董事会拥有较高的地位可以抑制国有企业高管利用政府补助来对业绩进行改善

从而获取过高薪酬的现象，这种约束作用在政府补助多的国有企业中更加明显。

表 10-6 基于行业垄断特征和政府补助的异质性分析结果

变量	SALARY			
	垄断行业 模型 1	非垄断行业 模型 2	高政府补助 模型 3	低政府补助 模型 4
ORDER	0.074 **	0.043	0.074 **	0.047
	(2.176)	(1.385)	(2.542)	(1.319)
ORDER×ROA	−1.802 ***	−0.348	−2.121 ***	−0.220
	(−3.153)	(−0.663)	(−4.173)	(−0.372)
ROA	3.689 ***	3.160 ***	3.620 ***	3.227 ***
	(18.417)	(17.585)	(18.013)	(17.989)
SIZE	0.229 ***	0.284 ***	0.259 ***	0.256 ***
	(22.375)	(29.297)	(27.124)	(21.711)
LEV	−0.201 ***	−0.320 ***	−0.284 ***	−0.203 ***
	(−3.490)	(−6.100)	(−5.173)	(−3.724)
MTB	0.017 ***	0.030 ***	0.020 ***	0.030 ***
	(3.279)	(7.521)	(4.771)	(6.219)
MFEE	0.564 ***	−0.208	0.382 **	0.040
	(3.828)	(−1.418)	(2.326)	(0.287)
TOP1	−0.007 ***	−0.003 ***	−0.004 ***	−0.005 ***
	(−11.075)	(−6.180)	(−7.526)	(−7.935)
MSHR	4.587 ***	2.162 **	3.519 ***	2.686 **
	(5.233)	(2.202)	(3.978)	(2.521)
DUAL	0.043	0.030	0.006	0.062 **
	(1.417)	(1.238)	(0.217)	(2.274)
BOARD	0.016 ***	0.023 ***	0.011 **	0.027 ***
	(3.578)	(5.309)	(2.519)	(5.889)
INDEP	0.283	0.075	0.082	0.217
	(1.592)	(0.499)	(0.550)	(1.181)
INAST	−0.357 **	−1.036 ***	−0.947 ***	−0.594 ***
	(−2.129)	(−7.230)	(−6.043)	(−3.809)
AGE	−0.004 **	0.002	0.001	−0.002
	(−2.211)	(1.286)	(0.755)	(−1.108)
MKT	0.112 ***	0.089 ***	0.096 ***	0.099 ***
	(19.428)	(18.197)	(20.311)	(16.651)

续表

变量	SALARY			
	垄断行业 模型 1	非垄断行业 模型 2	高政府补助 模型 3	低政府补助 模型 4
截距	7.182***	5.996***	6.688***	6.398***
	(19.397)	(29.852)	(23.613)	(23.992)
行业固定效应	控制	控制	控制	控制
年度固定效应	控制	控制	控制	控制
样本量	4279	6020	5150	5149
F 值	123.106	126.543	57.435	78.149
调整 R^2	0.578	0.587	0.491	0.572
ORDER×ROA 回归系数 的组间差异检验	P 值＝0.058*		P 值＝0.012**	

注：(1) ***、**、* 分别代表在 1％、5％、10％的统计水平下显著（双尾）；(2) 括号内数字为经过异方差调整的 t 值。

控制变量方面，滞后一期的公司规模（SIZE）、市值账面比（MTB）、高管持股比例（MSHR）、两职兼任情况（DUAL）、董事会规模（BOARD）、市场化水平（MKT）都得到了显著为正的回归系数；而滞后一期的负债水平（LEV）、第一大股东持股比例（TOP1）、无形资产比例（INAST）得到了显著为负的回归系数，这些结果与辛清泉和谭伟强（2009）、罗进辉（2014）等文献的发现保持一致，无异常情况。

4.稳健性检验

本章进行了如下的稳健性检验以增强结论的可靠性：（1）为解决潜在的遗漏变量和互为因果的内生性问题，本章采取同年度同省份或直辖市国有企业独立董事排序的均值（ORDER_RATIO）作为工具变量，运用两阶段最小二乘法（2SLS）进行稳健性检验。（2）考虑到独立董事选择到不同的公司任职并非完全随机的，独立董事排序不同的公司，可能本身就存在系统性差异。为缓解上述潜在的选择性偏误问题，使用一对一最邻近匹配方法，根据倾向得分对实验组（独立董事地位高组 ORDER＝1）和控制组（独立董事地位低组 ORDER＝0）进行匹配，并使用匹配后的样本进行回归分析。（3）本章采用了 Maddala（1983）所提出的处理效应模型，以引入独立董事年龄、独立董事是否兼任其他公司董事、独立董事是否具有政治联系等排他性变量作为工具变量估计逆米尔斯比率，并将其代入原有模型进行回归分析。（4）借鉴罗进辉（2014）的做法，本章使用"董事、监事和高管薪酬总额"的自然对数作为高管薪酬的替代性指标进行稳健性检验。（5）本章使用净资产收益率（ROE）作为公司业绩的替代性指标进行稳健性检验。（6）本章样本期间为 2004—2017 年，该时间段内发生的新旧会计准则变化和国有企业高管薪酬制度改革等问题均可能对本章的相关研究结论产生不可忽视的影响。为此，本章进行了相应的稳健性测试。首先，关于新旧会计准则的衔接问题及其潜在的影响，本章尝试了以 2007 年为分界点，将全样本分为 2004—2006 年和 2007—2017 年两个子样本重新进行回归。其次，由于 2014 年中共中央政治局通过了《中央管理企业负责人薪酬制度改革方案》等系列文件，本章以 2014 年为分界点，将全样本分为 2004—2013 年和 2014—2017 年两个子样本重新进行回归。（7）在国有企业中，高管薪酬可能包含受管制的部分，其与业绩的敏感性本来就比较低，那么我们所观察到的高管薪酬业绩敏感性较低的现象有可能只是管制的结果，而非独立董事地位所发挥的治理效应。由于薪酬前三名的高管通常包含总经理，且总经理更可能受到薪酬管制，本章将前三名高管薪酬总额减去总经理薪酬后取平均值再取对数，据此重新进行回归分析。上述检验结果都表明，本章的主要研究结论是稳健可靠的。

5.进一步分析

基于前文的分析，国有企业因为自身的垄断性质或是国家支持等原因，经营业绩往往存在"运气"成分，而这些"运气业绩"为高管获取超额薪酬提供了辩护。根据研究假设的理论逻辑，本章预期，独立董事对国有企业高管薪酬的监督作用在于约束高管利用业绩中的"运气"成分来获取超额薪酬的行为。为具体验证这一理论逻辑，本章进一步检验了独立董事地位对高管超额薪酬及其与"运气业绩"敏感性的影响关系。借鉴 Core 等（1999）、吴联生等（2010）、杨德明和赵璨（2012）等的做法，本章采用计量回归模型（10-2）来估计高管的合理薪酬，该模型的回归残差即为高管的超额薪酬水平（OVERPAY）。

$$
\begin{aligned}
\text{SALARY}_{i,t} = {} & \beta_0 + \beta_1 \text{ROA}_{i,t} + \beta_2 \text{SIZE}_{i,t-1} + \beta_3 \text{LEV}_{i,t-1} + \beta_4 \text{MTB}_{i,t-1} + \\
& \beta_5 \text{MFEE}_{i,t-1} + \beta_6 \text{TOP1}_{i,t-1} + \beta_7 \text{MSHR}_{i,t-1} + \beta_8 \text{DUALITY}_{i,t-1} + \\
& \beta_9 \text{BOARD}_{i,t-1} + \beta_{10} \text{INDB}_{i,t-1} + \beta_{11} \text{INAST}_{i,t-1} + \beta_{12} \text{AGE}_{i,t-1} + \\
& \beta_{13} \text{MKT}_{i,t-1} + \sum \text{INDUSTRY} + \sum \text{YEAR} + \varepsilon_{i,t}
\end{aligned} \tag{10-2}
$$

同时，参照沈艺峰和李培功（2010）、杨青等（2014）等的做法，本章采用两阶段最小二乘法（2SLS）来分析超额薪酬与"运气业绩"之间的敏感性。具体地，在第一阶段中，本章用反映"运气"的工具变量对公司业绩进行回归，估计出公司的"运气业绩"（ROA_Luck），进而分离出"非运气业绩"（ROA_Nonluck）。本章采用行业平均 ROA（剔除企业自身）作为运气的工具变量。第二阶段中，采用公式（10-3）来检验国企高管超额薪酬与"运气业绩"和"非运气业绩"之间的关系，同时检验独立董事地位对国企高管超额薪酬及其与"运气业绩"敏感性的影响。

$$
\begin{aligned}
\text{OVERPAY}_{i,t} = {} & \beta_0 + \beta_1 \text{ORDER}_{i,t} + \beta_2 \text{ORDER}_{i,t} \times \text{ROA\_Luck}_{i,t} + \\
& \beta_3 \text{ORDER}_{i,t} \times \text{ROA\_Nonluck}_{i,t} + \beta_4 \text{ROA\_Luck}_{i,t} + \\
& \beta_5 \text{ROA\_Nonluck}_{i,t} + \beta_6 \text{SIZE}_{i,t-1} + \beta_7 \text{LEV}_{i,t-1} + \beta_8 \text{MTB}_{i,t-1} + \\
& \beta_9 \text{MFEE}_{i,t-1} + \beta_{10} \text{TOP1}_{i,t-1} + \beta_{11} \text{MSHR}_{i,t-1} + \beta_{12} \text{DUALITY}_{i,t-1} + \\
& \beta_{13} \text{BOARD}_{i,t-1} + \beta_{14} \text{INDB}_{i,t-1} + \beta_{15} \text{INAST}_{i,t-1} + \beta_{16} \text{AGE}_{i,t-1} + \\
& \beta_{17} \text{MKT}_{i,t-1} + \sum \text{INDUSTRY} + \sum \text{YEAR} + \varepsilon_{i,t}
\end{aligned} \tag{10-3}
$$

据此得到的分析检验结果如表 10-7 所示。从回归结果可以看出："运气业绩"（ROA_Luck）得到了 1％水平下显著为正的回归系数（$\beta=1.923$，$p<0.01$），但"非运气业绩"（ROA_Nonluck）没有得到统计显著的回归系数（$\beta=0.060$，$p>0.1$），意味着国有企业高管获得超额薪酬主要是通过"运气业绩"而非"非运气业绩"；独立董事地位（ORDER）得到了 5％水平下显著为负的回归系数（$\beta=-0.086$，$p<0.05$），说明独立董事约束了高管获取超额薪酬的行为；独立董事地位与"运气业绩"的交乘项（ORDER×ROA_Luck）得到了 10％水平下显著为负的回归系数（$\beta=-1.985$，$p<0.10$），而与"非运气业绩"的交乘项（ORDER×ROA_Nonluck）的系数并不显著（$\beta=-1.207$，$p>0.1$），说明独立董事地位主要降低了国有企业高管薪酬与"运气业绩"之间的敏感性。因此，这些分析结果表明，独立董事地位提升对国有企业高管薪酬的监督作用主要在于降低了国有企业高管的超额薪酬水平，同时对国有企业高管利用业绩中与自身能力和努力程度无关的"运气"成分来获取超额薪酬的行为起到了约束作用。

表 10-7　进一步分析的检验结果

变量	OVERPAY	
	系数	T 值
ORDER	−0.086**	−2.102
ORDER×ROA_Luck	−1.985*	−1.668
ORDER×ROA_Nonluck	−1.207	−1.172
ROA_Luck	1.923***	4.923
ROA_Nonluck	0.060	0.402
SIZE	−0.055***	−6.510
LEV	0.247***	4.342
MTB	−0.027***	−6.814
MFEE	−0.208*	−1.777
TOP1	0.004***	10.951
MSHR	−0.197	−0.281
DUAL	0.021	1.115
BOARD	−0.004	−1.151
INDEP	−0.058	−0.513
INAST	0.783***	7.265
AGE	0.004***	3.343
MKT	−0.101***	−27.046
截距	1.342***	7.407

续表

变量	OVERPAY	
	系数	*T* 值
行业固定效应	控制	
年度固定效应	控制	
样本量	10238	
F 值	11.496	
调整 *R*²	0.074	

注：***、**、*分别代表在 1％、5％、10％的统计水平下显著（双尾）。

10.8 研究结论与实践启示

如何设计合理的薪酬契约以反映高管对企业业绩的贡献一直是代理理论的核心问题。在国有企业真实所有者缺位的情况下，高管薪酬问题更依赖于董事会的监督治理，尤其是扮演监督角色的独立董事应该发挥更有效的治理作用。然而，现实中独立董事常常被诉病为"花瓶"，在董事会中地位较低，无话语权与实质影响力，而现有研究少有关注独立董事地位如何影响其对高管薪酬问题的监督效果。基于此，本章手工收集了2004—2017 年中国 A 股国有控股上市公司独立董事在董事会名单中的排序情况，以独立董事排序衡量独立董事在董事会中的话语权以及被重视程度，进而从国有企业高管薪酬视角来考察独立董事地位的治理效应。相关实证分析结果表明：独立董事地位越高，高管的薪酬业绩敏感性越低，即独立董事地位提升对国有企业高管薪酬辩护行为具有较好的监督作用；独立董事地位与高管薪酬业绩敏感性的负向影响关系在垄断行业和政府补助多的国有企业中表现得更为明显，意味着在业绩噪声更多的垄断行业和高政府补助的国有企业中，独立董事地位提升更能够约束高管通过与个人能力和努力程度无关的业绩获取高薪的行为；进一步分析中，本章考察了独立董事地位对高管超额薪酬以及其与"运气业绩"敏感性的影响，结果表明国有企业高管获取超额薪酬主要是通过"运气业绩"，而独立董事地位提升能够降低高管的超额薪酬水平，并约束了高管利用"运气业绩"为其超额薪酬辩护的行为。本章的发现意味着，独立董事在董事会中的地位是影响其发挥监督作用的重要因素，提升独立董事的地位有利于增强国有企业高管薪酬契约的科学性与有效性，缓解高管薪酬中的代理问题。

本章的研究结论具有如下几点实践启示：首先，国有企业应该不断优化董事会内部的权力分配，提高对独立董事的重视程度，让独立董事在履职的过程中能够真正表达自己的意见，真实有效地发挥监督作用，推动高管薪酬契约的科学制定。其次，国有企业内部业绩评价部门以及外部相关监管部门也应科学合理看待高管薪酬与公司业绩的关系，在进行评价时科学剔除企业业绩中的噪声，维护高管薪酬契约的有效性。最后，相关法律规范也应增强对国有企业高管薪酬制定过程的监督和披露，促进我国国有企业高管薪酬更加公开透明、科学合理。

需要指出的是，本章仅从高管薪酬业绩敏感性视角检验了独立董事地位的治理效应，后续可以从代理成本、盈余管理、公司违规、企业价值等方面对本章的研究结论进行扩展检验。

11 女性董事与真实盈余管理

11.1 女性董事与真实盈余管理研究概述

近年来，尤其是 2008 年经济金融危机以来，董事会性别多元化问题在世界范围内再次引起了极大的关注（Terjesen et al.，2009；Sun et al.，2015）。尽管过去十年女性在商业活动中日益活跃（Rose，2007；Srinidhi et al.，2011），女性在董事会中占有的席位仍然明显不足。一些欧洲国家甚至出台了相关法律，强制要求公司将董事会的一定比例席位分配给女性。例如，西班牙立法要求，截至 2017 年底女性在董事会所占席位至少要达到 40％。在此背景下，我们应该了解女性董事的实际经济意义（Gul et al.，2011）。如果公司获知董事会性别多元化可以提升公司价值，即使没有立法的强制要求，公司也会愿意接受女性在董事会任职。本章的研究目的在于探索女性董事在抑制真实盈余管理活动中可能起到的积极作用。

在上市公司中，管理层有职责和义务向外部利益相关者（如投资者和监管者）提供高质量的财务报告（Krishnan and Parsons，2008）。然而，追求个人私利的管理层更倾向于以盈余管理的手段达到业绩目标（Burgstahler and Dichev，1997；DeGeorge et al.，1999；Liu and Lu，2007）。通常而言，管理层可以采用两种盈余管理策略：应计盈余管理与真实盈余管理（Cohen et al.，2008；Cohen and Zarowin，2010；Zang，2012）。目前关于女性董事经济后果的研究聚焦于应计盈余管理，并且尚未得到一致的研究结论（Fields et al.，2001；Srinidhi et al.，2011；Sun et al.，2011）。本章认为，仅分析应计盈余管理难以体现女性董事经济后果的全貌。尤其当管理层将两种盈余管理策略互为替代策略时（Cohen et al.，2008；Cohen and Zarowin，2010；Zang，2012；Achleitner et al.，2014），仅关注应计盈余管理可能得到片面不准确的结论。此外，在中国等新兴市场经济体，投资者对于高质量盈余信息的需求较低，公司面临的诉讼风险较低（Allen et al.，2005；Chen et al.，2008；Liu and Tian，2012），进行盈余管理的成本也较低（Kuo et al.，2014）。因此，在新兴市场经济体，女性董事可能在抑制真实盈余管理活动方面发挥更为重要的作用。应计盈余管理指通过操纵应计项目的方式进行盈余管理。与之不同，真实盈余管理指通过改变经营、投资或融资交易的时间和规模的方式进行盈余管理，这会对公司的长期盈利和成长造成切实的负面影响（Cohen and Zarowin，2010；Gunny，2010；Zang，2012；Kim and Sohn，2013；Achleitner et al.，2014；Bereskin et al.，2014）。鉴于两种盈余管理策略的这一实质后果差异，本章认为相比于男性董事，女性董事具有对机会主义容忍程度较低、过度自信程度较低、风险厌恶程度较高的特质（Sunden and Surette，1998；Barber and Odean，2001；Hillman et al.，2007；Krishnan and Parsons，2008；Adams and Ferreira，2009；Gul et al.，2011；Srinidhi et al.，2011），从而可能在具有实质负面影响的真实盈余管理活动中发挥更好的监督治理作用。然而，目前还未有文献检验过女性董事对公司真实盈余管理的潜在影响。

鉴于此，本章以 2000—2011 年中国 A 股上市公司的 11831 个年度观察数据作为研究样本，实证检验了董事会中女性董事与公司真实盈余管理水平间的影响关系，结果显示：（1）当公司董事会中存在较多女性董事时，即至少有三名女性董事，或女性董事比例较高时，公司管理层实施的真实盈余管理程度较低；（2）当女性董事持有股份比例较高时，女性董事与真实盈余管理水平间的负相关关系更为明显。经过 Heckman 两阶段模型、倾向得分匹配、控制女性董事既在董事会任职也在监事会任职的情况、排除股权分置改革影响的稳健性检验后，上述研究结果稳健成立。进一步分析中，本章发现内部女性董事在抑制真实盈余管理方面发挥了更强的积极作用，而且女性董事主要是通过减少销售操控和生产成本操控，而不是减少酌量性支出操控来抑制真实盈余管理。最后，本章发现女性董事无法抑制公司的应计盈余管理。

本章可能的研究贡献在于：第一，本章扩展了关于女性董事的文献（Fields et al.，2001；Adams and Ferreira，2009；Terjesen et al.，2009；Bear et al.，2010；Gul et al.，2011；Srinidhi et al.，2011；Jia and Zhang，2012，2013；Jin et al.，2014；Sun et al.，2015；Chen et al.，2016），表明女性董事有助于抑制公司管理层实施真实盈余管理活动，但不能抑制应计盈余管理。第二，本章也丰富了真实盈余管理的有关文献。学者们认为，真实盈余管理对外部利益相关者而言透明度较低，相比应计盈余管理更不易被发现（Graham et al.，2005；Zang，2012；Ge and Kim，2014）。然而，现有研究对解决这一代理问题的机制讨论较少。本章研究发现董事会性别多元化是抑制真实盈余管理的有效机制，为解决该类代理问题提供了经验证据。第三，本章不仅检验了女性董事对于公司治理的影响，还检验了女性董事与其他公司治理机制的相互作用，加深了对女性董事治理角色的理解，对公司和监管机构提供了重要的实践启示。

11.2 文献回顾与假设提出

1.相关文献回顾

一般来说，管理者有两种盈余管理策略：应计盈余管理和真实盈余管理（Cohen et al.，2008；Cohen and Zarowin，2010；Zang，2012；Ge and Kim，2014）。应计盈余管理不会实际影响损害公司的日常经营或产生实际结果；与之不同，真实盈余管理通过销售操控、生产成本操控和酌量性支出操控会对公司造成长期不利的实质影响，进而阻碍公司成长（Graham et al.，2005；Roychowdhury，2006；Cohen et al.，2008；Zang，2012）。例如，Zhang 等（2008）证实，中国的微利企业通过真实盈余管理规避损失。Gunny（2010）发现，真实盈余管理与公司勉强达到业绩目标呈正相关，并且对未来业绩产生了不利影响。同样，Francis 等（2011）的研究表明，内部人会利用真实盈余管理隐藏不利信息，进而加剧公司的股价崩盘风险。进一步地，Bereskin 等（2014）和Lian 等（2014）研究证实，公司当以削减研发费用作为真实盈余管理的手段时，其后续创新的数量和质量都将受到负面影响。此外，Kim 和 Sohn（2013）以及 Ge 和 Kim（2014）发现，外部投资者和债权人会因真实盈余管理要求更高的风险溢价。也就是说，存在真实盈余管理的企业需要负担更高的资本成本。

鉴于真实盈余管理的负面经济后果及其普遍性（Graham et al.，2005），了解如何缓解这一机会主义行为具有重要现实意义。Roychowdhury（2006）发现，经验丰富的机构投资者能够抑制真实盈余管理。同样地，Wongsunwai（2013）发现，拥有高质量风险投资机构支持的上市公司往往具有较低的真实盈余管理程度。此外，研究还表明，媒体报道和四大会计师事务所审计是缓解真实盈余管理的有效外部治理机制（Qi et al.，2014；Zhu et al.，2015）。尽管这一领域的研究成果不断丰富，但考察内部治理机制有效性的文章仍较为相对缺乏。Ge 和 Kim（2014）的研究是一个例外，他们发现真实盈余管理随着董事会治理的改善而增加，随着收购保护的加强而减少，表明董事会监督可能会增强管理层进行真实盈余管理的激励，而收购保护则可能会减少这种激励。实际上，学者们已经达成基本共识，即真实盈余管理对外部利益相关者来说透明度较低，难以受到外部治理机制的有效监督（Graham et al.，2005；Zang，2012；Ge and Kim，2014），内部治理机制应该发挥更大的监督作用。然而，支持这一共识的经验证据目前还非常有限。因此，本章考察了董事会性别多元化对真实盈余管理的影响。

2.研究假设提出

以往研究已经证实，董事会性别多元化抑制真实盈余管理存在三种主要的潜在机制。尽管这些影响机制也适用于应计盈余管理或盈余信息质量（Gul et al.，2011；

Srinidhi et al.，2011），但是本章认为，这些机制用于解释女性董事对于真实盈余管理的影响关系更具有说服力。

首先，女性董事可以优化董事会结构，提高董事会监督管理层真实盈余管理的能力和效率。一般而言，具有不同专长的董事会在行为选择上具有较大差异性，在决策时拥有多样性观点（Srinidhi et al.，2011）。因此，女性董事能够带来不同的经验，引发董事会更多的讨论，从而提高董事会决策质量（Hillman et al.，2007）。具体来说，有关组织理论的研究表明，女性的参与有助于董事会的沟通和棘手问题的讨论（Clarke，2005；Huse and Solberg，2006）。此外，Adams 和 Ferreira（2009）发现，一个性别更多元化的董事会能够改善董事会的出勤率，对表现不佳的管理层进行更多问责。因此，女性董事可以提高董事会的监督能力和效率。由于真实盈余管理在很大程度上嵌入日常经营活动中，难以被发现（Graham et al.，2005；Zang，2012；Ge and Kim，2014），故而更加需要董事会的勤勉尽责。从这个角度来说，本章认为女性董事的参与有助于董事会实现这一艰巨的任务。

其次，女性董事更善于监督、抑制管理层进行真实盈余管理活动。Adams 和 Ferreira（2009）认为，相比男性董事，女性董事有更好的出勤记录，更有可能在监督委员会（如审计委员会、提名委员会和公司治理委员会）任职。换句话说，女性董事更好地履行了对管理层机会主义行为的监督职责（Hillman et al.，2007；Adams and Ferreira，2009）。此外，相关研究表明，女性董事的行为和思维往往比男性董事更加独立（Carter et al.，2003；Adams et al.，2010），这对有效监督至关重要（Srinidhi et al.，2011）。因此，作为监督者，女性董事可以帮助董事会更敏锐地发现管理层的真实盈余管理行为。

最后，女性董事对管理层真实盈余管理的容忍度更低，要求管理层提供更高质量的盈余信息。大量经验证据表明，与男性相比，女性通常更厌恶风险，具有更低的过度自信，对机会主义行为的容忍度也更低。例如，Bernardi 和 Arnold（1997）发现，在注册会计师事务所的职业道德测试中，女性的平均得分高于男性，表明女性对不道德的机会主义问题容忍度更低。同样，Sunden 和 Surette（1998）研究了退休储蓄计划中资产分配的性别差异，发现女性持有股票和其他高风险资产的可能性低于男性。此外，Barber 和 Odean（2001）发现，平均而言，女性持有证券的时间比男性更长，说明女性对自身能力的不自信导致其交易频率更低。由于真实盈余管理是不道德的、高风险的机会主义行为，并且具有深远的负面经济后果（Cohen and Zarowin，2010；Gunny，2010；Zang，2012；Achleitner et al.，2014；Bereskin et al.，2014），恪守道德规范的女性董事相比男性董事更可能抑制真实盈余管理。

综上所述，由于女性董事比男性董事更厌恶风险，对机会主义行为的容忍度更低，更积极地履行监督职责，可以提高董事会的监督能力和效率。因此，本章预测，具有性别多元化董事会的公司将面临更低的真实盈余管理程度。由此，本章提出如下假设：

假设 H11-1：同等条件下，拥有性别多元化董事会的公司真实盈余管理程度较低。

为了确保女性董事创造经济效益，了解其如何充分利用自身的性别特质是至关重要的。本章认为，持有股票是加强女性董事抑制真实盈余管理的一个重要机制。根据委托代理理论，所有个体都是理性自利的经济人，追求自身效用的最大化（Berle and Means，1932；Jensen and Meckling，1976）。由于组织角色可能凌驾于性别角色之上，与组织外部的女性相比，女性董事的价值取向和需求可能与组织内部的男性更为相似（Shawver and Clements，2015）。也就是说，女性董事也是理性和自利的经济人。持有股票使得女性董事与其他利益相关者的利益趋于一致，持股份额较高的女性董事更有可能在抑制管理层的真实盈余管理方面发挥更强的监督作用。此外，持有股票尤其是基于未来长期业绩回报的股票，能够促使女性董事追求公司的长期增长和价值（Kim and Lu，2011）。由于真实盈余管理涉及偏离正常经营活动的行为（如销售操控、过度生产、削减酌量性支出），不利于公司的竞争优势形成和长期价值增长（Cohen and Zarowin，2010；Gunny，2010；Zang，2012；Achleitner et al.，2014；Bereskin et al.，2014；Ge and Kim，2014），持股份额较高的女性董事有更强的动机监督管理者的机会主义行为。简言之，持有股票能够强化女性董事在抑制真实盈余管理方面的积极作用。因此，本章提出了如下假设：

假设 H11-2：女性董事持股会强化董事会性别多元化与真实盈余管理间的负向影响关系。

11.3 样本选择、变量定义与模型设定

1.样本选择及数据来源

本章的初始样本是 2000—2011 年中国沪深两市 A 股所有上市公司。在收集到全样本 18531 个公司—年度观测样本后，本章按如下步骤进行了样本筛选：（1）剔除被 ST、*ST、PT 公司—年度观测样本 1180 个；（2）剔除资不抵债的公司—年度观测样本 279 个；（3）剔除金融业公司—年度观测样本 264 个；（4）剔除同时发行 B 股或 H 股的公司—年度观测样本 1359 个；（5）剔除相关变量数据缺失的公司—年度观测样本 3618 个。最后，本章得到 11831 个有效的公司—年度观测样本。此外，为了缓解极端值的不利影响，本章对所有连续型变量进行了上下 1% 分位数的 winsorize 缩尾处理。本章的所有数据皆来自 CSMAR 数据库。

2.变量定义与度量

（1）真实盈余管理

本章借鉴 Roychowdhury（2006）和 Cohen 和 Zarowin（2010）的做法，基于异常经营现金流量（RM _ CFO）、异常酌量支出（RM _ DISEXP）和异常生产成本（RM _ PROD）来计算公司真实活动盈余管理的总体水平。在每个公司年度，使用各行业一年

度的截面回归估计系数计算 RM＿CFO、RM＿DISEXP 和 RM＿PROD 实际值与正常值之间的差异。具体计算方法详见公式（11-1）至（11－3）。

$$CFO_{i,t}/A_{i,t-1} = \beta_0 + \beta_1(1/A_{i,t-1}) + \beta_2(S_{i,t}/A_{i,t-1}) + \beta_3(\Delta S_{i,t}/A_{i,t-1}) + \varepsilon_t \qquad (11\text{-}1)$$

$$DISEXP_{i,t}/A_{i,t-1} = \beta_0 + \beta_1(1/A_{i,t-1}) + \beta_2(S_{i,t-1}/A_{i,t-1}) + \varepsilon_t \qquad (11\text{-}2)$$

$$PROD_{i,t}/A_{i,t-1} = \beta_0 + \beta_1(1/A_{i,t-1}) + \beta_2(S_{i,t}/A_{i,t-1}) + \beta_3(\Delta S_{i,t}/A_{i,t-1}) +$$
$$\beta_4(\Delta S_{i,t-1}/A_{i,t-1}) + \varepsilon_t \qquad (11\text{-}3)$$

其中，$CFO_{i,t}$ 是公司 i 在第 t 年的经营现金流净额；$DISEXP_{i,t}$ 是公司 i 在第 t 年的销售费用和管理费用之和[①]；$PROD_{i,t}$ 是公司 i 在 t 年的销售成本和库存之和；$A_{i,t-1}$ 是公司 i 在第 $t-1$ 年底的总资产；$S_{i,t}$ 是公司 i 在第 t 年的销售额；$\Delta S_{i,t}$ 是公司 i 在第 t 年和第 $t-1$ 年之间的销售额变化；$\Delta S_{i,t-1}$ 是公司 i 在第 $t-1$ 年和第 $t-2$ 年之间的销售额变化。

本章以 RM＿CFO、RM＿DISEXP 和 RM＿PROD 作为真实盈余管理的代理变量。在给定的销售水平下，对盈余进行向上管理的公司可能会有以下一种或全部情况：异常低的经营现金流量、异常低的酌量支出，或者异常高的生产成本。因此，本章以公式（11-4）来衡量真实盈余管理的程度（RM）。

$$RM = RM＿PROD - RM＿CFO - RM＿DISEXP \qquad (11\text{-}4)$$

在进一步分析中，本章将直接以 RM＿CFO、RM＿DISEXP 和 RM＿PROD 作为真实盈余管理的分项衡量指标。

（2）女性董事

参考已有研究（Williams，2003；Adams and Ferreira，2009；Torchia et al.，2011；Jia and Zhang，2013），本章引入了有关女性董事的两个自变量，即 WOMEN＿DUM 和 WOMEN＿RATIO。具体地，WOMEN＿DUM 是一个虚拟变量，如果一家公司至少有三名女性在董事会任职，则该变量取值为 1，否则取值为 0；WOMEN＿RATIO 指的是女性在董事会中所占比例。根据多数占优理论（critical mass theory），在董事会中多数人往往会否定或贬低少数人的意见（Westphal and Milton，2000）。女性在董事会中的参与度相对较低，难以对公司决策产生重大影响（Rose，2007；Post et al.，2011；Torchia et al.，2011；Joecks et al.，2013）。因此，本章选取的两个自变量应该能够充分捕捉女性董事对公司真实盈余管理的潜在影响。

（3）女性董事持股比例

为了检验研究假设 H11-2，本章构建了一个调节变量 WOMEN＿SHARE，其等于女性董事平均持股份额占公司总股票份额的比率。

---

① 在中国，上市公司不需要单独披露其广告支出和研发支出，这些支出在财报中分别计入销售支出和管理支出，公司广告支出和研发支出的数据存在许多缺失的价值。因此，本章改用销售支出和管理支出的总和衡量酌量支出。

（4）控制变量

参考 Sun 等（2011）、Qi 等（2014）等有关真实盈余管理的研究文献，本章引入了一系列会影响真实盈余管理的控制变量，包括 SIZE、AGE、ROA、GROWTH、MTB、LOSS、BIG4、OPINION、IFRS、TOP5、SOE 等。同时，本章控制了行业和年度固定效应。所有变量的详细定义见表 11-1。

表 11-1 变量定义与度量

变量符号	变量定义
RM	以 RM_CFO、RM_PROD 和 RM_DISEXP 三个变量之和衡量。其中，RM_CFO 是异常经营现金流量，以模型（11-1）回归估计残差乘－1 衡量；RM_PROD 是异常生产成本，以模型（11-2）回归估计残值衡量；RM_DISEXP 是异常酌量性支出，以模型（11-3）回归估计残差乘－1 衡量
WOMEN_DUM	哑变量，如果公司至少有三名女性在董事会任职，则该变量取值为 1，否则取值为 0
WOMEN_RATIO	女性在董事会中所占比率
WOMEN_SHARE	女性董事平均持股份额占公司总股票份额的比率
SIZE	公司员工人数的自然对数
AGE	公司上市后经历的年份数
ROA	公司息税前利润与总资产的比值
GROWTH	公司销售收入的年度增长率
MTB	公司年末股票价格与每股账面价值的比值
LOSS	哑变量，如果公司上年度的净利润小于 0，则该变量取值为 1，否则取值为 0
BIG4	哑变量，如果公司由国际四大会计师事务所审计，则该变量取值为 1，否则取值为 0
OPINION	哑变量，如果公司收到非标准审计意见，则该变量取值为 1，否则取值为 0
IFRS	哑变量，公司是否采用国际财务报告准则，在 2006 年（不包括 2006 年）之后取值为 1，否则取值为 0
TOP5	公司前五大股东持股份额占公司总股票份额的比率
SOE	公司国有股份占总股份的比率

3.计量回归模型

为了检验本章提出的研究假设 H11-1 和 H2，本章分别构建了如下 2 个计量回归模型。

$$
\begin{aligned}
\mathrm{RM}_{i,t} = {} & \beta_0 + \beta_1 \mathrm{WOMEN\_DUM}_{i,t-1}/\mathrm{WOMEN\_RATIO}_{i,t-1} + \beta_2 \mathrm{SIZE}_{i,t-1} + \\
& \beta_3 \mathrm{AGE}_{i,t-1} + \beta_4 \mathrm{ROA}_{i,t-1} + \beta_5 \mathrm{GROWTH}_{i,t-1} + \beta_6 \mathrm{MTB}_{i,t-1} + \\
& \beta_7 \mathrm{LOSS}_{i,t-1} + \beta_8 \mathrm{BIG4}_{i,t-1} + \beta_9 \mathrm{OPINION}_{i,t-1} + \beta_{10} \mathrm{IFRS}_{i,t-1} + \\
& \beta_{11} \mathrm{TOP5}_{i,t-1} + \sum \mathrm{INDUSTRY} + \sum \mathrm{YEAR} + \varepsilon_{i,t}
\end{aligned} \tag{11-5}
$$

$$
\begin{aligned}
\mathrm{RM}_{i,t} = {} & \beta_0 + \beta_1 \mathrm{WOMEN\_DUM}_{i,t-1}/\mathrm{WOMEN\_RATIO}_{i,t-1} + \beta_2 \mathrm{WOMEN\_SHARE}_{i,t-1} + \\
& \beta_3 (\mathrm{WOMEN\_DUM}_{i,t-1}/\mathrm{WOMEN\_RATIO}_{i,t-1}) \times \mathrm{WOMEN\_SHARE}_{i,t-1} +
\end{aligned}
$$

$$\beta_4 \text{SIZE}_{i,t-1} + \beta_5 \text{AGE}_{i,t-1} + \beta_6 \text{ROA}_{i,t-1} + \beta_7 \text{GROWTH}_{i,t-1} + \beta_8 \text{MTB}_{i,t-1} +$$

$$\beta_9 \text{LOSS}_{i,t-1} + \beta_{10} \text{BIG4}_{i,t-1} + \beta_{11} \text{OPINION}_{i,t-1} + \beta_{12} \text{IFRS}_{i,t-1} + \beta_{13} \text{TOP5}_{i,t-1} +$$

$$\sum \text{INDUSTRY} + \sum \text{YEAR} + \varepsilon_{i,t} \tag{11-6}$$

其中，模型（11-5）主要考察女性董事代理变量（$\text{WOMEN\_DUM}_{i,t-1}$/$\text{WOMEN\_RATIO}_{i,t-1}$）与真实盈余管理（$\text{RM}_{i,t}$）之间的影响关系，如果回归系数 β_1 显著为负，则本章提出的假设 H11-1 得到经验支持。模型（11-6）主要考察女性董事持股（$\text{WOMEN\_SHARE}_{i,t-1}$）如何调节女性董事（$\text{WOMEN\_DUM}_{i,t-1}$/$\text{WOMEN\_RATIO}_{i,t-1}$）与真实盈余管理（$\text{RM}_{i,t}$）之间的影响关系。如果交乘项的回归系数（$\beta_3$）显著为负，则假设 H11-2 得到经验支持，即女性董事持股会强化董事会性别多元化与真实盈余活动之间的负向影响关系。

11.4　描述性统计分析

表 11-2 报告了主要变量的描述性统计结果。可知，在全部样本中，8.1％的公司拥有三个以上的女性董事，董事会女性比例的平均值为 10.2％，这一数据接近于 Sun 等（2015）以中国为背景所得到的研究结果 10.1％，高于香港的 8.9％和美国的 8.5％，但低于英国的 11.7％（Adams and Ferreira，2009；Sun et al.，2015）。这一数据结果表明，虽然全球女性董事所占席位仍然不足，但中国在提升女性董事参与度方面取得了巨大进展。然而，平均而言，女性董事仅持有公司 0.1％的股票，这反映了中国市场对以股权为基础的薪酬体系的严格限制。此外，样本中仅有 3.2％的公司聘请了国际四大会计师事务所的年报审计服务，表明国际四大会计师事务所在中国资本市场的份额较低。

表 11-2　描述性统计结果

变量	样本量	均值	标准差	最小值	P25	中位数	P75	最大值
RM	11831	−0.164	0.441	−2.554	−0.181	−0.079	0.006	0.621
WOMEN_DUM	11831	0.081	0.273	0	0	0	0	1
WOMEN_RATIO	11831	0.102	0.104	0	0	0.100	0.154	0.444
WOMEN_SHARE	11831	0.001	0.013	0	0	0	0	0.470
SIZE	11831	7.389	1.278	3.584	6.690	7.480	8.210	10.305
AGE	11831	8.779	4.161	2	5	8	12	19
ROA	11831	0.057	0.065	−0.184	0.030	0.055	0.086	0.258
GROWTH	11831	0.226	0.489	−0.678	0.002	0.153	0.338	3.146
MTB	11831	1.677	0.936	0.822	1.086	1.353	1.900	6.111
LOSS	11831	0.106	0.308	0	0	0	0	1

续表

变量	样本量	均值	标准差	最小值	P25	中位数	P75	最大值
BIG4	11831	0.032	0.175	0	0	0	0	1
OPINION	11831	0.945	0.229	0	1	1	1	1
IFRS	11831	0.519	0.500	0	0	1	1	1
TOP5	11831	0.531	0.144	0.192	0.431	0.542	0.639	0.830
SOE	11831	0.235	0.250	0	0	0.150	0.460	0.750

11.5 Pearson 相关系数分析

表 11-3 报告了各主要变量两两之间的 Pearson 相关系数。从表中可知，女性董事参与度的两个度量指标 WOMEN_DUM 和 WOMEN_RATIO 高度相关。更为重要的是，这两个指标都与真实盈余管理显著负相关，初步支持了本章的研究假设 H11-1，即女性董事能够抑制管理层的真实盈余管理行为。本章还发现，女性董事持股份额与真实盈余管理之间存在显著的负相关关系，这支持了本章观点，即持有股票可激励女性董事对管理层真实盈余管理活动产生更强的监督效应。此外，其他控制变量间的相关系数多数都小于 0.5，说明将这些变量纳入回归模型不会造成严重的多重共线性问题。

表 11-3　Pearson 相关系数分析结果

变量	1	2	3	4	5	6	7
1 RM	1						
2 WOMEN_DUM	-0.044^{***}	1					
3 WOMEN_RATIO	-0.058^{***}	0.631^{***}	1				
4 WOMEN_SHARE	-0.096^{***}	0.039^{***}	0.083^{***}	1			
5 SIZE	-0.027^{***}	-0.039^{***}	-0.094^{***}	-0.024^{***}	1		
6 AGE	0.010	0.032^{***}	0.050^{***}	-0.114^{***}	-0.033^{***}	1	
7 ROA	-0.150^{***}	0.008	0.001	0.044^{***}	0.111^{***}	-0.053^{***}	1
8 GROWTH	-0.086^{***}	-0.009	-0.008	0.006	0.009	-0.024^{***}	0.244^{***}
9 MTB	-0.113^{***}	0.015	0.032^{***}	0.009	-0.160^{***}	0.112^{***}	0.224^{***}
10 LOSS	0.049^{***}	-0.006	-0.007	-0.025^{***}	-0.061^{***}	0.039^{***}	-0.637^{***}
11 BIG4	0.008	0.003	-0.030^{***}	-0.006	0.054^{***}	0.008	0.061^{***}
12 OPINION	-0.023^{**}	-0.014	-0.008	0.008	0.094^{***}	-0.002	0.295^{***}
13 IFRS	-0.216^{***}	0.027^{***}	0.066^{***}	0.076^{***}	0.054^{***}	0.380^{***}	0.157^{***}
14 TOP5	0.000	-0.062^{***}	-0.082^{***}	0.057^{***}	0.082^{***}	-0.408^{***}	0.136^{***}
15 SOE	0.166^{***}	-0.080^{***}	-0.114^{***}	-0.081^{***}	0.119^{***}	-0.221^{***}	-0.035^{***}

续表

	8	9	10	11	12	13	14
8 GROWTH	1						
9 MTB	−0.002	1					
10 LOSS	−0.179***	−0.018*	1				
11 BIG4	0.008	−0.055***	−0.037***	1			
12 OPINION	0.081***	−0.037***	−0.310***	0.021**	1		
13 IFRS	0.012	0.347***	−0.058***	−0.002	0.111***	1	
14 TOP5	0.094***	−0.173***	−0.081***	0.088***	0.029***	−0.232***	1
15 SOE	0.017*	−0.270***	0.000	0.033***	0.002	−0.412***	0.414***

注：(1) ***、**、* 分别代表在 1%、5%、10%的统计水平下显著（双尾）。

11.6 多元回归分析

1.女性董事与真实盈余管理间的影响关系分析

表 11-4 报告了 OLS 回归分析的结果。根据假设 H11-1 的预测，女性董事参与度与真实盈余管理呈负相关。结果显示，WOMEN _ DUM 回归系数显著为负（模型 1：$\beta = -0.021$，$p < 0.10$）。同样地，WOMEN _ RATIO 的回归系数也显著为负（模型 3：$\beta = -0.069$，$p < 0.05$）。因此，这些回归结果支持了 H11-1 的理论预期。假设 H11-2 涉及女性董事持股的调节作用。如表 11-4 所示，交互项的系数均显著为负（模型 2：$\beta = -1.573$，$p < 0.05$；模型 4：$\beta = -9.487$，$p < 0.01$）。上述结果表明，女性董事持股增强了女性董事与真实盈余管理之间的负向影响关系，从而支持了本章假设 H11-2 的理论预期。

表 11-4 女性董事与真实盈余管理的多元回归分析结果

变量	RM			
	模型 1	模型 2	模型 3	模型 4
WOMEN_DUM	−0.021*	−0.017		
	(−1.812)	(−1.485)		
WOMEN_RATIO			−0.069**	−0.060*
			(−2.217)	(−1.921)
WOMEN_DUM×WOMEN_SHARE		−1.573**		
		(−2.212)		
WOMEN_RATIO×WOMEN_SHARE				−9.487***
				(−3.764)

续表

变量	RM			
	模型 1	模型 2	模型 3	模型 4
WOMEN_SHARE		−0.705***		−0.098
		(−2.913)		(−0.330)
SIZE	0.004	0.003	0.003	0.003
	(1.241)	(1.157)	(1.139)	(1.073)
AGE	0.010***	0.009***	0.010***	0.009***
	(10.570)	(9.965)	(10.521)	(9.843)
ROA	−0.621***	−0.616***	−0.622***	−0.616***
	(−8.871)	(−8.801)	(−8.877)	(−8.807)
GROWTH	−0.070***	−0.071***	−0.070***	−0.071***
	(−10.485)	(−10.518)	(−10.484)	(−10.518)
MTB	−0.053***	−0.053***	−0.053***	−0.053***
	(−12.165)	(−12.270)	(−12.176)	(−12.326)
LOSS	−0.052***	−0.052***	−0.052***	−0.052***
	(−3.776)	(−3.757)	(−3.780)	(−3.765)
BIG4	0.012	0.011	0.011	0.011
	(0.677)	(0.632)	(0.612)	(0.591)
OPINION	0.052***	0.051***	0.052***	0.050***
	(3.482)	(3.426)	(3.482)	(3.379)
IFRS	−0.005	−0.002	−0.004	−0.001
	(−0.272)	(−0.122)	(−0.205)	(−0.057)
TOP5	0.058**	0.063**	0.058**	0.064**
	(2.162)	(2.341)	(2.157)	(2.394)
SOE	−0.004	−0.007	−0.005	−0.008
	(−0.285)	(−0.447)	(−0.303)	(−0.478)
截距	0.071	0.074	0.078*	0.080*
	(1.560)	(1.621)	(1.690)	(1.751)
行业固定效应	控制	控制	控制	控制
年度固定效应	控制	控制	控制	控制
样本量	11831	11831	11831	11831
F 值	242.52***	229.35***	242.61***	229.85
调整 R^2	0.403	0.40.3	0.403	0.404

注:(1) ***、**、* 分别代表在 1%、5%、10% 的统计水平下显著(双尾);(2)括号内数字为经过异方差调整的 t 值。

2.稳健性检验

本章进行了如下的稳健性检验以增强结论的可靠性：（1）上市公司可以自主决定是否任命女性董事，从而产生样本选择性偏误导致的内生性问题。为了缓解这一问题，本章采用了 Heckman 两阶段模型进行检验。同时，本章也可能存在反向因果问题，即真实盈余管理程度较轻的公司更有可能聘请到女性董事。为了解决这一内生性问题，本章以董事长或 CEO 是否为女性为工具变量进行两阶段最小二乘估计模型检验。（2）在研究样本中，只有 8.1% 的公司在其董事会中存在超过三位女性董事，这表明女性董事在公司间的分布可能并不随机。为了进一步缓解选择偏误问题，本章参考 Francis 等（2013）的做法，以 WOMEN_DUM 作为分组变量，并控制基准回归模型中的控制变量，进行 1∶1 无放回近邻匹配，并以匹配后的样本重新进行回归检验。（3）由于 CEO 对公司的大多数决策负有全责（Francis et al.，2013），并且既往研究表明，CEO 的个人特征可能会影响公司决策和结果（Bertrand and Schoar，2003；Cai et al.，2012）。由此，如果一家公司有一位女性 CEO 或董事长，那么女性董事发挥的作用将会受到限制。为了缓解这一担忧，本章在控制了女性 CEO 或董事长后，重新检验女性董事对真实盈余管理的影响。（4）Zang（2012）研究发现管理层在选择盈余管理策略时，真实盈余管理和应计盈余管理间存在替代关系，这意味着本章研究结论存在另一个潜在解释：真实盈余管理的减少可能是应计盈余管理增加导致，而不是女性董事所带来的经济后果。为检验这种可能性，本章将应计盈余管理作为一个控制变量纳入基准回归模型进行重新检验。上述的检验结果表明，本章的主要研究结论是稳健可靠的。

11.7　进一步分析

1.区分内部和外部女性董事

本章同时考虑了内部和外部女性董事。被普遍接受的是，独立于管理层的外部董事（如独立董事）有动机提高和保持自身声誉，相较于内部董事可能发挥更强的监督作用（Fama and Jensen，1983；Jiang et al.，2016）。然而，内部董事通常由公司经理兼任，更有可能在重大决策上支持公司管理层。因此，内部女性董事对真实盈余管理的影响是否异于外部女性董事目前尚不明确。由此，本章将女性董事身份区分为内部女性董事（WOMEN_IN）和外部女性董事（WOMEN_OUT）后进行分样本回归分析，结果列示于表 11-5。

表 11-5 基于区分内外部女性董事的多元归回分析结果

变量	RM					
	模型 1	模型 2	模型 3	模型 4	模型 5	模型 6
WOMEN_IN	−0.129 ***	−0.125 ***				
	(−7.811)	(−7.533)				
WOMEN_OUT			−0.341 ***			
			(−11.007)			
WOMEN_IN×WOMEN_SHARE_IN		−8.338 ***				
		(−2.696)				
WOMEN_RATIO_IN				−0.072 *	−0.058	
				(−1.916)	(−1.545)	
WOMEN_RATIO_OUT						0.086
						(1.600)
WOMEN_RATIO_IN×WOMEN_SHARE_IN					−10.251 ***	
					(−2.625)	
WOMEN_SHARE_IN		−0.476 **			1.085 *	
		(−2.074)			(1.736)	
SIZE	0.003	0.003	0.002	0.003	0.003	0.004
	(1.007)	(1.003)	(0.729)	(1.169)	(1.156)	(1.312)
AGE	0.010 ***	0.009 ***	0.008 ***	0.010 ***	0.010 ***	0.010 ***
	(10.109)	(9.711)	(8.696)	(10.582)	(10.251)	(10.583)
ROA	−0.612 ***	−0.612 ***	−0.565 ***	−0.626 ***	−0.625 ***	−0.624 ***
	(−8.762)	(−8.767)	(−8.090)	(−8.936)	(−8.926)	(−8.914)
GROWTH	−0.071 ***	−0.071 ***	−0.073 ***	−0.070 ***	−0.070 ***	−0.070 ***
	(−10.548)	(−10.553)	(−10.866)	(−10.486)	(−10.475)	(−10.481)
MTB	−0.054 ***	−0.055 ***	−0.057 ***	−0.053 ***	−0.053 ***	−0.053 ***
	(−12.538)	(−12.589)	(−13.177)	(−12.146)	(−12.187)	(−12.138)
LOSS	−0.050 ***	−0.051 ***	−0.047 ***	−0.052 ***	−0.053 ***	−0.052 ***
	(−3.657)	(−3.682)	(−3.420)	(−3.803)	(−3.820)	(−3.784)
BIG4	0.010	0.010	0.008	0.012	0.012	0.013
	(0.566)	(0.569)	(0.436)	(0.652)	(0.656)	(0.698)
OPINION	0.051 ***	0.051 ***	0.048 ***	0.052 ***	0.051 ***	0.052 ***
	(3.441)	(3.421)	(3.277)	(3.507)	(3.432)	(3.509)
IFRS	−0.025	−0.023	−0.008	−0.021	−0.019	−0.021
	(−1.368)	(−1.266)	(−0.440)	(−1.112)	(−1.011)	(−1.135)

续表

变量	RM					
	模型 1	模型 2	模型 3	模型 4	模型 5	模型 6
TOP5	0.061^{**}	0.062^{**}	0.065^{**}	0.059^{**}	0.062^{**}	0.062^{**}
	(2.283)	(2.325)	(2.412)	(2.206)	(2.320)	(2.301)
SOE	-0.008	-0.009	-0.008	-0.004	-0.005	-0.003
	(-0.479)	(-0.583)	(-0.530)	(-0.259)	(-0.337)	(-0.163)
截距	0.101^{**}	0.102^{**}	0.098^{**}	0.076^{*}	0.076^{*}	0.064
	(2.209)	(2.240)	(2.157)	(1.651)	(1.651)	(1.401)
行业固定效应	控制	控制	控制	控制	控制	控制
年度固定效应	控制	控制	控制	控制	控制	控制
样本量	11831	11831	11831	11831	11831	11831
F 值	245.460	231.992	248.5180	242.544	229.151	242.488
调整 R^2	0.405	0.406	0.408	0.403	0.403	0.403

注：(1) ***、**、* 分别代表在 1%、5%、10%的统计水平下显著（双尾）；(2)括号内数字为经过异方差调整的 t 值。

如表 11-5 所示，内部和外部的女性董事的存在均抑制了真实盈余管理（模型 1：$\beta = -0.129$，$p < 0.01$；模型 3：$\beta = -0.341$，$p < 0.01$）。在一定程度上，由于董事会中存在更多的内部女性董事，内部女性董事相比外部女性董事对真实盈余管理发挥了更强的抑制作用（模型 4：$\beta = -0.072$，$p < 0.10$；模型 6：$\beta = -0.086$，$p > 0.10$）。此外，持有股权增强了内部女性董事在抑制真实盈余管理方面的积极作用（模型 2：$\beta = -8.338$，$p < 0.01$；模型 5：$\beta = -10.251$，$p < 0.01$）[①]。综上，本章发现内部女性董事在抑制真实盈余管理方面发挥了更强的作用。

2.真实盈余管理具体活动的影响分析

本章借鉴 Roychowdhury（2006）的研究，使用销售操控（RM_CFO）、生产成本操控（RM_PROD）和酌量性支出操控（RM_DISEXP）等三种真实盈余管理活动来构建衡量真实盈余管理的综合指标。为了进一步检验女性董事对真实盈余管理的影响及其作用机制，本章考察了女性董事对每一类真实盈余管理活动的影响。由于 RM_CFO 和 RM_DISEXP 的数值与真实盈余管理程度负相关，为了解释的方便，本章将 RM_CFO 和 RM_DISEXP 的数值乘以 -1。表 11-6 列示了相关的回归结果。

---

① 由于中国外部独立董事不允许持有其所服务上市公司的股份，本章无法检验持股对外部女董事的调节作用。

表 11-6 有关三种真实盈余管理活动的多元回归分析结果

变量	RM_CFO		RM_PROD		RM_DISEXP	
	模型 1	模型 2	模型 3	模型 4	模型 5	模型 6
WOMEN_DUM	−0.002		−0.011		−0.003	
	(−0.536)		(−1.063)		(−1.370)	
WOMEN_RATIO		−0.007		−0.041		−0.008
		(−0.722)		(−1.559)		(−1.374)
WOMEN_DUM×	−0.467**		−0.696		−0.140	
WOMEN_SHARE	(−2.197)		(−1.150)		(−1.039)	
WOMEN_RATIO×		−1.880**		−7.140***		0.001
WOMEN_SHARE		(−2.498)		(−3.330)		(0.003)
WOMEN_SHARE	−0.022	0.090	−0.531***	−0.055	−0.155***	−0.158***
	(−0.304)	(1.022)	(−2.582)	(−0.218)	(−3.365)	(−2.810)
SIZE	−0.003***	−0.003***	0.020***	0.020***	−0.013***	−0.013***
	(−3.635)	(−3.666)	(8.461)	(8.387)	(−23.627)	(−23.643)
AGE	0.000	0.000	0.009***	0.009***	−0.000	−0.000
	(1.618)	(1.566)	(11.320)	(11.191)	(−0.834)	(−0.826)
ROA	−0.480***	−0.480***	−0.012	−0.012	−0.104***	−0.104***
	(−22.955)	(−22.963)	(−0.205)	(−0.197)	(−7.799)	(−7.816)
GROWTH	0.006***	0.006***	−0.056***	−0.056***	−0.023***	−0.023***
	(2.826)	(2.831)	(−9.878)	(−9.883)	(−17.883)	(−17.876)
MTB	−0.015***	−0.015***	−0.023***	−0.023***	−0.015***	−0.015***
	(−11.669)	(−11.701)	(−6.205)	(−6.253)	(−17.758)	(−17.757)
LOSS	−0.022***	−0.022***	0.002	0.002	−0.031***	−0.031***
	(−5.353)	(−5.359)	(0.209)	(0.208)	(−11.705)	(−11.711)
BIG4	−0.003	−0.003	0.030**	0.030*	−0.009***	−0.009***
	(−0.591)	(−0.597)	(1.966)	(1.930)	(−2.596)	(−2.631)
OPINION	0.003	0.003	0.041***	0.041***	0.005*	0.005*
	(0.619)	(0.592)	(3.273)	(3.224)	(1.663)	(1.675)
IFRS	0.003	0.003	−0.013	−0.012	0.006*	0.006*
	(0.601)	(0.623)	(−0.868)	(−0.810)	(1.746)	(1.781)
TOP5	0.013*	0.014*	0.068***	0.070***	−0.021***	−0.021***
	(1.664)	(1.689)	(2.985)	(3.041)	(−4.178)	(−4.191)
SOE	−0.010**	−0.011**	−0.020	−0.02	0.022***	0.022***
	(−2.222)	(−2.233)	(−1.474)	(−1.515)	(7.225)	(7.239)

续表

变量	RM_CFO		RM_PROD		RM_DISEXP	
	模型1	模型2	模型3	模型4	模型5	模型6
截距	0.045***	0.046***	−0.175***	−0.171***	0.117***	0.118***
	(3.353)	(3.400)	(−4.562)	(−4.430)	(13.616)	(13.629)
行业固定效应	控制	控制	控制	控制	控制	控制
年度固定效应	控制	控制	控制	控制	控制	控制
样本量	11831	11831	11831	11831	11831	11831
F 值	77.59***	77.64***	261.56***	262.11***	91.92***	91.87***
调整 R^2	0.185	0.185	0.435	0.436	0.212	0.212

注：(1) ***、**、* 分别代表在 1%、5%、10%的统计水平下显著(双尾)；(2)括号内数字为经过异方差调整的 t 值。

如表 11-6 所示，WOMEN_DUM 和 WOMEN_RATIO 与各类具体的真实盈余管理活动的回归系数虽然统计上不显著，但均为负，与假设 H11-1 的预期一致。更重要的是，当以 RM_CFO 为因变量时，各交互项的回归系数均显著为负（模型1：$\beta=-0.467$，$p<0.05$；模型2：$\beta=-1.880$，$p<0.05$）。同样地，当以 RM_PROD 作为因变量时，交互项的回归系数也均为负，且 WOMEN_RATIO×WOMEN_SHARE 的回归系数具有统计显著性（模型3：$\beta=-0.696$，$p>0.10$；模型4：$\beta=-7.140$，$p<0.01$）。然而，当以 RM_DISEXP 作为因变量时，交互项的回归系数均不显著，符号也与基准回归不一致（模型5：$\beta=-0.140$，$p>0.10$；模型6：$\beta=0.001$，$p>0.10$）。

综上所述，这些结果表明，女性董事主要是通过减少销售操控和生产成本操控来抑制真实盈余管理，而不是通过减少酌量性支出操控实现[①]，这也许是因为拥有性别多元化董事会的公司往往研发投入较少（Adams and Ferreira，2009；Jin et al.，2014；Chen et al.，2016）。因此，存在女性董事的公司中，管理层通过减少研发投入等酌量性支出进行盈余管理的空间相对有限，故而女性董事对真实盈余管理的抑制作用可能会随着时间的推移而减弱。

3.女性董事对应计盈余管理的影响关系分析

以往关注到女性董事或高管在遏制应计盈利管理和提高盈余质量方面有效性的研究大多以美国作为研究背景（Krishnan and Parsons，2008；Ye et al.，2010；Srinidhi et al.，2011；Sun et al.，2011），而在中国特定的制度背景下，女性董事是否会影响公司

---

① 本章进一步分析结果表明，在女性董事数量达到临界的公司中，生产成本操控和销售操控的严重程度在 t 至 $t+1$ 年间显著增加，而在 $t+1$ 至 $t+2$ 年间显著下降。也就是说，生产成本操控和销售操控并不持续存在，在公司内部存在着真实盈余管理水平的逆转。然而，本章进一步分析发现，真实盈余管理的横截面变化在 $t+1$ 至 $t+2$ 年间持续存在。因此，公司内部真实盈余管理水平的逆转并不影响本章主要发现。

的应计盈余管理目前还不明确。为了解决这个问题，本章采用 DeFond 和 Jiambalvo（1994）提出的截面修正 Jones（1991）模型衡量公司的应计盈余管理水平，然后以应计盈余管理（DA）作为因变量重新进行回归分析。表 11-7 中的回归结果显示，女性董事代理变量的回归系数在统计上都没有达到边际显著（模型 1：$\beta=0.003$，$p>0.10$；模型 3：$\beta=0.003$，$p>0.10$）。此外，女性董事持股和女性董事参与度代理变量之间的交互项回归系数也不显著。上述结果表明，在中国背景下，女性董事无法抑制应计盈余管理。这也许是因为，在中国，对高质量盈余报告的需求及面临的潜在诉讼风险相对较低，导致上市公司进行应计盈余管理的成本也较低（Allen et al.，2005；Liu and Tian，2012；Kuo et al.，2014）。

表 11-7　女性董事与应计盈余管理的多元回归分析结果

变量	DA			
	模型 1	模型 2	模型 3	模型 4
WOMEN_DUM	0.003	0.004		
	(0.704)	(0.891)		
WOMEN_RATIO			0.003	0.005
			(0.270)	(0.436)
WOMEN_DUM×WOMEN_SHARE		−0.298		
		(−1.118)		
WOMEN_RATIO×WOMEN_SHARE				0.329
				(0.348)
WOMEN_SHARE		−0.217**		−0.252**
		(−2.391)		(−2.266)
SIZE	−0.005***	−0.005***	−0.005***	−0.005***
	(−4.903)	(−4.977)	(−4.897)	(−4.979)
AGE	−0.001***	−0.001***	−0.001**	−0.001***
	(−2.581)	(−2.938)	(−2.574)	(−2.879)
ROA	0.132***	0.134***	0.133***	0.134***
	(5.048)	(5.102)	(5.057)	(5.102)
GROWTH	0.020***	0.020***	0.020***	0.020***
	(7.896)	(7.878)	(7.893)	(7.879)
MTB	−0.006***	−0.006***	−0.006***	−0.006***
	(−3.515)	(−3.598)	(−3.521)	(−3.601)
LOSS	0.034***	0.034***	0.034***	0.034***
	(6.551)	(6.567)	(6.553)	(6.563)
BIG4	−0.000	−0.000	−0.000	−0.000
	(−0.039)	(−0.071)	(−0.027)	(−0.044)
OPINION	−0.014**	−0.014**	−0.014**	−0.014**
	(−2.481)	(−2.524)	(−2.490)	(−2.519)

续表

变量	DA			
	模型 1	模型 2	模型 3	模型 4
IFRS	0.015**	0.015**	0.014**	0.015**
	(2.209)	(2.321)	(2.193)	(2.288)
TOP5	0.034***	0.035***	0.034***	0.035***
	(3.338)	(3.466)	(3.323)	(3.423)
SOE	−0.015**	−0.015***	−0.015**	−0.016***
	(−2.488)	(−2.612)	(−2.511)	(−2.623)
截距	0.098***	0.099***	0.098***	0.099***
	(5.794)	(5.853)	(5.784)	(5.843)
行业固定效应	控制	控制	控制	控制
年度固定效应	控制	控制	控制	控制
样本量	11831	11831	11831	11831
F 值	172.99***	163.41***	172.97***	163.34***
调整 R^2	0.324	0.325	0.324	0.325

注：(1) ***、**、* 分别代表在 1%、5%、10%的统计水平下显著（双尾）；(2)括号内数字为经过异方差调整的 t 值。

11.8 研究结论与实践启示

本章研究了女性董事在抑制管理层实施真实盈余管理活动中发挥潜在的积极作用。具体地，本章选取 2000—2011 年中国 A 股上市公司为研究样本，以董事会是否存在多位女性董事以及女性董事比例衡量女性董事的参与度。实证结果发现，女性董事会参与度与更低的真实盈余管理水平有关，并且这一关联在女性董事有更高的持股比例时表现得更为明显。上述结论在一系列稳健性检验后仍然成立。综上，本章研究表明，女性董事可以有效抑制真实盈余管理活动，并且女性董事持有股份能够增强这一抑制效果。

本章研究对于利益相关者和监管部门具有一定的实践启示意义。根据本章研究结果，股东可以通过提高女性董事参与度、将股权激励纳入薪酬体系来抑制公司的真实盈余管理问题。本章的不足之处体现在以下三方面。首先，本章研究局限于公司治理较弱、机构较不发达的中国上市公司，因此，本章的研究结论是否具有可推广性仍有待检验。未来的研究可以在不同的制度背景下检验本章的论点和结论。其次，本章针对真实盈余管理活动的衡量方式虽然是稳健的，但由于存在潜在的测量误差，该衡量方式可能并不全面。学者们应该制定更好的衡量方法，以充分体现真实盈余管理的确切程度。最后，本章对不同公司治理机制之间的相互作用了解仍然有限，未来需要进行更深入的研究，以更好地理解公司治理。

12 官员独立董事与公司价值

12.1 官员独立董事与公司价值研究概述

2013 年 7 月 25 日中国重汽（03808. HK）公告称，贵州省前省长石秀诗、山东省前省长韩寓群和国税总局前副局长崔俊慧等三位省部级退休官员将同时出任公司的独立董事。这一公告在中央强力反腐的大背景下瞬间引起了公众的广泛关注和热议。迫于社会的各种压力，三位省部级退休官员在任职不到 12 天的时间内就闪电离职。紧接着，中组部于 2013 年 10 月 19 日下发了《关于进一步规范党政领导干部在企业兼职（任职）问题的意见》（下称"18 号文"），对党政领导干部在企业兼职的任职资格、离职期限、任职年龄和报酬等方面做出了严格限制。18 号文发布后，中国 A 股上市公司声势浩大的官员独董离职潮拉开了序幕，其中引人深思的，是这些官员独董的离职会给目标公司带来怎样的经济影响。

实际上，这是企业界和学术界长期热议的一个重要学术问题。上市公司聘请官员独董能够建立起与政府部门的政治联系，从而帮助其从政府手中获得各种稀缺资源和优惠政策（许年行 等，2013），但同时也时常需要承担提供就业机会、政府税收、官员政治升迁等多种社会和政治任务（逯东 等，2013）。学术界关于政治联系在企业的生存和发展中所发挥的作用，也长期存在着"扶持之手"和"掠夺之手"两种对立的观点（郑立东 等，2013），而且分别取得了一定的经验证据支持（Frye and Shleifer，1997；李维安和邱艾超，2010）。在此背景下，具有政治联系的独立董事（俗称"官员独董"）在上市公司中所扮演的角色就成为一个亟待检验的实证问题。

鉴于此，本章利用 18 号文作为外生冲击事件，手工搜集了中国 A 股上市公司 2013 年 10 月 19 日至 2014 年 12 月 31 日间披露的 790 起独立董事辞职公告，进而利用事件研究法检验了独董辞职的市场反应。结果显示：（1）投资者对官员独董的辞职公告事件表现出显著为正的市场反应，官员独董更多地扮演了"掠夺之手"的角色，进而损害了公司价值；（2）公司注册地所在省市的政府监管强度或者市场化程度越高，该公司的官员独董辞职公告事件引发的市场反应越积极，官员独董的"扶持之手"角色越难以发挥作用。

本章可能的贡献在于：第一，本章以 18 号文这一外生冲击事件引发的独立董事辞职潮为研究背景，利用事件研究法刻画和评估了官员独董对上市公司的实际价值。在克服了内生性问题干扰的背景下，我们发现官员独董相比非官员独董更多地扮演了"掠夺之手"的角色，整体上有损于公司价值。与醋卫华（2015）、钟覃琳等（2015）、叶青等（2016）等文献相比，本章特别增加了非官员独董群体作为对照样本，从而能够更好地判断和评估独立董事政治联系的经济价值，得到的相关研究结论具有更强的说服力。第二，虽然文献中对独立董事的个体特征（如年龄、学历、性别、任期、专业背景、社会网络关系、境外经历等）进行了广泛的研究并产生了丰富的研究成果，但是针对独立董事政治联系的研究才刚刚起步（Wang，2015）。本章利用官员独董离职潮事件考察了独立董事政治联系的经济价值，从而有效丰富和深化了独立董事领域的相关研究。第三，政治联系的经济后果是近年来公司财务领域的热点研究课题，但是现有文献主要停留在董事长和 CEO 等关键高管的政治联系。实际上，独立董事的政治联系强度要明显高于其他主体的政治联系强度，但是学者们长期忽视了独立董事这一特殊群体在建立企业的政治联系中的重要作用。本章实证检验了独立董事的政治联系对公司的经济影响，既拓展了政治联系领域的相关研究，又为中组部发布 18 号文的政策意义提供了及时可靠的经验证据。

12.2　文献回顾与假设提出

1.相关文献回顾

传统的法人治理结构存在委托代理问题，缺少独立的监督机构。应运而生的独立董事制度，加强了公司的内部制衡机制，能够抑制"内部人"权力的无限膨胀（Fama and Jensen，1983）。随着独立董事制度的实施，其有效性问题吸引了众多学者的研究关注。

Brickley 和 James（1987）、Giannetti 等（2015）等先后研究发现，独立董事能够有效监督和约束管理层，提升公司业绩，增加股东财富。但另一些学者则发现，独立董事对公司绩效并未产生显著的影响（Mak and Li，2001），甚至会降低公司的财务业绩，减损企业价值。例如，Harford（2002）以公司接管事件作为切入点，发现目标企业的独立董事在接管过程中会为了自身利益抵制接管要约，从而损害股东利益。可见，对于独立董事的治理效果，资本市场的经验证据并未取得一致的结论。在这种情况下，有些学者立足上市公司董事会的独立性，从公司层面检验独立董事制度的有效性。Bhagat 和

Black（2002）发现独立董事比例与公司长期业绩间存在一种非线性的倒 U 形关系，意味着独立董事的比例并非越高越好。Su 等（2008）更是发现独立董事比例与股权集中度呈 U 形曲线关系，表明在中国特殊制度背景下，独立董事实际受到大股东的控制进而沦为大股东攫取控制权私利的平台和工具。但是，Peng（2004）、Luo 等（2013）研究发现独立董事的比例越高，其越能有效监督和约束管理层的机会主义和大股东的利益侵占行为，降低代理成本、保护中小股东权益，进而提高公司业绩并为股东带来价值增值。

面对相互竞争的理论观点和经验证据，考虑到公司业绩与董事会结构的内生性问题以及董事会独立性的不可观察性，当独立董事比例逐渐"趋同"，单纯通过独立董事比例来考察其治理作用可能不再具有科学的参考价值（陈运森和谢德仁，2011；李维安等，2017）。鉴于此，不少学者开始探索可观察的独立董事个体特征对其治理行为的潜在重要影响。例如，魏刚等（2007）、叶康涛等（2011）、杜兴强等（2014）等分析了独立董事的性别、年龄、教育背景、职业背景、海外经历等多项个体特征对其治理效果的影响。而独立董事的履职特征，比如独立董事的任期、兼职企业数、工作地点（刘春等，2015）、参会投票情况以及公司董事会是否下设专业委员会等（祝继高 等，2015），同样对独立董事的有效性产生了显著影响。除此之外，也有学者从独立董事的社会网络视角检验了独立董事所处网络位置对其个体治理行为的影响（陈运森和谢德仁，2011）。

在中国转轨经济的制度背景和浓厚的"关系"文化背景下，政治联系作为不完善市场经济体制的一种替代机制，在社会经济活动和企业生存发展中发挥着非常重要的作用（陈冬华 等，2013）。因此，近年来独立董事的政治联系特征引起了相关学者的积极跟进与关注。一个具有政治联系的独立董事（俗称"官员独董"）除了肩负其应有的监督职责外，其特殊的政治身份背景还能为其所在公司提供丰富的社会资本和政商资源，从而发挥资源效应（许年行 等，2013）。基于资源依赖理论，独立董事的政治联系成为影响其有效性的一个重要方面。据此，相关学者研究发现官员独董能为企业获取优厚的政府订单、减少政府管制和行政监管（杜兴强 等，2014）、提升财务业绩和公司价值（许年行 等，2013）、创造超额市场回报（Goldman et al.，2009）。但也有学者研究发现官员独董虽然能够为民营企业带来更多的外部贷款和政府补助，推动民营企业的发展，但却会使国有企业面临更加严重的关联交易和过度投资问题，阻碍其健康有序地运行，与此同时还会降低企业的会计信息质量（余峰燕和郝项超，2011）。考虑到独立董事的任免通常具有内生性，近两年国内学者们开始利用 18 号文引起的官员独董离职潮为外生冲击事件，从市场的综合反应视角评价和检验了官员独董的价值。例如，钟覃琳等（2015）发现存在官员独董的上市公司在 18 号文发布后得到了显著为负的市场反应。进一步，Xu 等（2015）、醋卫华（2015）、叶青等（2016）、邓晓飞等（2016）重点考察了 18 号文发布后官员独董辞职公告的市场反应，发现目标公司得到了显著为负的累积超常收益率，再次说明官员独董对上市公司的重要经济价值。

综上所述，虽然学者们对独立董事的治理效果进行了广泛的研究，但是相关文献没有取得一致的结论。除了制度背景、研究样本、研究视角等方面的差异外，内生性问题是导致相互冲突的研究结论无法得到较好解释的重要原因。特别地，虽然最近基于18号文外生冲击事件的文献较好地缓解了内生性问题，但是这些研究却存在一个共同的研究设计缺陷，即没有设计比较参照，使得研究结论不能说明投资者的市场反应是针对官员独董的辞职还是针对独董的辞职。鉴于此，本章拟在一个较长的时间窗口和较大的研究样本下，通过比较官员独董和非官员独董的辞职公告市场反应差异，检验官员独董的综合价值，以期判断官员独董相对非官员独董而言所主要扮演的角色是"掠夺之手"还是"扶持之手"。

2.研究假设提出

在中国新兴加转轨的制度背景下，政府在资源配置中扮演着不可替代的角色（Li and Zhang，2007），而这些资源往往是企业生存发展所稀缺的。因此，与政府构建长期稳定的政治联系对中国企业而言具有重要的战略意义（魏刚 等，2007；王满和刘子旭，2016）。通常而言，与公司高管的政治联系相比，独立董事政治联系的强度和级别都要相对高很多。正因为此，聘请在任或离退休官员担任独立董事成为中国资本市场上市公司的普遍现象。但是，政治联系是一把"双刃剑"（Sun et al.，2016；王满和刘子旭，2016），官员独董既可能扮演"扶持之手"的角色而提升公司价值，也可能扮演"掠夺之手"的角色而损害公司价值。

一方面，官员独董能够在保证"形式上独立"的同时，最大限度地利用其多年积累的社会资本和人脉资源为上市公司提供帮助，扮演"扶持之手"的角色（邓晓飞 等，2016）。这些久经官场历练、熟悉国内政企博弈的官员独董能够为企业提供有关政策制定和法律法规的建议和咨询，判断经营决策是否合规，在搭建企业与政府当局沟通平台的同时，还可能影响政策走向、帮助公司化解当下的危机，从而减轻政策的不确定性、规避经营风险（钟覃琳 等，2015），进而提升公司价值。与此同时，官员独董还具有重要的战略资源优势（谢志明和易玄，2014），能够帮助企业特别是民营企业进入高壁垒性行业，获得更多的银行贷款和政府补助（Wang，2015）。此外，出于规避政治风险的考虑，官员独董会更加珍惜和维护自己的声誉，避免不必要的法律诉讼，从而更勤勉地监督管理层和控股股东，发挥一定程度的监督作用（Mak and Li，2001）。另一方面，官员独董也可能扮演"掠夺之手"的角色。对企业特别是国有企业而言，聘请离退休官员担任独立董事，可能是为了与政府建立联系而响应政府号召把独立董事职位当作特权阶层的福利，从而成为一种"政策性负担"。更为严重的是，在官员独董的牵线搭桥下，企业更可能背负上政府摊派的形象工程、创造就业、慈善捐赠等多种社会性负担（逯东 等，2013），从而损害公司价值。与此同时，官员独董大多为离退休官员，年事已高且普遍存在多家上市公司"一肩挑"的兼职现象，是否有足够的精力履行监督与咨询的职责也存在很大的疑问，何况公司的大股东或管理层也不会"作茧自缚"地聘请称职的官员独董来监督自己的经营行为（罗进辉，2014）。例如，Wang（2015）发现官员独董所任职的公司具有更为严重的关联交易和过度投资问题。

基于上述分析，官员独董同时扮演着两种截然相反的治理角色，"扶持之手"和

"掠夺之手",至于哪一种角色占优以及官员独董具有怎样的综合实际价值,是一个有待实证检验的研究问题。因此,本章认为官员独董的离职既可能损害公司价值,也可能提升公司价值。据此,我们提出以下两个有待检验的竞争性假设:

假设 H12-1a:投资者对官员独董辞职事件的市场反应显著为负,官员独董表现为"扶持之手"。

假设 H12-1b:投资者对官员独董辞职事件的市场反应显著为正,官员独董表现为"掠夺之手"。

在中国新兴的市场经济背景下,由于正式制度尚不健全,政治联系等非正式制度仍然深刻影响着企业的生存与发展(Allen,2005)。与此同时,由于中国的国民经济受到市场力量和行政力量的双重作用,加之改革进程各异,公司所处地区的制度环境存在较大差异,这将对公司的日常经营和治理水平产生重要影响(樊纲 等,2011)。具体地,随着外部制度环境的改善、经济体制的转变和政府行政干预的减少,上市公司所处的市场竞争环境将逐步趋向透明化,上市公司越倾向于通过市场化规则和手段在要素市场上获取资源,从而减少对政治联系的依赖,因而政治联系的价值也就会随之降低(陈凌和王昊,2013)。同理,完善的市场监管环境能够强化相关部门的监督整治力度,营造公平竞争的市场环境,减少企业生产经营中的"暗箱操作",从而激发市场活力、优化资源配置。在这种情况下,政治联系所能发挥的资源支持效应也将被明显弱化。因此,我们分析认为,外部的制度环境和监管环境是影响官员独董价值的重要因素。外部的市场化程度越高、政府的监管强度越大,官员独董的资源支持效应和行政干预效应就越弱。据此我们在假设 H12-1a 和 H12-1b 的基础上提出如下两个相对应的子假设:

假设 H12-2a:如果公司注册地所在省市的政府监管强度越大或者市场化程度越高,则投资者对该公司的官员独董辞职事件的负向市场反应越弱。

假设 H12-2b:如果公司注册地所在省市的政府监管强度越大或者市场化程度越高,则投资者对该公司的官员独董辞职事件的正向市场反应越弱。

12.3　样本选择、变量定义与模型设定

1.样本选择与数据来源

由于 18 号文发布于 2013 年 10 月 19 日,本章选取了中国 A 股上市公司在 2013 年 10 月 19 日至 2014 年 12 月 31 日期间内发生的独立董事辞职公告事件作为研究样本,之所以截至 2014 年 12 月 31 日,主要是因为 2015 年 11 月教育部针对高校独董发布了相关文件并引起了高校独董的离职潮,而辞职的高校独董区别于官员独董的突出特征是"亦学亦官"的特点,这使得高校独董辞职事件市场反应的经济含义较为复杂。通过翻阅独立董事的辞职公告和目标公司的年度报告,本章得到 1142 起独立董事辞职的公告

事件。为了提高样本间的可比性，我们对初始样本进行了如下的筛选过程：（1）剔除同时发行了 B 股或 H 股的样本 4 个；（2）剔除从属于金融行业的样本 28 个；（3）剔除在辞职公告日前后 5 天目标公司发布了再融资、股利分配、股权激励计划等重大公告事件的样本 28 个；（4）剔除辞职事件发生当年目标公司退市的样本 2 个；（5）剔除事件日当天停牌没有交易的样本 240 个；（6）剔除相关数据缺失的样本 50 个。最后，本章得到 790 个有效的独立董事辞职公告事件样本，涉及 602 家 A 股上市公司的 790 位独立董事，其中官员独董的辞职公告事件有 337 起，非官员独董的辞职公告事件有 453 起。

独立董事辞职公告事件的相关数据由作者手工收集整理上市公司的信息披露公告得到，上市公司的股票交易数据、公司治理和财务报表数据均来自中国证券市场与会计研究（CSMAR）数据库，上市公司注册地所在省市的市场化程度数据则使用樊纲等（2011）编制的中国市场化指数。特别地，本章对独立董事辞职事件发生的时间做了统计分析，结果如图 12-1 所示。从图 12-1 可以看到，18 号文发布的当月仅有 6 人次独董辞职，但之后独董辞职人次开始激增，2014 年 11 月高达 149 人次，直观反映了 18 号文对本次独立董事辞职潮事件产生的重要影响。

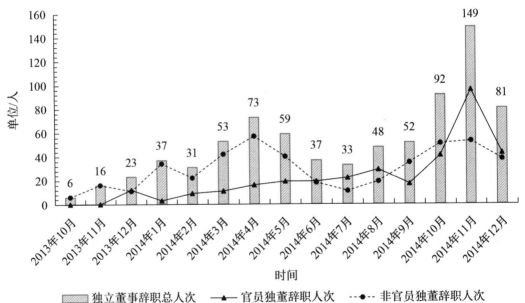

图 12-1　独董辞职人次的时间分布图

2.变量定义与度量

（1）累计超额收益率

借鉴 Brown 和 Warner（1985）的方法，本章利用上市公司独立董事首次公告辞职的累积超额收益率（CAR）来衡量投资者的市场反应。$CAR = \sum (R_i - R_m)$，其中，R_i 为公司 i 考虑现金红利再投资的股票日收益率，R_m 为分市场下（沪市 A 股、深市 A 股及创业板）考虑现金红利再投资的等权平均市场日回报率。（1）事件日的确定。借鉴王化成等（2010）、罗进辉（2013a）等事件研究文献的做法，本章选择独立董事辞职的首次公告披露日作为事件日。（2）事件窗口的确定。考虑到可能存在信息泄露导致的提前反应问题和涨跌停板限制下的反应延迟现象，本章选用了［－1，＋1］、［－2，＋2］、［－2，＋5］、［－2，＋20］和［－2，＋60］等多个事件窗口。（3）CAR 的计算方法。鉴于在中国资本市场，市场调整法和市场模型法的结果高度相似（王化成等，2010），本章在主体分析中使用市场调整法来计算 CAR，并用市场模型法对研究结论进行稳健性测试。

（2）官员独董辞职

借鉴醋卫华（2015）、邓晓飞等（2016）的做法，由于此次的独立董事辞职潮肇始于旨在限制政府官员在企业兼职的 18 号文，本章设置了一个官员独董辞职的哑变量（OFFICIAL）。若独立董事辞职公告中披露的辞职原因是 18 号文或现任职单位因响应中央号召出台的相关规定，则将该独立董事认定为官员独董辞职，OFFICIAL 取值为 1，否则将其认定为普通独董辞职，OFFICIAL 取值为 0。

（3）调节变量

①政府的监管强度（REGULATION）。参考 Du（2013）、陈冬华等（2013）的做法，本章首先手工收集了上市公司注册地以及三个监管中心（中国证监会、上海证券交易所和深圳证券交易所）办公大楼的经纬度信息，进而通过经纬度计算上市公司与三个监管中心球面距离的均值，最后对均值取自然对数来衡量上市公司所面临的监管强度。REGULATION 值越大，代表监管强度越弱。

②市场化程度（MKT）。本章使用樊纲等编制的中国市场化指数来衡量上市公司所属省市的市场化程度，该指数越高，意味着该地区的市场化制度环境越完善。

（4）控制变量

参考关于信息公告市场反应的事件研究文献（罗进辉，2013a），本章控制了年龄（AGE）和性别（GENDER）等独立董事的个体特征变量，董事会规模（BOARD）、独立董事比例（INDEP）等公司治理变量，公司规模（SIZE）、贝塔系数（BETA）、负债水平（LEV）、股票换手率（TURNOVER）、总资产收益率（ROA）等公司特征变量。其中，AGE 为辞职独董截至上市公司公告时的年龄；GENDER 在辞职独董为男性时取值为 1，否则为 0；BOARD 等于期末公司董事会的总席位数；INDEP 等于期末公司独立董事人数与董事会总人数的比值；SIZE 等于公司总资产的自然对数值；BETA 等于当年上市公司流通市值平均日收益率（因变量）与同期市场指数流通市值平均日收益率（自变量）回归分析得到的回归系数；LEV 等于公司期末总负债与总资产的比值；TURNOVER 等于当年内每个交易日股票成交股数与当日股票流通股总股数的比率之和除以当年交易天数；ROA 等于公司净利润与总资产的比值。特别地，考虑到在中国特殊的制度背景下，国有企业和非国有企业处于不平等的地位，这使得它们在建立政治联系的动机和所产生的经济后果上有显著差异（魏刚 等，2007），本章还控制了产权性质的影响，即设置国有企业虚拟变量（SOE），当公司的实际控制人为政府或国有法人时，SOE 取值为 1，否则为 0。与此同时，借鉴醋卫华（2015）的做法，本章还设置了一个哑变量（LESS），以反映公司独立董事比例是否因独董辞职而少于政策规定的三分之一，当独董辞职后公司的独立董事比率低于三分之一时，LESS 取值为 1，否则为 0。此外，本章还通过引入行业哑变量和年度哑变量以控制时间效应和行业效应的可能影响。

3.计量回归模型

为了科学检验本章的相关研究假设，我们设计了如下式（12-1）的计量回归模型。

$$
\begin{aligned}
\mathrm{CAR}_i = {} & \beta_0 + \beta_1\,\mathrm{OFFICIAL}_{i,t} + \beta_2\,\mathrm{AGE}_{i,t-1} + \beta_3\,\mathrm{GENDER}_i + \beta_4\,\mathrm{SOE}_{i,t-1} + \\
& \beta_5\,\mathrm{BOARD}_{i,t-1} + \beta_6\,\mathrm{LESS}_{i,t-1} + \beta_7\,\mathrm{INDEP}_{i,t-1} + \beta_8\,\mathrm{SIZE4}_{i,t-1} + \\
& \beta_9\,\mathrm{BETA}_{i,t-1} + \beta_{10}\,\mathrm{LEV}_{i,t-1} + \beta_{11}\,\mathrm{TURNOVER}_{i,t-1} + \beta_{11}\,\mathrm{ROA}_{i,t-1} + \\
& \sum \mathrm{INDUSTRY} + \sum \mathrm{YEAR} + \varepsilon_{i,t}
\end{aligned}
\tag{12-1}
$$

其中，CAR $[t_1, t_2]$ 表示在 $[t_1, t_2]$ 的时间窗口内计算得到的累积超常收益率。为了全面刻画和反映独立董事辞职公告事件的市场反应，本章选取了 $[-1, +1]$、$[-2, +2]$、$[-2, +5]$、$[-2, +20]$、$[-2, +60]$ 等 5 个时间窗口下的累积超常收益率 CAR。β_0 代表截距，β_1 为本章所关心的核心回归系数，$\varepsilon_{i,t}$ 为残差项。特别地，在检验本章的研究假设时，由于假设 H12-1a 和 H12-1b 的检验将通过比较官员独董和非官员独董的市场反应差异进行，因而使用的是由官员独董和非官员独董构成的综合样本，而假设 H12-2a、H12-2b 是关于官员独董价值异质性的理论预期，我们将通过使用官员独董子样本进行检验。此外，为了消除极端值的不利影响，本章对所有连续型变量都进行了上下 1‰ 的 Winsorize 缩尾处理，同时对所有公司治理变量和公司特征变量均采用上一期的年报数据进行衡量。

12.4　描述性统计分析

表 12-1 为主要变量的描述性统计分析结果。从表 12-1 可以看到：（1）累积超常收益率 CAR 在 $[-1, +1]$、$[-2, +2]$、$[-2, +5]$、$[-2, +20]$、$[-2, +60]$ 等 5 个时间窗口下的均值分别为 -0.001、0.001、0.001、-0.00009 和 -0.008，而中位数分别为 -0.007、-0.005、-0.006、-0.019 和 -0.043，这些统计数据没有呈现出一致的符号，主要可能是因为官员独董的辞职公告与非官员独董的辞职公告所引起的市场反应存在明显差异。（2）官员独董哑变量（OFFICIAL）的均值为 0.427，说明 18 号文发布后辞职的独立董事中官员独董占比为 42.7%。（3）独立董事年龄 AGE 的均值和中位数均约为 58 岁，最大值为 84 岁，说明辞职的独立董事大都临近或已经退休，而这些人正是 18 号文的管制对象。（4）LESS 变量的均值为 0.768，说明此次 18 号文引致的独

立董事辞职潮使得76.8％的样本公司董事会的独立董事比例低于三分之一，从而没有满足证监会的相关政策要求。此外，其他变量的统计分布情况一切正常。

表 12-1　描述性统计结果

变量	样本量	均值	标准差	最小值	P25	中位数	P75	最大值
CAR[−1,+1]	790	−0.001	0.044	−0.135	−0.025	−0.007	0.012	0.302
CAR[−2,+2]	790	0.001	0.057	−0.140	−0.029	−0.005	0.016	0.498
CAR[−2,+5]	790	0.001	0.071	−0.181	−0.034	−0.006	0.022	0.699
CAR[−2,+20]	790	−0.00009	0.125	−0.332	−0.078	−0.019	0.043	0.751
CAR[−2,+60]	790	−0.008	0.199	−0.572	−0.129	−0.043	0.070	1.326
OFFICIAL	790	0.427	0.495	0	0	0	1	1
AGE	790	58.086	9.665	32	50	58	67	84
GENDER	790	0.881	0.324	0	1	1	1	1
SOE	790	0.461	0.499	0	0	0	1	1
BOARD	790	9.332	1.935	5	9	9	10	18
LESS	790	0.768	0.422	0	1	1	1	1
INDEP	790	0.375	0.057	0.308	0.333	0.364	0.400	0.667
SIZE	790	22.060	1.288	19.320	21.200	21.930	22.730	26.050
BETA	790	1.106	0.241	0.477	0.953	1.113	1.269	1.664
LEV	790	0.448	0.222	0.052	0.268	0.442	0.618	0.951
TURNOVER	790	2.152	1.813	0.178	0.958	1.615	2.722	9.902
ROA	790	0.031	0.066	−0.339	0.010	0.033	0.062	0.181

12.5　Pearson 相关系数分析

表 12-2 列示了各主要变量之间的 Pearson 相关系数。从表 12-2 可知，（1）官员独董哑变量 OFFICIAL 与 5 个时间窗口下的累积超常收益率 CAR 的相关系数分别为 0.063、0.064、0.094、0.079 和 0.116，且至少在 10％统计水平下显著，即相比非官员独董的辞职公告事件，投资者对官员独董的辞职公告事件表现出更为积极的市场反应，意味着官员独董相比非官员独董更不能提升公司价值，从而更多地扮演了"掠夺之手"的角色，与假设 H12-1b 的预期相符。（2）国有性质哑变量 SOE 与累积超常收益率 CAR 也基本显著正相关，说明相比民营企业，国有企业的独立董事辞职公告事件引起的市场反应更为积极。（3）哑变量 LESS 与 5 个时间窗口的累积超常收益率 CAR 都一

致负相关但不显著，说明董事会的独立性降低及其可能导致的政策违规风险可能会对公司价值产生不利影响。此外，控制变量之间的相关系数值均小于 0.5，说明把这些变量同时引入回归模型不会引起严重的多重共线性问题。

表 12-2　Pearson 相关系数分析结果

变量	1	2	3	4	5	6	7	8
1 CAR[−1,+1]	1							
2 CAR[−2,+2]	0.823***	1						
3 CAR[−2,+5]	0.641***	0.802***	1					
4 CAR[−2,+20]	0.374***	0.434***	0.593***	1				
5 CAR[−2,+60]	0.183***	0.205***	0.285***	0.521***	1			
6 OFFICIAL	0.063*	0.064*	0.094***	0.079**	0.116***	1		
7 AGE	−0.044	−0.002	0.0003	−0.001	0.047	0.125***	1	
8 GENDER	0.042	0.084**	0.036	−0.004	−0.007	0.040	0.094***	1
9 SOE	0.072**	0.066*	0.078**	0.101***	0.058	0.019	0.135***	0.026
10 BOARD	−0.017	−0.058	−0.057	−0.053	−0.039	−0.033	0.095***	0.035
11 LESS	−0.049	−0.053	−0.045	−0.018	−0.004	0.043	−0.029	0.002
12 INDEP	0.012	0.017	0.030	−0.008	−0.001	−0.055	0.020	0.052
13 SIZE	−0.056	−0.043	0.032	0.065*	0.022	0.033	0.190***	0.030
14 BETA	0.089**	0.085**	0.084**	0.048	−0.052	−0.066*	−0.023	−0.025
15 LEV	−0.011	−0.016	0.042	0.070*	0.062*	−0.045	0.111***	0.006
16 TURNOVER	0.012	−0.012	−0.084**	−0.101***	−0.075**	−0.036	−0.037	0.036
17 ROA	−0.031	−0.013	−0.020	−0.063*	−0.023	0.051	0.026	−0.045

变量	9	10	11	12	13	14	15	16
9 SOE	1							
10 BOARD	0.247***	1						
11 LESS	0.032	0.237***	1					
12 INDEP	−0.008	−0.264***	−0.568***	1				
13 SIZE	0.410***	0.345***	0.063*	−0.035	1			
14 BETA	0.048	−0.053	0.028	0.020	0.022	1		
15 LEV	0.262***	0.252***	0.025	−0.065*	0.514***	−0.046	1	
16 TURNOVER	−0.278***	−0.209***	−0.138***	0.132***	−0.369***	0.203***	−0.277***	1
17 ROA	−0.063*	−0.065*	0.041	0.003	0.002	−0.021	−0.422***	0.085**

注：***、**、*分别代表在 1%、5%、10% 的统计水平下显著（双尾）。

12.6 单变量的组间差异分析

本章采用均值的参数 T 检验方法和中位数的非参数 Wilcoxon 检验方法，对官员独董和非官员独董辞职的市场反应进行组内显著性检验，以判断官员独董这一特殊群体的辞职行为所引发的市场反应与其他类型的独立董事之间是否存在显著差异，结果如表12-3 所示。

纵向对比而言，从表12-3 可以看到，虽然官员独董和非官员独董在辞职公告日当天（T＝0）都得到了显著为负的超常收益率，但是在 ［−1，＋1］、［−2，＋2］、［−2，＋5］、［−2，＋20］、［−2，＋60］等综合时间窗口下，官员独董辞职公告事件的累积超常收益率 CAR 的均值和中位数符号并不一致，而且总体上边际显著为正；非官员独董的情况则正好相反，在上述的综合时间窗口下，非官员独董辞职公告事件的累积超常收益率 CAR 的均值和中位数都基本统计显著为负。从时间趋势看，随着事件时间窗口向后延伸，官员独董辞职公告事件的累积超常收益率正负比、均值和中位数的正值水平基本上都呈现逐渐增加的态势。相比之下，非官员独董辞职公告事件引发的市场反应在几乎所有时间窗口下都小于 0。

表 12-3 分组差异检验结果

窗口期	日超常收益率和累积超常收益率								t/Z 检验值
	OFFICIAL＝1（样本量＝337）				OFFICIAL＝0（样本量＝453）				
	正负比	均值	中位数	标准差	正负比	均值	中位数	标准差	
−2	0.793	0.001*	−0.002	0.022	0.798	0.001	−0.002*	0.022	0.280/0.194
−1	0.764	0.001	−0.003*	0.027	0.716	−0.001	−0.003***	0.021	1.132/0.197
0	0.660	−0.001*	−0.004***	0.023	0.629	−0.002**	−0.003***	0.023	0.780/0.297
1	0.793	0.002	−0.002	0.027	0.635	−0.001	−0.004***	0.021	1.384/0.952
2	0.774	0.002	−0.003	0.026	0.763	0.001	−0.002**	0.023	0.766/0.258
3	0.783	0.0002	−0.003	0.024	0.736	−0.001	−0.004***	0.021	0.724/0.924
4	0.693	0.001	−0.003*	0.024	0.665	−0.001	−0.003***	0.023	1.070/0.519
5	0.783	0.003**	−0.002	0.027	0.849	0.00002	−0.002*	0.020	1.916**/0.601
CAR[−1,＋1]	0.737	0.002	−0.007**	0.049	0.562	−0.004**	−0.008***	0.039	1.770*/1.057
CAR[−2,＋2]	0.832	0.005	−0.004	0.066	0.703	−0.002	−0.006***	0.050	1.801*/0.812
CAR[−2,＋5]	0.915	0.009**	−0.001	0.082	0.665	−0.004	−0.009***	0.061	2.649***/1.987**
CAR[−2,＋20]	0.926	0.011	−0.007	0.011	0.589	−0.009	−0.028***	0.118	2.214**/2.285**
CAR[−2,＋60]	0.783	0.018	−0.027	0.232	0.557	−0.028***	−0.053***	0.169	3.290***/2.407***

注：*** 、** 、* 分别代表在1％、5％、10％的统计水平下显著（双尾）。

　　进一步，为了更好地比较和论证官员独董政治联系的实际价值，本章还统计检验了官员独董辞职公告事件和非官员独董辞职公告事件的市场反应差异。横向对比而言，表12-3的结果显示，官员独董辞职公告事件在［-1，+1］、［-2，+2］、［-2，+5］、［-2，+20］、［-2，+60］等综合时间窗口下的累积超常收益率 CAR 都显著高于非官员独董的相应指标。这一结果说明，通过把非官员独董辞职事件作为对照样本从而有效控制独立董事辞职事件本身的市场反应后，独立董事的政治联系抑或是否为官员独董对投资者的市场反应是有显著差异的，而且这一差异是正向的市场反应差异。这意味着相对非官员独董，官员独董的辞职公告事件引起的市场反应更为积极，亦即官员独董政治联系的丧失不仅没有损害公司价值，反而提升了公司价值，官员独董主要扮演了"掠夺之手"的角色，因而支持了假设 H12-1b 的理论预期。

　　为了更加直观地反映投资者对独立董事辞职公告事件的市场反应变化情况，本章将非官员独董和官员独董辞职公告事件引发的累积日平均超常收益率进行了比较，如图12-2所示。

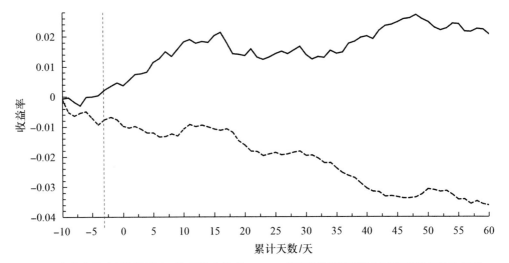

图12-2　官员独董与非官员独董辞职公告事件的累积日平均超额收益率图

　　注：纵轴为累积日平均超常收益率，每一小格代表 0.002；横轴为事件日，单位为天；图中竖线是 $T=0$ 时刻的分界线。

　　从图12-2可知，官员独董和非官员独董辞职公告事件引发的市场反应呈现出方向完全相反的两种趋势。官员独董辞职公告事件的累积日平均超常收益率随着时间的推移，总体上呈现逐步上升的趋势，说明投资者的市场反应是乐观积极的；而非官员独董辞职公告事件的累积日平均超常收益率则表现为持续下降且都一直处于 0 的下方，说明投资者的市场反应是负面消极的。这一结果再次说明，相对非官员独董而言，官员独董更多地扮演了"掠夺之手"的角色，因而投资者对他们的辞职公告事件表现出了积极的市场反应，否定假设 H12-1a 的同时支持了假设 H12-1b 的预期。

12.7 多元回归分析

1.官员独董辞职与累计超额收益率间的影响关系分析

上述分析结果表明官员独董辞职公告事件的市场反应与非官员独董之间存在显著差异，官员独董辞职行为所引发的是正向的市场反应。这一部分将聚焦于官员独董，详细论证官员独董辞职公告事件的市场反应。

表 12-4 列示了 OLS 多元回归分析的结果。从表 12-4 可以看到，在控制了独立董事个体特征和产权性质等公司特征因素的影响后，官员独董哑变量（OFFICIAL）在 5 个事件窗口下都得到了显著为正的回归系数（模型 1：$\beta=0.007$，$p<0.05$；模型 2：$\beta=0.008$，$p<0.10$；模型 3：$\beta=0.013$，$p<0.05$；模型 4：$\beta=0.019$，$p<0.05$；模型 5：$\beta=0.043$，$p<0.01$）。与表 12-3 的检验结果一致，官员独董辞职公告事件引起的市场反应是积极的，支持了本章的假设 H12-1b，即官员独董更多地表现为"掠夺之手"的角色，损害了公司价值。可见，市场投资者认为，官员独董的"专有政治资本"可能带来的战略资源优势并不能抵销官员独董可能给公司带来的社会性负担，从而官员独董的离职将有助于提升公司价值，因而投资者的市场反应是积极的。

表 12-4 官员独董辞职与累计超额收益率的多元回归分析结果

变量	CAR[−1+1] 模型 1	CAR[−2,+2] 模型 2	CAR[−2,+5] 模型 3	CAR[−2,+20] 模型 4	CAR[−2,+60] 模型 5
OFFICIAL	0.007 **	0.008 *	0.013 **	0.019 **	0.043 ***
	(2.242)	(1.763)	(2.347)	(1.992)	(2.883)
AGE	−0.0003	−0.00003	−0.00007	−0.0002	0.001
	(−1.405)	(−0.128)	(−0.258)	(−0.452)	(0.711)
GENDER	0.007	0.017 ***	0.009 *	0.001	0.008
	(1.575)	(3.567)	(1.686)	(0.113)	(0.415)
SOE	0.009 **	0.010 **	0.005	0.012	0.014
	(2.508)	(2.288)	(0.897)	(1.196)	(0.877)
BOARD	0.0002	−0.002	−0.003 **	−0.007 ***	−0.009 **
	(0.290)	(−1.463)	(−2.022)	(−3.289)	(−2.289)
LESS	−0.007	−0.010	−0.010	−0.012	−0.002
	(−1.336)	(−1.481)	(−1.119)	(−0.829)	(−0.091)
INDEP	−0.013	−0.040	−0.015	−0.077	0.023
	(−0.338)	(−0.895)	(−0.269)	(−0.720)	(0.126)

续表

变量	CAR[−1+1]	CAR[−2,+2]	CAR[−2,+5]	CAR[−2,+20]	CAR[−2,+60]
	模型 1	模型 2	模型 3	模型 4	模型 5
SIZE	−0.004 **	−0.004 *	−0.002	0.001	−0.011 *
	(−2.358)	(−1.919)	(−0.870)	(0.154)	(−1.717)
BETA	0.017 **	0.025 ***	0.038 ***	0.045 ***	−0.008
	(2.560)	(2.952)	(3.702)	(2.646)	(−0.258)
LEV	0.007	0.007	0.016	0.038	0.110 ***
	(0.770)	(0.687)	(1.114)	(1.454)	(2.599)
TURNOVER	−0.00009	−0.001	−0.005 **	−0.009 ***	−0.009 *
	(−0.085)	(−0.895)	(−2.489)	(−2.906)	(−1.915)
ROA	−0.003	0.013	0.019	−0.036	0.092
	(−0.102)	(0.317)	(0.393)	(−0.379)	(0.709)
截距	0.100 ***	0.085 *	0.056	0.012	0.057
	(2.628)	(1.848)	(0.918)	(0.113)	(0.373)
行业固定效应	控制	控制	控制	控制	控制
年度固定效应	控制	控制	控制	控制	控制
样本量	790	790	790	790	790
F 值	2.211 ***	2.355 ***	2.344 ***	2.768 ***	8.932 ***
调整 R^2	0.014	0.019	0.031	0.057	0.035

注：(1) *** 、** 、* 分别代表在 1%、5%、10% 的统计水平下显著（双尾）；(2)括号内数字为经过异方差调整的 t 值。

2.基于公司外部特征的检验

本部分探讨了公司外部因素的影响。表 12-5 列示了外部市场化程度和政府监管强度对官员独董辞职公告事件市场反应的影响，模型 1 和模型 2 检验监管强度（REGU-LATION）与官员独董辞职公告事件的市场反应之间的关系。模型 3 和模型 4 则检验市场化程度（MKT）与市场反应之间的关系。从表 12-5 可以看到，监管强度（REGU-LATION）在长短期时间窗口下均得到了显著为负的回归系数（模型 1：$\beta = -0.127$，$p < 0.10$；模型 2：$\beta = -0.353$，$p < 0.01$）。这些结果表明上市公司注册地离监管中心的距离越远，面临的监管强度就越弱，而投资者对官员独董辞职公告事件的正向市场反应也越弱。这是因为当上市公司面临的外部监管体制不完善甚至缺失时，非正式的政治联系能够相对较多地发挥其"扶持之手"的角色，为上市公司提供其生存所需的战略资源和政策优惠，因而这些公司的官员独董辞职公告事件相对而言将得到更为不积极的市场反应。类似地，市场化程度（MKT）在模型 3 和模型 4 两个回归模型中都得到了正回归系数（模型 3：$\beta = 0.001$，$p > 0.10$；模型 4：$\beta = 0.011$，$p < 0.10$），而且在 [−2，+60] 的长时间窗口下达到了 10% 的边际显著水平。这一结果说明上市公司注册地所

在省市的市场化程度越高、政府干预程度较低、资源配置效率较高，上市公司对官员独董政治联系的依赖程度越低，官员独董的"掠夺之手"角色就将表现得更为突出，因而官员独董辞职公告事件引起的市场反应就会越积极。因此，表 12-5 的回归结果较好地支持了本章假设 H12-2b 的理论预期。

表 12-5 基于公司外部因素影响官员独董辞职公告事件市场反应的回归分析结果

变量	CAR[−2,+5]	CAR[−2,+60]	CAR[−2,+5]	CAR[−2,+60]
	模型 1	模型 2	模型 3	模型 4
REGULATION	−0.127*	−0.353***		
	(−1.879)	(−3.543)		
MKT			0.001	0.011*
			(0.665)	(1.706)
AGE	−0.001	0.002	−0.00007	0.001
	(−0.995)	(1.062)	(−0.145)	(0.564)
GENDER	0.042**	0.053*	0.020**	0.060**
	(2.501)	(1.663)	(2.182)	(2.116)
SOE	0.021	−0.005	0.014	−0.006
	(1.260)	(−0.176)	(1.403)	(−0.223)
BOARD	−0.009**	−0.016**	−0.004	−0.015**
	(−2.264)	(−2.589)	(−1.565)	(−2.316)
LESS	−0.035	0.021	−0.002	−0.019
	(−1.215)	(0.535)	(−0.168)	(−0.469)
INDEP	−0.071	0.469	0.050	0.143
	(−0.323)	(1.139)	(0.454)	(0.313)
SIZE	−0.003	−0.004	−0.007	−0.005
	(−0.466)	(−0.388)	(−1.543)	(−0.470)
BETA	0.049*	−0.090	0.047**	−0.019
	(1.672)	(−1.607)	(2.472)	(−0.325)
LEV	0.056	0.174**	0.016	0.091
	(1.155)	(2.036)	(0.569)	(1.283)
TURNOVER	−0.009*	−0.010	−0.007*	−0.016**
	(−1.729)	(−1.072)	(−1.855)	(−2.170)
ROA	0.050	0.110	0.095	0.252
	(0.323)	(0.399)	(0.898)	(0.871)
截距	0.556**	0.932**	0.028	−0.070
	(2.374)	(2.563)	(0.240)	(−0.274)

续表

变量	CAR[−2,+5]	CAR[−2,+60]	CAR[−2,+5]	CAR[−2,+60]
	模型 1	模型 2	模型 3	模型 4
行业固定效应	控制	控制	控制	控制
年度固定效应	控制	控制	控制	控制
样本量	326	326	326	326
F 值	2.346***	3.825***	2.946***	3.531***
调整 R^2	0.035	0.105	0.032	0.024

注:(1)在[−1,+1]、[−2,+2]、[−2,+20]等时间窗口下的回归结果高度类似,在此省略汇报。(2)由于增加的两个外部因素变量在 11 个样本上存在数据缺失,故而此表的实际使用样本量为 326 个;(3)***、**、*分别代表在 1%、5%、10%的统计水平下显著(双尾);(4)括号内数字为经过异方差调整的 t 值。

3.因变量度量方法的稳健性检验

本章用事件窗口下的累积超常收益率 CAR 来衡量投资者的市场反应。前文中使用的是市场调整法计算 CAR,接下来将使用市场模型法计算 CAR 并进行相关的回归分析,以便增强本章结论的可靠性。模型 1 和模型 2 是在市场模型法下检验官员独董辞职公告事件相对非官员独董辞职公告事件可能引起的市场反应差异;模型 3 和模型 4 则是在市场模型下检验监管强度和市场化程度对官员独董辞职公告事件市场反应的差异影响。具体地,在市场模型法中,我们选取的估计窗口为 [−150,−31],据此得到的相关回归结果如表 12-6 所示。

表 12-6 基于市场模型法的稳健性检验结果

变量	CAR[−2,+5]	CAR[−2,+60]	CAR[−2,+5]	CAR[−2,+60]
	模型 1	模型 2	模型 3	模型 4
OFFICIAL	0.013**	0.038**		
	(2.387)	(2.155)		
REGULATION			−0.013	−0.428**
			(−0.227)	(−2.370)
MKT			0.001	−0.005
			(0.361)	(−0.414)
AGE	−0.0001	0.0002	−0.000003	0.002
	(−0.531)	(0.233)	(−0.006)	(0.954)
GENDER	0.011*	0.021	0.019**	0.055
	(1.829)	(0.891)	(2.031)	(1.371)
SOE	0.002	−0.001	0.012	−0.007
	(0.372)	(−0.051)	(1.206)	(−0.199)

续表

变量	CAR[−2,+5]	CAR[−2,+60]	CAR[−2,+5]	CAR[−2,+60]
	模型 1	模型 2	模型 3	模型 4
BOARD	−0.003*	−0.010**	−0.003	−0.009
	(−1.896)	(−2.278)	(−1.175)	(−1.262)
LESS	−0.008	0.003	0.0001	0.029
	(−0.962)	(0.115)	(0.009)	(0.656)
INDEP	0.001	0.011	0.084	0.626
	(0.024)	(0.051)	(0.724)	(1.227)
SIZE	0.0003	0.014*	−0.005	0.018
	(0.101)	(1.880)	(−1.062)	(1.430)
BETA	0.029***	−0.081**	0.037*	−0.172**
	(2.777)	(−2.055)	(1.919)	(−2.481)
LEV	0.015	0.100**	0.013	0.135
	(1.070)	(2.050)	(0.428)	(1.404)
TURNOVER	−0.005***	−0.012**	−0.007*	−0.007
	(−2.768)	(−2.175)	(−1.907)	(−0.717)
ROA	0.044	0.273*	0.127	0.310
	(0.949)	(1.960)	(1.189)	(1.136)
截距	−0.010	−0.442**	0.015	0.768
	(−0.155)	(−2.350)	(0.072)	(1.201)
行业固定效应	控制	控制	控制	控制
年度固定效应	控制	控制	控制	控制
样本量	790	790	326	326
F 值	2.227***	3.899***	2.616***	4.963***
调整 R^2	0.035	0.056	0.024	0.089

注：(1)在[−1,+1]、[−2,+2]、[−2,+20]等时间窗口下的回归结果高度类似，在此省略汇报。(2)***、**、*分别代表在1%、5%、10%的统计水平下显著（双尾）；(3)括号内数字为经过异方差调整的 t 值。

从表 12-6 可知，官员独董哑变量 OFFICIAL 在两个回归分析中都得到了 5% 统计显著的正回归系数（模型 1：$\beta=0.013$，$p<0.05$；模型 2：$\beta=0.038$，$p<0.05$），说明相比非官员独董，投资者对官员独董辞职公告事件的市场反应更为积极，亦即官员独董相对非官员独董更多地扮演了"掠夺之手"的角色，本章的假设 H12-1b 再次得到了经验证据的支持。此外，与表 12-5 的结果类似，较弱的政府监管强度（REGULATION）会在一定程度上削弱投资者的正向市场反应（模型 3：$\beta=-0.013$，$p>0.10$；模型 4：$\beta=-0.428$，$p<0.05$），仍然支持了本章的假设 H12-2b。但是外部市场化程度（MKT）在长短窗口期下没有得到统计显著且符号一致的回归系数（模型 3：$\beta=0.001$，

$p>0.10$；模型 4：$\beta=-0.005$，$p>0.10$）。考虑到表 12-5 中关于市场化程度的回归结果本来就比较弱，本章认为表 12-6 中基于市场模型法的回归结果与前文基于市场调整法的相关回归结果总体上是一致的，相关研究结论具有较好的稳健性。

12.8 研究结论与实践启示

本章把独立董事的有效性问题延伸到政治联系研究领域，以 18 号文作为制度变迁背景，通过手工收集和整理 2013 年 10 月 19 日至 2014 年 12 月 31 日期间中国 A 股上市公司 790 起独立董事辞职的公告事件，采用事件研究法实证检验了官员独董辞职公告事件的市场反应，以此考察官员独董对上市公司的综合实际价值，探讨独立董事的政治联系对于上市公司而言究竟是"掠夺之手"还是"扶持之手"。结果本章发现，投资者对官员独董的辞职公告事件表现出显著为正的市场反应，而且官员独董辞职事件的正向市场反应明显强于非官员独董辞职事件的市场反应，说明官员独董相对非官员独董而言更多地扮演了"掠夺之手"的角色，最终损害了公司价值。进一步，本章探索发现公司注册地所在省市的政府监管强度或者市场化程度越高，官员独董辞职公告事件的市场反应就越积极，官员独董的"扶持之手"角色越难以发挥作用，从而更加凸显了官员独董的"掠夺之手"角色。

本章的研究结论主要有以下三点政策启示：首先，本章的研究结论支持了 18 号文的积极意义，因为政府官员在上市公司担任独立董事实际上损害了公司价值，其辞职公告事件引起了投资者积极的市场反应。因此，相关监管部门应该持续监督 18 号文的落实情况，规范政府官员在企业的兼职情况。其次，上市公司应该重新认识和认清官员独董政治联系对公司的作用。上市公司选聘官员独董更多地关注其背后的"专属政治资本"，上市公司在享受"专属政治资本"所带来的红利的同时，也要承担其背后所附带的社会成本和政治成本。而这些成本往往被公司所忽略，导致公司价值受损。此外，这种"专属政治资本"在外部制度变迁的冲击下表现出了高度的脆弱性和不确定性，进一步影响公司的稳定发展。因此，企业不能盲目去追求和构建与政府的联系，与政府保持适度的距离实际上将更有利于企业的发展。第三，相关监管机构应该加强法律法规建设，从法制上明确独立董事的责权利、严格其从业资格，使公司内部治理机制有法可依、违法必究，提升监管水平。在社会主义市场经济的发展过程中，政商关系始终是不可避免的话题。建立"亲""清"的新型政商关系，倡导健康、清廉、公开、透明的政企合作是顺应经济新常态的大势所趋。

此外，本章的研究还存在一些不足之处。首先，受制于信息披露，本章用来识别和度量政治联系及其强度的虚拟变量法和赋值法，可能无法准确地描述现实中的情况，仍需研究和发掘更为客观细致的度量方法和变量。其次，在探讨市场反应的异质性（即官员独董价值的影响因素）时，本章仅考虑了一些相对常见的维度，而有关独立董事价值和有效性的研究日益丰富，因此可以从更多的特征维度对官员独董的实际价值进行实证检验。

13 独立董事地理距离与代理成本

13.1 独立董事地理距离与代理成本研究概述

在股份制公司中，地理距离与公司治理一直存在着千丝万缕的联系，设立董事会的原因之一就是解决散布在各地的股东无法经常共同决议的问题，提高公司的决策效率。然而，在中国资本市场的上市公司中，独立董事由于交通和时间等客观原因缺席董事会会议的现象却屡见不鲜，董事会内部成员的共同决议再次被蒙上了不确定性的阴影。为了在一定程度上保证独立董事亲自参与会议，"通讯表决"甚至逐渐成为主流趋势，但这显然不符合《关于在上市公司建立独立董事制度的指导意见》（以下简称"指导意见"）对独立董事的勤勉尽责要求（马连福和石晓飞，2014）。因此，过多的董事会通信会议也引起了相关监管机构的关注与重视。在这一背景下，本章发现中国 A 股上市公司在聘请独立董事时表现出了明显不同的地理区位偏好：一方面，许多上市公司倾向于聘请本地独立董事，尤其是在京津冀和江浙沪一带，独立董事与上市公司呈现出集聚特征；而另一方面，尽管面临着高昂的交通、时间成本以及可能的决策效率损失，仍然有不少公司聘请了异地独立董事①。根据笔者初步统计，自 2003 年以来，中国 A 股资本市场中 80％以上的上市公司存在跨省独立董事，70％以上的上市公司拥有距离公司150 公里以外的独立董事。那么，地理距离在独立董事履行职能的过程中究竟扮演着怎样的角色？不同距离的独立董事又将在缓解公司的委托代理冲突中发挥怎样的监督作用呢？

鉴于此，本章以 2004—2013 年中国 A 股上市公司 11301 个年度观察数据作为研究样本，实证分析了独立董事的地理距离对公司代理成本的影响，结果显示：（1）地理距

---

① 在本章中，为了便于称呼和理解，异地独立董事主要指距离上市公司较远的独立董事，而本地独立董事主要指距离上市公司较近的独立董事，是一个相对的定性概念。

离在独立董事的监督作用中存在两面性，太近或太远的地理距离都会妨碍独立董事监督职能的发挥，独立董事地理距离与公司的两类代理成本之间存在非线性的 U 形关系；（2）独立董事地理距离与公司两类代理成本之间的 U 形曲线影响关系主要反映在国有企业中；（3）独立董事地理距离与公司两类代理成本间的 U 形曲线影响关系主要反映在欠发达地区的样本公司中；（4）在进行了工具变量检验、区分北上广深和非北上广深企业样本、改变独立董事地理距离的度量方法、改变代理成本的度量方法、剔除海外独立董事样本、控制独立董事背景特征的稳健性检验后，本章的主要研究结果仍然成立；（5）进一步分析中，本章发现独立董事与任职公司相距越远，独立董事就越可能缺席董事会会议，且地理距离并不会影响独立董事的意见表决情况。

本章可能的贡献在于：第一，本章的研究既丰富了独立董事监督职能影响因素的研究文献，也把关于地理区位特征影响经济主体行为的研究扩展到了独立董事领域，促进了交叉学科理论的发展。第二，本章引入社会心理学相关理论对独立董事地理距离与公司代理成本的关系进行解释，并将近距离带来的独立性损失和认知判断同质性在董事会治理中的不利影响，提升到与远距离带来的信息劣势和社会资源优势同等重要的地位，且发现了独立董事地理距离与公司代理成本之间的 U 形关系，使得独立董事地理区位的相关理论更加完善，弥补了现有文献的不足。第三，本章的相关研究结论能够帮助投资者和监管机构根据公司独立董事的地理区位特征来判断和识别上市公司代理问题的严重性，为规范独立董事的治理行为以及完善中国的独立董事制度设计提供决策参考。

13.2　理论分析与假设提出

独立董事制度作为一种"舶来品"，是制衡公司内部人（包括大股东和管理层）以强化公司治理的重要监督制度之一，然而其有效性在中国却一直饱受争议（郑志刚 等，2017）。理论上，独立董事的监督效果是其监督能力和独立性的联合函数（孙亮和刘春，2014；周建 等，2016）。在影响独立董事监督效果的诸多因素中，独立董事地理距离既会影响其监督能力和动机，又会影响其独立性和认知同质化程度，同时存在两种相互竞争的影响关系。

首先，地理距离的增加会削弱独立董事的监督能力。地理距离的增加会削弱经济主体的信息获取能力，增加信息不对称程度（Coval and Moskowitz，2001；孙亮和刘春，2014；Jensen et al.，2015）。由于面对面的交谈可以不拘泥于官方辞令并且相对不易受制于法律约束（Frankel et al.，1999），独立董事更可能从中获得公司不愿披露的一些私人信息（孔东民 等，2015），更容易捕获到管理层决策的动机以及管理的能力（Barker，1998），也更能了解公司管理层的发展规划和疑虑担忧。另外，通过实地考察和切身感受，独立董事能够更准确地了解和评估公司所在地的市场状况和发展前景（Coval and

Moskowitz，2001），并且这种"只可意会不可言传"的私人信息通常比市场上的公开信息更有效和更有前瞻性（白雪莲 等，2015）。因此，面对面的交流能够促进信息，特别是"软信息"的获取。而由于地理距离上的疏远，异地独立董事与公司的管理层、员工、供应商的面对面交谈以及实地访查的频率将会大大降低（Coval and Moskowitz，2001），甚至会更频繁地缺席董事会会议（Masulis et al.，2012），所以异地独立董事处于天然的信息劣势，这将损害其监督能力；并且由于"软信息"难以随着技术的发展进行传递和转移（Agarwal and Hauswald，2010），这种信息劣势难以被科技的发展和媒体报道所消除，这在中国注重非正式交流的文化背景下更是如此。因此，异地独立董事存在明显的信息获取劣势而导致其监督能力减弱。

其次，地理距离的增大也可能会削弱独立董事的监督动机。一方面，声誉机制是独立董事发挥作用的首要机制（Fama and Jensen，1983）。然而由于距离较远和地区的分隔，异地独立董事更不易在上市公司所在地建立声誉（Knyazeva et al.，2011），换言之，在异地没有很好地履行职能也不会严重影响独立董事在常驻地已有的声誉。这种激励的缺乏和惩罚的缺失可能会减弱声誉机制对异地独立董事的激励和约束作用，继而削弱其监督动机。与此同时，缺乏声誉的激励也可能使得异地独立董事对所任职的上市公司投入更少的时间和精力（Masulis and Mobbs，2014），进而减弱监督效果。另一方面，独立董事对公司进行监督需要花费时间和精力等现实成本（唐清泉 等，2006），对于异地独立董事而言，参与董事会的活动需要提前安排行程，甚至需要花费时间适应公司所在地的环境，进而影响其监督动机和决策效率（Masulis et al.，2012；董红晔，2016）。

再次，地理距离的增大却有利于增强独立董事的独立性，进而增强其监督的效果。独立性是独立董事制度的核心和灵魂，其实质是要求独立董事与公司、管理层及其主要利益相关方之间的重要关系不足以影响独立董事的客观判断与科学决策（谭劲松，2003）。但这种关系并不仅限于《指导意见》中的列举，其中之一就体现在地理距离上。如果距离任职公司较近，独立董事与管理层的文化理念和处事方式就可能存在较多的共性，从而导致独立董事与管理层之间更加"友善"而影响独立董事监督职能的发挥（嵇尚洲 等，2015）。有研究发现这种隐性的社会关系会降低公司管理层的薪酬业绩敏感性，引致更高的代理成本（Hwang and Kim，2009）。更进一步，独立董事与公司间的关系是动态的（谭劲松，2003；沈维涛和叶小杰，2012），相对异地独立董事，本地独立董事即使在任职之初与管理层不存在任何交往，但地理邻近也会为其在任职期间内逐渐交好提供便利（马海涛 等，2012），进而成为同一个"圈子"的人，削弱其独立性，造成更严重的代理问题。

最后，地理距离的增大一定程度上有利于规避独立董事与公司大股东或管理层之间认知的同质性，使独立董事更容易从认知的冲突中发现问题，带来更好的监督效果。董事会成员特征的多样性能够激发异议，从更深入的交流中推动决策的完善（Rao and Tilt，2016），降低由于股东和管理层利益不一致引致的剩余损失；而同质性的认知过程则可能导致决策中的重要问题被忽略。与地理邻近性相伴随的是一系列相近的非正式制度，如习俗、惯例等（马海涛 等，2012）。当本地独立董事与公司大股东或管理层长期处于相似的环境中时，董事会内部将变得越来越同质化，本地独立董事可能因对自己所处的这一群体产生更多的社会认同而给予其更多正面的评价（周建和李小青，2012）。这种群体内部的"去个性化"可能在本地独立董事的潜意识中削弱了其监督能力。

综上所述，独立董事既需要从显性层面和认知层面独立于所任职的公司，又不能太超脱于公司而缺乏对其了解（谭劲松，2003）。而在中国"人情社会"和较强的非正式制度环境下，信息的传递和交流更主要通过人际关系网络来进行（谢永珍 等，2015），异地独立董事既可能因为独立性优势而强化对公司内部代理人的监督，也可能因为信息获取劣势或较弱的监督能力而给公司的代理人带来更大的机会主义行为空间。这种信息劣势和独立性优势的此消彼长决定了独立董事地理距离与公司的代理成本之间不是一种简单的线性关系。基于上述分析，本章提出如下假设：

假设 H13-1：同等条件下，独立董事与上市公司之间的距离太近（本地独立董事）或太远（异地独立董事）都将不利于独立董事发挥监督职能，从而会加剧公司的代理成本，即独立董事地理距离与公司的代理成本之间存在非线性的 U 形关系。

产权性质在中国的企业成长中扮演了重要的角色。在中国相对集中的股权结构下，公司的代理冲突包括股东与管理层之间的第一类代理冲突和大股东与中小股东之间的第二类代理冲突，这使得公司普遍面临双重代理成本（罗进辉，2012），而不同产权性质下公司代理冲突的主要矛盾点不同（Lei et al.，2013），独立董事监督的重点也不同。在国有企业中，由于出资人本质上的"缺位"，加之政府对于国有企业高管薪酬的限制，国有企业的管理层长期缺乏有效激励，管理层更容易"偷懒"或有更强的动机通过在职消费等非货币的替代性手段获取私利（陈信元 等，2009；罗进辉 等，2014），因此，国有企业面临的最主要代理问题是股东与管理层之间的第一类代理问题。此外，国有企业在实现经营目标之外，还或多或少承担着带动社会就业、提供医疗保障、促进社会公平等多重非经营目标（罗进辉，2012），这增加了科学考核国有企业管理者的难度，也为国有企业的经营不善以及管理层的机会主义行为提供了辩护或归因的渠道（谢德仁等，2012）。并且为了掩盖对利润最大化目标的偏离，国有企业更有可能将信息隐藏在公司内部而加大了公司内外部的信息不对称程度（高雷和宋顺林，2007）。这种高度的信息不对称和多重目标评价体系对独立董事了解公司管理层的决策和行为动机提出了更高的要求，异地独立董事由于处于信息劣势很可能在国有企业中更无益于缓解第一类代理问题。与此同时，国有企业独立董事的选聘具有较浓厚的政府干预色彩（谢志明和易玄，2014），其管理层通常也由政府选聘，对于国有企业的本地独立董事而言，独立董事与管理层之间的联结可能比在非国有企业中更强，独立董事的独立性更差，监督的效果也更加有限，因此也更有可能导致第一类代理成本的产生。

而在非国有企业中，普遍的金字塔控股结构下控制权与现金流权的分离为非国有控股股东的掏空行为提供了动机和便利（Johnson et al.，2000；李寿喜，2007），持有超额控制权的控股股东经常通过关联交易侵占或占用上市公司的资产和利润，严重损害了中小股东的利益（马磊和徐向艺，2007；Jiang et al.，2010）。这意味着，中国的非国有上市公司主要面临着大股东与中小股东之间的第二类代理问题，因而异地独立董事的弱监督动机和能力以及本地独立董事的弱独立性也将更明显地体现在第二类代理成本中。基于上述分析，本章认为地理距离对独立董事监督职能的重要影响将因不同产权性质公司的主要代理问题不同，而对不同类型的代理成本产生差异化的作用。因此，本章提出第二个研究假设：

假设 H13-2：同等条件下，在国有企业中，独立董事地理距离主要与第一类代理成本之间呈现非线性的 U 形曲线关系；而在非国有企业中，独立董事地理距离主要与第二类代理成本呈现非线性的 U 形曲线关系。

在转轨时期的中国，尽管面对着相同的基本经济制度和政治体制，但地区之间的制度发展仍然很不均衡。因此，作为一种外部治理机制，地区的市场化环境可能会对公司的内部治理产生替代保护效应（李延喜 等，2012；邓晓飞 等，2016），进而影响到独立董事作用的发挥。具体地，在市场化程度较高的地区，公司运行更多地遵循市场化规则，将更倾向于披露更多有价值的特质信息，降低与外部利益相关者之间的信息不对称程度，从而便于其获得银行贷款和降低资本成本等（唐松 等，2011）。根据制度经济学的理论，市场化程度越高，经济主体在制度执行中节约交易成本的效果就越明显（方军雄，2006；姜英兵和严婷，2012）。在较发达的市场化环境中，对产权和投资者的保护程度越强，市场中介组织的发育也越完善，以证券分析师为代表的中介机构将更有动机挖掘公司的信息，提升公司的信息透明度（高雷和宋顺林，2007），从而能够缓解异地独立董事的信息获取劣势并增强其对公司的监督能力。与之相对应，位于欠发达的市场化环境中的公司可能因为更加依赖非正式的"关系"资源进行经营而更少地对外披露公司的特质信息（唐松 等，2011），使得异地独立董事获取公司异质信息的渠道更加闭塞，减弱其监督能力，导致更高的代理成本。从本地独立董事的角度来看，由于较高的市场化程度通常会伴随着更有效的内外部治理机制（沈维涛和叶小杰，2012），本地独立董事弱独立性引致较高代理成本的负面作用将会在一定程度上被削弱。因此，较高的市场化程度将能够缓解异地独立董事的弱监督能力和本地独立董事的弱独立性。[①] 基于此，本章提出第三个研究假设：

假设 H13-3：同等条件下，发达的市场化环境会弱化独立董事地理距离与公司代理成本之间的非线性 U 形关系。

假设 H13-1～H13-3 的理论逻辑框架如图 13-1 所示。随着独立董事地理距离的增

[①]　需要指出的是，市场化环境还有可能从另一方面影响异地独立董事对公司的监督效果，即处于良好的制度环境下的独立董事可能为弱制度环境中的公司带来更好的治理机制（Oxelheim and Randøy，2003；Miletkov et al.，2017），降低公司的代理成本。但在中国特定的制度背景下，公司对强监督传递出良好公司治理信号的需求较弱（孙亮和刘春，2014），即使独立董事有能力强化对任职公司的监督，公司聘请异地独立董事以加强公司治理的可能性也较低。

大，独立董事获取所任职公司信息的劣势和独立性受损的程度将呈现此消彼长的趋势，二者综合影响着独立董事的监督效果，进而对公司的代理成本产生非线性的 U 形影响关系。在此过程中，由于不同产权性质公司代理问题的主要矛盾点不同，并且不同地区的市场化制度环境存在差异，产权性质和市场化环境将对这一影响关系产生重要的调节作用。

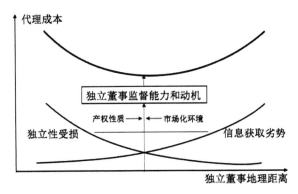

图 13-1　研究假设的逻辑与框架

13.3　样本选择、变量定义与模型设定

1.样本选择与数据来源

根据 2001 年《指导意见》的要求，中国的独立董事制度于 2003 年建成并步入正轨，而中国共产党中央委员会组织部在 2013 年 10 月 19 日发布的《关于进一步规范党政领导干部在企业兼职（任职）问题的意见》，引发了独立董事的大规模离职潮。为此，本章将研究样本的期间设置为 2004 年 1 月 1 日至 2013 年 12 月 31 日，并选取这十年间的所有 A 股上市公司作为研究对象。独立董事的主要工作所在地数据系笔者通过公司年报、新浪财经、凤凰财经、问问财经等途径手工收集所得[1]，公司的财务报告和治理数据来自中国证券市场与会计研究（CSMAR）数据库，公司注册地信息来自万得（Wind）数据库，其所属地区的市场化程度分组使用樊纲等（2011）编制的中国市场化指数作为分组基础，市场化环境的影响使用手工收集计算的政府干预变量来进行控制。据此，本章得到了 18480 个公司年度观测值作为初始样本。为了避免异常数据的影响，本章对初始样本进行了筛选。具体地，（1）剔除样本期间内曾被 ST、＊ST 的公司；（2）剔除资不抵债的公司；（3）剔除金融行业公司；（4）剔除同时发行 B 股或 H 股的公司；（5）剔除数据缺失的样本。最终，本章得到的有效观察样本共计 11301 个。

---

① 具体的收集方法和过程，可在《中国工业经济》网站（http：//www.ciejournal.org）下载。

2.变量定义与度量

（1）代理成本

本章关注独立董事地理距离对公司代理成本的影响，因变量为公司的两类代理成本。参照 Ang 等（2000）、李寿喜（2007）、罗进辉（2012）的度量方法，本章使用经营费用率（AGENCY_COST1）来衡量公司的第一类代理成本。具体地，经营费用率（AGENCY_COST1）是管理费用和销售费用之和与主营业务收入之比，主要捕捉和反映了公司管理层对在职消费等代理行为产生的代理成本，经营费用率越高，表明股东与管理层之间的第一类代理成本越高。借鉴姜国华和岳衡（2005）、王克敏等（2009）、罗进辉（2012）等文献的做法，本章采用其他应收款占总资产的比率（AGENCY_COST2）作为第二类代理成本的衡量变量。这是由于以"暂借款"的名义存在于其他应收款中的资金占用款项具有较强的隐蔽性，但却是大股东占用上市公司资金的重要组成部分和主要形式（姜国华和岳衡，2005）。因此，其他应收款占总资产的比率越高，则可能意味着公司大股东与中小股东之间的第二类代理问题越严重，相应的代理成本也就越高。

（2）独立董事地理距离

首先，参考刘文军（2014）和 Jensen 等（2015）对审计师与公司地理距离的衡量方法，本章采用独立董事主要工作地所在地级市的行政中心与上市公司注册地的经纬度距离（D）作为独立董事地理距离的代理变量。具体的计算方法如公式（13-1）所示：

$$D = 6371.004 \times \text{Arcros}(C) \times \frac{\pi}{180}$$

$$C = \cos(latitude_i) \times \cos(longitude_i) \times \cos(latitude_j) \times \cos(longitude_j) +$$
$$\cos(latitude_i) \times \sin(longitude_i) \times \cos(latitude_j) \times \sin(longitude_j) +$$
$$\sin(latitude_i) \times \sin(latitude_j) \qquad (13\text{-}1)$$

其次，选取每家上市公司每年所有独立董事距离的均值作为公司层面的独立董事地理距离变量（DISTANCE），即如果 A 公司 2004 年有 3 位独立董事，其主要工作所在地与公司注册地之间的经纬度距离分别为 D_a、D_b、D_c，则 DISTANCE 等于（$D_a + D_b + D_c$）/3。

最后，为了缩小变量数值量级上的差距，本章对独立董事地理距离进行对数变换，得到最终的自变量 DISTANCE。

（3）调节变量

①产权性质。本章设置了公司的产权性质（SOE）哑变量，具体地，若公司实际控制人为国有单位或国有法人，则 SOE 取值 1，否则为 0。

②市场化环境。本章设置了市场化环境（MKT）哑变量，若公司注册地的樊纲等（2011）市场化指数大于当年所有地区市场化指数的中位数，则 MKT 取值 1，否则取值为 0。

（4）控制变量

借鉴现有对独立董事和公司代理成本的研究（姜国华和岳衡，2005；罗进辉，2012），本章控制了第一大股东持股比例（TOP1）、股权制衡结构（BLOCKS）、机构投资者持股比例（INST）、董事会规模（BOARD）、独立董事比例（INDEP）、管理层持股比例（MSHR）、高管薪酬（COMPEN）、CEO与董事长两职兼任情况（DUAL）、是否聘请"四大"会计师事务所（BIG4）、上市公司所在地外部市场环境（MKT）等公司治理变量，以及公司规模（SIZE）、负债水平（LEV）、固定资产比例（TANGI-BLE）、成长机会（GROWTH）和上市年限（AGE）等公司特征变量可能对公司代理成本产生的系统性影响[①]。此外，本章还通过引入行业和年度虚拟变量来控制行业效应和时间效应的相关影响。

3.计量回归模型

为了检验前文提出的研究假设，本章构建了如下计量模型（13-2）：

$$
\begin{aligned}
AGENCY\_COST_{i,t} =\ & \beta_0 + \beta_1 DISTANCE_{i,t-1} + \beta_2 DISTANCE_{i,t-1}2 + \beta_3 SIZE_{i,t-1} + \\
& \beta_4 LEV_{i,t-1} + \beta_5 TANGIBLE_{i,t-1} + \beta_6 GROWTH_{i,t-1} + \\
& \beta_7 AGE_{i,t-1} + \beta_8 TOP1_{i,t-1} + \beta_9 BLOCKS_{i,t-1} + \beta_{10} INST_{i,t-1} + \\
& \beta_{11} BOARD_{i,t-1} + \beta_{12} INDEP_{i,t-1} + \beta_{13} MSHR_{i,t-1} + \\
& \beta_{14} COMPEN_{i,t-1} + \beta_{15} DUAL_{i,t-1} + \beta_{16} BIG4_{i,t-1} + \\
& \beta_{17} SOE_{i,t-1} + \beta_{18} MKT_{i,t-1} + \sum INDUSTRY + \sum YEAR + \varepsilon_{i,t}
\end{aligned}
$$

$$(13\text{-}2)$$

其中，$AGENCY\_COST_{i,t}$ 为因变量，代表公司的两类代理成本；β_0 为截距项；$DISTANCE_i$，为独立董事地理距离变量；$DISTANCE_i^2$ 代表距离变量的平方项。为了降低多重共线性带来的潜在影响，本章对距离的平方项进行了中心化处理。为了在一定程度上控制当期的影响，本章对所有的自变量和控制变量均进行了滞后一期处理。同时，为了消除异常值的影响，本章对所有连续变量都进行了上下 1% 的 Winsorize 缩尾处理。特别地，由于本章使用的是一个典型的面板数据，为了有效控制面板数据可能存在的截面异方差和时间序列自相关问题，本章使用了从年度和公司两个层面进行双重聚类调整的 Petersen 稳健回归估计方法。

为了初步观察独立董事地理距离同公司代理成本之间的关系，本章基于样本数据，按照独立董事地理距离对代理成本进行了分组统计。图 13-2 列示的结果可以直观地看出，独立董事地理距离与两类代理成本的衡量指标之间都呈现出近似的 U 形曲线关系，

[①] 控制变量的具体度量方法，可在《中国工业经济》网站（http：//www.ciejournal.org）下载。特别地，由于本章数据时间跨度较长，独立董事的个人特征资料缺失较多，导致样本整体数据缺失较多而增加估计的偏差；与此同时，本章的研究主要集中在公司层面而非独立董事个人层面，故此处的控制变量没有考虑独立董事的个人特征变量。但考虑到可能出现的遗漏变量问题，本章在稳健性检验部分增加控制了独立董事的背景特征变量。

初步支持了本章的主假设 H13-1。

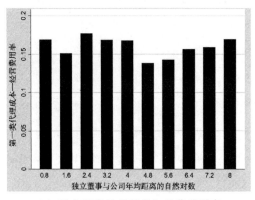

（a）独立董事地理距离与经营费用率

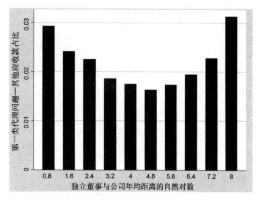

（b）独立董事地理距离与其他应收款比率

图 13-2　独立董事地理距离与两类代理成本

注：图中横坐标按照独立董事与公司平均距离（km）的自然对数对公司进行分组，组距为 0.8；各类代理成本的度量使用组内的均值。

13.4　描述性统计分析

表 13-1 列示了主要变量的描述性统计结果[①]。从表 13-1 可以看出：（1）样本公司的平均经营费用率（AGENCY_COST1）为 15.8%，样本公司平均的其他应收款占总资产的比重（AGENCY_COST2）为 2.1%，最高时达到 20.2%。（2）样本公司独立董事与任职公司之间的平均距离（DISTANCE）为 462.88 公里；最小距离为 1.55 公里，最大距离为 2093.19 公里，意味着独立董事地理距离在不同公司中存在较大差异。（3）样本公司中，国有企业（SOE）占 51.7%；第一大股东持股比例（TOP1）平均为 36.8%，达到相对控股程度；56.7% 的样本公司第二大股东持股比例（BLOCKS）超过 5%；机构持股比例（INST）平均达到 31.2%；这些结果说明公司存在一定程度的内外部制衡和监督机制。（4）样本公司中，平均的董事会规模（BOARD）为 9.06 个席位，其中独立董事占比（INDEP）平均为 36.4%，第一个四分位数和中位数均为 1/3，说明"九人董事会"在中国上市公司中非常普遍，独立董事的比例很好地迎合了《指导意见》的要求。此外，其他控制变量均不存在异常情况。

---

① 其他控制变量的描述性统计结果，可在《中国工业经济》网站（http://www.ciejournal.org）下载。

表 13-1　描述性统计结果

变量	样本量	均值	标准差	最小值	P25	中位数	P75	最大值
AGENCY_COST1	11301	0.158	0.127	0.015	0.076	0.123	0.195	0.728
AGENCY_COST2	11301	0.021	0.032	0	0.004	0.010	0.023	0.202
DISTANCE	11301	5.219	1.805	0.450	4.288	5.860	6.520	7.638
DISTANCE	11301	462.884	467.168	1.554	72.831	350.625	678.745	2093.192
SIZE	11301	21.656	1.068	19.668	20.867	21.525	22.273	24.900
LEV	11301	0.454	0.204	0.048	0.299	0.469	0.614	0.866
TANGIBILE	11301	0.256	0.175	0.003	0.119	0.223	0.367	0.756
GROWTH	11301	0.196	0.375	−0.556	0.001	0.142	0.311	2.196
AGE	11301	1.983	0.733	0	1.386	2.197	2.565	3.045
TOP1	11301	0.368	0.151	0.091	0.245	0.352	0.482	0.743
BLOCKS	11301	0.567	0.496	0	0	1	1	1
INST	11301	0.312	0.239	0	0.903	0.284	0.500	0.847
BOARD	11301	9.064	1.776	5	8	9	9	15
INDEP	11301	0.364	0.050	0.273	0.333	0.333	0.375	0.556
MSHR	11301	0.087	0.180	0	0	0.0001	0.026	0.678
COMPEN	11301	13.765	0.764	11.791	13.283	13.801	14.282	15.626
DUAL	11301	0.202	0.401	0	0	0	0	1
BIG4	11301	0.034	0.182	0	0	0	0	1
SOE	11301	0.517	0.500	0	0	1	1	1
MKT	11301	10.865	3.179	5.309	9.097	10.628	12.672	21.990

13.5　Pearson 相关系数分析

表 13-2 是本章主要变量的 Pearson 相关系数，结果表明：（1）独立董事地理距离（DISTANCE）与经营费用率（AGENCY_COST1）之间的相关性不显著，同其他应收款占比（AGENCY_COST2）在 5% 水平下显著正相关，意味着异地独立董事可能会导致上市公司更多的大股东资金占用，即更高的第二类代理成本；而地理距离的平方项

（DISTANCE˄2）与经营费用率（AGENCY_COST1）和其他应收款占比（AGENCY_COST2）均在1%的水平下显著正相关，与假设 H13-1 的预期吻合，即独立董事地理距离同公司代理成本之间呈 U 形曲线关系。（2）产权性质（SOE）和地区市场化程度（MKT）与独立董事地理距离（DISTANCE）显著负相关，说明非国有企业和位于较低市场化地区的公司更倾向于聘请异地独立董事。（3）第一大股东持股比例（TOP1）、机构投资者持股比例（INST）、"四大"审计（BIG4）都与经营费用率（AGENCY_COST1）和其他应收款占比（AGENCY_COST2）显著负相关，说明这些内外部治理机制能够有效遏制两类代理问题；而 CEO 和董事长两职合一（DUAL）则可能带来更高的代理成本。除了地理距离变量与其平方项之间的相关系数大于 0.5 以外，其他变量的相关系数大都远小于 0.5，意味着引入回归模型不会引起严重的多重共线性问题。

表 13-2　Pearson 相关系数分析结果

变量	1	2	3	4	5	6	7
1 AGENCY_COST1	1						
2 AGENCY_COST2	0.180***	1					
3 DISTANCE	−0.013	0.021**	1				
4 DISTANCE²	0.043***	0.069***	−0.709***	1			
5 SIZE	−0.322***	−0.079***	0.014	0.0180*	1		
6 LEV	−0.344***	0.170***	0.014	0.040***	0.460***	1	
7 TANGIBILE	−0.164***	−0.117***	0.040***	−0.087***	0.066***	0.104***	1
8 GROWTH	−0.096***	−0.037***	0.023**	−0.005	0.094***	0.076***	−0.049***
9 AGE	−0.116***	0.118***	−0.052***	0.142***	0.319***	0.419***	0.101***
10 TOP1	−0.174***	−0.107***	−0.023**	0.012	0.251***	0.038***	0.060***
11 BLOCKS	0.137***	−0.007	0.065***	−0.048***	−0.195***	−0.177***	−0.071***
12 INST	−0.063***	−0.175***	−0.023**	0.044***	0.376***	0.082***	−0.044***
13 BOARD	−0.089***	−0.006	0.078***	−0.062***	0.231***	0.156***	0.174***
14 INDEP	0.034***	−0.016*	0.040***	−0.022**	0.045***	−0.027**	−0.085***
15 MSHR	0.170***	−0.093***	0.004	−0.082***	−0.236***	−0.356***	−0.189***
16 COMPEN	−0.004	−0.154***	−0.043***	0.086***	0.399***	−0.022**	−0.204***
17 DUAL	0.123***	−0.041***	0.011	−0.028***	−0.150***	−0.174***	−0.108***
18 BIG4	−0.024**	−0.026***	−0.010	0.047***	0.237***	0.029***	0.039***
19 SOE	−0.202***	0.012	−0.098***	0.107***	0.280***	0.280***	0.230***
20 MKT	−0.079***	0.115***	0.184***	−0.163***	−0.109***	0.128***	0.245***

续表

	8	9	10	11	12	13	14
8 GROWTH	1						
9 AGE	−0.056***	1					
10 TOP1	0.060***	−0.092***	1				
11 BLOCKS	0.021**	−0.330***	−0.323***	1			
12 INST	0.078***	0.167***	0.160***	−0.010	1		
13 BOARD	0.018*	0.070***	0.018*	0.003	0.068***	1	
14 INDEP	0.001	−0.029***	0.030***	−0.022**	0.035***	−0.335***	1
15 MSHR	0.030***	−0.576***	−0.107***	0.288***	−0.179***	−0.186***	0.109***
16 COMPEN	0.052***	0.040***	0.027***	0.030***	0.396***	0.044***	0.082***
17 DUAL	0.001	−0.229***	−0.045***	0.114***	−0.052***	−0.153***	0.103***
18 BIG4	−0.001	0.052***	0.119***	−0.004	0.079***	0.055***	0.035***
19 SOE	−0.017*	0.388***	0.187***	−0.281***	0.089***	0.254***	−0.087***
20 MKT	0.017*	−0.016*	−0.026***	0.001	−0.220***	0.074***	−0.097***

	15	16	17	18	19	20
15 MSHR	1					
16 COMPEN	0.073***	1				
17 DUAL	0.256***	0.063***	1			
18 BIG4	−0.059***	0.144***	−0.027***	1		
19 SOE	−0.478***	−0.046***	−0.262***	0.072***	1	
20 MKT	−0.161***	−0.408***	−0.091***	−0.076***	0.075***	1

注：***、**、*分别代表在1%、5%、10%的统计水平下显著（双尾）。

13.6　多元回归分析

1.独立董事地理距离与代理成本间的影响关系分析

表13-3列示了独立董事地理距离与两类代理成本之间的多元回归分析结果。在模型1和模型4中，本章分别以经营费用率（AGENCY_COST1）和其他应收款占比（AGENCY_COST2）作为因变量，仅引入全部控制变量作为基准回归模型；当引入地理距离变量（DISTANCE）进行回归后发现，地理距离变量与经营费用率（AGENCY_

COST1）正相关，但统计上并不显著（模型 2：$\beta_1 = 0.001$，$p > 0.10$）。除此之外，地理距离变量还与其他应收款占比（AGENCY _ COST2）在 5％的水平下显著正相关（模型 5：$\beta_1 = 0.001$，$p < 0.05$），说明独立董事与公司的距离越远，公司的第二类代理成本越高。这与孙亮和刘春（2014）的结论一致。当本章进一步将地理距离的平方项（DISTANCE^2）加入回归模型，表 13-3 的模型 3 结果显示，地理距离平方项的回归系数为 0.002，统计显著性水平为 1％，意味着独立董事地理距离与公司的第一类代理成本之间呈现非线性的 U 形关系。类似地，表 13-3 的模型 6 中，地理距离平方项的回归系数也在 1％的水平下显著为正（模型 6：$\beta_2 = 0.001$，$p < 0.01$），意味着独立董事地理距离与公司的第二类代理成本之间也呈现非线性的 U 形关系。此外，回归模型解释力 R^2 变化的检验结果表明，模型 3 和模型 6 的解释力都分别高于模型 2 和模型 5，说明与线性模型相比，非线性的曲线模型是更好的回归拟合模型。进一步，借鉴 Haans 等（2016）关于 U 形曲线关系的检验方法，我们计算发现 U 形曲线顶点 95％的置信区间处在本章的数据区间内，从而再次确认了独立董事地理距离与公司两类代理成本之间的 U 形曲线影响关系。综上所述，地理距离在独立董事的监督作用中存在两面性，太近或太远的地理距离都会妨碍独立董事监督职能的发挥，从而使公司承担更高的双重代理成本。因此，本章的假设 H13-1 得到了经验证据的支持。

表 13-3　独立董事地理距离与双重代理成本的多元回归分析结果

变量	AGENCY_COST1			AGENCY_COST2		
	模型 1	模型 2	模型 3	模型 4	模型 5	模型 6
DISTANCE		0.001	0.004 **		0.001 **	0.002 ***
		(0.394)	(2.110)		(2.436)	(4.517)
DISTANCE^2			0.002 ***			0.001 ***
			(3.007)			(4.346)
SIZE	−0.022 ***	−0.022 ***	−0.022 ***	−0.002 ***	−0.002 ***	−0.002 ***
	(−7.818)	(−7.802)	(−7.705)	(−3.230)	(−3.249)	(−3.120)
LEV	−0.111 ***	−0.111 ***	−0.111 ***	0.029 ***	0.029 ***	0.029 ***
	(−5.730)	(−5.769)	(−5.820)	(6.419)	(6.431)	(6.507)
TANGIBILE	−0.032 *	−0.032 *	−0.030 *	−0.028 ***	−0.028 ***	−0.027 ***
	(−1.918)	(−1.907)	(−1.827)	(−7.398)	(−7.388)	(−7.305)
GROWTH	−0.0194 ***	−0.0194 ***	−0.0197 ***	−0.0040 ***	−0.0041 ***	−0.0042 ***
	(−2.991)	(−2.979)	(−3.051)	(−2.627)	(−2.652)	(−2.718)
AGE	0.011 ***	0.011 ***	0.010 **	0.004 ***	0.004 ***	0.004 **
	(2.849)	(2.849)	(2.552)	(2.742)	(2.737)	(2.476)
TOP1	−0.0676 ***	−0.0675 ***	−0.0689 ***	−0.0125 ***	−0.0124 ***	−0.013 ***
	(−4.773)	(−4.776)	(−4.873)	(−3.718)	(−3.678)	(−3.830)

续表

变量	AGENCY_COST1			AGENCY_COST2		
	模型 1	模型 2	模型 3	模型 4	模型 5	模型 6
BLOCKS	0.004	0.004	0.004	0.001	0.001	0.001
	(0.949)	(0.933)	(0.805)	(0.227)	(0.167)	(0.019)
INST	0.011	0.011	0.011	-0.010^{***}	-0.010^{***}	-0.010^{***}
	(1.337)	(1.356)	(1.356)	(-2.999)	(-2.963)	(-2.932)
BOARD	0.002	0.002	0.002	-0.001	-0.001	-0.001
	(1.370)	(1.326)	(1.396)	(-0.328)	(-0.554)	(-0.470)
INDEP	0.083^{**}	0.081^{**}	0.081^{**}	0.009	0.007	0.007
	(2.456)	(2.453)	(2.449)	(1.042)	(0.822)	(0.841)
MSHR	0.0146	0.0149	0.0166	-0.0031	-0.003	-0.002
	(1.086)	(1.105)	(1.241)	(-1.334)	(-1.199)	(-0.925)
COMPEN	0.001	0.001	-0.001	-0.002^{***}	-0.002^{***}	-0.003^{***}
	(0.139)	(0.134)	(-0.016)	(-2.778)	(-2.821)	(-3.085)
DUAL	0.008^{*}	0.008^{*}	0.008^{*}	-0.001	-0.001	-0.001
	(1.693)	(1.693)	(1.691)	(-0.975)	(-0.977)	(-0.989)
BIG4	0.030^{**}	0.030^{**}	0.029^{**}	0.001	0.001	0.001
	(2.150)	(2.146)	(2.048)	(0.836)	(0.795)	(0.503)
SOE	-0.012^{**}	-0.012^{**}	-0.012^{**}	-0.004^{***}	-0.004^{***}	-0.004^{***}
	(-2.210)	(-2.230)	(-2.221)	(-3.203)	(-3.002)	(-2.977)
MKT	-0.001	-0.001	-0.001	0.001	0.001	0.001
	(-0.812)	(-0.884)	(-0.783)	(1.211)	(0.915)	(1.046)
截距	0.692^{***}	0.692^{***}	0.668^{***}	0.117^{***}	0.116^{***}	0.107^{***}
	(8.923)	(8.963)	(8.954)	(5.906)	(5.922)	(5.793)
行业固定效应	控制	控制	控制	控制	控制	控制
年度固定效应	控制	控制	控制	控制	控制	控制
样本量	11301	11301	11301	11301	11301	11301
F 值	97.765^{***}	95.694^{***}	94.183^{***}	32.555^{***}	31.954^{***}	31.555^{***}
调整 R^2	0.300	0.300	0.302	0.196	0.197	0.201

注：(1) ***、**、* 分别代表在 1%、5%、10% 的统计水平下显著（双尾）；(2) 括号内数字为经过异方差调整的 t 值。

2.基于产权性质的异质性分析

为了检验不同产权性质下独立董事地理距离对公司双重代理成本的影响是否存在差异，本章将全样本划分为国有子样本（SOE=1）和非国有子样本（SOE=0）。表 13-4 列示了对两个子样本分别进行多元回归分析的结果。在国有子样本中，独立董事地理距离的平方项（DISTANCE^2）得到了显著为正的回归系数（模型 1：$\beta_2 = 0.002$，$p < 0.01$），而地理距离平方项（$DISTANCE^2$）在非国有子样本中没有获得统计显著的回归系数（模型 2：$\beta_2 = 0.0005$，$p > 0.10$）。这意味着独立董事地理距离与公司第一类代理成本之间的 U 形曲线影响关系主要反映在国有企业中。而在以其他应收款占比（AGENCY_COST2）为因变量的模型 3-4 中，地理距离的平方项（DISTANCE^2）都得到了显著为正的回归系数，而 Chow 检验表明在国有子样本中的回归系数显著更大（模型 3：$\beta_2 = 0.001$，$p < 0.01$；模型 4：$\beta_2 = 0.001$，$p < 0.10$，ChowChi^2_Dis^2=7.33），说明虽然国有企业和非国有企业中独立董事地理距离与第二类代理成本都存在显著的 U 形曲线关系，但是这一影响关系仍然在国有企业中表现得更强。我们认为，由于许多国有企业集团在集中优质资产剥离上市的过程中，非核心资产被留在了母公司而使得母公司业绩较差。国有企业控股股东和地方政府有动机从上市国有企业中转移利润以支持集团公司的存续以及地方的发展（李增泉 等，2004）。因此，国有企业大股东具有很强的动机通过国有上市公司"输血"，从而严重侵害中小股东的利益。综上所述，本章的假设 H13-2 得到了较好的支持。

表 13-4　基于产权性质的异质性分析结果

变量	AGENCY_COST1		AGENCY_COST2	
	SOE=1	SOE=0	SOE=1	SOE=0
	模型 1	模型 2	模型 3	模型 4
DISTANCE	0.0026	0.0023	0.0020 ***	0.0016 ***
	(1.3381)	(0.9486)	(3.6276)	(2.6540)
DISTANCE-2	0.0022 ***	0.0005	0.0009 ***	0.0004 *
	(3.1695)	(0.5320)	(4.1866)	(1.7007)
截距	0.6078 ***	0.6206 ***	0.0695 ***	0.1233 ***
	(7.5063)	(6.6053)	(2.8520)	(4.7014)
控制变量	控制	控制	控制	控制
行业固定效应	控制	控制	控制	控制
年度固定效应	控制	控制	控制	控制
样本量	5838	5463	5838	5463
F 值	48.6909 ***	48.1064 ***	17.3962 ***	17.5839 ***
调整 R^2	0.2777	0.3122	0.1956	0.2189
Chow Chi^2_Dis	0.0292		0.7003	
Chow Chi^2_Dis^2	6.9301 ***		7.3273 ***	

注：(1) *** 、** 、* 分别代表在 1%、5%、10% 的统计水平下显著(双尾)；(2) Chow Chi^2_Dis、Chow Chi^2_Dis^2 分别表示距离变量 DISTANCE 的一次项和平方项的回归系数的组间差异的 Chow 检验卡方值；(3) 括号内数字为经过异方差调整的 t 值。

3.基于市场化程度的异质性分析

本章按照樊纲等（2011）对各省级行政区进行评估的市场化指数，将样本公司划分为发达地区子样本（MKT＝1）和欠发达地区子样本（MKT＝0）并分别进行多元回归分析以检验假设 H13-3，结果如表 13-5 所示。在以 AGENCY_COST1 为因变量的回归中，虽然独立董事地理距离平方项（DISTANCE^2）都得到了正回归系数，但该系数仅在欠发达地区子样本中统计显著（模型 1：$\beta_2＝0.001$，$p＞0.10$；模型 2：$\beta_2＝0.001$，$p＜0.05$），而且 Chow 检验表明回归系数在两个子样本中存在显著差异，说明独立董事地理距离与公司第一类代理成本间的 U 形曲线影响关系主要反映在欠发达地区的样本公司中。同样地，以 AGENCY_COST2 为因变量的回归分析也得到了相似的结果，表明相比地处发达地区的上市公司，独立董事地理距离与第二类代理成本间的 U 形曲线关系在欠发达地区的上市公司中表现得更强。综上所述，本章的假设 H13-3 也得到了较好的经验支持。

表 13-5　基于市场化程度的异质性分析结果

变量	AGENCY_COST1		AGENCY_COST2	
	MKT＝1	MKT＝0	MKT＝1	MKT＝0
	模型 1	模型 2	模型 3	模型 4
DISTANCE	0.001	0.003	0.001**	0.002***
	(0.429)	(1.410)	(2.180)	(3.203)
DISTANCE^2	0.001	0.002**	0.001	0.001***
	(0.911)	(2.328)	(1.518)	(3.674)
截距	0.543***	0.724***	0.071***	0.109***
	(6.739)	(7.735)	(3.373)	(5.295)
控制变量	控制	控制	控制	控制
行业固定效应	控制	控制	控制	控制
年度固定效应	控制	控制	控制	控制
样本量	6114	5187	6114	5187
F 值	59.433***	44.008***	18.041***	19.630***
调整 R^2	0.313	0.322	0.163	0.238
Chow Chi^2_Dis	1.859		9.555***	
Chow Chi^2_Dis^2	4.007**		15.878***	

注：(1) ***、**、* 分别代表在 1%、5%、10% 的统计水平下显著（双尾）；(2)Chow Chi^2_Dis、Chow Chi^2_Dis^2 分别表示距离变量 DISTANCE 的一次项和平方项的回归系数的组间差异的 Chow 检验卡方值；(3)括号内数字为经过异方差调整的 t 值。

13.7　稳健性检验

1.工具变量检验

本章的主要目的是从地理距离影响独立董事监督能力和动机的角度，考察独立董事地理距离对公司代理成本的影响关系，但前文得到的回归分析结果主要表明二者之间存在相关关系，结论还可能受到互为因果的内生性问题的困扰。鉴于此，本章采用了工具变量的 2SLS 回归方法进行了稳健性检验。具体地，由于邻近潜在独立董事聚集地的公司更可能聘请本地独立董事（Knyazeva et al.，2011），并且在我国上市公司独立董事大部分由高校教师、行政官员或具有财务或法律专长的专家担任（沈烈，2012），本章选用的 3 个工具变量分别为所在省份二本及以上高校的数量（COLLEGE）、所在省份上市公司的数量（PROV＿FIRM）以及公司注册地是否为金融中心或省会城市（MAIN＿CITY）。利用工具变量组进行回归后的结果如表 13-6 所示。从表 13-6 的模型 1 可以看到，独立董事地理距离同 3 个工具变量高度相关：COLLEGE、PROV＿FIRM 和 MAIN＿CITY 都得到了 1％统计显著的负回归系数，意味着在高校、上市公司集中的城市以及在金融中心和省会城市，独立董事与其任职上市公司之间的地理距离普遍较近，符合 Knyazeva 等（2011）对"独立董事池"的观点，从而印证了工具变量的选取是有效和合理的。更为重要的是，利用第一阶段得到的距离估计值（P＿DISTANCE）进行第二阶段的回归分析，发现该变量的平方项（P＿DISTANCE^2）都得到了 1％统计显著的正回归系数（模型 2：$\beta_2=0.013$，$p<0.01$；模型 3：$\beta_2=0.003$，$p<0.01$;），这些结果与表 13-3 的结果保持高度一致，说明互为因果的内生性问题没有对本章的主结果产生实质影响，此前的相关研究结论是可靠的。

表 13-6　工具变量的 2SLS 回归分析结果

变量	第一阶段		第二阶段			
	DISTANCE		AGENCY_COST1		AGENCY_COST2	
	模型 1		模型 2		模型 3	
	系数	T 值	系数	T 值	系数	T 值
COLLEGE	−0.613***	(−15.313)				
PROV_FIRM	−0.099***	(−3.099)				
MAIN_CITY	−0.706***	(−20.089)				
P_DISTANCE			0.014***	(5.323)	0.005***	(6.498)
P_DISTANCE^2			0.013***	(9.490)	0.003***	(8.467)
SIZE	0.022	(0.978)	−0.020***	(−13.443)	−0.002***	(−4.743)

续表

变量	第一阶段		第二阶段			
	DISTANCE		AGENCY_COST1		AGENCY_COST2	
	模型 1		模型 2		模型 3	
	系数	T 值	系数	T 值	系数	T 值
LEV	0.225**	(2.296)	−0.110***	(−16.091)	0.029***	(15.921)
TANGIBILE	−0.359***	(−3.259)	−0.025***	(−3.267)	−0.026***	(−12.925)
GROWTH	0.065	(1.441)	−0.020***	(−6.896)	−0.004***	(−5.578)
AGE	−0.020	(−0.624)	0.003	(1.198)	0.002***	(3.367)
TOP1	0.039	(0.312)	−0.078***	(−9.256)	−0.015***	(−6.605)
BLOCKS	0.120***	(3.268)	0.001	(0.444)	−0.001	(−0.854)
INST	−0.147*	(−1.770)	0.009	(1.582)	−0.010***	(−6.589)
BOARD	0.111***	(11.415)	0.003***	(4.345)	0.001	(0.462)
INDEP	2.474***	(7.207)	0.105***	(4.368)	0.010	(1.622)
MSHR	−0.226**	(−2.021)	0.022***	(2.625)	−0.001	(−0.320)
COMPEN	0.136***	(4.985)	−0.003	(−1.554)	−0.0032***	(−6.421)
DUAL	0.036	(0.887)	0.008***	(2.836)	−0.001	(−1.234)
BIG4	0.199**	(1.982)	0.021***	(3.477)	−0.001	(−0.403)
SOE	−0.383***	(−9.486)	−0.015***	(−5.034)	−0.004***	(−5.225)
MKT	0.072***	(10.628)	0.001	(1.603)	0.001***	(3.537)
截距	4.151***	(8.152)	0.554***	(15.191)	0.075***	(7.717)
行业固定效应	控制		控制		控制	
年度固定效应	控制		控制		控制	
样本量	11301		11301		11301	
F 值	49.674***		—		—	
调整 R^2	0.176		0.218		0.147	

注：(1) ***、**、* 分别代表在 1%、5%、10% 的统计水平下显著(双尾)；(2)括号内数字为经过异方差调整的 Z 值。

2.其他稳健性检验

（1）考虑到不同地区在独立董事选聘的约束条件或路径依赖方面存在较大差异，比如北京、上海、广州和深圳等地区经济发达、高校密集，独立董事的适任人选更多，更容易遴选到距离较近的合适人选，本章进一步区分北上广深样本和非北上广深样本后分析发现，独立董事地理距离与代理成本之间的 U 形关系主要反映在非北上广深地区的公司中；（2）除了上文使用的地理距离均值，本章还尝试使用一家公司某一年度所有独立董事与公司距离的中位数作为独立董事地理距离的代理变量，相关回归结果仍然支持本章的主要研究结论；（3）考虑到两类代理成本的衡量可能会受到行业因素的影响，本章进一步通过扣除公司所属行业的均值后重新计算并定义了异常经营费用率和异常其他应收款占比两类代理成本的新指标，据此得到的回归结果同样支持本章的主要结论；（4）考虑到海外独立董事是异地独立董事的一种特例（Oxelheim and Randøy，2003；Miletkov et al.，2017），本章将海外独立董事样本剔除后的新样本回归结果仍然很好地支持了本章的主要结论；（5）由于独立董事的背景特征、经验及时间因素是影响独立董事监督能力的重要因素，本章尝试增加了董事会中具有财务背景独立董事比例变量、具有法律背景独立董事比例变量、董事会中所有独立董事兼任其他上市公司独立董事席位数量的均值变量等控制变量，由此得到的回归结果表明本章的相关研究结论仍然没有受到实质影响。

13.8　进一步分析

前文关于独立董事地理距离对公司代理成本影响关系的探讨中，地理距离是"因"，代理成本是"果"，二者之间还应该有"缘"，即独立董事地理距离如何作用于独立董事的履职行为进而影响公司的代理成本，而独立董事主要通过出席董事会会议并进行投票表决来影响董事会决策以履行其职责（马连福和石晓飞，2014），因此，在接下来的部分，本章将分别从独立董事是否出席董事会会议（IND_ABSENCE）和是否对董事会议案存在异议（IND_OPINION）两个方面，尝试从个体层面探索地理距离影响独立董事履行监督职能的具体渠道。具体地，若某独立董事没有出席董事会会议（包含缺席和委托出席两种情形），IND_ABSENCE 赋值为 1，否则为 0；参照唐雪松等（2010）的做法，若独立董事意见类型为"保留意见""提出异议""无法表示意见""弃权""反对意见"或者"其他"，IND_OPINION 赋值为 1，若为"同意"则赋值为 0。表 13-7报告了独立董事地理距离是否影响独立董事的参会及其投票表决情况的 Logit 回归结果。在模型 1 中，独立董事地理距离得到了 1% 显著水平下的正相关系数（$\beta=0.073$，$p<0.01$），意味着独立董事与任职公司相距越远，独立董事就越可能缺席董事会会议，这与 Masulis 等（2012）的研究发现一致，说明尽管交通已经非常便利，地理距离仍然是影响独立董事参会的重要因素之一，因而独立董事的地理区位应该引起有关方面的足够关注。鉴于董事会会议是独立董事收集信息、了解和监督管理层最重要且性价比最高的渠道（Adams and Ferreira，2008），可以推断，较多缺席董事会会议的异地独立董事参加公司非例行、无强制要求的实地考察频率将更有限，从而直接支持了本章的假设分析逻辑。从模型 2 的结果可以看到，地理距离并没有显著影响独立董事的意见表决情况（$\beta=0.016$，$p>0.10$），说明异地独立董事也不倾向于公然向董事会提出异议。这与本章的预期相符，我们分析认为这主要是与中国"熟人"社会的特征以及"和为贵""家和万事兴"的传统（孙亮和刘春，2014），中国独立董事市场缺乏有效的声誉奖惩机制（陈睿 等，2015）等制度背景有关，也与外国学者提出的"管家理论"（stewardship）相一致（Muth and Donaldson，1998）。

表 13-7　独立董事地理距离与其监督方式的多元回归结果分析

变量	IND_ABSENCE		IND_OPINION	
	模型 1		模型 2	
DISTANCE	0.073***	(10.995)	0.016	(0.445)
截距	−3.069***	(−8.617)	−2.216	(−1.049)
控制变量	控制		控制	
行业固定效应	控制		控制	
年度固定效应	控制		控制	
样本量	27898		27512	
Wald Chi^2	1135.801***		492.460***	
Pseudo R^2	0.038		0.165	

注:(1) ***、**、* 分别代表在 1%、5%、10%的统计水平下显著(双尾);(2)括号内数字为经过异方差调整的 Z 值;(3)模型 2 中,由于存在 386 条数据与模型的拟合度不够,因此在 Logit 回归估计时计量软件自动将其剔除了。

13.9　研究结论与实践启示

传统中国社会是建立在血缘和地缘关系上的乡土社会，尽管科技的发展淡化了时空距离的概念，但地理距离的影响仍然表现在社会生活的方方面面，在公司治理中也是如此。为了深入探究独立董事地理距离对上市公司代理成本的影响，本章以 2004 年 1 月 1 日至 2013 年 12 月 31 日之间的 11301 个公司—年度观察数据为研究样本，实证研究发现，独立董事距离任职公司太近或太远都会加剧公司的代理成本，并且这种影响关系在国有企业和欠发达地区表现得更为明显。进一步的经验证据还表明，异地独立董事更可能因为地理距离较远而缺席董事会会议，这从具体侧面说明异地独立董事在一定程度上会被隔离在及时有效的信息网络之外，面临更严重的信息不对称问题，进而使其对任职公司的监督变弱，为本章的理论逻辑和研究结论提供了进一步的直接证据。

本章的研究结论具有重要的实践和政策启示：（1）投资者可以根据公司独立董事的地理区位特征来判断上市公司代理问题的严重性，从而提高他们决策的效率与效果。投资者与上市公司之间存在较大的信息不对称，大多数投资者通常是通过公司的信息披露获得公司经营信息而难以直接观察到公司的治理状况，这一定程度上给投资者的投资决策带来了困难。本章的研究结论表明，独立董事地理距离具有反映公司代理问题的信号作用，这为投资者提供了一种间接识别上市公司代理问题的方法。关注公司治理质量的投资者可以通过查阅公司独立董事的简历，了解独立董事常驻地与上市公司的地理区位，并将其作为判断投资标的治理质量的因素之一，帮助提高其决策效率。（2）缓解上市公司的代理问题，保护中小投资者的利益，需要监管机构规范独立董事的遴选和聘任制度，从上市公司内部改善治理环境。本章从独立董事地理距离与公司代理成本关系的角度证明了地理距离是削弱独立董事监督效果的重要因素之一。因此，监管机构需要对代理冲突较严重、内部治理机制不健全的公司进行重点关注，在其聘任异地独立董事时重点考察拟聘任独立董事是否有足够的时间和精力跟进公司的动态以便有效履行其监督职能；同时，监管部门应该密切关注本地独立董事与上市公司关系的动态变化，重点关注独立董事的独立性问题。（3）从政策层面帮助上市公司强化公司治理，需要加强正式制度建设，降低独立董事的监督成本。在中国正式制度建设尚不健全的环境下，"软信息"在独立董事监督中的价值更大，异地独立董事面临的信息壁垒更强；但拥有更多信息的本地独立董事又可能因为与公司更密切的人际关系而丧失独立性，因而独立性和丰富的信息似乎如"鱼"与"熊掌"一样不可兼得。本章的研究结论证明，在信息透明度较高、监管较严格的市场化发达地区，地理距离在公司代理冲突中的负面作用会被显著削弱。因此，进一步加强正式制度建设，如完善上市公司信息披露制度，使公司的运作更加透明，能够帮助独立董事更加容易地了解任职公司，降低其收集信息的成本；也能够使外部利益相关者更准确地获取独立董事的履职信息，对独立董事作出更加客观公正的评价。

此外，本研究也存在一些不足。本研究主要考察的代理成本是一个比较宽泛的概念，未来的研究可以从一些更具体的角度展开，比如公司违规、高管薪酬业绩敏感性等；另外，限于篇幅和研究主题，本章没有进一步考察产权性质和市场化环境以外其他因素（例如股权结构因素）可能存在的调节效应，未来的研究可以从这一方面继续深入探索。

14　独立董事地理距离与高管薪酬

14.1　独立董事地理距离与高管薪酬研究概述

　　独立董事制度作为一项重要的公司治理机制，其设立目的之一便在于监督高管的薪酬。特别是在国有企业中，"真实"所有者缺位和长期存在的内部人控制现象导致高管薪酬契约中的代理问题更为严重（权小锋 等，2010），更需要独立董事发挥其监督治理功能。然而，在中国特殊的社会背景下，独立董事常常因"不作为""不懂事"而饱受诟病。一个值得注意的现象是，大多数中国上市公司都聘请了来自异地的独立董事（以下简称"异地独董"）。据本章统计，聘请了异地独董的国有控股上市公司占比高达68.4%，而完全聘请来自本地的独立董事（以下简称"本地独董"）的国有控股上市公司则不到1/3。这不禁让人好奇：地理距离是不是导致独立董事"不作为""不懂事"的重要原因？本地独董和异地独董对高管薪酬和业绩考核的监督效果是否存在区别？

　　已有文献表明，上市公司"舍近求远"聘请异地独董更多是为了获取其咨询功能（Masulis et al.，2012；孙亮和刘春，2014；刘春 等，2015）。这是因为异地独董不仅在其关联异地具有特殊的人际关系网络，能够帮助企业降低异地市场的进入壁垒，而且对其关联异地的经营环境和社会文化更为了解，有助于企业制定和实施更加有效的经营策略（孙亮和刘春，2014）。与此相对应的是，异地独董的监督能力可能会弱化。由于地理距离和时间成本的阻碍，异地独董难以经常参加董事会会议，平时走访企业了解实际经营情况的机会自然更少，因而无法对上市公司进行充分有效的监督（Alam et al.，2014；曹春方和林雁，2017；罗进辉 等，2017）。但已有研究多从异地并购、异地经营、过度投资等角度研究地理距离对独立董事监督与咨询职能的影响，而对高管薪酬这一根本性的代理问题却未曾涉及。

　　鉴于此，本章以2005—2013年中国A股国有控股上市公司的7346个年度观察数据为研究样本，分别从薪酬水平和薪酬业绩敏感性两个维度检验了本地独董对国有企业高管的监督作用。结果显示：（1）国有控股上市公司的董事会中本地独董占比越高，高管的薪酬水平越低，薪酬业绩敏感性也越低；（2）国有企业中本地独董比例与高管薪酬水平和薪酬业绩敏感性间的负向关系主要体现在垄断行业国有企业和政府补助高的国有企业中；（3）在进行了工具变量检验、将高管薪酬滞后一期、在考察业绩薪酬敏感性时使用未扣除非经常性损益的净利润率、改变高管薪酬的度量方式、改变本地独董的度量方式等稳健性检验后，本章的研究结果依然稳健；（4）进一步，本章发现高管薪酬中的超额部分仅与"运气"业绩相关，而董事会中本地独董占比越高，高管的超额薪酬水平越低，且超额薪酬与"运气"业绩之间的敏感性也越低。这些结果表明，地理距离降低了独立董事在公司治理过程中的参与程度，增加了监督过程中的信息成本，进而弱化了其对高管薪酬中潜在代理问题的监督能力。简言之，本章发现相对异地独董，本地独董的监督效果更好。

　　本章可能的贡献在于：第一，现有研究主要从异地并购、异地经营、过度投资等视角检验了地理距离对独立董事监督和咨询职能的影响，并发现相比本地独董，异地独董更多体现为咨询作用而无监督作用；本章则基于国有企业高管薪酬视角进行考察，相关研究结果进一步证实本地独董的监督效果更好，从而拓展和丰富了独立董事与地理区位特征经济影响的相关研究。第二，国有企业由于其天然的政府背景，长期享受着政府在政策、资源和市场等方面给予的照顾和支持，这使得高管对国有企业业绩的贡献变得模糊，相关的代理问题也由此产生。而本章的结果表明，本地独董是一种有效的监督治理机制，能够缓解国企高管薪酬与业绩考核中的相关代理问题。因此，本章的研究结论对于中国国有企业如何优化董事会结构以及如何科学评价高管薪酬契约的有效性都具有重要的政策启示与实践价值。

14.2　文献回顾与假设提出

1.相关文献回顾

　　独立董事主要具有监督和咨询两大职能（Rosenstein and Wyatt，1990；Hermalin and Weisbach，1998；Armstrong et al.，2014）。监督方面，在董事会中引入独立董事能够缓解由管理层和大股东所引发的代理问题（Fama and Jensen，1983）。具体地，通过设计有效的高管薪酬合约、提高会计信息质量、限制管理层在职消费和大股东掏空行为等方式，独立董事能够促使管理层更加勤勉尽责并缓解大股东对中小股东利益的侵占，从而降低公司的代理成本（Xie et al.，2003；Adams et al.，2010；Armstrong et al.，2014；叶康涛 等，2007；张力和潘青，2009；黄海杰 等，2016）。咨询方面，独立董事作为董事会中的外部成员，扮演了专家和顾问的角色，能够利用其所具有的知识、经验和社会资本，为公司的战略决策和运营管理提供建议和资源支持，从而提高公司价值（Masulis et al.，2012；孙亮和刘春，2014；刘春 等，2015）。

然而，关于独立董事在监督和咨询方面的作用，现有文献未能达成共识。例如，有研究发现，独立董事不能降低公司丑闻发生的概率（张翼和马光，2005），也不能提高公司的盈余质量（Vafeas，2000a；王兵，2007），甚至随着独立董事比例的提高，高管的薪酬业绩敏感性反而降低（黄志忠和郗群，2009）。现有文献之所以未能得出一致结论，一个重要原因是多数文献使用独立董事比例来检验独立董事的相关治理作用，而这一特征缺乏变异性（陈运森和谢德仁，2012）。尤其在中国的制度背景下，独立董事比例这一特征变量在不同上市公司之间严重趋同，因而很难从中有效区分独立董事的治理作用差异。在此背景下，近年来相关学者开始将研究视角深入独立董事个体层面的异质性特征，其中之一便是独立董事与其任职公司之间的地理距离。

现有文献表明，地理距离是影响独立董事发挥监督和咨询职能的重要因素（孙亮和刘春，2014；刘春 等，2015；曹春方和林雁，2017；罗进辉 等，2017）。从监督职能看，地理距离会增加独立董事获取上市公司相关信息的成本，导致信息不对称程度上升，进而削弱独立董事监督的及时性和有效性。一方面，地理距离增加了独立董事参与董事会会议的经济成本和时间成本，导致其更可能缺席董事会会议，或更多地以电话会议、视频会议、委托其他独立董事代为出席等其他非现场形式参与董事会决策（Masulis et al.，2012；曹春方和林雁，2017）。这显然不利于独立董事充分了解和掌握董事会决策的相关信息，并与其他董事充分讨论和交流，从而难以发挥高质量的监督作用。另一方面，在中国注重非正式交流的文化背景下，大量的私有信息或软信息需要通过面对面的交流才能获取。面对面的交流可以不拘泥于官方辞令并且相对不易受制于法律约束，独立董事容易从中获取比市场上公开信息更有效和更具前瞻性的私有信息，从而能及时有效地对公司日常经营过程的潜在问题进行预判和监督（罗进辉 等，2017）。显然，地理距离的增加无疑将会导致独立董事与公司管理层、员工、供应商面对面交谈以及实地访查的频率大大降低（Coval and Moskowitz，2001），进而少有机会了解到公司的实际经营和治理情况，也就无法预见到潜在的风险并采取针对性的监督措施。孙亮和刘春（2014）甚至发现，地理距离对独立董事所造成的信息障碍会被上市公司管理层或控股股东所利用，即管理层或控股股东会主动聘请异地独立董事来弱化对其自身的监督。

但从咨询职能看，刘春等（2015）研究发现，异地独立董事在其关联异地所独有的社会关系资本和对当地市场信息的掌握有利于降低上市公司的异地进入壁垒，提高异地经营的效率。一方面，在我国商品市场严重分割、地方保护主义盛行的现实情景下，异地独立董事可以借助其在当地的社会关系网络帮助上市公司与当地各级官员取得联络，并在公司与当地政府的谈判中帮忙润滑和斡旋。特别是在我国的关系型社会背景下，许多分歧并非以正式明确的语言来表达，而是以潜规则的形式存在（陈冬华 等，2008），此时异地独立董事对当地（潜）规则的熟稔便可起到重要的沟通作用。另一方面，异地独立董事不仅有助于公司了解当地文化习俗、消费者习惯等相关信息，还能帮助公司更好地掌握当地的竞争者、供应商、客户等市场参与者的信息，从而更有效地制定和实施异地经营战略，提高异地经营效率。但需要注意的是，这种咨询作用可能仅存在于独立董事的关联异地，曹春方和林雁（2017）发现在非关联异地，异地独董并不比本地独董拥有更多的社会关系资本与信息优势。

上述研究从多个方面表明，地理距离确实会对独立董事的监督和咨询职能产生重要影响，但就高管薪酬这一公司治理领域中非常重要的代理问题，独立董事的监督作用是否会因地理距离不同而存在差异呢？目前尚未有研究涉及，本章基于此问题展开研究。

2.研究假设提出

高管薪酬不仅是委托代理理论的根本问题，也是所有权与经营权分离背景下企业实现价值最大化的基础（Jensen and Murphy，1990；Murphy，1985；Bebchuk and Fried，2003）。尤其在国有企业中，"真实"所有者缺位与内部人控制导致高管薪酬问题更加突出。尽管作为实际控制人的中央和地方各级政府出台了相应制度来约束和监督高管薪酬，但薪酬乱象、管理层自定薪酬等现象仍时有发生（权小锋 等，2010）。原因在于政府在面对众多国有企业时天然处于信息劣势，特别是在国有企业金字塔式的复杂控制结构下，难以低成本地观察高管代理行为，因而很难在事前与企业经营者签订有效的薪酬激励契约，或在事后实施有效的监督（陈冬华 等，2005）。因此，国有企业高管薪酬问题除了需要制度上的约束，还有赖于公司治理机制的有效运行，特别是作为公司治理核心的董事会应当发挥更核心的监督治理作用。

独立董事作为董事会的核心组成部分，其重要职责之一便是监督高管薪酬契约的订立和实施。例如，《上市公司治理准则》明确规定，若上市公司设立薪酬与考核委员会，独立董事应当占多数并担任召集人，薪酬与考核委员会负责研究和审查高管薪酬方案，并制定相应的标准对高管进行考核。因此，在法律形式上，独立董事在监督高管薪酬时具有重要的话语权。特别是在国有企业中，独立董事的选聘往往受政府干预，是政府对国企内部管理者权力的制衡工具，因而扮演了更强的监督角色（曲亮 等，2014；谢志明和易玄，2014）。但制度上赋权并不能保证独立董事监督效果的自发形成，独立董事监督是否有效还与其在公司治理过程中的参与程度、对企业经营情况的了解、对高管代理行为的掌握等实际相关。

显然，独立董事的上述监督治理活动会受其与上市公司间地理距离这一客观条件影响。一方面，地理距离的增加使得独立董事在参加董事会各项会议时需要付出更多的时间和精力，进而更可能缺席董事会会议，或者以其他非现场形式参加董事会会议。相比本地独董，这种不佳的参会表现不可避免地减少了异地独董的监督频率与力度，使其无法对高管薪酬与业绩考评形成实质性的监督。特别是在国有企业长期存在内部人控制的背景下，管理层会蓄意隐藏其直接或间接的薪酬操控行为，这就更需要独立董事时常关注高管的代理行为，本地独董显然具有这方面的优势，因而更能约束高管薪酬中潜在的"猫腻"行为，抑制高管获取与自身贡献不符的薪酬。另一方面，地理距离的增加恶化了独立董事的信息环境，使其失去了监督的基础。尽管国有企业有着严格的薪酬管制政策，但这些政策在实际执行中常常被"绕行"[①]。监督高管的此类代理行为显然需要独立董事对公司内部情况有着充分的了解和掌握。由于地理上的便利性，本地独董拥有更多的机会以及更小的时间经济成本来实地走访上市公司，了解公司的内部情况和管理层的决策行为，因此更能对高管的真实绩效与薪酬进行准确评估，防止高管获取超额的薪酬。据此，本章提出第一个假设：

假设 H14-1：同等条件下，国有企业董事会中本地独董越多，高管薪酬水平越低。

为了激励和约束国有企业管理层，各级国资委都对所辖国有企业制定了相应的《薪酬管理暂行办法》和《业绩考核暂行办法》。企业负责人的薪酬水平除了与经济效益、业绩考核挂钩，还需要与职工收入形成合理比例[②]。尽管如此，在实际执行这些规定的过程中，由于政企之间的信息不对称，以及来自国资委、证监会等监管部门的查处概率较低、查处力度不足，国有企业往往可以根据自身情况弹性地执行政策，因此管理层自定高薪现象屡见不鲜（辛宇和吕长江，2012）。为了维持甚至继续提升薪酬水平，高管必须为其高薪提供合理解释，否则不断攀升的薪酬会引发媒体和公众的关注与质疑，进而引起政府的重视和介入。当高管有为薪酬正当性辩护的需求时，最直接的办法便是提升薪酬与企业业绩之间的敏感性。业绩表现越好，高管获取超额薪酬也就越不容易引起外界质疑（谢德仁 等，2012；罗宏 等，2014）。但业绩表现好并不必然是高管个人能力与努力的结果，而很可能是诸多高管能力控制范围之外的因素所导致的，如经济形势好转、产业政策调整等等，这些外部"幸运因素"所导致的业绩往往成为高管"揩油"的借口（沈艺峰和李培功，2010；杨青 等，2014）。特别是在国有企业长期享受行业垄断、政府补贴等制度优势的背景下，企业赚取的利润中有相当部分来源于政策支持，不能反映高管对企业的贡献，却为高管进行租金攫取提供了空间。

政府作为国有企业的出资人在监管上述问题时通常会面临较高的信息成本，因此完善的公司治理机制对缓解上述现象非常重要。基于前文分析，本地独董由于地理距离上的优势，除了对公司战略决策与执行、生产经营与投资等方面的情况更加熟知，还有更多的机会实地调研管理层的工作情况，了解高管的个人能力与勤勉尽责程度。因此，在对国有企业高管进行行业绩考核时，本地独董更有能力评估公司业绩中的高管贡献成分，挤走其中的"水分"，防止高管通过"搭经济便车"的方式来为自己谋求高薪，从而降低了国企高管与企业总体业绩间的敏感性。据此，本章提出第二个假设：

---

① 例如，2015 年 6 月审计署公布的央企财务收支审计报告显示（http：//www.audit.gov.cn），中粮集团等 14 家央企为管理层及员工超标准发放奖金、补贴、津贴等薪酬福利 8.57 亿元人民币。薪酬监管更为严格的央企尚且如此，地方国企中"加薪"现象可能更加普遍。

② 例如，2009 年人力资源社会保障部会同财政部、国资委等六部委联合下发的《关于进一步规范中央企业负责人薪酬管理的指导意见》明确规定，企业负责人的薪酬结构主要由基本年薪、绩效年薪和中长期激励收益三部分构成，基本年薪与上年度中央企业在岗职工平均工资相联系，而绩效年薪根据年度经营业绩考核结果确定。

假设 H14-2：同等条件下，国有企业董事会中本地独董越多，高管的薪酬业绩敏感性越低。

正如假设 H14-2 中指出的，行业垄断是国企高管获得幸运业绩和幸运薪酬的重要来源之一。垄断国企通过对稀缺自然资源的垄断，或对关系国计民生极为重要的产品或服务进行垄断经营，获得了远超非垄断国企的利润。显然，垄断利润与高管的管理能力和努力程度无关，但它为管理层获取超额薪酬提供了极为有利的借口，使得高管薪酬与企业业绩之间的敏感度被放大，管理层被"过度激励"。在付出相同努力程度的情况下，垄断性国企高管不仅获得了更高的薪酬，所承受的经营风险与财务风险也小于非垄断性国企高管（郭淑娟和惠宁，2014）。简单地将国企高管薪酬与企业绩效挂钩显然并非最优的薪酬契约，容易夸大垄断国企中高管的个人贡献。反观非垄断国企，由于没有行业垄断带来的经营优势，企业业绩与高管的管理能力与努力程度更为相关，高管薪酬中"理所应得"的比重更高，"过度激励"的现象更弱。因此，本章预期，本地独董在对高管进行监督和考核时，更容易发现垄断国企中高管利用垄断利润获取高薪的现象，也能更正当地通过制定合理的薪酬政策来缓解垄断国企高管被"过度激励"的现象。据此，本章提出第三个假设：

假设 H14-3：行业垄断特征强化了本地独董与国企高管薪酬业绩敏感性间的负向影响关系。

在中国，政府补助是国企高管获得幸运业绩和幸运薪酬的另一个重要来源。国有企业作为政府直接或间接控制的经济实体，常获得政府补助以实现特定的政治或经济目的。然而，政府补助也常沦为高管增加薪酬的工具（步丹璐和王晓艳，2014；罗宏 等，2014），政府补助力度不同，高管薪酬中的"水分"则不同。政府补助作为政府对资源再分配的方式，旨在提高企业效率和社会效益，但大部分的政府补助并没有明确的法律规范，使用也缺乏严格的限制，从而为管理层牟取私利提供了空间（余明桂 等，2010）。政府补助越多，高管寻租的空间越大，这也导致近年来高管与普通职工之间的薪酬差距不断加大（步丹璐和王晓艳，2014；佟爱琴和陈蔚，2017）。但与此同时，政府补助也直接或间接地提升了企业业绩。这种外生的业绩改善与高管的个人能力及努力程度无关，是企业业绩中的噪声，但它却为高管增加薪酬提供了极为有力的辩护。政府补助越多，高管越能利用这种外生的业绩来为加薪进行辩护。因此，本章预期本地独董对高管薪酬的监督作用在政府补助多的国有企业中会更加明显，并据此提出第四个假设：

假设 H14-4：政府补助强化了本地独董与国企高管薪酬业绩敏感性间的负向影响关系。

14.3 样本选择、变量定义与模型设定

1.样本选择与数据来源

本章选取中国沪深 A 股国有控股上市公司 2005—2013 年的年度观察数据作为研究对象。之所以把 2005 年设定为样本期间的起始年份，是因为中国从 2005 年开始实施上市公司管理层薪酬强制披露制度。而 2013 年 10 月，中组部出台的《关于进一步规范党政领导干部在公司兼职（任职）问题意见》引发了"独立董事辞职潮"，为保持样本的稳定性和可比性，本章的样本期间截至 2013 年。本章得到的初始样本共计 8602 个，为了避免异常样本的不利影响，本章对初始样本依次进行了如下的筛选过程：（1）剔除 ST 和 * ST 公司—年度观察样本 650 个；（2）剔除金融业公司—年度观察样本 202 个；（3）剔除资不抵债公司—年度观察样本 23 个；（4）剔除相关数据缺失的公司—年度观察样本 381 个。最终，本章得到的有效公司—年度观察样本为 7346 个。

本章使用的独立董事的地理位置数据系作者手工收集整理得到，上市公司的财务数据和公司治理数据则来自中国证券市场与会计研究（CSMAR）数据库，而制度环境指数来自樊纲等（2011）所编制的中国各地区市场化指数。

2.变量定义与度量

（1）高管薪酬

被解释变量 SALARY 代表高管的货币薪酬，本章以高管前三名薪酬总额的自然对数进行度量。在稳健性检验中，本章还采用了"董事、监事和高管前三名薪酬总额"的自然对数和"董事、监事和高管薪酬总额"的自然对数来衡量高管的薪酬水平。

（2）本地独董

主要解释变量 LOCAL 为本地独董变量。借鉴孙亮和刘春（2014）以及曹春方和林雁（2017）的方法，本章以省际边界作为划分本地和异地的标准，当独立董事主要工作单位与上市公司注册地处于同一省份或直辖市时，本章将其界定为本地独董。度量方法上，本章采用了本地独董人数占独立董事总人数的比例来衡量本地独董的构成。稳健性测试中，本章也采用了本地独董绝对人数进行检验。独立董事的主要工作单位地点信息由作者手工收集整理而得。具体地，本章首先从 CSMAR 数据库中下载了所有国有控股上市公司的独立董事名单，然后相应地从新浪财经门户网站的"公司资料—公司高管"栏目中查找独立董事简历（若新浪财经网站中简历缺失，则利用凤凰财经、问问财经、公司年报、百度搜索等途径进行补充），并通过逐一阅读简历识别出独立董事的主要工作单位，最后通过百度搜索确定该单位所在省市。

（3）控制变量

本章还控制了企业规模（SIZE）、负债水平（LEV）、管理费用率（ADMIN）、无形资产比例（INAST）、市值账面比（MTB）、第一大股东持股比例（TOP1）、董事会规模（BOARD）、独立董事比例（INDEP）、二职合一（DUAL）、控制人层级（CENTRAL）、市场化指数（MKT）、企业成立年限（AGE）以及年度（YEAR）、行业（INDUSTRY）和省份（PROVINCE）等因素对高管薪酬及薪酬业绩敏感性的潜在影响，这些控制变量的选取与现有文献保持一致（Firth et al.，2006；方军雄，2009；吴联生 等，2010；杨德明 等，2012；罗宏 等，2014）。为了消除极端值带来的不利影响，本章对所有连续变量都进行了上下 1‰ 的 Winsorize 缩尾处理。变量的具体定义如表 14-1 所示。

表 14-1　变量定义与度量

变量符号	变量定义
SALARY	等于高管前三名薪酬总额的自然对数
LOCAL	等于工作地点所处省份与上市公司注册地所在省份相同的独立董事占所有独立董事的比例
MON	当企业所属行业为垄断行业时,取值为 1,否则为 0①
SUB	等于政府补助总额与总资产的比值
ROA	等于扣除非经常性损益后的净利润除以总资产
SIZE	等于企业总资产的自然对数
LEV	等于总负债与总资产的比值
ADMIN	等于管理费用与营业收入的比值
INAST	等于无形资产净额与总资产的比值
MTB	等于总市值与负债的账面价值之和除以总资产
TOP1	等于第一大股东持股数与企业总股份数的比值
BOARD	等于董事会成员的总人数
INDEP	等于独立董事人数与董事会总人数的比值
DUAL	若董事长和总经理为同一人时,取值为 1,否则为 0
CENTRAL	若国有企业实际控制人为中央政府时,取值为 1,否则为 0
AGE	等于企业成立当年至今的年份数
MKT	来自樊纲等(2011)所编制的中国各地区市场化指数

3.计量回归模型

为了检验本地独董对高管薪酬及薪酬业绩敏感性的经验影响关系，本章借鉴 Firth

---

① 借鉴罗进辉等(2016)的相关界定标准,本章把采掘业、石油化学塑胶塑料业、金属非金属业、电力煤气及水的生产和供应业、交通运输仓储业、信息技术业等涉及国家安全的行业、自然垄断的行业、提供重要公共产品和服务的行业以及支柱产业和高新技术产业界定为政府行政管制的垄断行业。

等（2006）、辛清泉和谭伟强（2009）、姜付秀等（2014）等文献的做法，分别构建了如下的计量回归模型：

$$
\begin{aligned}
\text{SALARY}_{i,t} = {} & \beta_0 + \beta_1 \text{LOCAL}_{i,t} + \beta_2 \text{ROA}_{i,t} + \beta_3 \text{SIZE}_{i,t} + \beta_4 \text{LEV}_{i,t} + \\
& \beta_5 \text{ADMIN}_{i,t} + \beta_6 \text{INAST}_{i,t} + \beta_7 \text{MTB}_{i,t} + \beta_8 \text{TOP1}_{i,t} + \\
& \beta_9 \text{BOARD}_{i,t} + \beta_{10} \text{INDEP}_{i,t} + \beta_{11} \text{DUAL}_{i,t} + \beta_{12} \text{CENTRAL}_{i,t} + \\
& \beta_{13} \text{AGE}_{i,t} + \beta_{14} \text{MKT}_{i,t} + \sum \text{YEAR} + \sum \text{INDUSTRY} + \\
& \sum \text{PROVINCE} + \varepsilon_{i,t}
\end{aligned}
\tag{14-1}
$$

$$
\begin{aligned}
\text{SALARY}_{i,t} = {} & \beta_0 + \beta_1 \text{LOCAL}_{i,t} + \beta_2 \text{LOCAL}_{i,t} \times \text{ROA}_{i,t} + \beta_3 \text{ROA}_{i,t} + \beta_4 \text{SIZE}_{i,t} + \\
& \beta_5 \text{LEV}_{i,t} + \beta_6 \text{ADMIN}_{i,t} + \beta_7 \text{INAST}_{i,t} + \beta_8 \text{MTB}_{i,t} + \beta_9 \text{TOP1}_{i,t} + \\
& \beta_{10} \text{BOARD}_{i,t} + \beta_{11} \text{INDEP}_{i,t} + \beta_{12} \text{DUAL}_{i,t} + \beta_{13} \text{CENTRAL}_{i,t} + \\
& \beta_{14} \text{AGE}_{i,t} + \beta_{15} \text{MKT}_{i,t} + \sum \text{INDUSTRY} + \sum \text{PROVINCE} + \\
& \sum \text{YEAR} + \varepsilon_{i,t}
\end{aligned}
\tag{14-2}
$$

模型（14-1）用于检验假设 H14-1，即本地独董与国企高管薪酬之间的影响关系，若 β_1 的系数显著为负，即国有企业董事会中本地独立董事越多，高管薪酬水平越低，H14-1 成立。

模型（14-2）用于检验假设 H14-2，即本地独董与国企高管薪酬业绩敏感性之间的影响关系。对于业绩指标 ROA，现有研究认为，净利润中所包含的非经常性损益项目往往是上市公司进行盈余管理的对象（魏涛 等，2007；蒋大富和熊剑，2012）。因此，本章借鉴方军雄（2009）的研究，以扣除非经常性损益后的净利润率来反映公司的真实业绩。在稳健性检验中，本章还采用了未扣除非经常性损益的净利润率作为业绩水平的替代衡量指标。根据本章的假设 H14-2，本地独董代理变量与公司业绩的交乘项（LOCAL×ROA）的系数 β_2 应该显著为负，即国有企业董事会中本地独立董事越多，高管的薪酬业绩敏感性越低。

进一步，为了检验假设 H14-3 和假设 H14-4，本章对模型（14-2）按垄断行业与非垄断行业、以中位数划分的高政府补助与低政府补助分别进行分组检验。根据假设 H14-3 和假设 H14-4 的理论预期，本地独董代理变量与公司业绩的交乘项（LOCAL×ROA）的系数 β_2 在垄断行业与高政府补助的分组中会更加显著为负，即本地独董对高管薪酬业绩敏感性的负向影响在垄断国企与政府补助多的国企中会更为明显。

14.4　描述性统计分析

表 14-2 汇报了本章主要变量的描述性统计结果。

表 14-2　描述性统计结果

变量	样本量	均值	标准差	最小值	P25	中位数	P75	最大值
SALARY	7346	13.780	0.794	11.700	13.300	13.820	14.300	15.710
LOCAL	7346	0.619	0.344	0	0.333	0.667	1	1
MON	7346	0.432	0.495	0	0	0	1	1
SUB	5790①	0.005	0.008	0	0	0.002	0.005	0.051
ROA	7346	0.027	0.053	−0.173	0.005	0.025	0.051	0.185
SIZE	7346	22.060	1.215	19.820	21.180	21.890	22.790	25.730
LEV	7346	0.514	0.189	0.077	0.378	0.532	0.658	0.887
ADMIN	7346	0.080	0.061	0.008	0.039	0.065	0.102	0.368
INAST	7346	0.044	0.056	0.000	0.009	0.027	0.056	0.320
MTB	7346	1.991	1.199	0.856	1.198	1.584	2.350	7.412
TOP1	7346	40.130	15.610	11.200	27.500	39.760	51.730	75.900
BOARD	7346	10.310	2.394	6	9	9	11	18
INDEP	7346	0.360	0.056	0.250	0.333	0.333	0.375	0.563
DUAL	7346	0.100	0.300	0	0	0	0	1
CENTRAL	7346	0.301	0.459	0	0	0	1	1
AGE	7346	13.000	4.523	3	10	13	16	24
MKT	7346	8.341	1.935	4.320	6.950	8.240	9.870	11.800

从表 14-2 的结果可以看到：（1）通过对数转换可知，样本国有企业中高管前三名薪酬总额（SALARY）的均值为 96.511 万，其中最低薪酬水平为 12.057 万，最高薪酬水平为 664.915 万，最高薪酬约为最低薪酬的 55 倍，意味着不同国有企业之间高管的薪酬水平存在着较大的差异，同时存在着"零薪酬"和"天价薪酬"的极端现象。（2）样本国有上市公司中，本地独董占比（LOCAL）平均约为 61.9%，说明聘请本地独董在国有企业中是非常普遍的现象。（3）从行业属性看，垄断行业（MON）的国有企业占比达到了 43.2%。（4）政府补助占总资产的比例（SUB）平均为 0.5%，最高达到了 5%，考虑到国有企业资产规模普遍较大，政府补助水平在绝对数额上并不低。（5）扣除非经常性损益后的净利润率（ROA）均值为 2.7%，中位数为 2.5%，但标准差达到了 5.3%，说明不同企业之间的经营表现差异较大。此外，其他控制变量的取值分布情况都比较正常，不存在明显的异常值问题。

---

① 由于 CSMAR 所披露的政府补助数据在 2007 年之前缺失较多，为保证研究数据的稳定性与可靠性，本章仅采用了 2007 年及之后的政府补助数据，因此政府补助（SUB）的样本量相对较少。

14.5 Pearson 相关系数分析

表 14-3 汇报了本章主要变量的 Pearson 相关系数。

表 14-3　Pearson 相关系数分析结果

变量	1	2	3	4	5	6	7	8
1 SALARY	1							
2 LOCAL	−0.064***	1						
3 MON	−0.049***	−0.035***	1					
4 SUB	0.022*	0.028**	0.049***	1				
5 ROA	0.324***	−0.071***	0.038***	−0.066***	1			
6 SIZE	0.472***	−0.124***	0.157***	−0.118***	0.155***	1		
7 LEV	0.019	−0.048***	−0.030***	−0.060***	−0.364***	0.353***	1	
8 ADMIN	−0.143***	0.050***	−0.087***	0.119***	−0.201***	−0.330***	−0.241***	1
9 INAST	−0.038***	0.025**	0.031***	0.000	−0.009	−0.029**	−0.061***	0.142***
10 MTB	0.015	−0.026**	−0.084***	0.044***	0.278***	−0.323***	−0.329***	0.166***
11 TOP1	−0.003	0.019	0.138***	−0.058***	0.163***	0.232***	−0.033***	−0.123***
12 BOARD	0.142***	−0.070***	0.096***	0.017	0.025**	0.245***	0.066***	−0.048***
13 INDEP	0.097***	−0.018	−0.043***	−0.011	−0.001	0.129***	0.043***	−0.034***
14 DUAL	0.016	0.003	−0.029**	0.032**	−0.037***	−0.038***	0.013	0.034***
15 CENTRAL	0.128***	−0.218***	0.039***	0.030**	0.001	0.063***	−0.022*	−0.013
16 AGE	0.253***	0.070***	−0.086***	−0.021	−0.094***	0.128***	0.145***	−0.012
17 MKT	0.405***	0.207***	−0.144***	0.022*	0.068***	0.137***	−0.024**	−0.078***

	9	10	11	12	13	14	15	16
9 INAST	1							
10 MTB	0.044***	1						
11 TOP1	−0.052***	−0.026**	1					
12 BOARD	0.047***	−0.067***	−0.013	1				
13 INDEP	−0.009	−0.015	0.039***	−0.053***	1			
14 DUAL	0.001	0.008	−0.072***	−0.033***	0.009	1		
15 CENTRAL	−0.103***	0.085***	0.040***	0.046***	−0.023**	−0.069***	1	
16 AGE	0.076***	−0.055***	−0.304***	0.009	0.033***	0.029**	−0.101***	1
17 MKT	−0.032***	0.003	0.013	−0.017	0.034***	0.023*	0.019*	0.231***

注：***、**、*分别代表在1%、5%、10%的统计水平下显著（双尾）。

从表 14-3 中可知：（1）高管薪酬（SALARY）与本地独董（LOCAL）在 1% 的统计水平下显著负相关，意味着本地独董较多的国有企业中，高管薪酬水平较低，与本章假设 H14-1 的理论预期初步吻合。（2）高管薪酬（SALARY）与垄断行业（MON）在 1% 的统计水平下显著负相关，而与政府补助（SUB）在 10% 的水平下正相关，意味着在不考虑其他因素的情况下，垄断国企中高管薪酬水平较低，而政府补助多的国企中高管薪酬水平则相对较高。（3）高管薪酬（SALARY）与公司业绩（ROA）在 1% 的统计水平下显著正相关，相关系数达到 0.324，意味着总体上国有企业具有较高的薪酬业绩敏感性。（4）垄断行业（MON）与政府补助（SUB）在 1% 的统计水平下显著正相关，意味着垄断行业的国有企业获得了更多的政府补助。此外，控制变量间两两相关系数均小于 0.5，意味着将这些变量纳入回归模型不会造成严重的多重共线性问题。

14.6　单变量的组间差异分析

根据本地独董比例的中位数（LOCAL$_{\text{Median}}$），本章将全样本划分为高本地独董比例组（LOCAL$\geq$LOCAL$_{\text{Median}}$）和低本地独董比例组（LOCAL$<$LOCAL$_{\text{Median}}$）进行均值差异的 T 检验和中位数差异的 Z 检验，结果如表 14-4 所示。可以看到，与本地独董比例较低的国有上市公司相比，本地独董比例较高的国有上市公司中，高管薪酬水平显著更低，这与本章假设 H14-1 的理论预期相符。同时，本地独董比例较高的国有企业更可能是非垄断行业，所获得的政府补助相对较高。除此之外，本地独董比例较高的国有企业还具有资产规模较小、负债水平较低、管理费用率较高、无形资产占比较高、第一大股东持股比例较高、独立董事比例较高、成立时间较长等特征，并且更可能是地方国有企业和市场化水平较高地区的国有企业。

表 14-4　分组差异检验结果

变量	LOCAL$\geq$LOCAL$_{\text{Median}}$（样本量＝4309）			LOCAL$<$LOCAL$_{\text{Median}}$（样本量＝3037）			t/Z 检验值
	均值	中位数	标准差	均值	中位数	标准差	
SALARY	13.744	13.791	0.769	13.823	13.848	0.827	$-4.233^{***}/-4.067^{***}$
MON	0.418	0	0.493	0.452	0	0.498	$-2.881^{***}/-2.880^{***}$
SUB	0.005	0.002	0.008	0.004	0.002	0.007	$2.170^{**}/0.726$
ROA	0.024	0.023	0.053	0.031	0.027	0.053	$-5.576^{***}/-5.201^{***}$
SIZE	21.933	21.793	1.167	22.234	22.042	1.261	$-10.512^{***}/-10.254^{***}$
LEV	0.505	0.519	0.190	0.527	0.544	0.187	$-5.060^{***}/-5.129^{***}$
ADMIN	0.082	0.067	0.063	0.076	0.064	0.056	$4.079^{***}/2.967^{***}$

续表

变量	LOCAL>=LOCAL_Median（样本量＝4309）			LOCAL<LOCAL_Median（样本量＝3037）			t/Z 检验值
	均值	中位数	标准差	均值	中位数	标准差	
INAST	0.046	0.027	0.058	0.043	0.026	0.054	2.312**/1.457
MTB	1.965	1.582	1.146	2.028	1.586	1.271	−2.237**/−0.343
TOP1	40.366	39.684	15.452	39.792	40.010	15.818	1.554/1.556
BOARD	10	9	2.257	10.747	10	2.512	−13.340***/−14.148***
INDEP	0.358	0.333	0.055	0.363	0.333	0.058	−3.528***/−4.394***
DUAL	0.101	0	0.302	0.097	0	0.296	0.603/0.603
CENTRAL	0.236	0	0.425	0.392	0	0.488	−14.554***/−14.350***
AGE	13.211	13	4.544	12.704	13	4.478	4.734***/5.063***
MKT	8.641	8.930	1.890	7.916	7.650	1.919	16.079***/16.286***

注：***、**、*分别代表在1%、5%、10%的统计水平下显著（双尾）。

14.7 多元回归分析

1.本地独董与高管薪酬间的影响关系分析

表 14-5 汇报了检验研究假设的 OLS 多元回归分析结果。其中，模型 1 列示了本地独董与高管薪酬间影响关系的回归结果。可以看到，模型 1 中本地独董代理变量（LO-CAL）的回归系数在 1%的统计水平下显著为负（模型 1：$\beta=-0.175$，$p<0.01$）。这意味着在聘请了越多本地独董的国有上市公司中，高管的薪酬水平越低，即本地独董约束了高管获取过高薪酬的代理行为，从而支持了本章的假设 H14-1。

表 14-5 主要假设的多元回归分析结果

变量	SALARY					
	全样本模型 1	全样本模型 2	垄断行业模型 3	非垄断行业模型 4	高政府补助模型 5	低政府补助模型 6
LOCAL	−0.175***	−0.173***	−0.142***	−0.203***	−0.121***	−0.188***
	(−7.960)	(−7.863)	(−4.229)	(−7.055)	(−3.507)	(−5.365)
LOCAL×ROA		−1.046***	−1.840***	−0.451	−1.852***	−0.388
		(−2.617)	(−3.132)	(−0.850)	(−2.748)	(−0.598)
ROA	3.575***	3.582***	3.855***	2.923***	3.574***	3.547***
	(22.949)	(22.870)	(17.475)	(13.448)	(14.165)	(13.834)

续表

变量	SALARY					
	全样本 模型 1	全样本 模型 2	垄断行业 模型 3	非垄断行业 模型 4	高政府补助 模型 5	低政府补助 模型 6
SIZE	0.225 ***	0.225 ***	0.192 ***	0.263 ***	0.255 ***	0.213 ***
	(29.382)	(29.357)	(17.629)	(24.887)	(21.461)	(18.329)
LEV	0.032	0.033	0.120 *	−0.113 *	−0.236 ***	0.167 **
	(0.750)	(0.751)	(1.871)	(−1.923)	(−3.337)	(2.365)
ADMIN	0.248 **	0.248 **	1.079 ***	−0.360 **	0.265	0.059
	(2.083)	(2.072)	(6.090)	(−2.313)	(1.371)	(0.300)
INAST	−0.542 ***	−0.546 ***	−0.217	−0.909 ***	−0.539 ***	−0.428 ***
	(−4.720)	(−4.741)	(−1.317)	(−5.364)	(−2.618)	(−2.630)
MTB	0.033 ***	0.032 ***	0.037 ***	0.038 ***	0.030 ***	0.028 ***
	(4.357)	(4.257)	(3.191)	(3.779)	(2.636)	(2.600)
TOP1	−0.006 ***	−0.006 ***	−0.006 ***	−0.005 ***	−0.005 ***	−0.005 ***
	(−12.642)	(−12.648)	(−9.335)	(−7.835)	(−7.577)	(−6.649)
BOARD	0.003	0.003	0.006	0.004	−0.006	0.011 ***
	(1.211)	(1.198)	(1.552)	(1.015)	(−1.562)	(2.699)
INDEP	0.081	0.088	0.341 **	−0.130	0.178	−0.167
	(0.743)	(0.812)	(2.034)	(−0.903)	(1.147)	(−1.045)
DUAL	0.071 ***	0.069 ***	0.072 **	0.065 **	0.049	0.107 ***
	(3.175)	(3.099)	(2.108)	(2.237)	(1.511)	(2.879)
CENTRAL	0.081 ***	0.080 ***	0.135 ***	0.038 *	0.075 ***	0.099 ***
	(5.310)	(5.276)	(6.105)	(1.732)	(3.308)	(4.015)
AGE	−0.004 **	−0.004 **	−0.003	−0.005 *	−0.004	−0.007 ***
	(−2.453)	(−2.524)	(−1.078)	(−1.958)	(−1.374)	(−2.765)
MKT	−0.039	−0.038	−0.077 *	−0.023	−0.035	−0.073
	(−1.397)	(−1.371)	(−1.792)	(−0.652)	(−0.413)	(−1.024)
截距	8.359 ***	8.353 ***	9.190 ***	7.700 ***	8.141 ***	9.146 ***
	(32.566)	(32.585)	(23.723)	(23.229)	(11.719)	(14.958)
行业固定效应	控制	控制	控制	控制	控制	控制
省份固定效应	控制	控制	控制	控制	控制	控制
年度固定效应	控制	控制	控制	控制	控制	控制
样本量	7346	7346	3173	4173	2895	2895
F 值	147.941	145.840	71.406	113.861	55.268	48.250
调整 R^2	0.577	0.577	0.565	0.605	0.551	0.527

注:(1) *** 、** 、* 分别代表在 1%、5%、10% 的统计水平下显著(双尾);(2) 括号内数字为经过异方差调整的 t 值。

2.本地独董与高管薪酬敏感性间的影响关系分析

在此基础上，模型 2 进一步汇报了本地独董与国企高管薪酬业绩敏感性的回归结果，其中本地独董代理变量与公司业绩的交乘项（LOCAL×ROA）在 1％的统计水平下显著为负（模型 2：$\beta=-1.046$，$p<0.01$）。这说明国有企业中本地独董越多，高管的薪酬业绩敏感性越低，即本地独董降低了国有企业高管的薪酬业绩敏感性，进而支持了本章的假设 H14-2。

3.基于行业特征的异质性分析

模型 3-4 汇报了本地独董对高管薪酬业绩敏感性的影响在垄断行业与非垄断行业中的差异。在垄断性行业中，本地独董代理变量与公司业绩的交乘项得到了在 1％的统计水平下显著的负回归系数（模型 3：$\beta=-1.840$，$p<0.01$），而在非垄断性行业中，本地独董代理变量与公司业绩的交乘项回归系数虽然为负，但并不显著（模型 4：$\beta=-0.451$，$p>0.10$），说明相对于非垄断国企，垄断国企中本地独董对高管薪酬业绩敏感性的降低作用更强，从而支持了本章的假设 H14-3，即本地独董的监督作用在高管薪酬"水分"更高的垄断国企中更为明显。

4.基于政府补助的异质性分析

模型 5-6 则汇报了本地独董对高管薪酬业绩敏感性的影响与政府补助之间的关系。当国有企业获得的政府补助较高时，本地独董代理变量与公司业绩的交乘项得到了在 1％的统计水平下显著的负回归系数（模型 5：$\beta=-1.852$，$p<0.01$），而当政府补助较低时，本地独董代理变量与公司业绩的交乘项的回归系数为负但并不显著（模型 6：$\beta=-0.388$，$t=p>0.10$）。这意味着本地独董对高管薪酬业绩敏感性的降低作用主要体现在政府补助高的国有企业中，从而支持了本章的假设 H14-4，即本地独董能够抑制国企高管利用政府补助对业绩的改善来获取过高薪酬，这种约束作用在政府补助多的国有企业中更加明显。

控制变量方面，公司规模越大（SIZE）、管理费用率越高（ADMIN）、市值账面比（MTB）越大、董事长同时兼任总经理（DUAL）、国有产权隶属于中央（CENTRAL）时，高管薪酬水平（SALARY）越高；而无形资产占比（INAST）越高、第一大股东持股比例（TOP1）越大、企业成立时间（AGE）越长，则高管薪酬水平（SALARY）越低。这些结果与方军雄（2009）、辛清泉和谭伟强（2009）、姜付秀等（2014）的研究发现基本保持一致。

5.稳健性检验

本章进行了如下的稳健性检验以增强结论的可靠性：（1）为缓解潜在的互为因果的内生性问题，本章以年度各省或直辖市所有上市公司中本地独董比例的均值（PROV-INCE ＿ R）作为工具变量，运用两阶段最小二乘法（2SLS）进行稳健性检验。（2）由于上市公司在制定高管薪酬合约时，往往是以上一年的业绩表现作为薪酬设定的依据，这就意味着在考察高管薪酬业绩敏感性及超额薪酬水平时，需要基于历史业绩而非当期业绩，同时也意味着本地独董对高管薪酬契约的影响可能存在滞后效应。基于此，本章借鉴方军雄（2009）的研究，以未来一期的高管薪酬作为因变量，重新对本章的假设进行了实证检验。（3）在考察高管薪酬业绩敏感性时，现有文献常用未扣除非经常性损益的净利润率作为业绩的衡量指标（方军雄，2009；吴联生 等，2010；姜付秀 等，2014）。为与现有文献保持较好的可比性，本章也使用未扣除非经常性损益的净利润率进行稳健性检验。（4）本章还使用"董事、监事和高管前三名薪酬总额"以及"董事、监事和高管薪酬总额"作为高管薪酬的替代性指标进行了稳健性检验。（5）本章还使用了本地独董人数作为本地独董的替代性指标进行了稳健性检验。（6）为避免人为划分本地独董和异地独董可能对研究结论产生的潜在不利影响，本章还尝试了以独立董事与公司间的球面地理距离这一更加客观的指标来刻画独立董事的地理区位特征。具体地，参考罗进辉等（2017）的度量方法，采用独立董事主要工作所在地级市的政府行政中心与上市公司注册所在地的地球经纬度距离，作为独立董事与上市公司间地理距离的替代变量，然后以董事会中所有独立董事与公司注册地距离的均值的对数值作为公司层面的独立董事距离变量。上述检验结果都表明，本章的主要研究结论是稳健可靠的。

6.进一步分析

如前文所述，在中国目前的经济体制下，国有企业由于其天然的政府背景，获得了政府在行业管制、政策扶持等多方面的支持与帮助，这些优势所带来的经营业绩并不反映高管的个人能力与努力程度，但高管却借此"幸运"地获取了超额的薪酬。基于前文的分析，本章预期，本地独董对高管薪酬的监督治理作用主要体现在降低高管的超额薪酬，约束高管利用业绩中的"运气"成分来获取超额薪酬的行为。为具体验证本章的理论逻辑，本章进一步对本地独董与高管超额薪酬以及超额薪酬与幸运业绩间敏感性的影响关系进行了检验。

借鉴 Core 等（1999）、吴联生等（2010）、杨德明和赵璨（2012）等文献的做法，本章采用式（14-3）的薪酬决定模型来估计高管的合理薪酬，该模型的回归残差即为高管的超额薪酬水平（OVERPAY）。相关变量的定义详见表 14-1。

$$\begin{aligned} SALARY_{i,t} = &\ \beta_0 + \beta_1 SIZE_{i,t} + \beta_2 LEV_{i,t} + \beta_3 MTB_{i,t} + \beta_4 ROA_{i,t} + \beta_5 ROA_{i,t-1} + \\ &\ \beta_6 AGE_{i,t} + \beta_7 DUALITY_{i,t} + \beta_8 BOARD_{i,t} + \beta_9 INDIR_{i,t} + \\ &\ \beta_{10} CENTRAL_{i,t} + \sum YEAR + \sum INDUSTRY + \sum PROVINCE + \varepsilon_{i,t} \end{aligned}$$

$$(14\text{-}3)$$

同时，参照 Bertrand 和 Mullainathan（2001）、沈艺峰和李培功（2010）、杨青等（2014）等文献的做法，本章采用两阶段最小二乘法（2SLS）来分析超额薪酬与幸运业绩之间的敏感性。具体地，在第一阶段中，本章首先用反映"运气"的工具变量对公司业绩进行回归，估计出公司的"运气业绩"（ROA _ LUCK），进而分离出"非运气业绩"（ROA _ NONLUCK）。借鉴现有文献中的通常做法，本章采用行业平均 ROA（剔除企业自身）作为运气的工具变量。行业平均 ROA 反映了企业的外部经营环境，不受高管的控制和影响，但却与公司的经营业绩紧密相关，符合"运气"的定义（沈艺峰和李培功，2010；杨青 等，2014）。第二阶段中，本章采用式（14-4）来检验超额薪酬与"运气业绩"和"非运气业绩"之间的敏感性，以及本地独董对这些敏感性关系的影响。相关变量的定义详见表 14-1。

$$
\begin{aligned}
\mathrm{OVERPAY}_{i,t} = {} & \beta_0 + \beta_1 \mathrm{LOCAL}_{i,t} + \beta_2 \mathrm{ROA\_LUCK}_{i,t} + \beta_3 \mathrm{ROA\_NONLUCK}_{i,t} + \\
& \beta_4 \mathrm{LOCAL}_{i,t} \times \mathrm{ROA\_LUCK}_{i,t} + \beta_5 \mathrm{LOCAL}_{i,t} \times \mathrm{ROA\_NONLUCK}_{i,t} + \\
& \beta_6 \mathrm{SIZE}_{i,t} + \beta_7 \mathrm{LEV}_{i,t} + \beta_8 \mathrm{ADMIN}_{i,t} + \beta_9 \mathrm{INAST}_{i,t} + \beta_{10} \mathrm{MTB}_{i,t} + \\
& \beta_{11} \mathrm{TOP1}_{i,t} + \beta_{12} \mathrm{BOARD}_{i,t} + \beta_{13} \mathrm{INDIR}_{i,t} + \beta_{14} \mathrm{DUALITY}_{i,t} + \\
& \beta_{15} \mathrm{CENTRAL}_{i,t} + \beta_{16} \mathrm{AGE}_{i,t} + \beta_{17} \mathrm{MKT}_{i,t} + \sum \mathrm{YEAR} + \\
& \sum \mathrm{INDUSTRY} + \sum \mathrm{PROVINCE} + \varepsilon_t
\end{aligned}
\tag{14-4}
$$

据此得到的分析检验结果如表 14-6 所示。

表 14-6　进一步分析检验结果

	OVERPAY			
	模型 1		模型 2	
LOCAL	-0.184^{***}	(-9.035)	-0.182^{***}	(-8.959)
ROA_LUCK	3.675^{***}	(2.876)	3.652^{***}	(2.860)
ROA_NONLUCK	0.173	(1.190)	0.168	(1.160)
LOCAL×ROA_LUCK			-2.035^{***}	(-3.898)
LOCAL×ROA_NONLUCK			0.198	(0.457)
SIZE	-0.045^{**}	(-2.257)	-0.045^{**}	(-2.269)
LEV	0.475^{***}	(3.000)	0.464^{***}	(2.933)
ADMIN	1.203^{***}	(3.789)	1.180^{***}	(3.717)
INAST	-0.353^{***}	(-2.915)	-0.355^{***}	(-2.936)
MTB	-0.053^{**}	(-2.524)	-0.054^{**}	(-2.584)
TOP1	-0.005^{***}	(-12.204)	-0.005^{***}	(-12.138)
BOARD	-0.006^{**}	(-2.250)	-0.006^{**}	(-2.344)
INDEP	0.069	(0.605)	0.078	(0.690)
DUAL	-0.021	(-1.038)	-0.022	(-1.076)
CENTRAL	-0.001	(-0.082)	0.000	(0.021)
AGE	-0.005^{***}	(-2.603)	-0.005^{***}	(-2.671)
MKT	-0.038	(-1.302)	-0.036	(-1.230)
截距	1.317^{***}	(3.137)	1.305^{***}	(3.110)

续表

	OVERPAY	
	模型 1	模型 2
行业固定效应	控制	控制
省份固定效应	控制	控制
年度固定效应	控制	控制
样本量	7194	7194
F 值	4.197	4.301
调整 R^2	0.031	0.033

注：(1) ***、**、* 分别代表在 1％、5％、10％ 的统计水平下显著（双尾）；(2) 括号内数字为经过异方差调整的 t 值。

从表 14-6 中可看到：(1) 模型 1 中本地独董代理变量（LOCAL）得到了 1％ 水平下显著为负的回归系数（$\beta = -0.184$，$p < 0.01$），意味着本地独董抑制了高管的超额薪酬水平。(2) 模型 1 中"运气业绩"（ROA_LUCK）得到了 1％ 水平下显著为正的回归系数（$\beta = 3.675$，$p < 0.01$），但"非运气业绩"（ROA_NONLUCK）没有得到统计显著的系数（$\beta = 0.173$，$p > 0.10$），意味着国企高管获得超额薪酬主要是通过"运气业绩"而非"非运气业绩"。(3) 模型 2 中，本地独董代理变量与"运气业绩"的交乘项（LOCAL×ROA_LUCK）得到了 1％ 水平下显著为负的回归系数（$\beta = -2.035$，$p < 0.01$），而与"非运气业绩"的交乘项（LOCAL×ROA_NONLUCK）的系数并不显著（$\beta = 0.198$，$p > 0.10$），说明本地独董主要降低了国企高管薪酬与"运气业绩"之间的敏感性。因此，本章进一步分析结果表明，本地独董对国企高管薪酬的监督治理作用主要在于降低了国企高管的超额薪酬水平，约束国企高管利用业绩中与自身能力与努力程度无关的"运气"成分来获取超额薪酬。

14.8　研究结论与实践启示

独立董事能否缓解两权分离所引起的委托代理问题一直以来饱受争议，近年来独立董事地理区位特征可能引致的治理作用异质性引起了该领域相关学者的研究关注。基于此，本章手工收集了 2005—2013 年中国 A 股国有控股上市公司独立董事的主要工作地信息，根据独立董事工作地与上市公司之间的地理关系将独立董事划分为本地独董和异地独董，进而从国企高管薪酬的视角检验了本地独董的监督作用。结果发现，国有企业董事会中来自本地的独立董事越多，高管的薪酬水平越低，且薪酬业绩敏感性也越低，同时本地独董与高管薪酬业绩敏感性间的负向影响关系主要存在于垄断国有企业和政府补助高的国有企业中。进一步分析表明，国企高管薪酬中的超额部分仅与"运气"业绩相关，而董事会中本地独董越多，国企高管的超额薪酬水平越低，同时超额薪酬与"运气"业绩之间的敏感性也越低。本章的发现意味着，地理距离是影响独立董事监督治理作用的重要因素。本地独董由于地理距离上的优势，其在履行监督职能时拥有更完备的信息环境和更低的监督成本，因此更能约束高管获取超额薪酬的代理行为。与此同时，国有企业由于长期以来享受政府特别的保护和支持，企业业绩中与高管个体因素无关的成分更多，这为高管获取超额薪酬提供了条件和借口，而本地独董的信息优势能更有效地约束高管的此类薪酬辩护行为。

本章的研究结论具有重要的实践启示：首先，国有企业的所有者缺位问题导致其委托代理和内部人控制问题异常突出，因而如何构建有效的董事会以及制定科学的高管薪酬契约显得尤为关键。本章的研究结论表明，国有企业在聘任独立董事时，应该适当考虑独立董事的来源地，更多地聘请来自本地的独立董事有助于提高董事会的监督能力，制定出更具有激励作用的高管薪酬契约。其次，国有企业天然的政府背景使其长期享受了产业政策、税收、政府补助等多方面的支持，业绩中"外生"成分较多，高管对业绩的贡献不容易观测。因此，如何科学评价国有企业高管的工作绩效并制定合理的薪酬契约至关重要。本章的研究结论表明，薪酬业绩敏感性并不能完全有效反映国企高管薪酬契约的合理性，在信息不对称以及监督机制不健全的情况下，国有企业高管很有可能利用业绩中的"运气"成分来获取超额薪酬。故国有企业的董事会以及相关的国资监管部门在评价高管的薪酬契约有效性时应该剔除业绩中的"噪音"，防止高管被"过度激励"。这在外界仅对国企高管的绝对薪酬水平感兴趣的情况下更是应该如此。最后，外部投资者等利益相关者在判断上市公司的治理水平以及高管的薪酬合理性时，可以将显性的独立董事来源地信息作为一个合适的决策参考因素，尤其是当多数独立董事都来自异地时，投资者和监管部门应该更加谨慎。

需要指出的是，本章仍存在的一些不足有待未来的进一步探索。本章仅从高管薪酬视角检验了本地独董和异地独董在监督效果方面的差异，后续研究可以从代理成本、盈余管理、公司违规等方面对本章的研究结论进行扩展检验。此外，民营企业聘请本地独董的动机以及本地独董的影响作用是否与国有企业相似也有待未来进一步的探索研究。

15　研究结论与展望

15.1　研究结论

　　董事会是现代公司制企业的一个最基本的治理组织，向上对股东会或股东大会负责，在股东的委托下承担着监督与咨询的两项重要职能。但是，在过去很长的一段时间里，由于我国的公司董事会制度建设比较滞后、尚不成熟，而且受制于我国普遍存在的人情文化影响，董事会在对上市公司内部人进行监督治理方面的作用饱受社会各界质疑。在此背景下，本书立足于中国特定的制度环境，从董事会结构、董事的内在动机、董事的外在特征三个方面，实证分析检验了董事会及其成员的特征在公司治理方面发挥的潜在作用，旨在为中国上市公司董事会的治理有效性提供更多具有参考价值的经验证据。

　　第一，董事会是一个特殊的专业精英机构，中国 A 股上市公司的董事会平均席位稳定在 9 个，在此背景下董事会的哪些结构特征会影响其发挥监督治理作用？本书的研究工作发现，董事会人数的奇偶特征与董事会运营效率和独立性存在密切关系，偶数规模的董事会通常是控股股东或者大股东内部自选择的一个结果，预示着目标公司往往存在更多的代理问题。同时，董事会的专业委员会和董事会秘书也是董事会发挥治理作用的重要因素，当公司董事会设立有审计委员会时，公司的信息披露质量更高，其股价在未来崩盘的风险也就更低。进一步，公司拥有一个更加勤勉尽责的"金牌董秘"，也有助于提高公司的信息披露质量。这些结论一致表明，科学完善的董事会结构更有助于董事会发挥治理作用，缓解公司的代理问题，提高信息披露质量，进而促进上市公司和资本市场的高质量发展。

　　第二，声誉机制是独立董事积极履职尽责的最重要机制，但是在中国新兴资本市场，声誉机制是否能够有效激励独立董事的积极作为仍然是一个有待检验的实证问题。本书的研究工作发现，当以独立董事担任的独董职位数度量其职业声誉时，独立董事的职业声誉越高，公司整体经营绩效越好、代理成本越低、收到非标审计意见和发生财务信息披露违规行为的概率越低；当以互联网搜索量衡量独立董事的社会声誉时，独立董事的社会声誉越高，公司高管的薪酬—业绩敏感性越低、双重代理成本越高、公司的经营业绩和市场价值越低。这些存在冲突的结论表明，独立董事声誉应该区分职业声誉和社会声誉，虽然独立董事制度的有效性问题吸引了社会各界的广泛关注，但是真正关心了解独立董事以及会影响独立董事切身利益的更多是专业人士和劳动力市场。当然，相关冲突的结论也可能是因为目前关于独立董事声誉的度量方法存在较大的噪声。

第三，虽然独立董事制度在世界范围内特别是在中国一直饱受非议，但是独立董事积极履职的动机和能力问题却长期没有得到应有的重视和关注。本书的研究工作发现，独立董事现金津贴越高，其在董事会议中发表异议意见的概率越大。在国有上市公司中，独立董事的地位越高，其越能够发挥有效的监督治理作用，表现为更低的高管薪酬—绩效敏感性和超额薪酬，即越有力地抑制了国企高管"自定薪酬"的代理行为。这些结论一致表明，较高的现金津贴和董事会地位能够保障独立董事发挥治理作用的内在动机和监督能力，从而激励独立董事发挥更有效的治理作用。

第四，在中国上市公司董事会规模基本稳定在 9 个席位、独立董事比例稳定在 1/3 的法定比例背景下，探讨董事会治理有效性的问题亟待揭开董事会的内部"黑箱"，即考察董事成员的人口统计学特征和职业经历背景特征的差异及其影响。本书的研究工作发现，女性董事比例越高，公司的真实盈余管理程度越低，且这一效应会随着女性董事持股比例的增加而变得更强；相比非官员独董，官员独董更多地扮演了"掠夺之手"的角色，损害了公司的市场价值。此外，本书探讨了独立董事地理区位特征的影响，发现独立董事与任职公司的地理距离与公司的代理成本呈非线性的 U 形曲线关系，与国有企业高管薪酬水平和薪酬业绩敏感性呈负向影响关系。这些结论综合表明，董事的个体特征与其在董事会中发挥的治理作用息息相关，不同的特征会从监督意愿、监督能力、监督精力、独立性等多个方面影响其对公司的监督治理水平。

第五，公司治理是一个包括内外部多种治理机制的复杂体系，每一种治理机制都不可避免地会与其他治理机制产生交互影响，从而发挥更强或更弱的治理作用。本书的研究工作发现，董事会的监督治理作用发挥，与市场化环境、产品市场竞争、媒体报道、分析师关注、机构投资者持股，以及产权性质、第一大股东持股比例等内外部治理因素密切相关。这些结论表明，董事会的治理效能与公司的内外部治理环境存在相互替代或互补的影响关系。

15.2 政策建议

本书的上述研究工作及其研究结论具有重要的实践意义和政策启示。

第一，高质量发展是全面建设社会主义现代化国家的首要任务，而良好的董事会治理对提高上市公司治理水平、推动资本市场高质量发展具有基石意义。因为董事会不仅需要对公司经营管理活动进行监督，还肩负着提高公司信息透明度和决策有效性、维护中小投资者利益的重要责任。因此，相关监管部门应该继续深化董事会制度改革，提高其董事的独立性和权威性，从而更好地发挥董事会的治理作用，促进资本市场和上市公司的高质量发展。

第二，上市公司应该明确董事会的职责界定，加强董事会及其下设委员会成员独立性，并赋予董事会尤其是独立董事更大的监督职权。审计委员会、董事会秘书、独立董事等董事会相关机构和成员在监督公司经营活动和提升信息透明度上已经初步显现了积极效果，从而有效防范公司的经营风险。但是，我国上市公司的审计委员会等董事会制度仍处在初级建设阶段，缺乏实质独立性、权力与职责不匹配、审计委员会与监事会职权设置重叠等问题突出。基于此，监管部门和资本市场应该对上市公司董事会职责履行进行严格监管，上市公司也应该尽快形成更加规范的法人治理结构，明确董事会下各个委员会或成员的职责范围。

第三，尽管独立董事声誉是在事前评判其未来监督有效性的关键因素，但是由于上市公司的内部人（包括管理层和大股东）垄断着独立董事的提名权并为独立董事提供报酬，即便是高声誉的独立董事也未必一定能保持独立性、发挥应有的监督治理作用。因此，公司业内外部利益相关者应该辩证地看待独立董事声誉的激励约束作用，声誉机制的作用发挥需要有一个成熟有效的董事人才市场，在保障独立董事独立性的同时，有效实现董事人才的"优胜劣汰"，营造一个奖惩分明、注重声誉的良好董事生态。

第四，一个科学合理的董事会应该注重董事会成员的多元化，这是全球倡议的共同趋势。首先是董事会的性别多元化，女性董事的监督治理优势已经得到了很多经验证据的支持，上市公司和监管部门应该积极引导提高董事会的女性董事比例；其次是董事的政治背景，随着国家新型亲清政商关系的建设，传统非正式的政治联系的价值越来越低，上市公司应该转变思路，减少聘请政治联系的董事；最后是董事的地理区位特征，地理距离既会正向影响董事的履职能力又会负向影响董事的独立性，监管部门和上市公司应该辩证看待董事的地理距离问题，综合考虑目标公司对咨询需求和监督需求的侧重差异。

第五，政府相关监管部门应该多开展外聘董事会成员职业教育活动，提高董事会成员专业胜任能力。由于独立董事、董事会秘书等均由公司外聘，且独立董事的担任者往往具有本职工作，其对于独立董事职位的权责定位不清晰，自然也就难以有效监督管理层和董事会其他成员。因此，监管部门应该积极开展从业资格培训或继续教育培训等活动，对董事会秘书、独立董事以及审计委员会成员进行持续的指导培训和监督管理，提升董事会外聘成员的综合执业能力与水平。

15.3 研究展望

虽然本书的研究工作取得了多个方面的研究结论和政策启示，但是不可避免地存在一些研究不足，值得未来研究继续探讨深化。

首先，本书仅从董事会结构和特征方面研究了其治理效应，但董事会成员具体通过何种方式发挥治理效应却更为重要而具有启发意义，本书在研究过程中囿于数据可得性仅做了比较有限的探索。近年来，随着大数据时代的到来以及数据挖掘技术的进步，可使用的数据越来越丰富和多样化，未来可以继续探索董事会的具体决策过程及其重要影响，从而更深入地了解董事会治理的阻碍与问题。

其次，本书采用间接方法分别刻画了独立董事的社会声誉和职业声誉激励强度，研究了独立董事声誉的治理作用并发现了冲突的研究结论，但这既可能意味着"外行看热闹，内行看门道"的俗语智慧，即相比社会声誉，独立董事的职业声誉才是激励其发挥治理作用的核心声誉，也可能是本书的衡量方法不够准确的原因。未来学者们应该就独立董事声誉机制的衡量方式、适用场景以及有效性等问题进行更多的研究探讨。

再次，在探讨董事会的治理效应时发现了公司内部治理结构和外部监管环境与董事会治理的交互影响效应。然而，至于是互补效应还是替代效应，则因不同的治理机制或者治理环境而存在差异，本书的研究工作尚没有明确其中的具体规律。未来学者们应该结合中国特定的治理场景，分析董事会治理与公司内外部治理环境间影响关系的形成原因，更好地明确不同治理机制之间的交互影响关系类型，从而为构建科学合理的董事会结构提供更具有操作性的研究建议。

最后，在本书研究工作整理完成之际，中国证监会发布了《上市公司独立董事管理办法》（证监会 2023 年第 220 号令），这是继 2001 年的指导意见后第一次对独立董事制度的正式修订，其中对独立董事的任职条件要求、履职条件保障、履职责任范围等进行了非常重要的改革和强化。因此，未来值得我们继续探讨中国上市公司的独立董事治理问题，特别是该管理办法的出台能够为我们提供一些非常重要的研究场景和经验数据。

参考文献

白雪莲，张俊瑞，刘彬，2015. 地理距离能够影响基金持股的治理效应吗？：基于上市公司股利政策的研究 [J]. 中央财经大学学报（8）：54-63.

步丹璐，王晓艳，2014. 政府补助、软约束与薪酬差距 [J]. 南开管理评论（2）：23-33.

蔡春，唐凯桃，薛小荣，2017. 会计专业独董的兼职席位、事务所经历与真实盈余管理 [J]. 管理科学（4）：30-47.

蔡志岳，吴世农，2007. 董事会特征影响上市公司违规行为的实证研究 [J]. 南开管理评论（6）：62-68.

曹春方，林雁，2017. 异地独董、履职职能与公司过度投资 [J]. 南开管理评论（1）：16-29.

曹洋，林树，2011. 会计专业人士担任独立董事的效果研究 [J]. 山西财经大学学报（2）：109-116.

陈冬华，陈信元，万华林，2005. 国有企业中的薪酬管制与在职消费 [J]. 经济研究（2）：92-101.

陈冬华，章铁生，李翔，2008. 法律环境，政府管制与隐性契约 [J]. 中国经济学前沿（4）：60-72.

陈冬华，梁上坤，蒋德权，2010. 不同市场化进程下高管激励契约的成本与选择：倾向薪酬与在职消费 [J]. 会计研究（11）：56-64.

陈冬华，胡晓莉，梁上坤，等，2013. 宗教传统与公司治理 [J]. 经济研究（9）：71-84.

陈国进，张贻军，王磊，2008. 股市崩盘现象研究评述 [J]. 经济学动态（11）：116-120.

陈国进，张贻军，刘淳，2010. 机构投资者是股市暴涨暴跌的助推器吗？：来自上海 A 股市场的经验证据 [J]. 金融研究（11）：45-59.

陈凌，王昊，2013. 家族涉入，政治联系与制度环境：以中国民营企业为例 [J]. 管理世界（10）：130-141.

陈睿，王治，段从清，2015. 独立董事"逆淘汰"效应研究：基于独立意见的经验证据

［J］. 中国工业经济（8）：145-160.

陈仕华，姜广省，卢昌崇，2013.董事联结、目标公司选择与并购绩效：基于并购双方
　　之间信息不对称的研究视角［J］. 管理世界（12）：117-132.

陈信元，陈冬华，万华林，梁上坤，2009.地区差异、薪酬管制与高管腐败［J］. 管理
　　世界（11）：130-143.

陈艳，2008.我国独立董事的声誉激励机制研究［J］. 经济体制改革（3）：77-82.

陈运森，谢德仁，2011.网络位置、独立董事治理与投资效率［J］. 管理世界（7）：113-
　　127.

陈运森，2012.独立董事的网络特征与公司代理成本［J］. 经济管理（10）：67-75.

陈运森，谢德仁，2012.董事网络、独立董事治理与高管激励［J］. 金融研究（2）：168-
　　182.

程书强，2006.机构投资者持股与上市公司会计盈余信息关系实证研究［J］. 管理世界
　　（9）：129-136.

储一昀，谢香兵，2008.业务复杂度、股权特征与董事会结构［J］. 财经研究（3）：132-
　　143.

醋卫华，2015.独立董事的价值：来自独立董事集中辞职的证据［J］. 经济管理（3）：
　　56-66.

崔伟，陆正飞，2008.董事会规模、独立性与会计信息透明度：来自中国资本市场的经
　　验证据［J］. 南开管理评论（2）：22-27.

戴亦一，陈冠霖，潘健平，2014.独立董事辞职、政治关系与公司治理缺陷［J］. 会计
　　研究（11）：16-23.

戴亦一，肖金利，潘越，2016."乡音"能否降低公司代理成本？：基于方言视角的研究
　　［J］. 经济研究（12）：147-160.

邓建平，曾勇，何佳，2006.改制模式影响董事会特征吗？［J］. 会计研究（11）：82-88.

邓小洋，李芹，2011.基于盈余管理视角的独立董事有效性研究［J］. 财经理论与实践
　　（1）：65-68.

邓晓飞，辛宇，滕飞，2016.官员独立董事强制辞职与政治关联丧失［J］. 中国工业经
　　济（2）：130-145.

邓晓岚，陈运森，陈栋，2014.审计委员会与薪酬委员会委员交叠任职、盈余管理与经
　　理人薪酬［J］. 审计研究（6）：83-91.

翟华云，2006.审计委员会和盈余质量：来自中国证券市场的经验证据［J］. 审计研究
　　（6）：50-57.

董红晖，2016.财务背景独立董事的地理邻近性与股价崩盘风险［J］. 山西财经大学学
　　报（3）：113-124.

窦欢，邱威，刘媛媛，等，2021.关联独立董事的公司治理作用：基于财务重述的视角
　　［J］. 审计研究（5）：98-108.

杜兴强，陈韫慧，杜颖洁，2010. 寻租、政治联系与"真实"业绩：基于民营上市公司的经验证据 [J]. 金融研究（10）：135-157.

杜兴强，冯文滔，裴红梅，2013. IPO 公司"董秘"非正常离职的经济后果：基于中国资本市场的经验证据 [J]. 投资研究（8）：47-64.

杜兴强，曾泉，杜颖洁，2014. 政治联系的独立董事有助于中国民营上市公司涉入高壁垒行业吗？[J]. 中国会计与财务研究（4）：90-146.

杜兴强，谭雪，2016. 董事会国际化与审计师选择：来自中国资本市场的经验证据 [J]. 审计研究（3）：98-104.

杜兴强，殷敬伟，赖少娟，2017. 论资排辈、CEO 任期与独立董事的异议行为 [J]. 中国工业经济（12）：151-169.

杜兴强，张颖，2022. 董事会存在最优规模吗？：基于大股东资金占用的证据 [J]. 安徽大学学报（哲学社会科学版）（2）：87-98.

段海艳，仲伟周，2008. 网络视角下中国企业连锁董事成因分析：基于上海、广东两地 314 家上市公司的经验研究 [J]. 会计研究（11）：69-75.

樊纲，王小鲁，朱恒鹏，2011. 中国市场化指数：各地区市场化相对进程 2011 年报告 [M]. 北京：经济科学出版社.

方红星，施继坤，张广宝，2013. 产权性质，信息质量与公司债定价：来自中国资本市场的经验证据 [J]. 金融研究（4）：170-182.

方军雄，2006. 市场化进程与资本配置效率的改善 [J]. 经济研究（5）：50-61.

方军雄，2009. 我国上市公司高管的薪酬存在粘性吗？[J]. 经济研究（3）：110-124.

冯旭南，李心愉，2011. 中国证券分析师能反映公司特质信息吗？：基于股价波动同步性和分析师跟进的证据 [J]. 经济科学（4）：99-106.

高凤莲，王志强，2016. 独立董事社会资本与高管薪酬：绩效敏感度 [J]. 经济管理（8）：82-97.

高雷，何少华，黄志忠，2006. 公司治理与掏空 [J]. 经济学（季刊）（4）：1157-1178.

高雷，罗洋，张杰，2007. 独立董事制度特征与公司绩效：基于中国上市公司的实证研究 [J]. 经济与管理研究（3）：60-66.

高雷，宋顺林，2007. 公司治理与公司透明度 [J]. 金融研究（11）：28-44.

高强，伍利娜，2008. 兼任董秘能提高信息披露质量吗？[J]. 会计研究（1）：47-54.

龚红，彭玉瑶，2021. 技术董事的专家效应、研发投入与创新绩效 [J]. 中国软科学（1）：127-135.

郭玲玲，2012. 董事会特征对我国上市公司盈余质量影响分析 [J]. 财会通讯（15）：59-61.

郭强，蒋东生，2003. 不完全契约与独立董事作用的本质及有效性分析：从传统法人治理结构的缺陷论起 [J]. 管理世界（2）：78-89.

郭淑娟，惠宁，2014. 我国垄断行业企业高管薪酬制度研究 [J]. 经济管理（9）：91-102.

韩朝华，周晓艳，2009. 国有企业利润的主要来源及其社会福利含义 ［J］. 中国工业经济（6）：17-26.

韩鹏飞，胡奕明，2015. 政府隐性担保一定能降低债券的融资成本吗？：关于国有企业和地方融资平台债券的实证研究 ［J］. 金融研究（3）：116-130.

何平林，孙雨龙，李涛，原源，陈宥任，2019. 董事特质与经营绩效：基于我国新三板企业的实证研究 ［J］. 会计研究（11）：49-55.

贺建刚，孙铮，周友梅，2013. 金字塔结构，审计质量和管理层讨论与分析：基于会计重述视角 ［J］. 审计研究（6）：68-75.

洪剑峭，方军雄，2009. 审计委员会制度与盈余质量的改善 ［J］. 南开管理评论（4）：107-112.

侯宇，叶冬艳，2008. 机构投资者，知情人交易和市场效率：来自中国资本市场的实证证据 ［J］. 金融研究（4）：131-145.

胡勤勤，沈艺峰，2002. 独立外部董事能否提高上市公司的经营业绩 ［J］. 世界经济（7）：55-62.

胡奕明，唐松莲，2008. 独立董事与上市公司盈余信息质量 ［J］. 管理世界（9）：149-160.

胡元木，刘佩，纪端，2016. 技术独立董事能有效抑制真实盈余管理吗？：基于可操控R&D费用视角 ［J］. 会计研究（3）：29-35.

黄海杰，吕长江，丁慧，2016. 独立董事声誉与盈余质量：会计专业独董的视角 ［J］. 管理世界（3）：128-143.

黄志忠，郗群，2009. 薪酬制度考虑外部监管了吗：来自中国上市公司的证据 ［J］. 南开管理评论（1）：49-56.

嵇尚洲，陈伟，晋涵，2015. 独立董事地缘关系与企业董事会决策 ［J］. 上海对外经贸大学学报（3）：45-56.

江轩宇，2013. 税收征管、税收激进与股价崩盘风险 ［J］. 南开管理评论（5）：152-160.

姜超，2013. 证券分析师、内幕消息与资本市场效率：基于中国 A 股股价中公司特质信息含量的经验证据 ［J］. 经济学季刊（2）：429-450.

姜付秀，朱冰，王运通，2014. 国有企业的经理激励契约更不看重绩效吗？ ［J］. 管理世界（9）：143-159.

姜国华，岳衡，2005. 大股东占用上市公司资金与上市公司股票回报率关系的研究 ［J］. 管理世界（9）：119-126.

姜英兵，严婷，2012. 制度环境对会计准则执行的影响研究 ［J］. 会计研究（4）：69-78.

蒋大富，熊剑，2012. 非经常性损益，会计准则变更与 ST 公司盈余管理 ［J］. 南开管理评论（4）：151-160.

孔东民，刘莎莎，陈小林，2015. 个体沟通，交易行为与信息优势：基于共同基金访问的证据 ［J］. 经济研究（1）：106-119.

孔翔，2001. 独立董事制度：理论、问题与建议 [J]. 经济导刊（4）：11-19.

况学文，陈俊，2011. 董事会性别多元化、管理者权力与审计需求 [J]. 南开管理评论（6）：48-56.

李常青，赖建清，2004. 董事会特征影响公司绩效吗？[J]. 金融研究（5）：64-77.

李春涛，张璇，2011. 分析师与股票价格同步性的实证研究 [J]. 山东经济（1）：99-106.

李洪，李倩，2010. 独立董事治理特征与公司绩效 [J]. 经济管理（7）：36-43.

李俊成，唐国梅，2016. 独立董事责任保险：助力监管还是逃责帮凶？[J]. 投资研究（11）：121-133.

李莉，吕晨，于嘉懿，2018. 高校独董与民营上市公司绩效："行监坐守"与"将伯之助"[J]. 管理评论（1）：98-117.

李敏娜，王铁男，2014. 董事网络、高管薪酬激励与公司成长性 [J]. 中国软科学（4）：138-148.

李培功，沈艺峰，2010. 媒体的公司治理作用：中国的经验证据 [J]. 经济研究（4）：14-27.

李奇凤，宋琰纹，2007. 事务所地域与其对盈余管理的抑制能力 [J]. 中国会计评论（1）：83-94.

李寿喜，2007. 产权、代理成本和代理效率 [J]. 经济研究（1）：102-113.

李维安，牛建波，宋笑扬，2009. 董事会治理研究的理论根源及研究脉络评析 [J]. 南开管理评论（1）：130-145.

李维安，邱艾超，2010. 民营企业治理转型、政治联系与公司业绩 [J]. 管理科学（4）：2-14.

李维安，刘振杰，顾亮，2014. 董事会异质性、断裂带与跨国并购 [J]. 管理科学（4）：1-11.

李维安，李晓琳，张耀伟，2017. 董事会社会独立性与 CEO 变更：基于违规上市公司的研究 [J]. 管理科学（2）：94-105.

李小荣，刘行，2012. CEO vs CFO：性别与股价崩盘风险 [J]. 世界经济（12）：102-128.

李雄飞，2022. 董事会多元化对国有上市企业高质量发展的影响研究 [J]. 经济问题（6）：85-93.

李延喜，陈克兢，姚宏，等，2012. 基于地区差异视角的外部治理环境与盈余管理关系研究：兼论公司治理的替代保护作用 [J]. 南开管理评论（4）：89-100.

李焰，秦义虎，2011. 媒体监督、声誉机制与独立董事辞职行为 [J]. 财贸经济（3）：36-41.

李燕媛，刘晴晴，2012. 中国独立董事制度的有效性：基于盈余管理维度的评价与建议 [J]. 经济与管理研究（11）：29-36.

李增福，骆欣怡，2018. 高管薪酬凭能力还是凭运气：基于高管薪酬业绩敏感性的研究 [J]. 财贸研究 (7)：91-101.

李增泉，孙铮，王志伟，2004. "掏空"与所有权安排 [J]. 会计研究 (12)：3-13.

李增泉，2005. 所有权安排与股票价格的同步性：来自中国股票市场的证据 [J]. 中国会计与财务研究 (3)：57-82.

林雁，曹春方，2019. 两权分离下的异地独立董事聘任 [J]. 管理评论 (3)：211-226.

林之阳，孔东民，2018. 董事的金融监管背景和公司盈余管理 [J]. 会计与经济研究 (2)：38-57.

刘柏，郭书妍，2017. 董事会人力资本及其异质性与公司绩效 [J]. 管理科学 (3)：23-34.

刘诚，杨继东，2013. 独立董事的社会关系与监督功能：基于 CEO 被迫离职的证据 [J]. 财经研究 (7)：16-26.

刘春，李善民，孙亮，2015. 独立董事具有咨询功能吗？：异地独董在异地并购中功能的经验研究 [J]. 管理世界 (3)：124-136.

刘峰，周福源，2007. 国际四大意味着高审计质量吗：基于会计稳健性角度的检验 [J]. 会计研究 (3)：79-87.

刘慧龙，齐云飞，2019. 董事会规模的形成机制：有效契约还是寻租需要 [J]. 金融学季刊 (1)：67-99.

刘立国，杜莹，2003. 公司治理与会计信息质量关系的实证研究 [J]. 会计研究 (2)：28-36.

刘启亮，罗乐，何威风，等，2012. 产权性质、制度环境与内部控制 [J]. 会计研究 (3)：52-61.

刘瑞明，石磊，2011. 上游垄断、非对称竞争与社会福利：兼论大中型国有企业利润的性质 [J]. 经济研究 (12)：86-96.

刘文军，2014. 审计师的地理位置是否影响审计质量？[J]. 审计研究 (1)：79-87.

刘笑霞，李明辉，2013. 代理冲突，董事会质量与"污点"审计师变更 [J]. 会计研究 (11)：67-74.

刘鑫，张雯宇，2019. 独立董事参与度对 CEO 超额薪酬影响研究：基于深度与广度的双元视角 [J]. 金融评论 (1)：73-94.

刘绪光，李维安，2010. 基于董事会多元化视角的女性董事与公司治理研究综述 [J]. 外国经济与管理 (4)：47-53.

刘焱，姚海鑫，2014. 高管权力、审计委员会专业性与内部控制缺陷 [J]. 南开管理评论 (2)：4-12.

陆贤伟，王建琼，董大勇，2013. 董事网络、信息传递与债务融资成本 [J]. 管理科学 (3)：55-64.

逯东，林高，黄莉，等，2012. "官员型"高管、公司业绩和非生产性支出：基于国有上市公司的经验证据 [J]. 金融研究 (6)：139-153.

逯东, 王运陈, 王春国, 等, 2013. 政治关联与民营上市公司的内部控制执行 [J]. 中国工业经济 (11)：96-108.

罗党论, 唐清泉, 2009. 政治关系、社会资本与政策资源获取：来自中国民营上市公司的经验证据 [J]. 世界经济 (7)：84-96.

罗宏, 黄敏, 周大伟, 等, 2014. 政府补助、超额薪酬与薪酬辩护 [J]. 会计研究 (1)：42-48.

罗进辉, 2012. 媒体报道的公司治理作用：双重代理成本视角 [J]. 金融研究 (10)：153-166.

罗进辉, 2013a. "国进民退"：好消息还是坏消息 [J]. 金融研究 (5)：99-113.

罗进辉, 2013b. 机构投资者、现金股利政策与公司价值 [J]. 投资研究 (1)：56-74.

罗进辉, 蔡地, 2013. 媒体报道能够提高股价的信息含量吗？ [J]. 投资研究 (5)：38-53.

罗进辉, 2014. 独立董事的明星效应：基于高管薪酬—业绩敏感性的考察 [J]. 南开管理评论 (3)：62-73.

罗进辉, 杜兴强, 2014. 媒体报道、制度环境与股价崩盘风险 [J]. 会计研究 (9)：59-65.

罗进辉, 黄震, 李莉, 2014. 明星独董也是"花瓶"吗？：基于双重代理成本的视角 [J]. 山西财经大学学报 (1)：76-90.

罗进辉, 罗劲博, 王笑竹, 2014. 政治联系与股价崩盘风险 [J]. 当代会计评论 (2)：116-140.

罗进辉, 向元高, 金思静, 2015. 董事会秘书能够提高资本市场效率吗：基于股价同步性的经验证据 [J]. 山西财经大学学报 (12)：80-90.

罗进辉, 李雪, 黄泽悦, 2016. 关键高管的人力资本价值评估：基于关键高管突然去世事件的经验研究 [J]. 中国工业经济 (5)：127-143.

罗进辉, 谢达熙, 林小靖, 2016. 审计委员会与股价崩盘风险 [J]. 当代会计评论 (2)：99-125.

罗进辉, 黄泽悦, 朱军, 2017. 独立董事地理距离对公司代理成本的影响 [J]. 中国工业经济 (8)：100-119.

罗进辉, 王笑竹, 陈华阳, 2017. 官员独董的辞职时机选择：动机与后果 [J]. 投资研究 (7)：46-65.

罗进辉, 谢达熙, 陈华阳, 2017. 官员独董："掠夺之手"抑或"扶持之手" [J]. 管理科学 (4)：83-96.

罗进辉, 向元高, 林筱勋, 2018. 本地独立董事监督了吗？：基于国有企业高管薪酬视角的考察 [J]. 会计研究 (7)：57-63.

罗进辉, 李佳霖, 向元高, 2021. 独立董事地位与国有企业高管薪酬 [J]. 当代会计评论（3）：75-109.

吕梦，王兵，苏文兵，2021.审计委员会与审计总监任期重叠影响公司盈余质量吗[J].会计研究（1）：155-166.

马海涛，周春山，刘逸，2012.地理、网络与信任：金融危机背景下的生产网络演化[J].地理研究（6）：1057-1065.

马磊，徐向艺，2007.中国上市公司控制权私有收益实证研究[J].中国工业经济（5）：56-63.

马连福，石晓飞，2014.董事会会议"形"与"实"的权衡：来自中国上市公司的证据[J].中国工业经济（1）：88-100.

马连福，高塂，杜博，2019.隐性的秩序：董事会非正式层级研究述评及展望[J].外国经济与管理（4）：111-125.

马如静，唐雪松，2011.独立董事声誉机制有效性：理论与证据[J].会计之友（11）：12-17.

买生，杨一苏，2017.董事会特征对企业社会责任的影响研究[J].财会通讯（6）：71-75.

毛新述，戴德明，2009.会计制度改革、盈余稳健性与盈余管理[J].会计研究（12）：38-46.

毛新述，王斌，林长泉，等，2013.信息发布者与资本市场效率[J].经济研究（10）：69-81.

潘越，戴亦一，林超群，2011.信息不透明、分析师关注与个股暴跌风险[J].金融研究（9）：138-151.

裴红梅，杜兴强，2015.审计师—公司地理近邻性、监管强度与审计质量[J].当代会计评论（2）：1-23.

彭正银，廖天野，2008.连锁董事治理效应的实证分析：基于内在机理视角的探讨[J].南开管理评论（1）：99-105.

乔旭东，2003.上市公司会计信息披露与公司治理结构的互动：一种框架分析[J].会计研究（5）：46-49.

曲亮，章静，郝云宏，2014.独立董事如何提升企业绩效：立足四层委托：代理嵌入模型的机理解读[J].中国工业经济（7）：109-121.

权小锋，吴世农，文芳，2010.管理层权力、私有收益与薪酬操纵[J].经济研究（11）：73-87.

全怡，陈冬华，2016.多席位独立董事的精力分配与治理效应：基于声誉与距离的角度[J].会计研究（12）：29-36.

全怡，郭卿，2017."追名"还是"逐利"：独立董事履职动机之探究[J].管理科学（4）：3-16.

任兵，区玉辉，彭维刚，2004.连锁董事、区域企业间连锁董事网与区域经济发展：对上海和广东两地 2001 年上市公司的实证考察 [J]. 管理世界（3）：112-123.

上海证券交易所研究中心，2004. 中国公司治理报告（2004）：董事会独立性与有效性 [M]. 上海：复旦大学出版社.

沈烈，2012. 企业独立董事制度：现状解析与创新思考：基于沪深上市公司相关数据的分析 [J]. 经济管理（5）：56-66.

沈维涛，叶小杰，2012. 市场化程度、独立董事独立性与公司价值：基于独立董事辞职公告的实证检验 [J]. 经济管理（12）：100-110.

沈艺峰，李培功，2010. 政府限薪令与国有企业高管薪酬、业绩和运气关系的研究 [J]. 中国工业经济（11）：130-139.

沈艺峰，王夫乐，陈维，2016."学院派"的力量：来自具有学术背景独立董事的经验证据 [J]. 经济管理（5）：176-186.

孙亮，刘春，2014. 公司为什么聘请异地独立董事？[J]. 管理世界（9）：131-142.

孙亮，周琳，2016. 女性董事、过度投资与绩效波动：基于谨慎性视角的研究 [J]. 管理评论（7）：165-178.

孙伟增，张晓楠，郑思齐，2019. 空气污染与劳动力的空间流动：基于流动人口就业选址行为的研究 [J]. 经济研究（11）：102-117.

孙泽蕤，朱晓妹，2005. 上市公司独立董事薪酬制度的理论研究及现状分析 [J]. 南开管理评论（1）：21-29.

谭劲松，2003. 独立董事"独立性"研究 [J]. 中国工业经济（10）：64-73.

谭劲松，李敏仪，黎文靖，等，2003. 我国上市公司独立董事制度若干特征分析 [J]. 管理世界（9）：110-121.

谭劲松，郑国坚，周繁，2006. 独立董事辞职的影响因素：理论框架与实证分析 [J]. 中国会计与财务研究（2）：119-162.

唐清泉，罗党论，王莉，2006. 上市公司独立董事辞职行为研究：基于前景理论的分析 [J]. 南开管理评论（1）：74-83.

唐清泉，罗党论，2006. 设立独立董事的效果分析：来自中国上市公司独立董事的问卷调查 [J]. 中国工业经济（1）：120-127.

唐清泉，罗党论，2007. 风险感知力与独立董事辞职行为研究：来自中国上市公司的经验 [J]. 中山大学学报（社会科学版）（1）：91-98.

唐松，胡威，孙铮，2011. 政治关系、制度环境与股票价格的信息含量：来自我国非国有上市公司股价同步性的经验证据 [J]. 金融研究（7）：182-195.

唐松，孙铮，2014. 政治关联、高管薪酬与企业未来经营绩效 [J]. 管理世界（5）：93-105.

唐雪松，申慧，杜军，2010. 独立董事监督中的动机：基于独立意见的经验证据 [J]. 管理世界（9）：138-149.

唐雪松，马畅，2012. 独立董事背景特征、辞职行为与企业价值 [J]. 会计与经济研究（4）：3-13.

唐跃军，2008.审计委员会治理与审计意见 [J].金融研究 (1)：148-162.

田高良，杨星，马勇，等，2013.董事会多元化特征对股价信息含量的影响研究 [J].西安交通大学学报 (社会科学版) (6)：34-40.

佟爱琴，陈蔚，2017.产权性质、管理层权力与薪酬差距激励效应：基于政府补助的中介作用 [J].管理科学 (2)：106-118.

童娜琼，岑维，杨惠萍，2015.财务背景的当地独立董事与高管薪酬及变更 [J].当代会计评论 (2)：104-123.

王斌，梁欣欣，2008.公司治理、财务状况与信息披露质量：来自深交所的经验证据 [J].会计研究 (3)：31-38.

王兵，2007.独立董事监督了吗？：基于中国上市公司盈余质量的视角 [J].金融研究 (1)：109-121.

王化成，孙健，邓路，等，2010.控制权转移中投资者过度乐观了吗？ [J].管理世界 (2)：38-45.

王克敏，姬美光，李薇，2009.公司信息透明度与大股东资金占用研究 [J].南开管理评论 (4)：83-91.

王力军，童盼，2008.民营上市公司控制类型、多元化经营与企业绩效 [J].南开管理评论 (5)：31-39.

王满，刘子旭，2016.民营企业政治关联对财务柔性储备的替代作用研究 [J].管理科学 (5)：116-133.

王庆文，吴世农，2008.政治关系对公司业绩的影响：基于中国上市公司政治影响力指数的研究 [R].中国第七届实证会计国际研讨会论文集：135-157.

王守海，李云，2012.管理层干预、审计委员会独立性与盈余管理 [J].审计研究 (4)：68-75.

王文慧，孙光国，孙瑞琦，2018.审计与战略委员会重叠任职会抑制公司创新吗 [J].中国会计评论 (3)：437-476.

王小鲁，樊纲，余静文，2017.中国分省份市场化指数报告 (2016) [M].北京：社会科学文献出版社.

王雄元，张士成，高祎，2008.审计委员会特征与会计师事务所变更的经验研究 [J].审计研究 (4)：87-96.

王雄元，管考磊，2006.关于审计委员会特征与信息披露质量的实证研究 [J].审计研究 (6)：42-49.

王亚平，刘慧龙，吴联生，2009.信息透明度、机构投资者与股价同步性 [J].金融研究 (12)：162-174.

王艳艳，陈汉文，2006.审计质量与会计信息透明度：来自中国上市公司的经验数据 [J].会计研究 (4)：9-15.

王永梅，王亚平，2011.机构投资者如何影响市场的信息效率：来自中国的经验证据

［J］. 金融研究（10）：112-126.

王跃堂，2003. 独立董事制度的有效性：基于自愿设立独立董事行为的初步评价 ［J］.，
　　经济科学（2）：87-97.

王跃堂，赵子夜，魏晓雁，2006. 董事会的独立性是否影响公司绩效？ ［J］. 经济研究
　　（5）：62-73.

王跃堂，涂建明，2006. 上市公司审计委员会治理有效性的实证研究：来自沪深两市的
　　经验证据 ［J］. 管理世界（11）：135-143.

魏刚，肖泽忠，Nick Travlos，等，2007. 独立董事背景与公司经营绩效 ［J］. 经济研究
　　（3）：92-105.

魏涛，陆正飞，单宏伟，2007. 非经常性损益盈余管理的动机、手段和作用研究：来自
　　中国上市公司的经验证据 ［J］. 管理世界（1）：113-121.

吴联生，林景艺，王亚平，2010. 薪酬外部公平性、股权性质与公司业绩 ［J］. 管理世
　　界（3）：117-126.

吴清华，王平心，殷俊明，2006. 审计委员会、董事会特征与财务呈报质量：一项基于
　　中国证券市场的实证研究 ［J］. 管理评论（7）：49-56.

吴益兵，周欢，李佳音，等，2016. 谁在选聘官员背景独立董事？：基于独立董事关系
　　资源职能的视角 ［J］. 当代会计评论（2）：163-188.

武立东，江津，王凯，2016. 董事会成员地位差异、环境不确定性与企业投资行为
　　［J］. 管理科学（2）：52-65.

武立东，薛坤坤，王凯，2018. 非正式层级对董事会决策过程的影响：政治行为还是程
　　序理性 ［J］. 管理世界（11）：80-92.

向锐，徐玖平，杨雅婷，2017. 审计委员会主任背景特征与公司内部控制质量 ［J］. 审
　　计研究（4）：73-80.

谢德仁，林乐，陈运森，2012. 薪酬委员会独立性与更高的经理人报酬—业绩敏感度：
　　基于薪酬辩护假说的分析和检验 ［J］. 管理世界（1）：121-140.

谢德仁，姜博，刘永涛，2014. 经理人薪酬辩护与开发支出会计政策隐性选择 ［J］. 财
　　经研究（1）：125-134.

谢诗蕾，许永斌，胡舟丽，2016. 繁忙董事、声誉激励与独立董事监督行为 ［J］. 厦门
　　大学学报（哲学社会科学版（5）：147-156.

谢永珍，2006. 中国上市公司审计委员会治理效率的实证研究 ［J］. 南开管理评论（1）：
　　66-73.

谢永珍，张雅萌，张慧，等，2015. 董事会正式、非正式结构对董事会会议频率的影
　　响：非正式沟通对董事会行为强度的调节作用 ［J］. 外国经济与管理（4）：15-28.

谢永珍，张雅萌，吴龙吟，等，2017. 董事地位差异、决策行为强度对民营上市公司财
　　务绩效的影响研究 ［J］. 管理学报（12）：1767-1776.

谢志明，易玄，2014. 产权性质、行政背景独立董事及其履职效应研究 ［J］. 会计研究

（9）：60-67.

辛清泉，谭伟强，2009. 市场化改革、企业业绩与国有企业经理薪酬 [J]. 经济研究
　　（11）：68-81.

辛宇，吕长江，2012. 激励，福利还是奖励：薪酬管制背景下国有企业股权激励的定位
　　困境：基于泸州老窖的案例分析 [J]. 会计研究（6）：67-75.

辛宇，邓晓飞，滕飞，2016. 制度压力感知与官员独董辞职：基于"中组部 18 号文"
　　的实证研究 [J]. 财经研究（8）：121-132.

许年行，江轩宇，伊志宏，等，2012. 分析师利益冲突、乐观偏差与股价崩盘风险
　　[J]. 经济研究（7）：127-140.

许年行，江轩宇，伊志宏，等，2013. 政治关联影响投资者法律保护的执法效率吗？
　　[J]. 经济学季刊（1）：373-406.

许年行，于上尧，伊志宏，2013. 机构投资者羊群行为与股价崩盘风险 [J]. 管理世界
　　（7）：31-43.

薛有志，张荣荣，张钰婧，2021. 专业委员会交叠任职对资产剥离的影响：基于战略委
　　员会和审计委员会的研究视角 [J]. 山西财经大学学报（6）：84-98.

杨德明，赵璨，2012. 媒体监督，媒体治理与高管薪酬 [J]. 经济研究（6）：116-126.

杨记军，逯东，杨丹，2010. 国有企业的政府控制权转让研究 [J]. 经济研究（2）：69-
　　82.

杨青，朱晓洋，Yurtoglu，等，2012. 公司复杂性、最优董事会及其独立性选择 [J]. 金
　　融研究（8）：125-138.

杨青，陈峰，陈洁，2014. 我国上市公司 CEO 薪酬存在"幸运支付"吗："揩油论"抑
　　或"契约论"[J]. 金融研究（4）：143-157.

杨清香，俞麟，陈娜，2009. 董事会特征与财务舞弊：来自中国上市公司的经验证据
　　[J]. 会计研究（7）：64-70.

杨忠莲，杨振慧，2006. 独立董事与审计委员会执行效果研究：来自报表重述的证据
　　[J]. 审计研究（2）：81-85.

叶陈刚，陈德球，浦军，2009. 金融危机、风险管理与审计变革：中国会计学会审计专
　　业委员会 2009 年学术年会综述 [J]. 会计研究（8）：88-91.

叶康涛，陆正飞，张志华，2007. 独立董事能否抑制大股东的"掏空"？ [J]. 经济研究
　　（4）：101-111.

叶康涛，祝继高，陆正飞，等，2011. 独立董事的独立性：基于董事会投票的证据
　　[J]. 经济研究（1）：126-139.

叶康涛，曹丰，王化成，2015. 内部控制信息披露能够降低股价崩盘风险吗？ [J]. 金融
　　研究（2）：192-206.

叶林祥，李实，罗楚亮，2011. 行业垄断、所有制与企业工资收入差距：基于第一次全
　　国经济普查企业数据的实证研究 [J]. 管理世界（4）：26-36.

叶青，赵良玉，刘思辰，2016.独立董事"政商旋转门"之考察：一项基于自然实验的研究 [J].经济研究 (6)：98-113.

伊志宏，姜付秀，秦义虎，2010.产品市场竞争、公司治理与信息披露质量 [J].管理世界 (1)：133-141.

游家兴，张俊生，江伟，2006.制度建设、公司特质信息与股价波动的同步性 [J].经济学季刊 (1)：189-206.

于东智，2003.董事会，公司治理与绩效：对中国上市公司的经验分析 [J].中国社会科学 (3)：29-41.

于东智，王化成，2003.独立董事与公司治理：理论、经验与实践 [J].会计研究 (8)：337-358.

于鹏，闫洁冰，2020.银行背景独立董事监督上市公司了吗?：企业债务融资视角 [J].财经论丛 (5)：65-74.

余峰燕，郝项超，2011.具有行政背景的独立董事影响公司财务信息质量么?：基于国有控股上市公司的实证分析 [J].南开经济研究 (1)：120-131.

余明桂，潘红波，2008.政治关系、制度环境与民营企业银行贷款 [J].管理世界 (8)：9-21.

余明桂，回雅甫，潘红波，2010.政治联系、寻租与地方政府财政补贴有效性 [J].经济研究 (3)：65-77.

俞庆进，张兵，2012.投资者有限关注与股票收益：以百度指数作为关注度的一项实证研究 [J].金融研究 (8)：152-165.

袁蓉丽，李瑞敬，孙健，2021.董事的信息技术背景能抑制盈余管理吗 [J].南开管理评论 (3)：139-151.

张纯，段逆，2008.我国民营上市公司董事会规模与绩效的实证研究 [J].审计研究 (6)：71-78.

张凡，2003.关于独立董事制度几个问题的认识 [J].管理世界 (2)：90-98.

张宏亮，崔学刚，2009.投资者关系、公司价值与投资者保护：基于金牌董秘评比结果的实证研究 [J].财贸研究 (4)：138-144.

张洪辉，平帆，章琳一，2019.独立董事地理距离与财务报告质量：来自上市公司的经验证据 [J].审计研究 (1)：81-90.

张继勋，周冉，孙鹏，2011.内部控制披露、审计意见、投资者的风险感知和投资决策：一项实验证据 [J].会计研究 (9)：66-73.

张俊生，曾亚敏，2010.独立董事辞职行为的信息含量 [J].金融研究 (8)：155-170.

张力，潘青，2009.董事会结构、在职消费与公司绩效：来自民营上市公司的经验证据 [J].经济学动态 (3)：82-85.

张然，张会丽，2008.新会计准则中合并报表理论变革的经济后果研究：基于少数股东损益信息含量变化的研究 [J].会计研究 (12)：39-46.

张天舒，陈信元，黄俊，2018. 独立董事薪酬与公司治理效率 [J]. 金融研究（6）：155-170.

张晓东，2015. 信息环境与独立董事有效性 [J]. 投资研究（8）：82-89.

张耀伟，陈世山，李维安，2015. 董事会非正式层级的绩效效应及其影响机制研究 [J]. 管理科学（1）：1-17.

张翼，马光，2005. 法律、公司治理与公司丑闻 [J]. 管理世界（10）：113-122.

赵昌文，唐英凯，周静，等，2008. 家族企业独立董事与企业价值：对中国上市公司独立董事制度合理性的检验 [J]. 管理世界（8）：119-126.

郑方，2011. 治理与战略的双重嵌入性：基于连锁董事网络的研究 [J]. 中国工业经济（9）：108-118.

郑立东，程小可，姚立杰，2013. 独立董事背景特征与企业投资效率："帮助之手"抑或"抑制之手"？[J]. 经济与管理研究（8）：5-14.

郑志刚，2015. 国企公司治理与混合所有制改革的逻辑和路径 [J]. 证券市场导报（6）：4-12.

郑志刚，李俊强，黄继承，等，2016. 独立董事否定意见发表与换届未连任 [J]. 金融研究（12）：159-174.

郑志刚，郑建强，李俊强，2016. 任人唯亲的董事会文化与公司治理：一个文献综述 [J]. 金融评论（5）：48-66.

郑志刚，梁昕雯，黄继承，2017. 中国上市公司应如何为独立董事制定薪酬激励合约 [J]. 中国工业经济（2）：174-192.

支晓强，童盼，2005. 盈余管理、控制权转移与独立董事变更：兼论独立董事治理作用的发挥 [J]. 管理世界（11）：137-144.

钟覃琳，岳衡，饶品贵，2015."政商旋转门"之独立董事：监督效应还是资源效应？ [J]. 北京：北京大学光华管理学院工作论文.

周建，李小青，2012. 董事会认知异质性对企业创新战略影响的实证研究 [J]. 管理科学（6）：1-12.

周建，罗肖依，张双鹏，2016. 独立董事个体有效监督的形成机理：面向董事会监督有效性的理论构建 [J]. 中国工业经济（5）：109-126.

周开国，李涛，张燕，2011. 董事会秘书与信息披露质量 [J]. 金融研究（7）：167-180.

朱红军，何贤杰，陶林，2007. 中国的证券分析师能够提高资本市场效率吗？：基于股价同步性和股价信息含量的经验证据 [J]. 金融研究（2）：110-121.

朱杰，2020. 独立董事薪酬激励与上市公司信息披露违规 [J]. 审计与经济研究（2）：77-86.

祝继高，叶康涛，陆正飞，2015. 谁是更积极的监督者：非控股股东董事还是独立董事？[J]. 经济研究（9）：170-184.

ABBOTT L J, PARKER S, 2000. Auditor selection and audit committee characteristics

[J]. Auditing: a journal of practice and theory, 19 (2): 47-66.

ABBOTT L J, PARKER S, PETERS G F, et al., 2003. The association between audit committee characteristics and audit fees [J]. Auditing: a journal of practice and theory, 22 (2): 17-32.

ABBOTT L J, PARKER S, PETERS G F, 2004. Audit committee characteristics and restatements [J]. Auditing: a journal of practice and theory, 23 (1): 69-87.

ACHLEITNER A K, GÜNTHER N, KASERER C, et al., 2014. Real earnings management and accrual-based earnings management in family firms [J]. European accounting review, 23 (3): 431-461.

ADAMS R B, FERREIRA D, 2008. Do directors perform for pay? [J]. Journal of accounting and economics, 46 (1): 154-171.

ADAMS R B, FERREIRA D, 2009. Women in the boardroom and their impact on governance and performance [J]. Journal of financial economics, 94 (2): 291-309.

ADAMS R B, HERMALIN B E, WEISBACHM S, 2010. The role of boards of directors in corporate governance: a conceptual framework and survey [J]. Journal of economic literature, 48 (1): 58-107.

ADAMS R, GRAY S, NOWLAND J, 2010. Is there a business case for female directors? evidence from the market reaction to all new director appointments [R]. University of Oxford and Illinois State University (Working paper).

ADITHIPYANGKUL P, LEUNGT Y, 2018. Incentive pay for non-executive directors: the direct and interaction effects on firm performance [J]. Asia pacific Journal of management, 35 (4): 943-964.

AGARWAL S, HAUSWALD R, 2010. Distance and private information in lending [J]. Review of financial studies, 23 (7): 2757-2788.

AKERLOF G, 1970. The market for 'lemons': quality uncertainty and the market mechanism [J]. The quarterly Journal of economics, 84 (3): 488-500.

ALAM Z S, CHEN M A, CICCOTELLOC S, et al., 2014. Does the location of directors matter? Information acquisition and board decisions [J]. Journal of financial and quantitative analysis, 49 (1): 131-164.

ALLEN F, QIAN J, QIANM J, 2005. Law, finance, and economic growth in China [J]. Journal of financial economics, 77 (1): 57-116.

AMASON A. C, SAPIENZA H J, 1997. The Effects of top management team size and interaction norms on cognitive and affective conflict [J]. Journal of management, 23 (4): 495-516.

ANG J S, COLE R A, LIN J W, 2000. Agency costs and ownership structure [J]. Journal of finance, 55 (1): 81-106.

ARMSTRONG C S, CORE J E, GUAY W R, 2014. Do independent directors cause improvements in firm transparency? [J]. Journal of financial economics, 113 (3): 383-403.

ARUN T G, ALMAHROG Y E, ARIBIZ A, 2015. Female directors and earnings management: evidence from UK companies [J]. International review of financial analysis, 39 (5): 137-146.

ARYA A, MITTENDORF B, 2007. The interaction among disclosure, competition between firms, and analyst following [J]. Journal of accounting and economics, 43 (2-3): 321-339.

ASTHANA S, BALSAM S, 2010. The impact of changes in firm performance and risk on director turnover [J]. Review of accounting and finance, 9 (3): 244-263.

ATTIG N, GHOUL S E, GUEDHAMI O, 2009. Do multiple large shareholders play a corporate covernance role? Evidence from east Asia [J]. Journal of financial research, 32 (4): 395-422.

BAE K H, STULZ R M, TAN H P, 2008. Do local analysts know more? A cross-country study of the performance of local analysts and foreign analysts [J]. Journal of financial economics, 88 (3): 581-606.

BAKER M, GOMPERSP A, 2003. The determinants of board structure at the initial public offering [J]. Journal of law and economics, 46 (2): 569-598.

BALL R, ROBIN A, WU J S, 2000. Accounting standards, the institutional environment and issuer incentives: effect on timely loss recognition in China [J]. Asia-pacific journal of accounting and economics, 7 (2): 71-96.

BALSAM S, BARTOV E, MARQUARDT C, 2002. Accruals management, investor sophistication, and equity valuation: evidence from 10Q filings [J]. Journal of accountancy, 40 (4): 987-1012.

BARBER B M, ODEAN T, 2001. Boys will be boys: gender, overconfidence, and common stock investment [J]. The quarterly Journal of economics, 116 (1): 261-292.

BARKER R G, 1998. The market for information: evidence from finance directors, analysts and fund managers [J]. Accounting and business research, 29 (1): 3-20.

BASU S, HWANG L, JANC L, 2001. Differences in conservatism between big eight and non-big eight auditors [R]. The City University of New York and California State University (Working paper).

BEAR S, RAHMAN N, POST C, 2010. The impact of board diversity and gender composition on corporate social responsibility and firm reputation [J]. Journal of business ethics, 97 (2): 207-221.

BEASLEY M S, 1996. An empirical analysis of the relation between the board of direc-

tor composition and financial statement fraud [J]. The accounting review, 71 (4):
443-465.

BEBCHUK L A, FRIED J M, 2003. Executive compensation as an agency problem
[J]. The journal of economic perspectives, 17 (3): 71-92.

BENMELECH E, KANDEL E, VERONESI P, 2010. Stock-based compensation and
CEO (dis) incentives [J]. The quarterly Journal of economics, 125 (4), 1769-1820.

BERESKIN F L, HSU P H, ROTENBERG W, 2017. The real effects of earnings man-
agement: evidence from innovation [J]. Contemporary accounting research, 35 (1):
525-557.

BERKMAN H, COLE R A, FU L J, 2009. Expropriation through loan guarantees to
related parties: evidence from China [J]. Journal of banking and finance, 33 (1):
141-156.

BERLE A A, MEANSG C, 1932. The modem corporation and private property [M]. New
York : Routledge.

BERNARDI R A, ARNOLD D F, 1997. An examination of moral development within
public accounting by gender, staff level, and firm [J]. Contemporary accounting re-
search, 14 (4): 653-668.

BERTRAND M, SCHOAR A, 2003. Managing with style: the effect of managers on
firm policies [J]. The quarterly Journal of economics, 118 (4): 1169-1208.

BERTRAND M, MULLAINATHAN S, 2001. Are CEOs rewarded for luck? The ones
without principals are [J]. The quarterly Journal of economics, 116 (3): 901-932.

BHAGAT S, BLACK B, 2002. The non-correlation between board independence and
long-term firm performance [J]. Journal of corporate law, 27: 231-273.

BLACK B, KIM W, 2012. The effect of board structure on firm value: a multiple iden-
tification strategies approach using Korean data [J]. Journal of financial economics,
104 (1): 203-226.

BLECK A, LIU X W, 2007. Market transparency and the accounting regime [J]. Jour-
nal of accounting research, 45 (2): 229-256.

BOONE A L, FIELD L C, KARPOFFJ M, et al., 2007. The determinants of corporate
board size and composition: an empirical analysis [J]. Journal of financial economics,
85 (1): 65-101.

BOROKHOVICH K A, PARRINO R, TRAPANI T, 1996. Outside directors and CEO
selection [J]. Journal of financial and quantitative analysis, 31 (3): 337-355.

BRANDT M W, BRAV A, GRAHAM J R, et al., 2010. The idiosyncratic volatility
puzzle: time trend or speculative episodes? [J]. Review of financial studies, 23 (2):
863-899.

BRICK I E, PALMON O, WALDJ K, 2006. CEO compensation, director compensation, and firm performance: evidence of cronyism? [J]. Journal of corporate finance, 12 (3): 403-423.

BRICKLEY J A, JAMESC M, 1987. The takeover market, corporate board composition, and ownership structure: the case of banking [J]. Journal of law and economics, 30 (1): 161-80.

BRICKLEY J A, LINCK J S, COLESJ L, 1999. What happens to CEOs after they retire? New evidence on career concerns, horizon problems, and CEO incentives [J]. Journal of financial economics, 52 (3): 341-377.

BROWN L D, CAYLOR M L, 2006. Corporate governance and firm valuation [J]. Journal of accounting and public policy, 25 (4): 409-434.

BROWN S J, WARNER J B, 1985. Using daily stock returns: the case of event studies [J]. Journal of financial economics, 14 (1): 3-31.

BRYAN D B, MASONT W, 2020. Independent director reputation incentives, accruals quality, and audit fees [J]. Journal of business finance and accounting, 47 (7-8): 982-1011.

BURGSTAHLER D, DICHEV I, 1997. Earnings management to avoid earnings decreases and losses [J]. Journal of accounting and economics, 24 (1): 99-126.

BUSHMAN R, CHEN Q, ENGEL E, et al., 2003. Financial accounting information, organizational complexity and corporate governance systems [J]. Journal of accounting and economics, 37 (2): 167-201.

BUSHMAN R M, PIOTROSKI J D, SMITHA J, 2004. What determines corporate transparency? [J]. Journal of accounting research, 42 (2): 207-252.

BYRNES J P, MILLER D C, SCHAFER W D, 1999. Gender differences in risk-taking: a meta-analysis [J]. Psychological bulletin, 125 (3): 367-383.

CAI D, LUO J H, WAN D F, 2012. Family CEOs: do they benefit firm performance in China [J]. Asia pacific journal management, 29 (4): 923-947.

CALLEN J L, FANG X H, 2013. Institutional investor stability and crash risk: monitoring versus short-termism? [J]. Journal of banking and finance, 37 (8), 3047-3063.

CAMPBELL K, MÍNGUEZ-VERA A, 2008. Gender diversity in the boardroom and firm financial performance [J]. Journal of business ethics, 83 (3): 435-451.

CARCELLO J V, NEAL T L, 2000. Audit committee composition and auditor reporting [J]. The accounting review, 75 (4): 453-467.

CARCELLO J V, NEAL T L, 2003. Audit committee characteristics and auditor dismissals following new going-concern reports [J]. The accounting review, 78 (1): 95-117.

CARTER D A, SIMKINSB J, SIMPSON W G, 2003. Corporate governance, board diversity, and firm value [J]. The financial review, 38 (1): 33-53.

CARTER D A, D'SOUZA F, SIMKINSB J, et al., 2010. The gender and ethnic diversity of US boards and board committees and firm financial performance [J]. Corporate governance: an international review, 18 (5): 396-414.

CHANG M, WEE M, WATSON I, et al., 2006. Do investor relations affect information asymmetry? Evidence from Australia [R]. University of Western Australia, Australian National University and The University of Queensland (Working paper).

CHEN C J P, JAGGI B, 2001. Association between independent non-executive directors, family control and financial disclosures in Hong Kong [J]. Journal of accounting and public policy, 19 (4-5): 285-310.

CHEN G M, FIRTH M, XIN Y, et al., 2008. Control transfer, privatization, and corporate performance: efficiency gains in China's listed companies [J]. Journal of financial and quantitative analysis, 43 (1): 161-190.

CHEN G, FIRTH M, XU L, 2009. Does the type of ownership control matter? Evidence from China's listed companies [J]. Journal of banking and finance, 33 (1): 171-181.

CHEN J D, CUMMING D, HOU W X, et al., 2016. Does the external monitoring effect of financial analysts deter corporate Fraud in China? [J]. Journal of business ethics, 134 (4): 727-742.

CHEN S M, NI X, TONGJ Y, 2016. Gender diversity in the boardroom and risk management: a case of r&d investment [J]. Journal of business ethics, 136 (3): 599-621.

CHEN T, HARFORD J, LIN C, 2015. Do analysts matter for governance? Evidence from natural experiments [J]. Journal of financial economics, 115 (2): 383-410.

CHEN Z H, KE B, YANG Z F, 2013. Minority shareholders' control rights and the quality of corporate decisions in weak investor protection countries: a natural experiment from China [J]. The accounting review, 88 (4): 1211-1238.

CHEN Z H, KEEFE M O C, 2020. Rookie directors and firm performance: evidence from China [J]. Journal of corporate finance, 60 (3): 101-115

CHEUNG Y L, JING L H, LU T, et al., 2009. Tunneling and propping up: an analysis of related party transactions by Chinese listed companies [J]. Pacific-basin finance journal, 17 (3): 372-393.

CHHAOCHHARIA V, KUMAR A, NIESSEN-RUENZI A. Local investors and corporate governance [J]. Journal of accounting and economics, 54 (1): 42-67.

CHOI J H, KIM J B, QIU A, et al., 2012. Geographic proximity between auditor and client：how does it impact audit quality? [J]. Auditing：a journal of practice and theory，31（2）：43-72.

CHOI J J, PARK S W, YOO S S, 2007. The value of outside directors：evidence from corporate governance reform in Korea [J]. Journal of financial and quantitative analysis，42（4）：941-962.

CHOU H I, CHUNG H M, YIN X K, 2013. Attendance of board meetings and company performance：evidence from taiwan [J]. Journal of banking and finance，37（11）：4157-4171.

CLAESSENS S, DJANKOV C, 1999. Ownership concentration and corporate performance in the Czech Republic [J]. Journal of comparative economics，27（3）：498-513.

CLAESSENS S, DJANKOV C, LANGL H P, 2000. The separation of ownership and control in east Asian corporations [J]. Journal of financial economics，58（1-2）：81-112.

CLARKE C J, 2005. The xx factor in the boardroom：why women make better directors [J]. Directors monthly（august）：12-14.

COHEN D A, DEY A, LYST Z, 2008. Real and accrual-based earnings management in the pre-and post-sarbanes-oxley periods [J]. The accounting review，83（3）：757-787.

COHEN D A, ZAROWIN P, 2010. Accrual-based and real earnings management activities around seasoned equity offerings [J]. Journal of accounting and economics，50（1）：2-19.

COLES J L, DANIEL N D, NAVEEN L, 2008. Boards：does one size fit all? [J]. Journal of financial economics，87（2）：329-356.

COLES J L, DANIEL N D, NAVEEN L 2014. Co-opted boards [J]. Review of financial studies，27（6）：1751-1796.

COLLIER P, GREGORY A, 1999. Audit committee activity and agency costs [J]. Journal of accounting and public policy，18（4-5）：311-332.

COLLINS D W, GONG G J, HRIBAR P, 2003. Investor sophistication and the mispricing of accruals [J]. Review of accounting studies，8（2-3）：251-276.

CONYON M J, HEL, 2011. Executive compensation and corporate governance in China [J]. Journal of corporate finance，17（4）：1158-1175.

CORDEIRO J, VELIYATH R, ERAMUS E, 2000. An empirical investigation of the determinants of outside director compensation [J]. Corporate governance：an international review，8（3）：268-279.

CORE J E, HOLTHAUSEN R W, LARCKERD F, 1999. Corporate governance, chief executive officer compensation, and firm performance [J]. Journal of financial economics，51（3）：371-406.

COVAL J D，MOSKOWITZ T J，2001. The geography of investment：informed trading and asset prices [J]. Journal of Political Economy，109（4）：811-841

DAHYA J，DIMITROV O，MCCONNELLJ J，2008. Dominant shareholders，corporate boards，and corporate value：a cross-country analysis [J]. Journal of financial economics，87（1）：73-100.

DAILY C M，DALTON D R，1993. Board of directors leadership and structure：control and performance implications [J]. Entrepreneurship theory and practice，17（3）：65-81.

DALTON D R，DAILY C M，JOHNSON J L，et al.，1999. Number of directors and financial performance：a meta-analysis [J]. The academy of management journal，42（6）：674-686.

DAYANANDAN A，DONKER H，NOFSINGER J，2019. The role of caste for board membership，CEO，and interlocking [J]. Pacific-basin finance journal，54（4）：29-41.

DEANGELO L E，1981. Auditor size and audit quality [J]. Journal of accounting and economics，3（3）：183-199.

DECHOW P M，SLOAN R G，SWEENEYA P，1996. Causes and consequences of earnings manipulation：an analysis of firms subject to enforcement actions by the SEC [J]. Contemporary accounting research，13（1）：1-36.

DEFOND M L，JIAMBALVO J，1994. Debt covenant violation and manipulation of accruals [J]. Journal of accounting and economics，17（1-2）：145-176.

DEFOND M L，HANN R N，HU X，2005. Does the market value financial expertise on audit committee of board of diectors? [J]. Journal of accounting research，43（2）：153-193.

DEGEORGE F，PATEL J，ZECKHAUSER R，1999. Earnings management to exceed thresholds [J]. The journal of business，72（1）：1-33.

DENG X，GAO H S，LIU W L，2012. Voting efficiency and the even-odd effects of corporate boards：theory and evidence [R]. Nanyang Technological University，National University of Singapore，University of Hong Kong and Shanghai University of Finance and Economics（Working paper）.

DENIS D J，SARIN A，1999. Ownership and board structures in publicly traded corporations [J]. Journal of financial economics，52（2）：187-223.

DOIDGE C，KAROLYI G A，STULZR M，2004. Why are foreign firms listed in the US worth more? [J]. Journal of financial economics，71（2）：205-238.

DOIDGE C，KAROLYI G A，STULZ R M，2007. Why do countries matter so much for corporate governance? [J]. Journal of financial economics，86（1）：1-39.

DONALDSON L，1990. The ethereal hand：organizational economics and management theory [J]. Academy of management review，15 (3)：369-381.

DOUGLASS E，KAPLAN K，GRANELLI J S，2002. Global crossing hurt by board's cronyism [J]. Los angeles times.

DOYLE J，GE W，MCVAY S，2007. Determinants of weaknesses in internal control over financial reporting [J]. Journal of accounting and economics，44 (1)：193-223.

DU J，HOU Q C，TANG X S，et al.，2018. Does independent directors' monitoring affect reputation? evidence from the stock and labor markets [J]. China Journal of accounting research，11 (2)：91-127.

DU X Q，2013. Does religion matter to owner-manager agency costs? Evidence from China [J]. Journal of business ethics，118 (2)：319-347.

DU X Q，2014. Does religion mitigate tunneling? evidence from Chinese Buddhism [J]. Journal of business ethics，125 (2)：299-327.

DURNEV A，MORCK R，YEUNG B，et al.，2003. Does greater firm-specific return variation mean more or less informed stock pricing? [J]. Journal of accounting research，41 (5)：797-836.

DURNEV A，KIME H，2005. To steal or not to steal：firm attributes, legal environment，and valuation [J]. Journal of finance，60 (3)：1461-1493.

DYCK A，VOLCHKOVA N，ZINGALES L，2008. The corporate governance role of the media：evidence from Russia [J]. Journal of finance，63 (3)：1093-1135.

DYCK A，MORSE A，ZINGALES L，2010. Who blows the whistle on corporate fraud? [J]. Journal of finance，65 (6)：2213-2253.

DYE R A，1993. Auditing standards, legal liability and auditor wealth [J]. Journal of political economy，101 (5)：887-914.

ENGEL E，HAYES R M，WANG X，2010. Audit committee compensation and the demand for monitoring of the financial reporting process [J]. Journal of accounting and economics，49 (1-2)：136-154.

ERTIMUR Y，FERRI F，MABER D A，2012. Reputation penalties for poor monitoring of executive pay：evidence from option backdating [J]. Journal of financial economics，104 (1)：118-144.

FACCIO M，2006. Politically connected firms [J]. American economic review，96 (1)：369-386.

FACCIO M，MASULIS R W，MCCONNELLJ J，2006. Political connections and corporate bailouts [J]. Journal of finance，61 (6)：2597-2635.

FAHLENBRACH R，LOW A，STULZR M，2010. Why do firms appoint CEOs as outside directors? [J]. Journal of financial economics，97 (1)：12-32.

FAMA E F，1980. Agency problems and the theory of the firm [J]. Journal of political economy, 88 (2): 288-307.

FAMA E F, JENSEN M C, 1983a. Agency problems and residual Claims [J]. Journal of law and economics, 26 (2): 327-349.

FAMA E F, JENSENM C, 1983b. Separation of ownership and control [J]. Journal of law and economics, 26 (2): 301-325.

FAN J P H, WONG T J, ZHANGT Y, 2007. Politically connected CEOs, corporate governance, and post-IPO performance of China's newly partially privatized firms [J]. Journal of financial economics, 84 (2): 330-357.

FANG J X, HAW I M, YU V C, et al., 2014. Positive externality of analyst coverage upon audit services: evidence from China [J]. Asia-pacific journal of accounting and economics, 21 (2): 186-206.

FARRELL K A, WHIDBEED A, 2000. The consequences of forced CEO succession for outside directors [J]. Journal of Business, 73 (4): 597-627.

FARRELL K A, FRIESEN G C, HERSCH P L, 2008. How do firms adjust director compensation? [J]. Journal of corporate finance, 14 (2): 153-162.

FAUVER L, HUNG MY, LI X, et al., 2017. Board reforms and firm value: worldwide evidence [J]. Journal of financial economics, 125 (1): 120-142.

FERRIS S P, JAGANNATHAN M, PRITCHARDA C, 2003. Too busy to mind the business? monitoring by directors with multiple board appointments [J]. Journal of finance, 58 (3): 1087-1112.

FERRIS S P, KIM K A, NISHIKAWA T, et al., 2011. Reaching for the stars: The appointment of celebrities to corporate boards [J]. International review of economics, 58 (4): 337-358.

FICH E M, SHIVDASANI A, 2006. Are busy boards effective monitors? [J]. Journal of finance, 61 (2), 689-724.

FIELDS T D, LYS T Z, VINCENT L, 2001. Empirical research on accounting choice [J]. Journal of accounting and economics, 31 (1-3): 255-308.

FINKELSTEIN S, HAMBRICK D C, 1989. Chief executive compensation: A study of the intersection of markets and political processes [J]. Strategic management journal, 10 (2): 121-134.

FIRTH M, FUNG P M Y, RUI O M, 2006. Corporate performance and CEO compensation in China [J]. Journal of corporate finance, 12 (4): 693-714.

FIRTH M, FUNG P M Y, RUIO M, 2007a. Ownership, two-tier board structure, and the informativeness of earning-evidence from China [J]. Journal of accounting public policy, 26 (4): 463-496.

FIRTH M, FUNG P M Y, RUIO M, 2007b. How ownership and corporate governance influence chief executive pay in China's listed firms [J]. Journal of business research, 60 (7), 776-785.

FIRTH M, LEUNG T Y, RUI O M, 2010. Justifying top management pay in a transitional economy [J]. Journal of empirical finance, 17 (5): 852-866.

FISMAN R, 2001. Estimating the value of political connections [J]. American economic review, 91 (4): 1095-1102.

FOS V, TSOUTSOURA M, 2014. Shareholder democracy in play: career consequences of proxy contests [J]. Journal of financial economics, 114 (2): 316-340.

FOSBERG R H, 1989. Outside directors and managerial monitoring [J]. Akorn business and economic review, 20 (1): 24-32.

LI L X, FRANCIS B B, HASAN I, 2011. Firms' real earnings management and subsequent stock price crash risk [R]. Rensselaer Polytechnic Institute, Fordham University (Working paper).

FRANCIS B, HASAN I, WU Q, 2013. The impact of CFO gender on bank loan contracting [J]. Journal of accounting, auditing and finance, 28 (1): 53-78.

FRANCIS J R, MAYDEW E L, SPARKSH C, 1999. The role of big 6 auditors in the credible reporting of accruals [J]. Auditing: a journal of practice and theory, 18 (2): 17-34.

FRANKEL R, JOHNSON M F, SKINNERD J, 1999. An empirical examination of conference calls as a voluntary disclosure medium [J]. Journal of accounting research, 37 (1): 133-150.

FRIEDMAN E, JOHNSON S, MITTON T, 2003. Propping and tunneling [J]. Journal of comparative economics, 31 (4): 732-750.

FRYE T, SHLEIFERA, 1997. The invisible hand and the grabbing hand [J]. American economic review, 87 (2): 354-358.

GAO H S, HUANG J, 2018. The even-odd nature of audit committees and corporate earnings quality [J]. Journal of accounting, auditing and finance, 33 (1): 98-122.

GE W X, KIMJ B, 2014. Real earnings management and the cost of new corporate bonds [J]. Journal of business research, 67 (4): 641-647.

GIANNETTI M, LIAO G, YU X Y, 2015. The brain gain of corporate boards: evidence from China [J]. Journal of finance, 70 (4): 1629-1682.

GILSON S C, 1990. Bankruptcy, boards, banks, and blockholders: evidence on changes in corporate ownership and control when firms default [J]. Journal of financial economics, 27 (2): 355-387.

GOLDMAN E, ROCHOLL J, SO J, 2009. Do politically connected boards affect firm value? [J]. Review of financial studies, 22 (6): 2331-2360.

GOMPERS P, ISHII J, METRICK A, 2003. Corporate governance and equity prices [J]. The quarterly Journal of economics, 118 (1): 107-155.

GRAHAM J R, HARVEYC R, Rajgopal S, 2005. The economic implications of corporate financial reporting [J]. Journal of accounting and economics, 40 (1): 3-73.

GUEST P M, 2008. The determinants of board size and composition: evidence from the UK [J]. Journal of corporate finance, 14 (1): 51-72.

GUL F A, SRINIDHI B, NGA C, 2011. Does board gender diversity improve the informativeness of stock prices? [J]. Journal of accounting and economics, 51 (3): 314-338.

GÜNER A B, MALMENDIER U, TATE G, 2008. Financial expertise of directors [J]. Journal of financial economics, 88 (2): 323-354.

GUNNY K A, 2010. The relation between earnings management using real activities manipulation and future performance: evidence from meeting earnings benchmarks [J]. Contemporary accounting research, 27 (3): 855-888.

GUPTA M, FIELDSL P, 2009. Board independence and corporate governance: evidence from director resignations [J]. Journal of business finance and accounting, 36 (1-2): 161-184.

HAANS R F J, PIETERS C, HEZ L, 2016. Thinking about u: theorizing and testing u-and inverted u-shaped relationships in strategy research [J]. Strategic management journal, 37 (7): 1177-1195.

HALLOCK K F, 1997. Reciprocally interlocking boards of directors and executive compensation [J]. Journal of financial and quantitative analysis, 32 (3): 331-344.

HAND J R M, 1990. A test of the extended functional fixation hypothesis [J]. The accounting review, 65 (4): 740-763.

HARFORD J, 2003. Takeover bids and target directors' incentives: the impact of a bid on directors' wealth and board seats [J]. Journal of financial economics, 69 (1): 51-83.

HASLAM S A, RYAN M K, KULICH C, et al., 2010. Investing with prejudice: the relationship between women's presence on company boards and objective and subjective measures of company performance [J]. British journal of management, 21 (2): 484-497.

HE J Y, HUANG Z, 2011. Board informal hierarchy and firm financial performance: exploring a tacit structure guiding boardroom interactions [J]. Academy of management journal, 54 (6): 1119-1139.

HE W, LUO J H, 2018. Agency problems in firms with an even number of directors: evidence from China [J]. Journal of banking and finance, 93: 139-150.

HERMALIN B E，WEISBACHM S，1991. The effects of board composition and direct incentives on firm performance [J]. Financial management，20（4）：101-112.

HERMALIN B E，WEISBACHM S，1998. Endogenously chosen boards and their monitoring of the CEO [J]. American economic review，88（1）：96-118.

HERMALIN B E，WEISBACH M S，2003. Boards of directors as an endogenously determined onstitution：a survey of the cconomic literature [J]. Economic policy review，9（1）：7-26.

HILLMAN A J，SHROPSHIRE C，CANNELLAJr A A，2007. Organizational predictors of women on corporate boards [J]. The academy of management journal，50（4）：941-952.

HIMMELBERG C P，HUBBARD R G，PALIAD，1999. Understanding the determinants of managerial ownership and the link between ownership and performance [J]. Journal of financial economics，53（3）：353-384.

HOPE O K，LU H H，SAIY S，2019. Director compensation and related party transactions [J]. Review of accounting studies，24（4）：1392-1426.

HU C H，LIU S S，2013. The implications of low R2：evidence from China [J]. Emerging markets finance and trade，49（1）：17-32.

HUSE M，SOLBERG A G，2006. Gender related boardroom dynamics：how women make and can make contributions on corporate boards [J]. Women management review，21（2）：113-130.

HUTTON A P，MARCUS A J，TEHRANIANH，2009. Opaque financial report，r-square，and crash risk [J]. Journal of financial economics，94（1）：67-86.

HWANG B H，KIM S，2009. It pays to have friends [J]. Journal of financial economics，93（1）：138-158.

JACKSON A B，2018. Discretionary accruals：earnings management … or not? [J]. Abacus，54（2）：136-153.

JACKSONS B，Lopez T J，Reitenga A L，2008. Accounting fundamental and CEO bonus compensation [J]. Journal of accounting and public policy，27（5）：374-393.

JENSEN K，KIM J M，YIH，2015. The geography of US auditors：information quality and monitoring costs by local versus non-local auditors [J]. Review of quantitative finance and accounting，44（3）：513-549.

JENSEN M C，MECKLINGW H，1976. Theory of the firm：managerial behavior，agency costs and ownership structure [J]. Journal of financial economics，3（4）：305-360.

JENSEN M C，MURPHYK J，1990. Performance pay and top-management incentives [J]. Journal of political economy，98（2）：225-264.

JENSEN M C，1993. The modern industrial revolution，exit，and the failure of internal control systems [J]. Journal of finance, 48 (3): 831-880.

JIA M, ZHANG Z, 2011. Agency costs and corporate philanthropic disaster response: the moderating role of women on two-tier boards: evidence from People's Republic of China [J]. The international journal of human resource management, 22 (9): 2011-2031.

JIA M, ZHANG Z, 2012. Women on boards of directors and corporate philanthropic disaster response [J]. China journal accounting research, 5 (1): 83-99.

JIA M, ZHANG Z, 2013. Critical mass of women on bods, multiple identities, and corporate philanthropic disaster response: evidence from privately owned Chinese firms [J]. Journal of business ethics, 118 (2): 303-317.

JIANG F X, KIMK A, 2015. Corporate governance in China: a modern perspective [J]. Journal of corporate finance, 32: 190-216.

JIANG G H, LEEC M C, YUE H, 2010. Tunneling through intercorporate loans: the China experience [J]. Journal of financial economics, 98 (1): 1-20.

JIANG W, WAN H L, ZHAO S, 2016. Reputation concerns of independent directors: evidence from individual director voting [J]. Review of financial studies, 29 (3): 655-696.

JIN L, MYERS S C, 2006. R2 around the world: new theory and new tests [J]. Journal of finance and economics, 79 (2): 257-292.

JIN Z, SONG S L, YANGX, 2014. The role of female directors in corporate investment in China [J]. China journal accounting studies, 2 (4): 323-344.

JOECKS J, PULL K, VETTER K, 2013. Gender diversity in the boardroom and firm performance: what exactly constitutes a "critical mass"? [J]. Journal of business ethics, 118 (1): 61-72.

JOHNSON S, LA PORTA R, LOPEZ-DE-SILANES F, et al., 2000. Tunneling [J]. American economic review, 90 (2): 22-27.

JONES J J, 1991. Earnings management during import relief investigation [J]. Journal of accounting research, 29 (2): 193-228.

KAHN C, WINTON A, 1998. Ownership structure, speculation, and shareholder intervention [J]. Journal of finance, 53 (1): 99-129.

KAPLAN S N, REISHUS D, 1990. Outside directorships and corporate performance [J]. Journal of financial economics, 27 (2): 389-410.

KARAMANOU I, VAFEAS N, 2005. The Association between corporate boards, audit committees, and management earnings forecasts: an empirical analysis [J]. Journal of accounting research, 43 (3): 453-486.

KEDIA S, RAJGOPAL S, 2007. Geography and the incidence of financial misreporting

[R]. The State University of New Jersey and Emory University (Working paper).

KHAN M N，WATTS R L，2009. Estimation and empirical properties of a firm-year measure of accounting conservatism [J]. Journal of accounting and economics，48 (2)：132-150.

KIM E H，LU Y，2011. CEO ownership，external governance，and risk-taking [J]. Journal of financial economics，102 (2)：272-292.

KIM J B，SOHN B C，2013. Real earnings management and costs of capital [J]. Journal of accounting public policy，32 (6)：518-543.

KIM J B，ZHANG L D，2016. Accounting conservatism stock price crash risk：firm-level analysis [J]. Contemporary accounting review，33 (1)：412-441.

KIM J B，LI Y，ZHANG L D，2011a. Corporate tax avoidance and stock price crash risk：firm-level analysis [J]. Journal of financial economics，100 (3)：639-662.

KIMJ B，LI Y，ZHANG L，2011b. CFOs versus CEOs：equity incentives and crashes [J]. Journal of financial economics，101 (3)：713-730.

KIM Y，2007. The proportion and social capital of outside directors and their impacts on firm value：evidence from Korea [J]. Corporate governance：an international review，15 (6)：1168-1176.

KIM Y，CANNELLA A A，2008. Toward a social capital theory of director selection [J]. Corporate governance：an international review，16 (4)：282-293.

KING G，ZENG L C，2001a. Explaining rare events in international relations [J]. International organization，53 (5)：693-715.

KING G，ZENG L C，2001b. Logistic regression in rare events data [J]. Political analysis，9 (2)：137-163.

KLEIN A，1998. Firm performance and board committee structure [J]. Journal of law and economics，41 (1)：275-303.

KLEIN A，2002. Audit committee，board of director characteristics，and earnings management [J]. Journal of accounting and economics，33 (3)：375-400.

KNYAZEVA A，KNYAZEVA D，MASULIS RW，2011. Effects of local director markets on corporate boards [R]. University of Rochester，U. S. Securities and Exchange Commission and UNSW Sydney (Working paper).

KNYAZEVA A，KNYAZEVA D，MASULIS R W，2013. The supply of corporate directors and board independence [J]. Review of financial studies，26 (6)：1561-1605.

KOR Y Y，SUNDARAMURTHY C，2009. Experience-based human capital and social capital of outside directors [J]. Journal of management，35 (4)：981-1006.

KOTHARI S P，SHU S，WYSOCKIP D，2009. Do managers withhold bad news? [J]. Journal of accounting research，47 (1)：241-276.

KRISHNAN G V, 2003. Audit quality and the pricing of discretionary accruals [J]. Auditing: a journal of practice and theory, 22 (1): 109-126.

KRISHNAN G V, PARSONSL M, 2008. Getting to the bottom line: an exploration of gender and earnings quality [J]. Journal of business ethics, 78 (1-2): 65-76.

KRISHNAN J, 2005. Audit committee financial expertise and internal control: an empirical analysis [J]. The accounting review, 80 (2): 649-675.

KROSZNER R S, STRAHANP E, 2001. Bankers on boards: monitoring, conflicts of interest, and lender liability [J]. Journal of financial economics, 62 (3): 415-452.

KUMAR P, SIVARAMAKRISHNAN K, 2008. Who monitors the monitor? the effect of board independence on executive compensation and firm value [J]. Review of financial studies, 21 (3): 1371-1401.

KUO J M, NING L T, SONGX Q, 2014. The real and accrual-based earnings management behaviors: evidence from the split share structure reform in China [J]. The international journal of accounting, 49 (1): 101-136.

LA PORTA R, LOPEZ-DE-SILANES F, SHLEIFER A, et al., 1998. Law and finance [J]. Journal of political economy, 106 (6): 1113-1155.

LA PORTA R, LOPEZ-DE-SILANES F, SHLEIFER A, 1999. Corporate ownership around the world [J]. Journal of finance, 54 (2): 471-517.

LA PORTA R, LOPEZ-DE-SILANES F, SHLEIFER A, et al., 2000. Investor protection and corporate governance [J]. Journal of financial economics, 58 (1-2): 3-27.

LEE D W, LIU M H, 2011. Does more information in stock price lead to greater or smaller idiosyncratic return volatility? [J]. Journal of banking and finance, 35 (6): 1563-1580.

LEE Y S, ROSENSTEIN S, WYATT J G, 1999. The value of financial outside directors on corporate boards [J]. International review of economics and finance, 8 (4): 421-431.

LEI Q H, LIN B X, WEI M H, 2013. Types of agency cost, corporate governance and liquidity [J]. Journal of accounting and public policy, 32 (3): 147-172.

LENNOX C, 2005. Audit quality and executive officers' affiliations with CPA firms [J]. Journal of accounting and economics, 39 (2): 201-231.

LEUNG A S M, 2003. Feminism in transition: Chinese culture, ideology and the development of the women's movement in China [J]. Asia pacific journal management, 20 (3): 359-374.

LEUZ C, NANDA D, WYSOCKIP D, 2003. Earnings management and investor protection: an international comparison [J]. Journal of financial economics, 69 (3): 505-527.

LI H B, ZHOU L A, 2005. Political turnover and economic performance: the incentive role of personnel control in China [J]. Journal of public economics, 89 (9-10): 1743-1762.

LI H Y, ZHANG Y, 2007. The role of managers' political networking and functional experience in new venture performance: evidence from china's transition economy [J]. Strategic management journal, 28 (8): 791-804.

LI J, MANGENA M, PIKE R, 2012. The effect of audit committee characteristics on intellectual capital disclosure [J]. The british accounting review, 44 (2): 98-110.

LIAN Q, WANG Q, XU Z, 2017. Effects of real earnings management: evidence from patents [R]. Louisiana Tech University and University of Houston (Working paper).

LIANG Q, XU P, JIRAPORN P, 2013. Board characteristics and Chinese bank performance [J]. Journal of banking and finance, 37 (8): 2953-2968.

LIN N, 1981. Social resources and instrumental action [R]. State University of New York (Working paper).

LIN Z J, XIAO J Z, TANGQ L, 2008. The roles, responsibilities and characteristics of audit committee in China [J]. Accounting, auditing and accountability journal, 21 (5): 721-751.

LINCK J S, NETTER J M, YANG T, 2008. The determinants of board structure [J]. Journal of financial economics, 87 (2): 308-328.

LIPTON M, LORSCH J W, 1992. A modest proposal for improved corporate governance [J]. The business lawyer, 48 (1): 59-77.

LIU F, LIN H, WU H Y, 2018. Political connections and firm value in China: an event study [J]. Journal of business ethics, 152 (2): 551-571.

LIU H L, WANG H, WU L S, 2016. Removing vacant chairs: does independent directors' attendance at board meetings matter? [J]. Journal of business ethics, 133 (2): 375-393.

LIU Q, LU Z, 2007. Corporate governance and earnings management in the Chinese listed companies: a tunneling perspective [J]. Journal of corporate finance, 13 (5): 881-906.

LIU Q G, TIANG G, 2012. Controlling shareholder, expropriations and firm's leverage decision: evidence from Chinese non-tradable share reform [J]. Journal corporate finance, 18 (4): 782-803.

LIU Y, WEI Z B, XIE F X, 2014. Do women directors improve firm performance in China? [J]. Journal of corporate finance, 28: 169-184.

LIU Y, MILETKOV M K, WEIZ B, et al., 2015. Board independence and firm performance in China [J]. Journal of corporate finance, 30: 223-244.

LO A W Y, WONG R M K, FIRTH M, 2010. Can corporate governance deter management from manipulating earnings? evidence from related-party sales transactions in China [J]. Journal of corporate finance, 16 (2): 225-235.

LORSCH J, YOUNG J, 1989. Pawns or potentates: The reality of America's corporate boards [M]. Brighton: Harvard Business School Press.

LUO J H, WAN D F, CAI D, 2012. The private benefits of control in Chinese listed firms: do cash flow rights always reduce controlling shareholders' tunneling? [J]. Asia pacific journal of management, 29 (2): 499-518.

LUO J H, XIANG Y G, HUANG Z Y, 2017. Female directors and real activities manipulation: evidence from china [J]. China journal of accounting research, 10 (2): 141-166.

LUO J H, LIU Y, 2023. Does the reputation mechanism apply to independent directors in emerging markets? evidence from China [J]. China Journal of accounting research, 16 (1), No. 100283.

LUO J H, DONG H, LIU Y, 2023. Does high cash compensation compromise the independence of outside directors? evidence from directors' dissenting votes in China [J]. Pacific-basin finance journal, 78, No. 101944.

MA J, KHANNA T, 2016. Independent directors' dissent on boards: evidence from listed companies in China [J]. Strategic management journal, 37 (8): 1547-1557.

MADDALA G S, 1983. Limited-dependent and qualitative variables in econometrics [M]. Cambridge: Cambridge England Cambridge University Press.

MAGEE J C, GALINSKYA D, 2008. The self-reinforcing nature of social hierarchy: origins and consequences of power and status [J]. The academy of management annals, 21 (1): 351-398.

MAK Y T, LI Y, 2001. Determinants of corporate ownership and board structure: evidence from Singapore [J]. Journal of corporate finance, 7 (3): 235-256.

MASULIS R W, WANG C, XIE F, 2012. Globalizing the boardroom-the effects of foreign directors on corporate governance and firm performance [J]. Journal of accounting and economics, 53 (3): 527-554.

MASULIS R W, MOBBS S, 2014. Independent director incentives: where do talented directors spend their limited time and energy? [J]. Journal of financial economics, 111 (2): 406-429.

MASULIS R W, MOBBSH S, 2016. Independent director reputation incentives: CEO compensation contracting and financial accounting quality [R]. UNSW Sydney and University of Alabama (Working paper).

MASULIS R W, MOBBSH S, 2017. Independent director reputation incentives: the supply of monitoring services ［R］. UNSW Sydney and University of Alabama (Working paper).

MAUG E，1998. Large shareholders as monitors：is there a trade-off between liquidity and control? ［J］. Journal of finance，53 （1）：65-98.

MILETKOV M，POULSEN A，WINTOKIM B，2017. Foreign independent directors and the quality of legal institutions ［J］. Journal of international business studies，48 （2）：267-292.

MORCK R，YEUNG B，YU W Y，2000. The information content of stock markets：why do emerging markets have synchronous stock price movements? ［J］. Journal of financial economics，58 （1-2）：215-260.

MURPHY K J，1985. Corporate performance and managerial remuneration：an empirical analysis ［J］. Journal of accounting and economics，7 （1-3）：11-42.

MUTH M M，DONALDSON L，1998. Stewardship theory and board structure：a contingency approach ［J］. Corporate governance：an international review，6 （1）：5-28.

NETER J，WASSERMAN W，KUTNER M，1990. Applied linear statistical models：regression，analysis of variance，and experimental design ［M］. Irwin：Homewood，IL.

NGUYEN B D，NIELSEN K M，2010. The value of independent directors：evidence from sudden deaths ［J］. Journal of financial economics，98 （3）：550-567.

OWENS-JACKSON L A，ROBINSON D，SHELTONS W，2009. The association between audit committee characteristics，the contracting process and fraudulent financial reporting ［J］. American journal of business，24 （1）：57-66.

OXELHEIM L，RANDØY T，2003. The impact of foreign board membership on firm value ［J］. Journal of banking and finance，27 （12）：2369-2392.

PENG K Z，NGO H，SHI J，et al.，2009. Gender differences in the work commitment of Chinese workers：an investigation of Two alternative explanations ［J］. Journal of world business，44 （3）：323-335.

PENG M W，2004. Outside directors and firm performance during institutional transitions ［J］. Strategic management journal，25 （5）：453-471.

PENG W Q，WEI K C J，YANG Y，2011. Tunneling or propping：evidence from connected transactions in China ［J］. Journal of corporate finance，17 （2）：306-325.

PETERSON M A，2009. Estimating standard errors in finance panel data sets：comparing approaches ［J］. Review of financial studies，22 （1）：435-480.

PFEFFER J，1972. Size and composition of corporate boards of directors：the organization and its environment ［J］. Administrative science quarterly，17 （2）：218-228.

POST C，RAHMAN N，RUBOW E，2011. Green governance：boards of directors' composition and environmental corporate social responsibility ［J］. Business and society, 50 (1): 189-223.

QI B, YANG R, TIAN G, 2014. Can media deter management from manipulating earnings? [J]. evidence from China [J]. Review of quantitative finance and accounting, 42 (3): 571-597.

QIAN M, YEUNG B, 2015. Bank financing and corporate governance [J]. Journal of corporate finance, 32: 258-270.

RAO K, TILT C, 2016. Board composition and corporate social responsibility: the role of diversity, gender, strategy and decision making [J]. Journal of business ethics, 138 (2): 327-347.

ROSE C, 2007. Does female board representation influence firm performance? The Danish evidence [J]. Corporate governance: an international review, 15 (2): 404-413.

ROSENSTEIN S, WYATT J G, 1990. Outside directors, board independence and shareholder wealth [J]. Journal of financial economics, 26 (2): 175-184.

ROYCHOWDHURY S, 2006. Earnings management through real activities manipulation [J]. Journal of accounting and economics, 42 (3): 335-370.

RYAN H E, WIGGINS R A, 2004. Who is in whose pocket? director compensation, board independence, and barriers to effective monitoring [J]. Journal of financial economics, 73 (3): 497-524.

SCHWARTZ-ZIV M, WEISBACH M S, 2013. What do boards really do? evidence from minutes of board meetings [J]. Journal of financial economics, 108 (2): 349-366.

SENGUPTA P, ZHANG S, 2015. Equity-based compensation of outside directors and corporate disclosure quality [J]. Contemporary accounting research, 32 (3): 1073-1098.

SHANGHAI STOCK EXCHANGE, 2004. A report on the corporate governance of Chinese publicly listed companies: board independence and effectiveness [M]. Shanghai, Fudan university press.

SHAWVER T J, CLEMENTSL H, 2015. Are there gender differences when professional accountants evaluate moral intensity for earnings management? [J]. Journal of business ethics, 131 (3), 557-566.

SHEN S, JIA J, 2005. Will the independent director institution work in China? [J]. Loyola los angeles international and comparative law review, 27 (2): 223-248.

SHI H, XU H, ZHANG X, 2018. Do politically connected independent directors create or destroy value? [J]. Journal of business research, 83 (1): 82-96.

SHIVDASANI A, YERMACK D, 1999. CEO involvement in the selection of new board members: an empirical analysis [J]. Journal of finance, 54 (5): 1829-1853.

SHLEIFER A，VISHNY R，1986. Large shareholders and corporate control [J]. Journal of political economy，94（3）：461-488.

SHLEIFER A，VISHNY R，1997. A survey of corporate governance [J]. Journal of finance，52（2）：737-783.

SICILIANO J I，1996. The relationship of board member diversity to organizational performance [J]. Journal of business ethics，15（12）：1313-1320.

SILA V，GONZALEZ A，HAGENDORFF J，2017. Independent director reputation incentives and stock price informativeness [J]. Journal of corporate finance，47（1）：219-235.

SIMPSON B，WILLER R，RIDGEWAYC L，2012. Status hierarchies and the organization of collective action [J]. Sociological theory，30（3）：149-166.

SINGH M，DAVIDSON W N，2003. Agency costs，ownership structure and corporate governance mechanisms [J]. Journal of banking and finance，27（5）：793-816.

SRINIDHI B，GUL F A，TSUI J，2011. Female directors and earnings quality [J]. Contemporary accounting research，28（5）：1610-1644.

SU Y，XU D，PHAN P H，2008. Principal-principal conflicts in the governance of the Chinese public corporation [J]. Management and organization review，4（1）：17-38.

SUN J，LIU G，LAN G，2011. Does female directorship on independent audit committees constrain earnings management? [J]. Journal of business ethics，99（3）：369-382.

SUN P，HU H W，HILLMANA J，2016. The dark side of board political capital：enabling blockholder rent appropriation [J]. Academy of management journal，59（5）：1801-1822.

SUN S L，ZHU J，YE K，2015. Board openness during an Economic crisis [J]. Journal of business ethics，129（2）：363-377.

SUNDÉN A E，SURETTEB J，1998. Gender differences in the allocation of assets in retirement savings plans [J]. American economic review，88（2）：207-211.

TANG X，DU J，HOUQ，2013. The effectiveness of the mandatory disclosure of independent directors' opinions：empirical evidence from China [J]. Journal of accounting and public policy，32（3）：89-125.

TERJESEN S，SEALY R，SINGH V，2009. Women directors on corporate boards：a review and research agenda [J]. Corporate governance：an international review，17（3）：320-337.

THIRUVADI S，HUANG H W，2011. Audit committee gender differences and earnings management [J]. Gender in management：an international journal，26（7）：483-498.

TORCHIA M, CALABRÒ A, HUSEM, 2011. Women directors on corporate boards: from tokenism to critical mass [J]. Journal of business ethics, 102 (2): 299-317.

VAFEAS N, 1999. Board meeting frequency and the firm performance [J]. Journal of financial economics, 53 (1): 113-142.

VAFEAS N, 2000a. Board structure and the informativeness of earnings [J]. Journal of accounting and public policy, 19 (2): 139-160.

VAFEAS N, 2000b. The determinants of compensation committee membership [J]. Corporate governance: an international review, 8 (4): 356-366.

WANG L, 2015. Protection or expropriation: politically connected independent directors in China [J]. Journal of banking and finance, 55: 92-106.

WANG X, XU L C, ZHU T, 2004. State-owned enterprises going public: the case of China [J]. Economic transition, 12 (3): 467-487.

WATTS R L, ZIMMERMAN J L, 1983. Agency problems, auditing and the theory of the firm: some evidence [J]. Journal of law and economics, 26 (3): 613-633.

WESTPHAL J D, MILTONP L, 2000. How experience and network ties affect the influence of demographic minorities on corporate boards [J]. Administrative science quarterly, 45 (2): 366-398.

WILLIAMS R J, 2003. Women on corporate boards of directors and their influence on corporate philanthropy [J]. Journal of business ethics, 42 (1): 1-10.

WINTOKI M B, LINCKJ S, Netter J M, 2012. Endogeneity and the dynamics of internal corporate governance [J]. Journal of financial economics, 105 (3): 581-606.

WONGSUNWAI W, 2013. The effect of external monitoring on accrual-based and real earnings management: evidence from venture-backed initial public offerings [J]. Contemporary accounting research, 30 (1): 296-324.

XIAO J Z, DAHYA J, LIN Z, 2004. A grounded theory exposition of the role of the supervisory board in China [J]. British journal of management, 15 (1): 39-55.

XIE B, DAVIDSON W N, DADALT P J, 2003. Earnings management and corporate governance: the role of the board and the audit committee [J]. Journal of corporate finance, 9 (3): 295-316.

XU N, JIANG X, CHAN K C, et al., 2013. Analyst coverage, optimism, and stock price crash risk: evidence from China [J]. Pacific-basin finance journal, 25: 217-239.

XU H, ZHANG X, LIANG S, 2018. Do politically connected independent directors create or destroy value? [J]. Journal of business research, 83: 82-96.

YE K, ZHANG R, REZAEE Z, 2010. Does top executive gender diversity affect earnings quality? a large sample analysis of Chinese listed firms [J]. Advance in accounting，26（1）：47-54.

YE K，2014. Independent director cash compensation and earnings management [J]. Journal of accounting and public policy，33（4）：391-400.

YERMACK D，2004. Remuneration，retention，and reputation incentives for outside directors [J]. Journal of finance，59（5）：2281-2308.

YU F，2008. Analyst coverage and earnings management [J]. Journal of financial economics，88（2）：245-271.

ZAHRA S A，PEARCE J A，1989. Boards of directors and corporate financial performance：a review and integrative model [J]. Journal of management，15（2）：291-334.

ZANG A Y，2012. Evidence on the trade-off between real activities manipulation and accrual-based earnings management [J]. The accounting review，87（2）：675-703.

ZHANG Y，ZHOU J，ZHOUN，2007. Audit committee quality，auditor independence，and internal control weaknesses [J]. Journal of accounting and public policy，26（3）：300-327.

ZHOU J，KIM J，YEUNG I，2013. Material weakness in internal control and stock price crash risk：evidence from Sox section 404 disclosure [R]. National University of Singapore，City University of Hong Kong and University of British Columbia（Working paper）.

ZHU J，YE K，TUCKER J W，et al.，2016. Board hierarchy，independent directors，and firm value：evidence from China [J]. Journal of corporate finance，41：262-279.

ZHU T，LU M，SHAN Y，et al.，2015. Accrual-based and real activity earnings management at the back door：evidence from Chinese reverse mergers [J]. Pacific-basin finance journal，35（A）：317-339.